Export Credit Insurance: Theory and Practice

出口信用保险

理论与实务

周玉坤 编著

中国金融出版社

责任编辑：贾　真
责任校对：张志文
责任印制：丁淮宾

图书在版编目（CIP）数据

出口信用保险理论与实务/周玉坤编著．—北京：中国金融出版社，2020.4
ISBN 978-7-5220-0501-0

Ⅰ.①出… Ⅱ.①周… Ⅲ.①信用保险—概论 Ⅳ.①F840.69

中国版本图书馆CIP数据核字（2020）第032091号

出口信用保险理论与实务
Chukou Xinyong Baoxian Lilun yu Shiwu
出版
发行　中国金融出版社
社址　北京市丰台区益泽路2号
市场开发部　（010）66024766，63805472，63439533（传真）
网上书店　http://www.chinafph.com
（010）66024766，66372837（传真）
读者服务部　（010）66070833，62568380
邮编　100071
经销　新华书店
印刷　保利达印务有限公司
尺寸　185毫米×260毫米
印张　21.5
字数　480千
版次　2020年4月第1版
印次　2020年4月第1次印刷
定价　79.00元
ISBN 978-7-5220-0501-0

前　言

我国出口信用保险的产生是改革开放发展到一定阶段的产物。1988 年，国务院决定正式建立出口信用保险制度。在之后 30 年的探索与改革历程中，我国出口信用保险从无到有，从弱到强，直至在当今全球信用保险行业占有举足轻重的地位。

30 年发展历程，可以看到我国信用保险所展现的美好画卷，更可以感知得到这种美好不是信用保险行业单纯的一厢情愿的自我欣赏，而确确实实是在历经了 30 年成长沉淀之后的稳重成熟，在历经了国际金融危机期间和广大企业风雨同舟过后的沉静超然，以及在实务运营中对交叉学科理论运用的博大精深，还有始终致力于用知识去创造价值的理想信念，对大中小客户的一视同仁，与全力支持我国出口与内贸实体经济发展孜孜以求的使命初心。

目前信用保险相对来讲，也还未得到应有的认可与重视，而这又在很大程度上源于我们对它的不了解或不够了解。在作者看来，若想全面认知进而精通信用保险，至少可以从以下三个方面入手：

第一，系统全面地学习掌握信用保险的历史沿革、发展现状及未来趋势。而对历史的了解掌握，不仅需要以国际视角去观察，还需要立足国内视角去审视。

第二，系统全面地学习掌握信用保险的基本理论。这些基本理论不仅仅包含了保险的基本原理，也涉及金融、财务、法律、国际贸易等交叉学科领域的相关原理知识。这些理论的作用在于解答实务中"为什么"这样做的问题。

第三，系统全面地学习掌握信用保险的实践操作，也就是信用保险在实务中"怎么做"的问题。具体可以实务操作中的流程为纲，以风险管控为核心，辅之以相关的典型案例进行反复揣摩和思考，在这个过程中不断总结规律、提炼本质、反哺理论，进而指导实践。如此循环往复，方能不断加深对信用保险的认知和理解。

以上三个方面，也构成了本书的整个框架体系，即本书主要由历史逻辑（第一章到第四章）、理论逻辑（第五章到第七章）和实践逻辑（第八章到第十六章）三大部分构成。

本书所述主要是在借鉴前人研究成果的基础上（如参考文献所列），加之作者的部分思考体会而写成。内容方面力求简洁明了，通俗易懂。但不足之处仍在于为了说深说透一个关键问题，有时不得不用稍显冗长的篇幅去进行深入反复的论述，当然也为了尽量避免主体内容庞杂，所以书中增加了许多脚注，这些脚注或是为了准确地标注参考出处，便于读者在此基础上做进一步的延展学习；或是为了表达作者的观点；或是为了强调某些问题的特殊性；或是为了提醒理论与现行实务之间可能存在的差异。因此，较多的脚注，也是该书的特点之一。

本书的完成要感谢前人的研究积累，感谢我的朋友、同事、领导和家人一直以来的鼓励、帮助和支持。

在我国出口信用保险制度建立30周年之际，谨以此书作为献礼。

周玉坤

2019 年 6 月于北京

目录

第一章

从信用到信用保险

企业在经济交往活动中，信用风险在一定程度上可谓无所不在。如何有效防范信用风险，以及如何有效应对信用风险所带来的损失是企业经营管理中的重要一环。本章将首先讨论信用的本质、信用风险，继而在此基础上引出信用保险的基本概念，介绍信用保险的主要分类。

第一节　何为信用

要真正了解、认知信用保险，首先必须从信用谈起。信用是建立市场信用交易的出发点，信用及债权债务关系在现代经济社会生活中可谓无处不在，现代市场经济社会更是可称为信用经济社会。那么在经济学范畴，什么是信用？“信用”这个词从何缘起？随着人类社会和经济的发展，信用一词的内涵和外延又有了怎样的延伸和扩展？

一、信用内涵

（一）相对传统的信用含义——基于三个视角

从商业实践角度来讲，信用通常是从属于商品和货币关系的经济领域的概念，但在各类文献资料中，相较于诸多对商品和货币起源进行论述的理论著述而言，我们则较少看到对信用起源的反复深入的剖析研究。信用，似乎在人类发展到一定阶段，就无须解释地产生了。而时至今日，信用一词又在越来越多的领域中出现，看似又有了更多、更丰富的内涵或外延，但从另一个角度来说，信用的本质或说具体的含义好像变得又有些模棱两可了。

如仅从文字表面追溯，在中国传统文字中，信用在广义上通常是指诚实守信、遵守诺言、实践成约等道德准则及行为规范；而在现代商业经济社会，实际上，经济领域中信用这一术语，是我们在学习西方文明的过程中引入的[①]，其通常以英语单词 credit 为对

---

① 黄达，张杰．金融学（第四版）［M］．北京：中国人民大学出版社，2017：67.

应词，从这一词的词源上看，该词来源于中古法语 crédit，意同 trust[①]，即（他/她/它）“信任、信赖；托付、托管”之意，具体在经济活动中主要表现为交易中的一方（授信方）向另一方（受信方）提供货物、服务或金融资源（如提供贷款），并允许对方（受信方）无须在即期进行偿付（因此也就产生了债），但需承诺在未来一个时间点进行给付偿还。

从这一概念定义中，至少可以看出，信用是授信方和受信方双方之间的（契约）约定，即所谓信用并非是与生俱来或天生具有的，其需建立在对方（授信方）允许受信人在未来一定时间内，进行偿付（偿还）的前提条件或约束条件下的[②]，或者说，信用是有期限约束的付款承诺，其具有明确的时间要素。现代经济领域中，授信方常为提供赊销的卖方或提供借贷资金的金融机构，而受信方通常是买方或借款人。

在国内外各种词典及文献材料中，也都有从不同角度对信用一词含义的解释。其中，从经济角度的解释，比较有代表性的且被引用较为广泛的表述通常为，信用是指“以偿还为条件的价值运动的特殊方式，其产生于货币借贷和商品交易的赊销或预付之中，主要形式有银行信用、商业信用、国家信用、消费信用”[③]；当然也有其他类似的表述[④]，信用是“不同所有者之间以契约关系保障贷出的本金及相应的利息回流的借贷行为，是商品价值运动的一种特殊形式，即贷方在贷出商品或货币的同时，获得了要求借方按期归还本金和利息的债权；借方在借入商品或货币的同时，承担了按期归还本金和利息的债务。借贷双方以契约形式确定下来的这种债权、债务关系具有法律效力，依法受到国家法律的保护”[⑤]。

从以上各种表述中，我们或许可分别从以下三个角度，简要归纳总结出信用的典型含义及本质特征。

1. 从经济范畴来讲，信用即借贷，其本质是资金融通

信用更多的属于经济范畴内的概念，在商品交换和货币流通存在的条件下，债权人

---

① belief，trust。引自：https：//en. wikipedia. org/wiki/Credit。

② 信用在狭义上可视同为授信。通常而言，信用的存在以借贷（赊销或预付等）关系的建立为前提，因此从这个角度讲，信用是一个从属的概念。同时，授信又可延伸理解为，信用具有严格的方向性的特点，比如在买卖双方之间，是卖方向买方提供信用，是上游企业向下游企业提供信用；再如在借贷关系中，是出借人向借款人提供信用。理解这一点的重要之处在于，比如在信用保险中，严格意义上讲，被保险人向保险公司投保的并非是买方的信用，而应是被保险人向买方提供的信用，即具体化对应着的是被保险人的应收账款，即债权（财产权利）。这解释了部分被保险人的困惑，“明明是我面临买方的信用风险，为何我还要支付保费去为买方信用而埋单投保”。对该问题，本书在第五章保险利益中将有进一步阐述。

③ 资料来源：夏征农，陈至立．辞海（第六版）［M］．上海：上海辞书出版社，2009：2557. 这一概念界定被广泛引用，如《中国人民银行关于发布〈信用增进机构业务规范〉等两项行业标准的通知》（银发〔2012〕204号），其中对信用的定义，采用了同样的表述。

④ 《中国大百科全书》总编委会．《中国大百科全书》（第二版）［M］．北京：中国大百科全书出版社，2016；以及中国大百科全书数据库。

⑤ 在这一概念界定中，将信用表述为一种借贷行为，且大致表现为实物借贷和货币借贷两种方式。作者理解，这概因一方面，随着商品货币关系和经济社会的发展，货币已成为借贷关系（信用）的主要标的和对象；另一方面，在实物借贷活动中，因其债权债务的内容总是以一定的货币金额来表现，故从大的范畴来看，其被归属为货币借贷的范围也并无不妥。

（授信方）以有条件让渡的方式，赊销商品或贷出货币；债务人（受信方）则按约定的日期偿还货款或偿还借款，并支付利息。信用是以还本付息为条件的、商品或货币的借贷行为。而其作为借贷行为的特征是“以收回为条件的付出，或以归还为义务的取得”[①]。换言之，信用指的是任何一种方式的延期付款、贷款发放及债务的产生[②]。因此，从这个角度讲，信用实质上是一种财务融通。

信用的存在依赖于借贷关系的建立，历史上，信用一直主要以实物借贷和货币借贷两种方式存在。但无论何种方式，贷者之所以贷出，是因为有权获取利息[③]，而借方之所以能够借入，是因为承担了支付利息的义务。因此，信用表现为偿本付息。

综上所述，我们大致也可以看出，经济范畴中的信用至少包含了两个方面，即贷方在现期的商品或货币的让渡，以及借方在将来的对价给付。双方权利义务的交割不是当时或同时完成的，而是存在时滞，故在对价偿付之前的这一段时间间隔（所谓信用期限），这也成为信用的必备要素和突出特征。

2. 从法律角度而言，信用即债权债务

信用的法律本质是债[④]，其归属于债的范畴。但若结合信用的经济属性来看，其又有如下特点：

（1）从发生原因来看，信用主要指向的（来源）是交易双方通过契约（协议、合同）形式，规定权利和义务的合同之债，而非不当得利、无因管理及侵权损害赔偿之债。

在民法中，合同是债的典型形态，也是最为常见的债的发生原因。在现代市场经济社会中，一切交易活动都是通过缔结和履行合同来进行的，“以契约为机制的市场经济，是建立在信用体系之上的，市场经济、契约和信用是不可分割的三位一体”[⑤]。这具体如商品交换过程中最常发生的买卖活动，以及劳务交换（如加工、承揽、提供劳务）、租赁、信贷、技术转让等活动，通常都表现为合同的形式。例如，我国现行《合同法》就具体规定了 15 种合同，分别是买卖合同；供用电、水、气、热力合同；赠与合同；借款合同；租赁合同；融资租赁合同；承揽合同；建设工程合同；运输合同；技术合同；保管合同；仓储合同；委托合同；行纪合同；居间合同。理论上讲，这些合同项下都可能产生债权债务关系[⑥]。

（2）从承担主体来看，狭义上的信用，其归属及指向通常是针对合同项下的债务人，且更为常见的一般仅指的是承担“接受交易标的物、给付对价（支付价金 + 利息）”的一方当事人，而较少指代交付标的物的一方。比如，买卖合同属双务合同，买卖双方

---

① 黄达，张杰. 金融学（第四版）[M]. 北京：中国人民大学出版社，2017：67.

② https：//en. wikipedia. org/wiki/Credit_(disambiguation)。

③ 经济学领域，利息也被视为货币资本的价格，因此，从这个角度理解，（货币）借贷也可以用（实物）买卖来表达。

④ 在我国古代，就将借贷行为称为债。而在英语语境中，credit 通常也可用 debt 代替，如 consumer credit 也称为 consumer debt。从狭义上讲，信用本质是债，但更多指向的是债务（debt）。

⑤ 王泽鉴. 债法原理（第二版）[M]. 北京：北京大学出版社，2013：108.

⑥ 理论上讲，这些合同种类也可成为不同类型的信用保险的承保基础。

互为债权人和债务人[①]。一方面，出卖人负有交付标的物的义务，从这个角度讲，出卖人是债务人，买受人是债权人；另一方面，买受人负有受领标的物，支付价款的义务，从这个角度讲，出卖人是债权人，买受人是债务人[②]。但因为在信用交易中，常见的模式（如赊销）是授信方（如卖方）交付标的物在先，而受信方在一定时间之后进行对价偿付，也因此，信用交易中的债务人通常指向的是受信方（如买方）[③]。

（3）从交易内容来看，经济领域中的信用，从狭义上理解，更多体现的是债务人（如买方）的给付义务，且通常是偿本付息的对价给付行为。具体来讲，如前所述，信用即债，而按一般理解，债的概念仅指债务人的给付行为[④]（按照合同约定，承担对债权人的给付义务），在现代经济领域中，尤其是在买方市场的信用交易活动中，这种给付行为更多地表现为，在合同的一方当事人（出卖人/授信方）交付了标的物（提供了服务）之后，另一方当事人（买受人/受信方）负担或承诺的、在一段时间之后需要给付对价（偿还）金钱的义务。但若从广义上来讲，信用也应包含合同的一方当事人（出卖人）交付/提供服务的义务[⑤]。

3. 从会计意义上看，信用即应收应付款项的形成

一方面，债的概念，从权利角度来看，是请求特定人为特定给付的权利，即请求权，也即债权。从会计意义上看，这种债权体现为特定人（授信方，如卖方或银行）未来收取款项的权利，主要包括应收账款、应收票据、预付账款、其他应收款、应收股利、应收利息和应收补贴款等。其中，就应收账款的含义，我国《应收账款质押登记办法》（中国人民银行令〔2017〕第3号）[⑥] 中，将其定义为："本办法所称应收账款是指权利人因提供一定的货物、服务或设施而获得的要求义务人付款的权利以及依法享有的其他付款请求权，包括现有的和未来的金钱债权，但不包括因票据或其他有价证券而产生的付款请求权，以及法律、行政法规禁止转让的付款请求权。本办法所称的应收账款包括下列权利：（一）销售、出租产生的债权，包括销售货物，供应水、电、气、暖，知识产权的许可使用，出租动产或不动产等；（二）提供医疗、教育、旅游等服务或劳务产生的债权；（三）能源、交通运输、水利、环境保护、市政工程等基础设施和公用事业项目收益权；（四）提供贷款或其他信用活动产生的债权；（五）其他以合同为基础的具有金钱给付内容的债权。"[⑦]

---

① 王泽鉴. 债法原理（第二版）[M]. 北京：北京大学出版社，2013：57.

② 就债的概念而言，也有广义和狭义之分。广义的债的概念，是一个由许多权利义务关系组成的动态的有机体；狭义的债的概念，是指具体的、特定的某个债权债务。例如，在一个买卖合同关系中，从广义上理解，出卖人交付标的物和买受人支付价金是属于同一个债的关系；但从狭义上理解，则出卖人交付标的物和买受人支付价金分属两个不同的债务。参见：王利明. 债法总则研究 [M]. 北京：中国人民大学出版社，2015：9.

③ 当然，以预付款方式的交易，则反之。

④ 尽管从广义上理解，债这个词包含债权人的权利和债务人的义务两个方面，也因此债实际是权利义务关系的抽象概括。

⑤ 尽管狭义上理解信用的本质是融资行为，供货本身是一种履约而不是资金融通。

⑥ http：//www. pbccrc. org. cn/zxzx/zhengcfg/201711/faf2b379d9194b1385a0874449234507. shtml。

⑦ 这些不同的应收账款权利，实际与前述我国《合同法》中的各种不同合同项下的债权债务关系相对应。

另一方面，从义务角度来看，债是给付义务，也即债务。会计意义上的债务，通常指的是由过去交易、事项形成的，预期会导致经济利益流出企业的现时义务，通俗理解即到期必须返还的资金，包括各种借款、应付及预收款项等。

综上所述，经济范畴、法律角度及会计意义这三个角度的信用的含义，实际上是彼此呼应和有机统一的，同时这种具体化的、基于对信用本质特征和内在化视角的分析阐述，使经济领域中信用和伦理道德范畴中难以用金钱量化的、较为抽象的、主要意为诚实守信的信用概念，有了明显的区分。

（二）广义上的信用

随着人类社会和经济的发展，信用的内涵及其表现形式愈加丰富，即其不再仅仅局限于传统的赊销和借贷，同时，信用作为一种社会关系也愈加复杂，在现代经济社会中，信用在广义上也可理解为：它是经济活动主体自身所拥有的一种资源，一种可以未来所取得的财富为兑付承诺，进而在现期获得资金、物资、服务的能力或禀赋。在现代社会，信用关系逐步深入到社会生活的每一个角落，尤其是经济领域。

因此，如果从信用是否从属于借贷关系而存在这一角度来理解，与狭义上的信用不同的是，广义上的信用是在信用关系存在（债权债务关系形成）之前就已存在的，其并非是一个从属的概念。比如，一家企业在发债之前，需由专门的信用评级机构对其进行信用评级；再如，银行所发放的信用贷款，通常是指没有担保、仅依据借款人的信用状况发放的贷款[①]。在这些场景中，其信用的存在就无须依赖于借贷或信用关系是否已存在或已发生，也因此是一个含义更广，更为抽象的概念。

本书如无特殊说明，书中后续所述的信用交易、信用风险及信用保险之信用，其指向的均是经济范畴内的、传统意义上的（狭义）或者通常理解中的信用。

二、信用交易的形式[②]

现代经济社会中，为适应各类经济主体的融资需要，信用以多种形式存在。其中，常见的、传统意义上的与企业经营活动联系最为直接的信用交易形式主要有两种，分别为商业信用和银行信用，此外，还有国家（政府）信用、消费信用、租赁信用、证券投资信用及国际信用等新的或补充的信用形式[③]。

（一）商业信用

1. 概念

商品贸易中，信用通常也称贸易信用（trade credit），其典型含义指的是在买卖交易

---

① http://www.cbrc.gov.cn/chinese/home/docDOC_ReadView/275.html。中国人民银行、中国银行业监督管理委员会2004年《贷款通则（征求意见稿）》第十条规定，“贷款按有无担保划分为信用贷款和担保贷款”。

② 这些不同种类的信用交易形式，理论上，都有可与之相对应的不同种类的信用保险险种，可承保这些交易形式项下的信用风险。在本节，将对这些信用交易形式分别展开具体阐述，以便为下一节在介绍信用保险险种分类时进行铺垫。同时，也可进一步加深读者对信用的具象化认知。

③ 黄达，张杰．金融学（第四版）［M］．北京：中国人民大学出版社，2017：82.

中，买方延期支付货款，即卖方以赊销[①]的方式对买方所提供的信用[②]。

这种赊销、赊购的商业信用，是最早出现的信用形式。通常情况下，被授予信用的对象并非处于财务困境中的买方，而更多的是作为贸易合同的一种交易条件提供给客户。

在典型的商业信用中，实际主要包含买卖行为和借贷行为这两个同时发生的经济行为。单就买卖行为而言，其通常在商品从卖方转移到买方所有（发生商业信用之际）时就已完结，之后买卖双方的关系就只是金钱之债的债权债务关系，而这种关系也不会再随已归属于买受方的货物状况（如买方是否将货物进行了再销售）而再发生改变。

以这种方式买卖商品，在商品转手时，买方不立即支付现金，而是承诺在一定时期后再支付。这样，双方形成了一种债务关系，卖方是债权人，买方是债务人。卖方向买方所提供的商业信用相当于把一笔资本贷给对方，因而买方要支付利息。赊销的商品价格一般要高于现金买卖的商品价格，其差额实际等同于赊购者向赊销者支付的利息。

2. 基本形式

商业信用通常有两种基本形式：赊销和预付。赊销，即先交付商品、延期收回货款的销售方式，通常适用于商品价格较高、买方希望分期支付或者供大于求的商品。而预付，则指买方为获得稳定可靠的货源，向卖方提前支付货款、按期取得商品的一种购销形式。供不应求的商品，通常使用预付货款的方式。

商业信用的发展程度直接依赖于商品生产和流通的状况，其局限性在于商业信用的规模大小通常严格以产业资本的规模为限（而无法杠杆），但是，商业信用仍然是银行信用乃至整个信用体系的基础。它不仅广泛存在于各国的国内交易中，而且也广泛存在于国际贸易之中，其对于推动商品及服务贸易的增长具有极其重要的作用。

（二）银行信用

银行信用是指金融机构[③]以存款、放款等形式提供的以货币形式为主的信用。银行信用的对象，就是处于货币形态的资本（货币资本）。

从贷出资金角度来看，银行是货币资金需求者（借款人）的债权人；从聚集资金的角度，银行是货币资金所有者（如存款人）的债务人。

（三）国家（政府）信用

国家（政府）信用是指国家借助举债向社会公众筹集资金的一种信用形式，国家是这种信用关系中的债务人。它通常以发行公债券和国库券的形式来实现，既可以在国内筹款或放债（内债），也可以在国外筹款或放债（外债）。

---

① 商业信用中，赊销是信用销售的俗称。

② 这仅是商业信用的最为典型的，或者可理解为狭义的概念。从广义上讲，商业信用则往往泛指在企业之间发生的一切信用（债权债务）关系。而信用保险，目前国内外实务中业务占比最高的险种实际仍然是贸易信用保险，其承保的仅是狭义概念上的商业信用。

③ 这里的金融机构主要是指银行及经营类似银行业务的其他非银行的金融机构。

(四) 消费信用

消费信用通常指的是工商企业、银行及其他金融机构向消费者个人提供的、用于满足个人消费方面所需货币的信用，即提供给个人商品或服务、贷款等而无须即期付款。

常见的消费信用具体包括商家以赊销尤其是分期付款的方式对客户提供信用、信用卡、车贷、房贷等。

(五) 其他金融类信用形式

现代经济社会中，信用交易不仅仅局限为商品赊购、赊销和银行存贷款，实际上，几乎所有的金融业务，包括通过金融机构和在金融市场上直接进行的交易，都属于信用交易。具体如股票债券的发行和认购、股权期权、指数期货、保险、融资租赁等，甚至还包括如信用违约互换（CDS）及外汇期货等衍生品交易①等。通常金融越是发达和深化，债权债务关系或信用关系就越为错综复杂和庞大。

(六) 国际信用②

国际信用是指一个国家的政府、银行及其他自然人或法人对别国的政府、银行及其他自然人或法人所提供的信用，其主要体现了国与国之间的资本流动。

国际信用的早期形式主要是资本输出，后逐渐演变为国际资本流动，出现了越来越多的跨国生产和跨国经营的模式（区别于国内生产、对外交换的国际贸易模式），比如，近年来我国出口企业“走出去”，在海外投资建厂③。

三、为什么要提供信用

(一) 信用是市场经济的基础

信用是市场经济发展到一定阶段的产物，信用（赊销）和货币（现金）处于同等重要的地位，信用与现代经济可谓同频共振④。当今经济在一定意义上可称为信用经济，信用被广泛应用于贸易、消费及投资等领域，在拉动经济增长、扩大就业等方面，发挥着极其重要的作用。

具体来讲，在现代经济社会中，信用成为连接生产、交易、分配和消费各个环节的纽带，大到一国政府，几乎没有不筹款或放债的；小到一个企业，在生产运营过程中，赊销和资金借贷等信用交易随时在发生；还有微观主体个人，消费信用行为也越来越多地出现。

(二) 在现代商业信用中，信用竞争和价格竞争同样重要

如前所述，商业信用（赊账）在生产和流通中发挥着重要的中介作用，其能够加速

---

① 在这种衍生金融类交易基础上产生的所谓的信用保险，本质上并不属于常规意义上的信用保险（尤其是保险）的范畴（至少目前如此）。

② 黄达，张杰．金融学（第四版）[M]．北京：中国人民大学出版社，2017：89.

③ 国际信用这种信用形式，在信用保险领域主要有海外投资信用保险与之对应。具体在本书第十三章将详细展开论述。

④ 某种程度上可以说，合同交易构成了整个经济。而合同交易，不外乎两种情形：一是现金交易，二是赊销交易。这两种交易方式项下，出卖方都增加了资产，从法律角度讲，都增加了财产权，但是财产权表现形式不同，其中获取现金的表现为对现金的物权，但赊销则表现为债权。

商品的生产和流通，已经成为现代商业环境中一个基本的构成要素，在一定程度上也可以说是“商业活力的源泉”。

现代经济社会中，商业信用必不可少，尤其在买方市场中，除价格竞争外，信用竞争也同样重要。通过信用交易，一方面，可以增加买方采购量，稳定与买方的合作关系，同时有利于卖方占领市场，减少库存。因为信用交易实质相当于卖方对买方提供的一种授信，卖方允许买方用未来的现金流来延后（信用期限）偿付现期应付的货款。另一方面，可以降低交易双方的交易成本，尤其是可以帮助买方降低融资成本。

（三）银行信用，已成为整个社会借贷关系的中枢

在市场经济中，银行信用在很大程度上突破了商业信用在规模和期限等方面的局限，并为商业信用提供了坚实的支撑。有了银行信用的存在，卖方企业向买方提供商业信用就更为便利和可行，银行在很大程度上能够满足卖方企业在提供商业信用的过程中随之产生的资金需求，助力卖方企业即使未收讫销售货款（现金流）却仍能够保持顺畅的经营运转。商业信用日益依赖于银行信用，通过银行与个人、企业、政府及与同业金融机构相互之间的资金融通和往来，银行信用在现代信用体系中发挥着主导作用。

第二节　信用风险及管理

信用通过打破时间障碍，促进交易达成。但是，在承诺延后履行的这段时间内，也使债权能否到期实现顺利回收面临诸多不确定性。这种不确定性，即为信用不可避免所带来的信用风险。风险与信用的提供可谓如影随形。

一、什么是信用风险

通俗理解，交易一方不能履行或不能完全履行义务而给交易对手带来的风险，就是信用风险①。当然还有一种更为直白但又形象贴切的表述：信用风险就是说话不算话的风险。

在不同的经济生活场景中，信用风险具体可表现为买方（企业或消费者）到期不支付货款；企业到期不支付员工工资；企业或个人到期不偿还银行借款；企业或政府作为债券发行人到期不兑付；银行到期不兑付，甚至于保险公司如不履行应尽的赔款义务也属信用风险。

实务中，还有一些对信用风险的相对规范、严谨的定义，其中比较有代表性的如将信用风险表述为，“债务人或者交易对手未能履行合同所规定的义务，或信用质量发生变化，影响到金融产品的价值，进而给债权人或金融产品持有人造成经济损失的风

① 罗熹．信用保险词典（第一版）［M］．北京：中国金融出版社，2015：413.

险”[1]，还有的将其界定为，“信用风险是指由于借款人或市场交易对手违约而导致损失的可能性。广义上，信用风险还包括由于借款人信用等级变动和履约能力变化导致其债务的市场价值变动而引起损失的可能性。”[2]

从上述情景及界定中，我们可以归纳总结并至少可以延伸至以下三个方面来对信用风险做进一步理解。

（一）信用风险的发生场景

一方面，狭义上信用风险的概念与狭义上信用的概念一脉相承。通常理解，信用交易的本质是债，相对应地，信用风险，即为债务违约的风险，可简称为债务风险。这种债务风险可发生于一切信用交易场景中，具体包括商业信用风险（赊销风险）、银行信用风险、国际信用风险、消费信用风险、债券违约风险等。其中，商业信用风险，指卖方以信用方式销售商品或提供服务时，所面临的应收账款损失的风险，即买方（受信企业）不按时或不能支付货款给卖方（授信企业）造成的风险；银行信用风险，通常指的是借款人由于各种原因违约无法偿还银行贷款的风险（造成贷款人债权部分或全部损失），这时银行面临的是坏账损失，这是商业银行承担的最为主要的风险。商业信用风险和银行信用风险，是现实生活中最为常见的两种形式。简而言之，信用风险可理解为买方或借款人（受信方）无法偿还欠款的可能性。

另一方面，从广义上理解，信用风险则不仅仅局限于基础交易中的债务违约所带来的损失，它还包括金融产品因市场价值的变动而给金融产品持有人所带来的损失。

（二）风险性质的横向对比

信用风险属于金融风险的一种类别，但信用风险这种债务风险的本质，又与其他三种金融风险（市场风险、流动性风险和操作风险）有着明显区别。

具体来讲，在金融领域中，市场风险通常是指由于市场价格（包括金融资产价格和商品价格）波动而导致交易主体（如银行）表内、表外头寸遭受损失的风险，主要包括商品价格、汇率和利率波动风险；而操作风险是指由于人为错误、技术缺陷或不利的外部事件可能造成损失的风险。

此外，传统意义上的信用风险，其典型形态指的是合同之债的风险，因而也与（物质）财产风险[3]、责任风险[4]等有着根本的不同。

（三）信用风险所属基础合同项下的交易主体

通常理解，狭义上的信用风险实际就是来自债务人的付款违约风险或偿本付息违约风险。在目前经济领域内，信用更多体现的是，合同的一方当事人（如出卖人/授信方）在交付标的物（提供了服务）之后，另一方当事人（如买受人/受信方）相应所负担的、

---

① 《中国银行业贸易金融业务自律规范指引》（银协发〔2014〕6 号），http：//www. china - cba. net/bencandy. php? fid = 208&id = 13184。

② 《中国人民银行关于发布〈信用增进机构业务规范〉等两项行业标准的通知》（银发〔2012〕204 号）。

③ 财产风险通常是指因财产发生损毁、灭失和贬值而使财产的所有（权）人遭受损失的一种不确定的状态。

④ 责任风险通常是指因人们的侵权行为（常指过失行为），造成他人的财产损毁或人身伤亡，依据法律规定，负有经济损害赔偿责任的一种不确定的状态。

在一段时间之后需要给付对价货款或偿本付息的义务。加之，信用一词，其本质上具有延期给付对价的特征，因此，一般理解，信用风险通常仅指的是来自合同项下的一方主体（如买受人/借款人）而非包含两方（任何一方）的违约风险。这具体如买卖合同项下，按通常理解，信用风险专指的仅是来自买方的付款违约风险，而较少包括供应商（卖方）违约交付标的物的风险①。

当然，也有部分观点将信用风险分为广义信用风险和狭义信用风险，认为如上所述属狭义信用风险范畴，但广义的信用风险则包括了合同项下当事人任何一方不履约的风险。比如，在买卖合同项下，信用风险除了包括卖方（债权人）所承担的买方（债务人）在受领货物后，不偿付货款的风险，还包括买方（此时作为债权人）所面临的、卖方（此时作为债务人）拒绝交付货物或提供服务的风险。再如，在借贷合同项下，信用风险除了包括借款人到期不履行还本付息义务的风险，还包括银行不按约定提供贷款，或提前收回贷款而可能使借款人陷入经济困境的风险。

二、信用风险的成因

微观经济理论一般认为，造成信用风险的主要原因为信息不对称，具体表现为交易对手的逆向选择和道德风险，其中逆向选择主要在合同关系建立之前存在，而道德风险则存在于整个合同履约过程当中。

经济活动中，信用交易天生有风险，信用交易与信用风险是一枚硬币的两面。商业企业和金融机构都会面临信用风险。其中，对企业来讲，② 其面临的最大的信用风险是生产销售活动中产生的应收账款损失的不确定性，而拖欠、拒收货物、破产、政治风险等都是造成应收账款损失的直接原因③。具体来讲，这种信用风险的来源，又可归纳总结为以下三个方面。

（一）交易对手履约能力问题

通常情况下，信用风险来源于债务人（买方或借款人）不能履约，即债务人没有足额资金偿还到期债务，这主要表现为三种情形：

一是经营风险，如债务人产权结构混乱、组织机构不合理；产品和服务因不具有市场竞争力而销售不畅；企业成本控制不力等。

二是财务风险，如债务人企业因快速扩张、管理失误，或是涉及高利贷融资等行为导致财务状况恶化（主要表现为现金流出现缺口）。

三是债务人资不抵债即破产的风险。破产倒闭常常与企业现金流有关，当然也有可

---

① 实务中，有观点（如邓白氏）将卖方未按合同约定按时、按质交付货物的风险，专称为供应商风险，以此与买方付款违约的信用风险进行明确区分。也就是说，卖方供货履约风险，这虽然也是一种债务违约风险，但并非通常经济学意义上的信用风险。

② 当然，商业企业在运营过程中，除面临赊销信用风险之外，还面临其他种类的信用风险：（1）在投资活动中，企业各种资产配置行为中存在信用风险；（2）企业进行的衍生交易活动（如商品期货交易），如交易对手未能在未来按时交割商品，也将承受对方信用风险所带来的损失。

③ 即风险事故，也称风险事件，是造成损失的直接原因。比如，洪水、火灾、雷电、盗窃、爆炸、雷电等都是造成物质财产损失的直接原因，都是风险事故。

能因投资失败或下游客户拖欠或破产导致，此外，系统性风险如经济衰退或经济危机时期，通常也会出现大量的破产[①]。

（二）交易对手履约意愿问题

通常来讲，交易对手不愿履约，除了因为蓄意欺诈卖方，或者恶意占用卖方货款资金，更为常见的原因是，交易双方产生贸易纠纷，如在货物的质量、数量、交付时间等方面产生纠纷。

在正常的贸易交往过程中，相较于债务人履约不能，债务人不愿履约情况的发生概率相对不高。特别是在债务人实际上有偿付能力的情况下，如果通过协商或司法途径进行催收，很可能全额追回欠款。但在这个过程中，债权人仍需承担因货款拖欠所导致的利息损失、融资费用增加及机会成本增加等一系列风险。

（三）来自非交易对手的风险

来自交易对手的履约意愿和履约能力的风险，通常称为买方商业风险。此外，在贸易实践的信用交易中，风险还可能来自买方无法控制的影响付款的外部因素，如行业风险及政治风险（国别风险）。

比如，始于20世纪90年代（尤其是后五年）的一系列货币危机产生的政治风险，包括1997年亚洲金融危机、1998年8月俄罗斯卢布的持续贬值、1999年巴西金融危机；再如，2001年阿根廷金融危机，阿根廷政府放弃多年以来对美元的钉住汇率政策，以致阿根廷比索当年上半年对美元贬值75%，而且政府还强制要求商业银行把美元计价的存贷款均兑换为阿根廷比索，结果导致银行不得不破产关闭，使阿根廷经济陷入崩溃[②]。

综上所述，信用风险具有动态变化的特点，其与买方付款能力和付款意愿直接相关，且具有一定的周期性和传递性或扩散性。此外，通常而言，信用风险的一个共同特征是信用期限越长，信用风险越高[③]。因为期限越长，影响债务人如期付款的因素通常就越多、越复杂，也就是说债务人不愿偿付、不能偿付及发生系统性风险的可能性就越高。时间本身即蕴含着风险。

三、信用风险管理

信用风险直接关系企业盈利甚至存续，企业要想长远稳健发展，必须在经营管理过程中辅以审慎的风险管理。

主流信用风险管理的框架，除需要建立完善的企业信用风险管理规章制度、设置单独的风险管理部门及配备专业的风险管理人员之外，在具体操作方面，则主要包括四个连续的流程，分别是风险的识别、评估、组合管理及风险缓释与转移。

---

① 还有不少观点认为，虽然在经济危机之后的复苏时期，甚至在破产风险最严峻的时期，可能不是破产案件数量最多的时期，但通常却是破产金额最高的时期。原因在于，危机期间企业一般通过扩大生产和投资规模以对抗危机，但当渡过危机后，企业往往又可能面临扩张过度、供给与需求无法匹配的困境。

② 在这种情况下，政治风险事件通常引发商业风险。因此，信用保险在界定损因时，有时也很难明确区分一笔坏账的损因是政治风险还是商业风险。

③ 一般而言，该特征同样适用于以分期付款、里程碑付款、按合同进度款付款等付款方式。

对单笔交易来说，风险识别主要是从源头上准确识别和把握风险，或是根本规避风险不可控的交易；而就风险评估来讲，则通常从四个维度展开，即信用交易金额大小（风险敞口、信用额度）、交易对手违约概率、催收追偿回收率（如交易对手违约，预计可回收金额占风险敞口的比例）及期限（全部或部分资金处于未收回状态的时间长短）。另外，从风险管理手段来看，实践中，随着企业对信用风险认知的不断加深，信用风险管理工具和技术也越来越趋于多样化。

通常来讲，降低商业信用风险的方式有多种，常见的如自保、保理和福费廷及信用保险①。

（一）自保

实践中，不乏部分企业选择以拨付风险准备金的方式来自行承担信用交易风险，还有部分大型企业或集团，出于有效控制保险保费支出的考虑，有可能会成立自保公司。

整体来讲，尽管自保可以节省一部分财务管理费用，但同时企业也需在信用管理系统、风险信息获取、评估等方面投入大量的人力、物力和财力。此外，由于自保通常对风险容忍度把控较为严格，也必将和销售端产生一定冲突。但更为明显的弊端是，企业自保通常是难以承担大额巨灾损失的。

（二）保理和福费廷

企业（出口商）也可以将应收账款折价出售给保理商。在保理市场中，银行是主要的参与者。保理商通常以债务账面价值的75% ~80%进行收购，从而企业可以顺利变现应收账款。实践中，按保理商是否可向企业（出口商）进行追索，将保理划分为有追索权的保理和无追索权的保理。整体来讲，保理成本相对较高。

福费廷通常指的是银行或专业福费廷公司（包买商）以无追索权的方式，从企业（出口商）那里买入应收账款。简言之，福费廷是一种无追索权的包买断业务，企业能够获得无追索权的贸易融资，从而将信用风险、利率风险等全部转嫁给包买商。实践中，福费廷业务主要集中在中长期信用市场中，适用于向政治风险较高的国别或地区出口。因此，福费廷的融资成本通常高于一般的商业贷款。

（三）信用保险

信用保险通常是由保险机构提供的，承保企业在贸易交易和对外投资经济活动中，因交易对手的商业风险和政治风险所导致的应收账款损失。信用保险同任何一种保险险种一样，企业（出口商）向保险公司支付保险费，同时得到保险保障。如果其交易的买方到期不付款，则保险公司按保险合同的约定负责赔偿。因信用保险通常遵循风险分担的原则，故赔偿额通常是所投保的信用交易金额的一定比例（如90%）。

除了帮助被保险人有效规避债务人的付款违约风险，保险公司还可提供买方信用风险评估、风险监测、商账追收及国内外法律咨询等增值服务。

信用风险缓释方式的简单对比如表1-1所示。

① http：//www.eulerhermes.us/credit-insurance/Documents/EH-CreditInsurance-WhitePaper.pdf。

表 1-1 信用风险缓释方式比较

方式＼对比项	承保风险	提供的服务	融资便利	客户关系
自保	任何一种风险	内部资源	无	便于与客户直接往来和维持关系
保理和福费廷	破产和拖欠	信用信息、商账追收	将应收账款直接变现	保理催收可能在一定程度上影响买卖双方交易关系
信用保险	破产、拖欠、拒收、政治风险	信用信息、风险评估、市场舆情、商账追收	不直接提供融资贷款，但可便利融资	通常情况下，买方不知道保险的存在，承保理赔过程中都会顾及甚至巩固买卖双方的合作关系

第三节 信用保险

一、信用保险的概念

根据我国《保险法》相关规定，信用保险属于财产保险的一个险类。但具体关于信用保险的定义，我国相关法律法规中并未直接给予定义。

目前较为常见的定义如下：部分观点认为，“信用保险是指权利人向保险人投保债务人的信用风险的一种保险”①；有人认为，“信用保险是保险人根据权利人的要求担保义务人（被保证人）信用的保险”②；还有人认为，“信用保险是以在商品赊销和信用放款中的债务人的信用作为保险标的，在债务人未能如约履行债务清偿而使债权人遭受损失时，由保险人向被保险人即债权人提供风险保障的一种保险”③。此外，还有人认为，信用保险是债权人（卖方）向保险人投保他人（在此指债务人、买方）的信用，当债务人不能履行合同义务而致债权人自己遭受损失时，由保险人承担赔偿责任的保险。简言之，信用保险投保的是他人的信用。

综合以上定义，不难发现还是存在一定问题的。所谓权利人、义务人或是债权人、债务人的说法，在合同项下，实际并不固定指向卖方（贷款人）或买方（借款人），也就是如前所述，作为卖方，其在一个合同项下，既可以作为债权人也可以作为债务人的身份出现（货物未交付之前即债务人）。此外，信用保险投保的并不是他人的信用而应是自己的利益，或者说债务人的信用不能作为保险标的④。

实际上，如果抛除理论上不同视角的各种定义观点，在实务中，信用保险的概念可

① https：//baike. so. com/doc/5368769 - 5604599. html。
② 中国保险行业协会. 保险原理［M］. 北京：中国金融出版社，2016：196.
③ 孙祁祥. 保险学（第六版）［M］. 北京：北京大学出版社，2017：211.
④ 具体分析，请参见本书第五章。

以十分简单，即把信用保险理解为或等同于应收账款保险[①]更合适（突出应收账款为核心），或者被视为坏账保险可能也更易于理解[②]。

应该注意的是，尽管理论上信用保险所承保的底层合同可涵盖各种类型，但在实务中，信用保险经过多年的发展，其承保的领域主要还是在（出口）贸易交易、对外工程承包及海外投资等实体经济领域，因此又将信用保险尤其是短期的信用保险称为贸易信用保险（尤其在国外）[③]，即保险标的常见为买卖合同或借款合同项下的债权，承保因交易对手（买方或借款人）违反合同约定所导致的应收账款损失的风险[④]。

二、信用保险的分类

从不同的角度，信用保险主要有以下分类。

（一）按交易对手（买方）所在国别分类

信用保险按所承保的基础合同的交易对手（买方）所在国别来划分，可分为出口信用保险和国内信用保险。如果买方位于国外，则通常归属于出口信用保险（覆盖出口业务）；如果买方与卖方在同一国家，则为国内信用保险（覆盖国内贸易）。当然，两者承保的风险也不同，出口信用保险既承保商业风险也承保政治风险，而国内信用保险主要承保的是商业风险（不保政治风险）。

现行实务中，大都区分国内贸易和出口贸易分别出具国内贸易信用保险保单或是出口信用保险保单。但应注意的是，信用保险发展到今天，这种分类差别越来越小，或者界限变得越来越模糊，甚至不乏部分保险公司使用同一保单同时承保出口和国内贸易（当然，部分保险公司仍然在严格区分国内信用保险和出口信用保险）。这种变化的主要原因：一方面，来自投保企业，是根据投保企业（而非保险公司）所做的调整。因为企业在生产经营过程中已趋向于并不区分其应收账款是来自国内业务还是来自出口贸易。另一方面，对保险公司而言，将出口信用保险保单和国内贸易信用保险保单两者合二为一，也更便于日常操作及管理，因为合二为一后的一份保险单，意味对应着一套保险条款，一套报价规则，而且在续保时只需续保一张保单，如在承保风险不出现异动的情况下，则通常续保费率将有一定的再议价空间。

（二）按信用期限长短分类

信用保险按信用期限的长短来划分，可分为短期信用保险及中长期信用保险。国际信用保险实务中，短期信用保险通常指的是所承保的信用期限以两年为限（当然也有的是以一年为限），中期信用保险则在 2 ~ 5 年（或 1 ~ 3 年），长期信用保险所承保的期限通常在 5 年以上。

---

① https：//www. eulerhermes. com/en_US/what - is - trade - credit - insurance. html#top。

② 实务中，也曾遇到有人提出这样的问题：信用保险和应收账款保险有什么区别？对于这个问题的解答是两者没有区别，信用保险实际就是应收账款保险。比如在早期，部分保险公司国内贸易信用保险产品的名称就为国内贸易应收账款信用保险，只不过可能发展到后来，为简化名称，直接统称为信用保险了。

③ 在国外，如若提到信用保险时，还可能指的是金融市场中的信用保险，如 CDS 信用违约互换/掉期。

④ 本书后续所提及的信用及信用保险等相关概念，如无特别说明，更多指向的是经济范畴内相对传统的信用含义，即仅与赊销或借贷相关联的商业信用或银行信用。

实际上，关于期限的界定，是一个相对理论化的问题，实务中，全球不同保险公司所采用的标准不尽相同。例如，有的保险公司将短期设定为180天之内（因在国际贸易实务中，大多数短期交易的信用期限不超过180天），有的保险公司将之设定为1年以内，但还有的保险公司设定的标准是720天或2年以内。根据出口信贷君子协定，在经济合作与发展组织成员国范围内，中长期业务的起始点被界定为2年。而目前在我国出口信用保险领域，采用的也有2年以内的标准。例如，《财政部关于引入商业保险公司开展短期出口信用保险业务试点有关问题的通知》（财金函〔2014〕36号）第一条规定："同意你公司自2014年起，试点开展短期业务，即保障信用期限一般在1年以内、最长不超过2年的出口信用保险业务。"但无论如何，期限越长，所面临的不确定性因素越多、越复杂，相应的信用风险必然越高①。具体来讲，短期信用保险和中长期信用保险还可进行如下细分。

1. 短期信用保险

目前，行业主要短期信用保险产品包含：

（1）短期出口信用保险综合保险；

（2）短期出口特险②，具体又分为短期出口信用保险特定合同保险和买方违约保险（适保范围为投入成本损失）；

（3）进口预付款保险③；

（4）短期出口信用保险中小企业综合保险；

（5）短期出口信用保险综合保险（小微企业适用）；

（6）出口信用保险（银行）；

（7）出口信用保险（福费廷）④；

（8）国内贸易信用保险；

（9）国内贸易预付款信用保险；

（10）外派劳务保险。

2. 中长期信用保险

中长期信用保险主要包括：

（1）出口卖方信贷保险；

（2）出口买方信贷保险；

（3）出口延付合同再融资保险；

（4）海外投资保险（股权投资保单、债权投资保单）⑤；

（5）境外融资租赁保险等。

---

① 当然，不排除部分观点认为，期限越长，风险不一定越高，只要过程中有分期付款的机制安排。作者对这种观点持一定的保留态度。

② 现行实务中，短期出口特险承保业务的信用期限通常在两年以内。

③ 为进口企业提供在进口贸易中因供应商商业风险或所在国政治风险导致的预付款无法收回的风险保障。

④ 福费廷保单项下的最高参与比例可以达100%。

⑤ 因海外投资大都兼有设备、资本、技术和管理等生产要素为一体的跨国移动，且时间跨度短则3～5年，长则20～30年，故海外投资保险也常见于被归类为中长期出口信用保险。

（三）按保险责任的起始时间分类

根据保险责任的起止时间，信用保险可分为出运前信用保险（Pre－shipment Credit Insurance）和出运后信用保险（Post－shipment Credit Insurance）。出运前信用保险的保险责任通常起始于贸易合同生效日，止于货物出运日，即主要承保货物交付前，由于买方破产或无力支付或单方面取消订单及政治风险等给出口商造成的损失（主要核算的是成本投入损失）；出运后信用保险的保险责任起始于货物出运日（准确来讲应为交付日），止于债务清偿日，主要承保商品出运后由于政治风险和债务人商业风险造成的不能及时收回货款的风险。

（四）按承保的基础/底层合同分类

按承保的基础/底层合同分类，信用保险可分为贸易信用保险、银行保单类保险［如出口买方信贷保险、海外投资债权保险（金融机构适用）］、贷款损失信用保险、海外融资租赁保险、（国内）企业融资租赁应收账款信用保险等①。

综上所述，信用交易和信用风险是信用保险产生与发展的基础，也是信用保险经营管理过程中应重点把握的两条主线（两个基本点）。信用保险随着经济社会和信用的发展也在不断地丰富和完善，相对来讲，信用保险可谓是保险业发展到高级阶段的产物，同时也必将在当代信用经济社会中持续发挥难以替代的功能和作用。

---

① 参见《中国银保监会关于众安在线财产保险股份有限公司企业融资租赁应收账款信用保险（三年期）条款和费率的批复》（银保监许可〔2018〕479号）。其保险责任为“在保险期间内，因付款义务人未按照融资租赁合同约定按期向被保险人足额履行付款义务，且拖欠任何一期账款超过本合同所载等待期的，则保险人对付款义务人剩余应付但未付的各期应收款项，依据本合同的约定向被保险人承担赔偿责任”。http：//bxjg. circ. gov. cn//web/site0/tab5239/info4112804. htm。

第二章

信用保险的功能价值

通常认为，保险具有经济补偿、资金融通和社会管理三大功能①。《国务院关于加快发展现代保险服务业的若干意见》（国发〔2014〕29号，以下简称“新国十条”）② 指出，“保险是现代经济的重要产业和风险管理的基本手段”；要“充分发挥保险风险管理、经济补偿功能”；此外，要“拓展保险服务功能，促进经济提质增效升级”。从属性上讲，有的学者认为，保险“具有多重属性，既具有保障属性，又具有金融属性；既具有财务属性，又具有服务属性”③。

随着保险业的发展和人们对保险认识的不断深化，综合相关理论与实践实际不难得出，保险最基本、最核心的功能及价值是风险管理和风险保障，这也是保险区别于银行或证券等其他金融业态的根本特征，是保险的独特价值所在。

单就信用保险来讲，也并不例外。只是与其他险种不同的是，信用保险因为保险标的和承保风险的相对特殊，除风险管理和风险保障的功能之外，相应地也承担或被赋予了不同于其他险种的更为特殊的功能和价值，如国际信用保险与保证协会（International Credit Insurance and Surety Association，ICISA）④ 指出，“信用保险是保险，但又不仅仅是保险”。

对于出口信用保险而言更是如此，从宏观角度来看，出口信用保险有利于促进出口、推动对外贸易和海外投资的可持续发展、推动市场多元化、支持产业结构升级，以及在拉动经济增长、保障就业、助力国家信用体系建设等方面都发挥着重要的甚至不可替代的作用。因此，各国政府通常将出口信用保险视为有效促进贸易和海外投资、增加一国外汇收入、促进国民经济增长的必不可少的宏观政策工具，对之予以高度重视。我国也是如此，比如《中华人民共和国对外贸易法》中明确将出口信用保险与出口信贷、出口退税列为支持外贸出口的三大政策，又如“新国十条”要求“加大保险业支持企业‘走出去’的力度，着力发挥出口信用保险促进外贸稳定增长和转型升级的作用”。

---

① 中国保险行业协会．保险原理［M］．北京：中国金融出版社，2016：22.

② 国务院关于加快发展现代保险服务业的若干意见（国发〔2014〕29号），2014年8月10日，http://www.gov.cn/zhengce/content/2014-08/13/content_8977.htm。

③ 魏华林．保险的本质、发展与监管［J］．金融监管研究，2018（8）：1-20.

④ 全球第一家信用保险协会。关于该组织，在本书第三章中有进一步的介绍。

从历史发展的眼光来看，出口信用保险的宏观功能和作用，实际也随着经济社会和时代的发展历经了改革变化。例如，从第二次世界大战后期开始，全球范围内，基本由各国政府主导出口信用保险市场，这种局面一直持续了几十年，但进入 20 世纪 90 年代，出口信用保险开始了商业化和私有化的变革。因此，我们也要认识到，出口信用保险并非仅仅是一个宏观经济政策手段，其经营的唯一不变的目的，也并非仅仅是在宏观上拉动一国的出口及海外投资，随着经济社会的发展进步，出口信用保险也并不始终或者并不完全是政策性的。

另外，从微观视角来看，无论政策性也好，商业性也罢，信用保险为投保企业所提供的服务和创造的价值始终不变，或者也可以说将是逐渐丰富的。信用保险发展到今天，整体而言，客户投保的关键驱动力也不再仅仅止于保护应收账款的简单诉求。实务中，信用保险虽然具体表现为一张简单的保险单，似乎仅仅履行损失发生之后的保险的损失补偿作用，但实际上并非如此。信用保险因其承保信用交易的本质，而得以具有强烈的贸易及金融色彩，在提供基本的保险损失补偿作用的同时，其功能和价值更多地体现在促进交易、便利融资和风险管理三个方面。这三个方面的价值，自 2008 年国际金融危机以来，发挥得淋漓尽致。

第一节　促进交易

尽管保险的损失补偿功能，通常被认为是被保险人购买保险的主要原因或者基本诉求，但是对于信用保险而言，即使在不发生风险损失、不产生赔款的情况下，投保企业也可借助信用保险有效扩大销售、提高利润。一定程度上可以说，这是投保企业通过信用保险所能获得的最大的切身利益，更是信用保险最主要的优势。而在宏观层面上能够拉动出口和经济增长，也是各国大力发展信用保险的最直接原因。

但也要认识到，信用保险促进交易的功能，根本是源自信用本身。信用的天生功能就是为促进交易达成，或者说，交易的促进，是因交易中的卖方向交易对手（买方）提供了信用。

一方面信用促进交易，另一方面卖方（债权人）会面临交易对手的信用违约风险。而有了信用保险的保障和支持，卖方企业即可大大降低未来交易债权的不确定性，从而有能力提供更为宽松的信用给既有交易对手，进一步增加销量；或开拓新的市场，寻找新的或更大的买方，提高竞争力。

一、巩固和维护与既有买方的合作

实践中，不乏部分风险厌恶型的卖方（出口）企业，在国际贸易或商务活动中多年固守相对保守和传统的结算方式。比如，因担心买方商业风险和所在国别政治风险，企业严格采用预付款或者信用证等方式进行交易，而对于托收或赊销等方式则绝对禁止，但这又与当今商业环境不符。目前国际、国内市场中，大都已是买方市场，且越是相对优质的或规模较大的买方，市场话语权越强，其可能要求的付款条件则相对越苛刻，比如不仅要求大比例或全部赊销，还可能一再要求卖方提供较长的信用期限。

因此，只要卖方不占据主导地位，一味固守严格、谨慎的全额预付款或信用证等方式，即使买方因各种原因暂时接受，但从长期来看，因非信用赊销的方式毕竟将挤占买方资金，而买方相应的资金或融资成本可能通过一定方式最终转嫁给出口商。比如，或一再压低采购价格，或逐渐减少订单规模，而如若在激烈的市场竞争中，再有其他供应商有能力提供优惠的信用条件，则出口企业必将面临流失既有客户及市场份额不断被蚕食的窘境。也就是说，只要卖方不是处于绝对垄断的市场优势地位，它如果放弃了信用交易这种结算方式，也就意味着必将失去市场。

针对卖方企业所面临的这种信用交易必将产生风险与保守结算必将限制发展之间的两难境地，信用保险可提供最佳解决方案。

（一）通过信用保险，助力业务规模增长

对于希望采用信用交易的买方，卖方企业可向保险公司申请信用限额，保险公司根据对买方的资信调查结果核定信用额度，出口企业以该额度为限与客户签订合同及制订发货计划。其中，特别是对规模相对较大、财务稳健、销售能力强、资信良好、合作时间较长的买方，卖方企业甚至可以经过甄选，主动制定灵活的销售策略、采用更具竞争力的结算方式（如 OA、D/A、D/P 等），以及适当延长信用期限，给予交易买方更有弹性的付款空间，以尽快达成合作意向，获得更多的交易机会，逐步实现交易规模的逐渐增长。

在实务中，特别是国际金融危机以来，借力信用保险得以不断拓展海外市场的企业和案例不胜枚举。比如，我国某著名的行业龙头企业，在国际金融危机以来，订单数量不断锐减。这既是因为海外市场需求下降，也是因为该出口企业长期以来为严格控制信用风险固守原有的信用条件（如严格限定信用期限不得超过 90 天）。危机期间，面对其他竞争对手不断提供更优惠的信用期限以获取大量订单的不利形势，该出口企业主动寻求信用保险的支持，在保险助力下，相应适当延长交易期限，这在该企业的产品和价格已占据市场优势的情况下，在很大程度上提升了该出口企业的市场竞争力。该企业借助信用保险，对于保险公司认可的买方（批复信用限额的买方）提供优惠信用条件和账期（甚至部分买方接受信用交易的同时，可适当提高产品价格），进一步巩固了原有优质客户，并逐渐建立起核心客户群体。经过投保数年之后，该出口企业的这些核心买方的交易额也从合作之初的每年几十万美元，逐渐上升到数百万美元，直至数千万美元甚至数亿美元，业务市场也从当年的几个国家和地区，逐步增加到数十个主要国家和地区。

（二）通过信用保险，助力企业利润稳步提高

通过信用保险，可以降低未来损失发生的不确定性，从而能够确保卖方企业在业务规模和市场份额提高的同时，利润得以同步增长。

当然，这不仅因为事后一旦损失发生，保险可提供损失补偿，也因为在事前卖方企业借助信用保险控制风险较高的交易。比如，对于成立时间短、资质不佳的买方，如果

保险公司不批复限额或难以完全满足限额申请，则出口商可选择采用相对保守的方式进行交易，或者直接放弃交易，最大限度地减少损失。

比如，一家出口企业，在没有信用保险保障的情况下，为控制风险，确保盈利，其严格信用交易规模。在多年交易的某买方项下，长期限定的赊销额度只能为2000万美元。之后，经过与保险公司的多轮接洽，该卖方企业投保了出口信用保险，并在该买方项下，根据贸易实际（主要考虑到买方采购需求），向保险公司申请并最终获得保险公司批复的3000万美元的信用限额。

就这一案例，假设该出口企业维持平均60天的信用账期不变，则在一年内，该企业因限额提高可相应增加的销售额为（3000－2000）×（360÷60）＝6000万美元，如果再保持年利润率10%不变，则年内最多可增加600万美元的营业利润。这还仅是通过提高一个买方信用限额所获得的收益，如果同时在多个买方项下采用该信用保险解决方案，则出口企业所获得的收益将更为可观。

二、助力企业拓展新的市场

信用保险可以为卖方企业在新市场的开发过程中提供安全保障。这主要体现在：信用保险公司凭借覆盖全球的国内外资信调查渠道，以及强大的信息资源优势，能够向出口企业及时、准确地反馈新买方的信用资质状况，并作出相对客观的国别及买方风险评估和研判，助力出口和对外投资企业在成本可控的情况下，获知更多、更为准确的国别、行业及新买方的风险信息，有效规避新买方的商业风险和所在国别的政治风险，从而在激烈的市场竞争中有动力发现新的市场，更为大胆地不断开拓新的领域和新型市场；也能够迅速有效地甄别市场和买方，敢于科学决策，以更加灵活的结算方式和交易手段，抓住贸易和投资机会与更多新买方开展合作，不断改进和提升交易；在信用保险的支持下，不断把握和创造新的商业机会，扩大其出口和对外投资规模，实现业务的跨越式发展，提升其在国际市场上的竞争力。

综上所述，信用保险如同“润滑剂”，促进交易双方能够采用信用方式达成交易。

三、信用提供并非没有限度

一方面，尽管信用能够促进交易的达成与规模的增长，但卖方所能够提供的信用并非没有限度，除了将产生信用风险，还必将在一定程度上挤压卖方资金，导致卖方资金压力和成本随之上升；另一方面，还需认识到信用保险并非包治百病的良药，其并不能完全替代企业内部的全面风险管理制度。因此，无论是企业开展赊销交易，还是保险公司提供信用保险，在实践中，都需要做到“有理、有利，还要有节”。

第一，对企业而言，即使有信用保险的保障，其信用交易的开展也应是稳步的、渐进的，应做好与风险管控的有效平衡。同时应认识到，信用保险可以作为企业信用管理工作的最佳补充，但不能把信用保险看作将企业内部的风险管理工作完全外包给保险公司。这不仅因为信用保险根本上遵循风险共担的原则，还因为信用额度一旦失控，或在没有信用保险保障下无限度地开展赊销交易（如超限额出运），卖方企业甚至可能走向破产的边缘。

第二，对保险公司而言，也应避免不顾风险的无限提供信用保险，从而助推企业信用滥用，进而造成在贸易交易领域出现恶性竞争的局面。因此，除去风险因素的考虑，为了维持贸易秩序，避免保险机构之间的信用竞争，各保险主体之间应适度克制自身承保行为，限制承保总量。这也是常说的保险公司所提供的信用限额是“稀缺资源”的主要原因（如限额有国别总限的限制，还有买方或集团总额的限制等）。

第二节　便利融资

卖方企业在提供赊销以促进交易的同时，因收款是在货物生产交付后的若干天内甚至若干年内，故企业除了需综合考虑风险、利润、交货期等因素，还要考虑接到订单之后的生产资金从哪里来，或者说是否有足够的资金支持订单生产和后续运营。因为实务中，不乏部分企业因资金短缺，造成“有单不敢接”，或者因无法为买方提供融资便利，以致“有单接不了”。因此，如果融资问题无法顺利解决，一定程度上也将掣肘业务的拓展。

由于信用保险可以帮助企业构建新的融资模式，进而提高企业应收账款债权信用等级，所以一定程度上可作为银行融资风险的缓释措施，有效助力企业增强融资能力，盘活应收账款，加速资金周转，开启更有吸引力的银行融资，这便是众多卖方企业所看重的信用保险的另一个极为重要的功能——便利融资。

一、便利融资的含义

所谓信用保险的便利融资功能，主要是指通过发挥信用保险风险保障和损失补偿功能，使信用保险成为卖方企业（如出口商）获取银行贷款的前提条件，或者说，在信用保险对应收账款提供保障的前提下，使卖方企业能够摆脱因为抵（质）押或其他担保能力不足而难以获得银行融资贷款的尴尬境地，顺利从银行获取融资款项。

对融资银行而言，通过对接信用保险的方式，将便利融资作为银行信贷融资的先行条件或必要条件，从而将在贸易融资业务中所面临的信贷风险转嫁给保险公司。但此处需注意的是，银行所转嫁的并非是贸易融资业务中的全部风险，而主要是因买方信用风险所造成的卖方在融资贷款协议项下的那部分还贷风险。

二、实务操作模式

相对于其他险种，信用保险金融属性最强。实践中，信用保险许多业务和银行中的传统贸易融资（如打包贷款、押汇、出口发票贴现等）及结构性贸易融资（如出口买方信贷、出口卖方信贷、国际保理、福费廷等）业务息息相关。整体来看，尽管信用保险融资主要还是帮助企业构建新的融资架构，但与此同时，银行也是信用保险的重要客户，许多信用保险产品及业务模式实际也是专门为匹配银行融资业务而产生和发展起来的。

具体到实务操作中，目前主要有以下三种银保融资模式。

（一）赔款转让模式

赔款转让模式下，银行仅仅作为保单将来赔款的受让人（支付对象），而并不作为保单的被保险人。其主要操作规则是：出口商（卖方）在保险公司投保，并与保险公司和银行三方签订相关协议（如赔款转让协议），该协议通常约定，在发生保险责任范围内的损失时，保险公司将贸易项下的赔款直接全额支付给融资银行账户（即赔款权益转让）。三方协议签订后，如果出口商（卖方）向买方交付了货物且保险公司出具相关承保证明，则银行可向出口商提供融资，该融资金额通常不超过保险项下应收账款的90%（主要和保单约定赔偿比例保持一致，以全额覆盖银行融资贷款）；而企业则以此融资款项进行后续的生产采购和经营，并以到期买方付款作为银行融资的还款来源。

实务中，对接赔款转让类合作模式的信用保险主要有短期出口信用保险、特定合同保险及买方违约保险等，这些保险产品也是企业在银行进行短期融资的利器。

（二）应收账款转让模式

应收账款转让模式下，银行和投保企业一起作为保单的共同被保险人。主要操作规则是：出口商（卖方）首先在保险公司进行投保，并与保险公司和银行三方签订应收账款转让协议。之后，出口商（卖方）在货物出运交付后将保单项下的应收账款转让给银行，相应地，银行向出口商提供融资，并成为转让范围内保单项下的被保险人。

当发生保险责任范围内的损失时，保险公司根据保险合同及应收账款转让协议的相关约定，将赔款支付给被保险人（融资银行）。

（三）融资银行直接投保信用保险

如果说前述两种模式可以统称为卖方信贷保单，则第三种模式常见于中长期买方信贷类保单①，即银行单独作为信用保险的投保人和被保险人，将其持有的债权直接向保险公司投保。

需要注意的是，此处银行投保的债权，主要是融资贷款协议项下的债权，而非贸易合同/商务合同项下的债权。当发生保险责任范围内的损失时，保险公司根据保险合同约定，承担相应的赔偿责任。

现行实务中，该类保险产品主要有出口信用保险、福费廷、出口买方信贷保险、海外投资（债权）保险（金融机构适用）等。

三、信用保险项下融资信贷的“正反面”

（一）益处

微观层面，对出口企业而言，借助信用保险除可以获得便利融资、节省融资利息及减少汇率损失等益处之外，融资还可以促进销售，提高市场竞争力。

---

① 通过出口买方信贷，出口方可实现即期收汇，因此中长期买方信贷类保单是目前国际工程承包企业首选的融资产品。关于出口买方信贷保险，在本书第十二章中将详细展开论述。

在现如今的绝大多数买方市场中，产品同质化相对严重，价格也难有较为明显的差距，在这种情况下，卖方能否提供融资，以及融资方案的优劣甚至能够成为交易达成的先决条件或者说决定因素。通常在贸易实务中，对一些欠发达国家或市场中的买方而言，它们可能会因为资金短缺而难以进口，但如果出口方能够为其提供合适的融资手段，很可能会顺利实现销售。

此外，融资促进销售的作用，在中长期业务领域表现得也尤为明显。比如，随着当今市场竞争的日益激烈，买方或项目业主为了缓解自身的资金压力，在订单要约或项目发包时，常见要求融资、带资承包（EPC + F）或买方信贷等条件。相应地，卖方（或项目承包商）的资金实力及融资能力，就成为其争取订单或商务合同关键的甚至决定性的竞争因素。

总之，通过信用保险便利融资，进而将其作为销售和竞争手段，也越来越被投保企业所认可并广泛应用。

（二）信用保险并非见索即付的担保

信用保险尽管可以便利融资，却也极易助推欺诈的发生，且不乏数量众多的涉嫌虚假贸易融资的信用保险案件，投保企业起初的投保动机不是为了欺诈骗取保险赔款，而更多的是通过信用保险保单骗取银行融资。因此，如果融资成为投保的唯一目的（特别是短期信用保险项下），则往往极易和欺诈相伴随，在宏观经济低迷、流动性相对紧缩的市场环境下尤为如此。

需要注意的是，信用保险属于保险，为规避道德风险和逆向选择，其同样遵循保险的基本原则，如诚实信用原则、风险分担原则等①，因此信用保险也有其除外责任。这些除外责任中，就包含了基础交易虚假。也就是说，对于经保险公司审理认定属涉嫌虚假贸易融资的案件，根据保险合同约定，保险公司将拒绝赔偿。这与部分见索即付的担保产品是有明显区别的。

综上所述，信用保险承保的是贸易合同/商务合同项下的买方信用风险，而对于卖方（借款人）在融资贷款协议项下的还款风险（包括但不限于确保贸易背景的真实性），融资银行在做授信决策时，并不能因为卖方（借款人）投保了信用保险，而放松对卖方（借款人）本身资信状况和贸易背景真实性的审核评估。

第三节　风险管理

风险管理和风险保障是保险的基本属性。而在某种程度上可以说，信用保险对保险的这一本质功能作出了更为深刻的诠释。

从根本上说，前述提到的信用保险促进交易与便利融资两大功能，归根溯源还是信用保险的风险管理功能。通过这一功能，信用保险一方面帮助企业将其在经济活动中所

① 这些基本原则，在本书第五章中将有深入阐述。

面临的不确定的应收账款风险，转化为确定性的保险保障。另一方面，信用保险的最终目标并不止于简单的损失赔付，其更为重要的目标是通过提供信息知识和智力支持，便于从事前入手，进行相对精准的风险研判和预估，帮助企业规避或减少可预见的损失，以及通过提供合理化方案和建议，最大限度地缓释风险，从而达到最为有效的防灾减损和风险减量管理的目的，最终助力企业不断完善内部信用风险管理机制，在企业全面风险管理和经营发展过程中发挥不可替代的作用。

具体来讲，针对客户从谈判签约、发货收款到款项催收的整个交易过程，信用保险可嵌入企业内部信用风险体系中，通过对信用风险的事前风险预防、事中动态跟踪、事后损失补偿来助力企业实现“三位一体”的全面信用风险管理。

一、事前风险预防

应收账款是一种不以实体形式存在的财产，但也可能正是因为其并不像其他实物财产那样看得见摸得着，所以部分企业并未将应收账款看作需要投保的财产，或者说应收账款并未引起足够的投保重视①。

对一家企业而言，应收账款尽管可以被视为销售收入，但实际上，在应收账款顺利回收变现之前，是不能当作真实资产的。据不完全统计，企业的应收账款占资产的比重通常为20% ~40%（根据企业类型不同而有所不同）②，比重如此之高，如果一旦遭受交易对手违约尤其是一个或数个最主要的大客户违约，则对企业现金流、利润和资本可能带来毁灭性的打击，甚至有可能将企业推向破产的边缘。

可以说，在当今经济社会，尤其面对当前复杂的国际、国内经济形势，交易对手信用风险高企，违约随时都会发生。尽管信用风险可能会因行业和国别的不同而风险程度不同，但是对于企业来讲，几乎没有一个行业或某一家企业可以绝对免于信用风险的影响。为了充分保障企业财产安全，识别和管控信用风险极为重要。

要实施有效的信用风险管理，通常首先需要对交易买方、行业、国别及宏观经济等进行全面透彻的分析，在此基础上，再对风险的发生进行研判。在这个方面，信用保险具有一定优势。

（一）提供实时、动态、全面的信用信息服务

信用保险承保的是信息不对称的风险，信用信息是保险公司的核心竞争力之一。

实务中，经营信用保险的保险机构通常会在信用信息采集和信用评估方面投入大量资源。在信息采集方面通常会有多种渠道，这主要包括如征信机构、庞大的动态实时数据库、公开信息、被保险人及买方各自提供相关信息、保险公司实地调研、银行和保险同业及公司内部所积累的业务数据等。其中，尤其是保险同业及公司内部所积累的业务数据，更是保险公司独具的相对信息优势。比如，保险公司在长期的服务过程中，沉淀

① 比如，某信用保险公司的广告语：“为你的工厂购买保险，为什么不为你的应收账款也购买保险?”

② International Credit Insurance & Surety Association. A Guide To Trade Credit Insurance [M]. London: Anthem Press, 2015: 18.

了大量的出运、申报及收付款记录等承保数据（如可能覆盖高达数百万家境内外企业），以及在多年理赔服务过程中，也积累了众多买方/银行的出险名单及相关案件信息；甚至还有的买方为向保险公司争取更多限额，可能会将自身关键信息独家披露给保险公司；此外，也还有通过同业协会或机构之间共享的关于国别、行业及买方的相关数据和信息等。保险公司通过对这些信息的获取和互相之间的比对校验，能够在很大程度上提高风险研判预估的准确性。

与保险公司所拥有的大量信息相比，单一卖方（尤其是中小企业）通常只能单凭一己之力，了解限于自身交易项下的买方信息，或是“道听途说”一些难以求证的风险信息，而对于买方和其他供应商的交易付款情况及更多、更为实时的动态风险信息，可能除了通过信用保险的渠道是无从了解的。比如，保险公司在日常经营过程中，通常会采取的一种风险管控措施是，一旦某一个买方在保险公司某一个被保险人项下发生拖欠或拒收等信用风险违约事件，保险公司将在第一时间将该买方的风险信息通知其他出口商，从而可以避免损失进一步扩大。再如，一些规模较大的保险公司通常会在买方所在国设立机构或配置专门的资信调查或限额审批人员，以便能够在地理位置上更为接近他们客户的买方，从而可对买方风险进行更为实时准确的密切跟踪。

（二）提供专业的风险预防和解决方案

信用保险利用自身的数据信息优势及先进的信用评级技术，不仅为企业提供风险信息，也为客户提供专业的风险管控指导与建议。比如，在合同签署过程中，可以协助客户梳理合同执行流程、分析合同签订要点、排查合同漏洞和风险点，以及为合同关键条款的拟定和执行提供专业建议等。再如，保险公司在经过综合信用评估后所审批的买方信用限额，能够帮助企业提前掌握买方资信，有效筛选合作买方，优化交易买方结构，将有限的资源集中到与更优质的买方开展交易，从而形成保险公司和企业内部买方双重风险控制体系。

此外，保险公司还可为企业定期提供国际贸易或海外投资管理等方面的资信、培训及咨询，帮助企业全面了解和有效规避对外商务活动和海外投资过程中遇到的国别风险、行业风险，不断提高企业信用风险认知和敏感度，而且，对于项目在执行或审批过程中遇到的一些障碍，保险公司还可以协助提供相关建议或解决方案。

二、事中动态跟踪

与其他险种有明显区别的是，信用保险在保单签订之后，并非像传统的财产保险产品或商业模式那样，在整个保单年度内，保险公司大多是相对被动或静态地接受客观存在的风险和损失的发生；在信用保险项下，保险公司在整个保单年度内对风险都是一个主动的、动态的监控和管控，这也称为保后管理的过程。

（一）短期信用保险

保单签订后尤其是在限额批复之后，买方风险也非固定不变，而是可能随着商业环境及所在国家风险的变化实时改变。因此，保险公司尤其重视日常风险监控体系的建立和不断完善，以便对已批复限额的国别、行业及买方进行风险的有效跟踪管理。其中，尤其是对大限额买方，保险公司通常会根据买方累计有效限额的高低将其分类，并定期进行月度或季度风险跟踪和分析，如定期关注买方经营管理和财务信息变动情况、回顾分析投保企业在限额买方项下的申报及回款记录、与投保企业进行专门交流、拜访买方、与同业机构及行业协会交流大买方信息等。同时，在保单执行过程中，如果买方发生风险异动，保险公司还可对已批复限额进行动态调整，以及与被保险人一起，采取各种措施，积极减损。

（二）中长期信用保险的保后管理

对中长期和海外投资保险而言，保单签发并生效后，保后管理更是一项重点工作。在这一阶段，保险公司的主要任务是对承保项目有关的商务合同、贷款协议、担保文件和保单的落实、执行等情况进行日常保后管理和风险跟踪。其中，日常保后管理，具体包括对项目在数年甚至十几年过程中的执行情况跟踪，以及根据保险标的的变化调整保险条件，防止项目风险的发生，或在风险发生时采取措施控制风险的进一步扩大；而风险跟踪则主要包括对进口国政治经济状况、借款人及担保人资信情况、出口商收汇情况等进行积极跟踪，对可能引发保险责任范围的风险与被保险人共同采取措施及时应对等。

综上所述，事中的风险动态监控可以对风险实施有效的减量管理，有效维系贸易交易关系和保障项目的顺利执行，因此很多被保险人（包括银行）也将保险公司的保后风险管理及买方风险动态跟踪作为信用保险所提供的一项极具价值的服务，且这种价值不是信用保险的附属功能，而是一种核心价值。

三、事后损失补偿

保险通常被视为一种风险转移机制。面对不确定的政治风险和商业风险，通过保险转移买方或交易对手违约风险，是较为常见的客户购买信用保险的最简单、最直接的诉求。

（一）损失赔偿

无论短期信用保险还是中长期信用保险，损失赔偿均按保险基本原理运作。比如，发生保险责任范围内的损失，保险公司将按照保险合同的约定及时支付赔款，从而使企业的应收账款损失能够得到及时和足额的补偿，最大限度地保障企业的财务稳健和持续经营。

（二）欠款追收

实践中，卖方企业进行债务追偿的手段通常比较单一。通过保险公司的介入，可为企业提供有关追收方面的专业性意见和建议，帮助出口企业高效处理贸易纠纷和损失案件，减少损失的发生；或者通过直接介入追讨，减少企业追收所花费的大量成本，并且能够提高追偿成功率。

相对于投保企业的“单枪匹马”，保险公司可借助遍布全球的追偿渠道和律师事务所进行介入追讨，还可以借助限额施压，通过保险公司（知名保险公司更好）的参与介入可以提高追偿成功率。大多数买方为了盘活资金或维系持续交易和经营，维持行业声誉，通常可能优先偿还保险项下的欠款，以保证继续获得放账或融资支持，这也是信用保险价值得以体现的重要方面。

赔付后，出口信用机构通过代位追偿获取的追偿收入，也会按照保险合同的约定与被保险人按比例进行分摊。

【案例】

某出口企业运用信用保险获益的简单测算案例

某企业在投保信用保险之前的数年间，一直执行的是极为严格的信用管理政策，出口业务几乎全部以预付款或者信用证方式结算。国际金融危机之后，面对激烈的市场竞争，企业开始引入信用保险机制，并尝试渐进性地对部分信用资质较好、采购量较大的买方开展赊销交易。在信用保险的支持下，企业出口规模得以不断扩大，三年间累计销售收入增加 2 亿美元，在保持年利润为 5% 不变的情况下，收益累计增加 1000 万美元。此外，借助信保保单便利融资功能，企业实现外币融资，三年内共节省融资利息及减少汇率损失约为 80 万美元；在保单项下，企业三年累计交纳保险费为 85 万美元，其间索赔案件项下获得保险赔款共计 30 万美元。综合以上三方面简单进行财务测算，该企业三年内累计收益的增加额为 1025 万美元（1000 + 80 + 30 − 85）。除此之外，企业还获得了一些潜在的难以简单量化的收益，比如，通过销售额的扩大，进一步稳固了市场地位，提升了行业知名度；在采购端，企业有了更强的议价能力，使采购成本逐渐降低；在银行融资方面，企业在信用保险的支持下，得以长期获得银行提供的较为优惠的融资支持。最终，企业逐步建立起完善的内部风险管控机制，在稳健运营的基础上得以持续快速发展。

促进交易、便利融资及风险管理是信用保险为客户创造的三大价值，这三大价值是互为影响并且对同一家客户来讲是同时发挥效用的。想要全面深入地认识和了解信用保险，还需要进一步去探究其发展历史、基本原理、实务操作及一些具有典型代表性的案例，才会更为丰富生动和坚实有力。

第三章

全球出口信用保险发展的历史变迁[①]

"欲知大道，必先为史"。为了更好地理解出口信用保险的基本原理、规则及实务，在这之前，是非常有必要去系统梳理和回顾全球出口信用保险发展演变的历史、了解信用保险产生及发展趋势的。

本章主要通过对信用保险历史发展的纵向分析，以及对国际、国内信用保险机构的横向对比，以期能够深入挖掘和充分展示出口信用保险发展路径及沿革变迁。

第一节　全球出口信用保险的发展历程

根据史料记载，大约于18世纪末19世纪初，信用保险在出口贸易领域开始萌芽。彼时，这一业务主要在欧洲，由商业保险或金融机构开办，政府几乎没有任何参与，信用保险在当时也并未形成气候。第一次世界大战之后，英国成立全球首家官方支持的出口信用保险机构（ECGD），标志着信用保险有了实质性的飞跃，并且在这一时期，市场逐渐开始认识到，没有政府的参与，商业（私营）保险机构无力承保政治风险（巨灾风险）。随着国际贸易的发展和商品交易结构的改变，在第二次世界大战后，众多西方发达国家和发展中国家的政府，也开始积极地介入出口信用保险市场，纷纷在本国建立起官方支持的信用保险机构或制度，而商业（私营）信用保险机构则专注于国内信用保险市场[②]。这种局面一直持续了几十年，到大约20世纪90年代，商业（私营）保险机构开始大举进入短期出口信用保险市场，且随着欧洲信用保险市场并购浪潮的到来，全球信用保险行业得以迅速扩张。但2008年国际金融危机的发生，使信用保险承保风险急剧飙升，在政府的要求和支持下，官方出口信用保险机构实行积极承保政策，填补了信用保险市场的供给缺口。

综上所述，出口信用保险的发展历程可以分为萌芽与起源（主要是私营机构经营）、

① 周玉坤．全球出口信用保险发展的历史变迁［J］．保险理论与实践，2020（1）．

② 当然也有部分商业保险机构仍然承保部分出口贸易，但大多承保的也仅限于商业风险而非政治风险。

政府主导（或称政策性主导）、商业化转型（政商共存）及政策性作用凸显四个阶段[①]。

一、出口信用保险的萌芽与起源（18 世纪末—20 世纪 20 年代）

18 世纪末期，信用保险制度伴随着国际贸易的发展及激烈的市场竞争而萌芽。这一时期，从业务特点来看，经营主体主要是一些商业金融机构（银行及保险公司），信用期限主要以短期为主，承保风险限于商业风险；而从地域来看，尽管出口信用保险制度几乎于同一时期在欧洲和美国产生，但真正落地生根并得到持续发展则是在欧洲各国。

（一）欧洲情况

大约在 18 世纪末期，贸易信用保险在欧洲初现端倪[②]。1766 年，普鲁士的一名学者提出，为减少商人在国际贸易交易中的损失，可尝试建立一种能够承保海上风险的保险机制。1839 年，意大利人博纳尤托·帕里斯·桑古内蒂（Bonajuto Paris Sanguinetti）发表了一篇关于信用保险的文章，题目是《一种新的理论——将保险应用于因破产而导致的损失》[③]，他在文章中对信用保险进行了明确的定义和阐述，被看作是信用保险理论的奠基人[④]。

到了 1849 年，法国的 Mallet Freres et Cie 银行成为首家承保贸易信用风险的银行。之后，这项业务也迅速被巴黎的其他四家银行效仿。但是，尽管在初期取得了较大的成功，却因为受制于当时银行和保险须严格分业的限制，这些银行不得不在随后停止了信用保险业务。

与此同时，信用保险在保险公司中产生并发展起来。在 19 世纪中期，英国的部分财产保险公司已经开始经营信用保险。1852 年，英国成立了两家专业的信用保险公司——商业信用互保协会（Commercial Credit Mutual Assurance Association）和破产互助担保（Solvency Mutual Guarantee）。之后，1885 年，海上事故担保公司（Ocean Accident and Guarantee Corporation）成立，该公司出具了首张统保的信用保险保单[⑤]，承保被保险人的全部信用交易业务（而不是有选择地挑选某类风险进行承保）。后来再到 19 世纪末期，劳合社（Lloyd's）也开始承保信用风险，而随着业务的发展，劳合社的一些保险商组建成立了超额保险公司（Excess Insurance Company）。因此，英国通常被视为信用保险的发源地。

到 19 世纪末期，信用保险从英国逐步扩展到欧洲大陆国家。1906 年，瑞士的一家综合性的保险公司开始承保国内信用保险业务。

（二）美国情况

在美国，据称诞生了世界上最为古老的一家专业的商业信用保险机构[⑥]，其名称为

---

① 罗熹. 信用保险词典［M］. 北京：中国金融出版社，2015：75. 该书将出口信用机构分为三个发展阶段，分别是政策性主导阶段、政商共存阶段和政策性强化阶段。

② International Credit Insurance & Surety Association. A Guide To Trade Credit Insurance［M］. London：Anthem Press，2015：15.

③ 这大致也可以看出，信用保险所承保的风险种类，最初萌芽于破产风险。

④ MiranJus. Credit Insurance［M］. Oxford：Elsevier，2013：7.

⑤ MiranJus. Credit Insurance［M］. Oxford：Elsevier，2013：7.

⑥ http：//www. eulerhermes. com/group/who - we - are/Pages/a - hundred - years - history. aspx。

美国信用担保公司（American Credit Indemnity，ACI），该公司成立于1893年，目前是Euler Hermes集团的一部分且至今仍在经营。

整体来讲，在之后的100年，贸易信用保险在美国并没有真正的生根发芽。虽然在2000年前后，美国的信用保险行业经历了一次较为明显的上升期，但相对于信用保险在欧洲蓬勃发展的态势，依然较为逊色。

二、出口信用保险的发展——政府主导（20世纪20年代—90年代）

第一次世界大战改变了战前由英国所主导的国际贸易秩序格局。战后，以英国为代表的欧美各国开始认识到，出口信用保险是促进对外贸易和拉动复苏国内经济增长的有力手段，于是各国陆续开始直接或间接地建立出口信用保险制度或机构。这些机构大多具有政府背景，且大多数国家只建立一家出口信用保险机构，因此在一国内鲜有竞争。

（一）出口信用保险机构及制度的建立

1. 第一次世界大战后到第二次世界大战前，西方发达国家陆续开办出口信用保险业务

1917年，赫尔梅斯信贷银行（Hermes Kreditversicherungsbank AG）在德国成立①。1918年第一次世界大战结束之后，英国贸易公司（British Trade Corporation）成立了英国贸易保障公司（Trade Indemnity Company）②。

1919年6月21日，英国政府又在海外贸易部（Department of Overseas Trade）下设立了一个二级局，取名为出口信用局（Export Credits Department）③，这就是后来全球信用保险行业最为知名的英国出口信用担保局（Export Credits Guarantee Department，ECGD）的前身④。如果说之前成立的信用保险机构大多为商业性的私营保险公司，那么ECGD则堪称全球首家官方出口信用保险机构⑤。ECGD成立的主要职能是应对国际竞争，鼓励和支持因战争而停止的海外贸易（最初主要是对俄罗斯的出口），并解决失业问题⑥，同时也为了帮助欧洲一些弱小国家从战争的摧残中得以尽快恢复。

基于类似的初衷，紧随英国之后，20世纪20年代有比利时、荷兰、挪威、西班牙等国，以及三四十年代瑞典、瑞士、法国、美国等国也相继成立了出口信用保险机构或制度，这些国家普遍把贸易信用保险视为拉动经济，尤其是应对1929年世界经济危机⑦的一种新的政策手段。

---

① http：//www. eulerhermes. com/finance/Documents/2016/Euler – Hermes – 2016 – Registration – Document. pdf。

② http：//www. eulerhermes. com/group/who – we – are/Pages/a – hundred – years – history. aspx。

③ 景奉雷，程亮，等. 英国出口信用担保局90年［M］. 北京：知识出版社，2016：1.

④ 1926年，出口信用局正式更名为出口信用担保局（ECGD）。从字面变动中就可以看出，担保机制开始正式建立起来，但ECGD仍然隶属于海外贸易部。

⑤ 业内也泛指出口信用保险机构为出口信用机构（Export Credit Agency，ECA）。实际上，相对于出口信用保险机构，出口信用机构（ECA）指代范畴更广，其通常包含了为支持一国出口贸易和对外投资而提供保险、担保或贷款的所有机构，且主要指官方支持的出口信用机构，以与商业性（私营）出口信用机构相区别。为便于表述，如无特别说明，下文中并不对ECA与出口信用保险机构进行严格区分。

⑥ 第一次世界大战沉重地打击了英国的纺织工业，导致其失业率高企。

⑦ 1929年10月，这场首先爆发于美国而后蔓延至全世界的经济大危机，造成了生产下降、企业破产、工人失业、银行倒闭。危机持续时间长达4年，堪称资本主义经济史上规模最大、历时最长、后果最严重的一场经济危机。

2. 第二次世界大战后，越来越多的发展中国家也开始建立本国的信用保险机构

随着经济的发展和全球贸易的增长，出口信用保险在促进出口及拉动经济等方面的作用不断凸显。20 世纪 50 年代到 90 年代，众多发展中国家也纷纷效仿西方发达国家的做法，一度掀起了成立官方支持的出口信用保险机构的浪潮。例如，50 年代后半期的南非（成立非洲第一家 ECA）、印度等国；70 年代的斯里兰卡、马来西亚、菲律宾等国，以及 90 年代的中东欧及苏联地区，等等。各主要国家信用保险制度的建立概况，如表 3 -1所示。

表 3 -1　　各国出口信用保险机构成立概览

年代	各国出口信用保险机构及成立年份
20 世纪 10 年代	英国（ECGD，1919）、德国（EH GERMANY，1917）
20 世纪 20 年代	比利时（ONDD，1921）、荷兰（ATRADIUS，1925）、西班牙（CESCE，1929）、挪威（GIEK，1929）
20 世纪 30 年代	瑞典（EKN，1933）、瑞士（ERG，1934）、美国（US EXIMBANK，1934）
20 世纪 40 年代	加拿大（EDC，1944）、法国（COFACE，1946）、奥地利（OEKB，1946）
20 世纪 50 年代	南非（CGIC，1956）、以色列（ASHRA，1957）、印度（ECGC，1957）、澳大利亚（EFIC，1957）
20 世纪 60 年代	芬兰（FINNVERA，1963）、葡萄牙（COSEC，1969）
20 世纪 70 年代	西班牙（CESCE，1970）、美国（OPIC，1971）、意大利（SACE，1977）、斯里兰卡（SLECIC，1978）、马来西亚（MEXIM，1977）
20 世纪 80 年代	印度尼西亚（ASEI，1985）、牙买加（EXIMJ，1986）、土耳其（TURK EXIMBANK，1987）
20 世纪 90 年代	韩国（K - sure，1992）、泰国（THAI EXIMBANK，1994）、巴西（SBCE，1997）、丹麦（EKF，1996）、波兰（KUKE，1991）、捷克（EGAP，1992）、斯洛文尼亚（SID BANKA，1992）、匈牙利（MEHIB，1994）
2000—2010 年	中国（SINOSURE，2001）、日本（NEXI，2001）、新加坡（ECICS，2003）、美国（CHARTIS，2009）

资料来源：根据伯尔尼协会相关资料及各公司官网整理。

（二）经营模式的比较

20 世纪 90 年代之前，各国经营出口信用保险的机构或公司，绝大多数是依政府支持而建立的（官方 ECA 机构），根据政府支持或参与的程度，以及机构设置、模式选择等方面的不同，这些机构又大致可以分为以下四种类型①：

1. 政府设立部门管理出口信用保险业务

在政府设立部门管理出口信用保险业务模式下，一国所有的出口信用保险业务均在政府单独开立的账户上经营和管理。比如，当时的英国出口信用担保局（ECGD）、澳大

① 中国出口信用保险公司. 出口信用保险——操作流程与案例［M］. 北京：中国海关出版社，2008：5.

利亚出口融资与保险公司（EFIC），以及挪威出口信用担保局（GIEK）等。

2. 政府成立全资公司

政府成立全资公司模式下，政府的主要职责是提供资金支持及制定必要的政策措施，但并不直接插手公司业务的具体经营，如加拿大出口发展公司（EDC）、中国香港出口信用保险局（HKEC）、捷克出口担保和保险公司（EGAP）及中国出口信用保险公司（SINOSURE）等。

3. 政府控股的有限责任公司

政府控股的有限责任公司模式主要指的是政府以股份公司的形式经营出口信用保险业务，在公司股份结构中，政府占半数以上比例，如波兰出口信用保险公司（KUKE）、意大利出口信用保险公司（SACE）① 等。

4. 进出口银行兼营模式

进出口银行兼营模式指出口信用保险与出口信贷业务由进出口银行同时承办。美国、泰国、马来西亚、菲律宾均采用这种模式。比如，美国进出口银行（EXIM），依据1945年颁布的《进出口银行法》，同时提供买方信贷和卖方信贷保险、担保及直接贷款等金融业务。再如，我国在20世纪90年代成立的中国进出口银行，也曾效仿美国，同时开办银行信贷和出口信用保险业务②。

综合上述机构及发展模式，尽管均有政府参与，但实际形态却又表现各异。比如，只承保政治风险，或同时承保政治风险和商业风险（这类机构占绝大多数）；或是仅承保短期业务，或只做中长期业务，或两者兼而有之；这些机构或称为保险公司，或称为进出口银行，等等。

总之，在信用保险行业，并不存在可适用于任何一个国家、任何一个时代的一个标准的、固定不变的经营模式③。换言之，别国的出口信用保险机构模式也并不能完全照搬或原封不动地移植到本国，且在一国内，出口信用保险的模式也需随着经济发展的需要和对外贸易政策的变化进行相应调整变化。

三、出口信用保险的繁荣——商业化转型（20世纪90年代—2008年国际金融危机）

（一）私有化兴起的背景

政府主导信用保险市场的局面持续了几十年。到了20世纪90年代，出口信用保险在欧洲开始了私有化的变革，这主要基于以下背景及原因。

一是国际政治环境趋于稳定，世界经济快速发展，欧洲一体化进程开始加快，贸易交易规模在迅速扩大，市场竞争也在不断加剧，进而对信用保险的市场需求也在不断增长。

---

① SACE于2004年改制为股份制公司，其改制前主要经营的是政策性业务，改制后又下设成立单独的全资子公司专门经营商业化业务，而政策性业务则继续由SACE承接经营。

② 中国进出口银行经营出口信用保险的历史概况，在本书第四章中将有进一步论述。

③ Malcolm Stephens. The Changing Role of Export Credit Agencies [M]. IMF, Washington DC, 1999.

二是信用保险承保经验的积累及承保规模的不断增长，商业保险公司对出口信用风险的承保能力不断增强，短期出口信用保险已趋向通过大数法则实现盈利的阶段。因此，欧洲几家较大的商业保险机构认为，短期出口信用保险已具备了可通过商业化运营实现承保盈利的条件和可能。

三是 20 世纪 90 年代，欧盟委员会对欧盟成员国通过补贴及保险等方式拉动出口的限制越来越严格，这其中就包括了限制各国官方出口信用保险机构为可市场化的风险[①]提供保障。例如，1997 年 9 月，欧盟委员会出台了《欧盟委员会关于政府支持短期出口信用保险指导原则的决定》（*Communication of the Commission Setting Guidelines for the Provision of State Support for Short－term Credit Insurance*），要求欧盟成员国的官方出口信用保险机构应放弃可市场化的风险（主要是短期风险），并将之交由商业保险机构经营（短期出口信用保险商业化）。

综上所述，在上述因素的共同推动下，信用保险市场化得以快速发展。

（二）信用保险的私有化及合并扩张历程

1. 英国 ECGD 首先拉开了私有化的序幕

1985 年，英国贸易保障公司（UK'S Trade Indemnity Company）开发出全球首款可同时承保商业风险和政治风险的信用保险产品（综合信用保险），在随后的几年中，其他国家的私营保险公司也陆续推出类似产品，这意味着私营保险公司开始大规模介入之前由官方信用保险机构占主导的市场。

在这场私有化改革进程中，最具有里程碑标志性意义的事件，则是 ECGD 在 20 世纪 90 年代初的变革。1991 年 10 月，英国议会通过了《出口和投资担保法案》，批准 ECGD 重组短期险业务，但中长期项目险业务仍继续保留并由政府机构独立经营。同年 12 月 1 日，荷兰老牌的信用保险公司 NCM（Nederlandsche Credietverzekering Maatschappij，1925 年成立）收购了 ECGD 全部短期出口信用险业务，至此，ECGD 终结了经营 70 多年的短期信用保险业务[②]，这在真正意义上，拉开了官方出口信用保险机构短期出口险商业化经营及市场合并的序幕。

2. 通过合并扩张，最终形成了三家主要的信用保险集团

20 世纪 90 年代，随着国际贸易的发展和全球化进程的加快，大型跨国公司的贸易交易遍布世界各国，客观上需要保险公司为跨国企业在各地的子公司提供服务，从而推动了信用保险公司国际化进程与市场合并的浪潮。保险公司在合并之后，也能够提供更大的承保能力，以及更为全面综合地提供信用保险服务。

在这场扩张合并浪潮中，最终形成了三家主要的信用保险集团，其历程大致为：

---

① 欧盟将那些商业保险公司愿意且能够承保的信用风险（主要是短期）称为可市场化的风险，把商业保险公司不愿承保，只能由官方信用保险机构承保的风险划分为不可市场化的风险。

② 并非 ECGD 不再参与短期险业务。实际上，当商业保险公司承保能力不足的时候，为避免国内出口企业缺乏信用保险保障，ECGD 在私有化之后，还在特定领域以再保险人的身份支持了 NCM 很多年。

（1）科法斯（Coface）。1992 年，Coface[①] 进入英国和意大利，开始了国际化道路[②]。1994 年，Coface 通过私有化改革，转型为私营信用保险公司，同时代理政府承保中长期等政策性保险业务，开始了市场化运作，两年之后，又在德国和奥地利收购了两家保险公司，得以进一步扩张。

（2）裕利安宜（Euler Hermes）。1993 年，欧洲的一家信用保险公司 SFAC（Société Française d'Assurance Crédit，1927 年成立）并购了比利时的信用保险公司 COBAC（Compagnie Belge d'Assurance Crédit，1929 年成立）[③]；之后，SFAC 又于 1996 年接管了英国贸易保障公司（Trade Indemnity Company，1918 年成立）和美国的 ACI[④]（American Credit Indemnity，1893 年成立），随后 SFAC 更名为 EULER。2002 年，EULER/SFAC 与德国的 Hermes 合并为 Euler Hermes。

（3）安卓（Atradius）。20 世纪 90 年代中后期，欧洲信用保险公司又开始了一系列新一轮的收购和兼并的浪潮。最具代表性的案例有 2001 年，NCM[⑤]（Nederlandsche Credietverzekering Maatschappij，荷兰，1925 年成立）和 Gerling Credit（Gerling – Konzern Speziale Kreditversicherung，德国，1954 年成立）合并为 GERLING NCM[⑥]，之后于 2004 年，GERLING NCM 更名为 Atradius。

这三家信用保险集团，在当时占据了全球信用保险市场业务的八成。

（三）官方和私营信用保险机构的关系

随着部分官方 ECA 机构逐渐从短期出口信用保险市场退出，商业性保险公司不断在市场上进行并购整合，越来越深入地介入信用保险领域，甚至部分商业保险公司一度希望更多地介入政治风险及中长期业务承保领域中，但这也并非意味着官方 ECA 机构会逐渐撤出出口信用保险业务。

实际上，ECA 机构在信用保险行业中依然扮演着重要角色，其通常被定位为“最后保险人”，即在私营保险公司不愿承接、不起作用或承保能力不足的空白领域，ECA 机构通过再保险或直接承保等方式给予足够的填补及承保支持。也就是说，ECA 机构（主要是短期险）通常是对私营信用保险公司的补充[⑦]，这在经济发达国家尤为如此。比如，美国海外私人投资公司（Overseas Private Investment Corporation，OPIC）[⑧]，其业务领域集中在帮助美国企业对新兴市场的投资。

---

① Coface 1946 年成立，成立之初为国营机构，专业从事出口信用保险业务。

② https：//www. coface. com/Group/Our – history。

③ http：//www. eulerhermes. com/group/who – we – are/Pages/a – hundred – years – history. aspx。

④ 如前所述，该公司据称是全球最为古老的一家专业的商业信用保险公司。

⑤ 如前所述，即于 1991 年收购英国 ECGD 全部短期出口信用险业务的公司。

⑥ https：//group. atradius. com/about – us/history. html。

⑦ 随之而来的另一个问题是，对 ECA 机构而言，如其既要充当“最后保险人”，去承保私营保险公司难以涉足的领域风险，也要按照世界贸易组织和本国财政部门的要求实现收支平衡（如英国 ECGD），这种双重性任务本身也存在矛盾和冲突。

⑧ 1971 年成立的美国政府机构，也是全球首家专门的海外投资保险机构。在本书第十三章中将有进一步介绍。

官方 ECA 机构同私营保险公司两者并非竞争关系，而更多的应是相辅相成①，共同支持本国对外贸易及海外投资的发展②。这在 2008 年国际金融危机期间体现得较为明显。

四、出口信用保险在曲折中前进——政策性作用凸显（2008 年国际金融危机至今）

（一）信用保险机构紧缩承保政策的做法，一度被诟病加重了国际金融危机带来的不利影响

2008 年国际金融危机爆发，全球经济进入下行通道，国际贸易大幅萎缩，系统性信用风险一度急剧飙升，信用保险赔付率居高不下。

因此，在 2008 年中期至 2009 年初，不仅商业信用保险公司，也包括提供短期出口信用保险的官方保险机构，几乎无一例外地调降信用限额③，大幅提高保险费率，大规模缩减出口信用保险业务，这使出口企业只能在没有保险保障的情况下继续自行交易（风险自留），或是采用预付款的方式，或是直接停止贸易交易，加之保险公司承保政策的收缩调整，大多也并未与客户进行充分的沟通，以致保险公司的做法曾一度被客户诟病进一步阻碍或恶化了贸易交易。

（二）各国政府相继推出一系列积极的支持政策

国际金融危机期间，为了避免各信用保险公司继续采取紧缩的承保政策进而恶化贸易交易，以及为最大限度地促进和支持本国贸易出口，自 2009 年初，多国政府开始相继推出一系列积极的支持政策以增强 ECA 的承保能力。这些支持政策主要包括直接向 ECA 注资（首选）、提高 ECA 承保责任上限、通过再保险等方式向 ECA 提供财政担保、出台国内贸易信用保险的新方案④，以及放宽对官方出口信用保险机构的业务领域限制等。

其中，就放宽对 ECA 业务领域限制政策来说，欧盟委员会曾于 1997 年要求官方信用保险机构应放弃“可市场化的风险”领域，但在国际金融危机期间，之前的这些限制或约束 ECA 经营边界的法规有了相当大的突破，取而代之的是，欧盟委员会陆续出台了支持 ECA 机构发展的一些临时性规定。例如，2009 年 4 月，出台了允许 ECA 介入短期出口信用保险可市场化风险领域的“特殊条款”，该“特殊条款”同时适用于 ECA 支持大型企业和中小企业，并在决定生效之日起两年内有效。同年，欧盟委员会先后批复德国、荷兰、法国、丹麦及比利时等国的短期出口信用保险方案。

（三）在政府支持下，各国 ECA 普遍施行积极的承保措施

在政府政策支持和大力推动下，从 2009 年第二季度开始，各国（地区）的官方

---

① Malcolm Stephens. The Changing Role of Export Credit Agencies [M]. IMF, Washington DC, 1999.

② 在实务中，部分国家的官方出口信用保险机构在市场中依然具有绝对的竞争优势，私营保险机构有时认为这属于不公平竞争。

③ Swiss Re. Sigma. Trade Credit Insurance & Surety: Taking Stock after The Financial Crisis [J]. Sigma, 2014: 14.

④ 如加拿大允许 EDC 通过再保险及担保的方式对国内信用保险市场给予支持，同时加强与私营信用保险公司的合作，EDC 可专门为私营信用保险机构的内贸险提供再保所需要的资金保障。通过对国内贸易信用保险的支持，为出口企业的国内业务提供保障，从而进一步对其国际贸易起到促进作用。

ECA 机构，开始提高信用限额额度，并努力调整自身定位与发展策略，在承保、业务及产品等方面采取了一系列积极的做法①。具体包括以下三个方面。

1. 实施积极的承保政策，扩大出口信用保险覆盖面

一是维持或适当上调承保比例。在欧洲，如瑞士、丹麦、瑞典、葡萄牙等国的信用保险机构将部分业务的承保比例突破性地提高到 95%；加拿大 EDC 对中小企业的承保比例由原来的 50% 提高到 75%；印度 ECGC 甚至将小微企业的承保比例提高至 100%。

二是在限额提供和满足方面，全力填补市场空白。比如，英国在 2009 年 5 月推出“贸易信用保险追加方案”，决定对 2009 年 4 月 1 日之后被商业信用保险机构削减的买方限额，投保企业可申请追加。紧随其后，法国也出台了类似限额追加计划。

通过这些措施，ECA 经营边界和承保覆盖面得以扩大。根据伯尔尼协会的一项不完全统计，2006—2008年，ECA 所提供的短期出口险限额的市场份额为 15%，而在 2009—2010 年，这一比例提升至 21%。

2. 助力贸易融资的作用更加凸显

国际金融危机期间，全球流动性紧张，贸易融资困境成为阻碍国际贸易的重要因素之一。为了帮助出口企业摆脱融资困境，各主要国家的 ECA 机构推出了形式多样、金额不等的贸易融资支持措施，从而成为银行对出口企业贷款安排中不可或缺的参与方，同时也成为政府贸易融资计划的重要执行者。

部分 ECA 机构所推出的贸易融资便利措施，比如，加拿大 EDC 为现有客户直接增加 20 亿加拿大元的借款权限；美国进出口银行 EXIM 为支持中小企业出口，鼓励银行为中小企业贷款提供融资支持，重新整合了原贷款担保框架，将贷款银行能够获得的总担保额提高到 4.5 亿美元；印度为帮助中小企业融资，直接从国家账户划拨 7000 万美元支持企业出口。

3. 创新承保模式，简便服务流程

国际金融危机期间，ECA 机构更加重视承保模式与流程等方面的创新。具有典型代表的做法：法国 Coface 在 2009 年主动简化投保操作流程，适当放松承保条件；日本 NEXI 为确保大型项目顺利进行，推出出口信贷与海外投资贷款保险，为日本的海外子公司提供融资产品和服务。

综上所述，国际金融危机期间，在政府的大力扶持下，官方 ECA 机构通过采取一系列积极的承保措施，对商业保险机构留下的市场缺口和“空白地带”及时给予了填补，有力地支持和帮助了出口企业应对国际金融危机的冲击，充分发挥了出口信用保险机构维护经济金融稳定、促进外贸和投资的政策性职能②。同时应看到，ECA 机构在国际金融危机期间重要性进一步凸显，这是特殊时期的阶段性现象，从全球范围来看，ECA 的本质和经营原则及边界并未发生根本性改变。在大多数国家，ECA 与私营商业保险机构不应构成竞争或排他关系，双方也几乎不可能完全取代彼此。

① 何慎远，汪寿阳．中国出口信用保险研究［M］．北京：科学出版社，2015：58－60.

② 罗熹．信用保险词典［M］．北京：中国金融出版社，2015：76.

第二节　全球主要信用保险组织及机构

一、信用保险国际组织

当今在信用保险领域，主要存在两大全球性的信用保险组织。

（一）伯尔尼协会（Berne Union）

1. 发展概况

1934 年，全球第一家官方信用保险机构——英国信用担保局（ECGD）联合法国、意大利和西班牙的三家私营公司共同创建国际信用和投资保险人协会（The International Union of Credit & Investment Insurers）。因第一次全体大会在瑞士伯尔尼召开，故也被称为伯尔尼协会。协会秘书处现设立在英国伦敦。

2. 宗旨和主要目标

伯尔尼协会创立之初，实际上是创始成员国希望通过国际合作，避免各信用保险机构在国际贸易中毫无风险观念地滥用信用，进而导致市场竞争恶化[①]。1988 年，伯尔尼协会经过多轮讨论，最终形成三个技术委员会，即短期出口信用保险委员会、中长期出口信用保险委员会及投资保险委员会，并沿用至今。

伯尔尼协会发展到今天，其秉承的宗旨和主要目标是：

（1）提供与出口信用保险相关的风险与承保理赔技术方面的信息及专家意见和建议，同时鼓励协会成员之间，以及协会与其他国际金融组织之间不断加强交流与合作。

（2）确保出口信用保险合理的优化原则，得到国际普遍认可和采纳。

（3）建立和维持国际贸易秩序，通过海外投资保险等方式，支持投资者在其他国家（地区）进行各种形式的对外直接投资，鼓励和促进良好投资环境的形成。

3. 协会成员[②]

从成员数量来看，伯尔尼协会是当今全球最大的信用和投资保险行业组织。2018 年，伯尔尼协会共有 83 家成员（含 5 个观察员），其中包括 70 家全球主要的各国官方 ECA 机构，9 家私营商业信用保险公司，以及 4 家多边机构（如世界银行下属的多边投资担保机构 MIGA）。

因此，从其成员构成来看，尽管是官方出口信用保险机构占主导，但还是包括了一些主要的商业保险公司，如裕利安宜、安卓和科法斯，以及美国国际集团 AIG、苏黎世

---

① 如果信用保险机构对其承保政策和条件放松管理或不加以限制，滥用信用，最终导致的不仅是各国之间出口订单条件的竞相软化，同时也必将带来同一国家内的不同出口商之间对于信用交易的滥用。

② https：//www. berneunion. org/Members。

保险（Zurich Surety，Credit & Political Risk，ZURICH）等[①]。

就我国保险主体加入情况来看，目前有中国人保和中国信保两家主体为协会会员。回顾协会成员历史，主要是在1996年，原中国人民保险公司经国家财政部批准，以"观察员"身份加入伯尔尼协会，1998年成为正式会员。2001年，中国出口信用保险公司成立，承继了原中国人民保险公司在伯尔尼协会的成员资格。2013年，中国人保财险获得财政部颁发的短期出口信用险经营牌照，在经营满3周年之际，于2016年经伯尔尼协会管理委员会协商及全体成员投票，重返该协会成为正式成员。

2018年，伯尔尼协会成员的全年承保总额约为2.5万亿美元（同比增长7%），占全球贸易总额的比重近13%（而同期，据WTO报告显示，2018年全球商品贸易总额约为19.45万亿美元，同比增长9.7%）[②]。

（二）国际信用保险与保证协会（ICISA）

1. 历史概况

国际信用保险与保证协会[③]（International Credit Insurance and Surety Association，ICISA），是全球第一家信用保险协会，其成立的渊源最早可以追溯至1926年在英国伦敦召开的第一次与信用保险有关的国际会议，在该会议上，计划成立国际信用保险协会（International Credit Insurance Association，ICIA）。之后，1928年，ICIA正式在巴黎成立，首届主席由当时伦敦贸易保障公司（Trade Indemnity）的库伯特·西斯（Cuthbert Heath）[④]担任。

到第二次世界大战结束时，协会成员已发展为英国、荷兰、德国、丹麦、比利时、意大利、西班牙、瑞典及瑞士等国的信用保险公司。后来约在20世纪50年代，部分会员开始开展担保业务，同时部分担保和再保险公司也开始加入，成为协会会员。为全面体现其所有成员的全部业务领域，2001年，ICIA更名为现今的ICISA。

2. 宗旨和主要目标

ICISA代表其会员的共同利益，其秉承的宗旨和主要目标如下：

（1）为会员之间的信息交流与合作提供便利与协助。

（2）持续深入地研究信用保险与保证/担保行业的相关专业问题，并为一些国家和跨国组织（如联合国、世界银行、欧盟及国际商会等机构）就信用保险及担保领域的相

---

① 随着信用保险的发展，也出现越来越多的官方机构和商业保险合作的方式，比如，在中长期风险领域，部分官方机构向商业保险主体购买再保险，或是向私营公司出售再保险，以实现对中长期风险的共同承保。也有观点认为，共同保险可以避免恶性价格竞争，也有利于信息共享，避免客户风险逆选择，从而培育良性发展的信用保险市场。

② Berne Union Statistics 2018 YE，http：//cdn. berneunion. org/assets/Images/3923e9fd - 215d - 474e - 80c9 - 6d10b984c302. zip。

③ http：//www. icisa. org/about - icisa/1728/。

④ 库伯特·西斯有"劳合社之父"之称，他热衷于信用保险行业的发展，认为信用保险是一个快速成长的行业。他提出的一些信用保险的基本承保理念及原则，至今仍具有重要的参考价值。这些理念包括：（1）信用保险关注的是商业交易过程中的信用风险，其承保的是买方破产或无力偿付债务的损失；（2）信用保险不应该是一项到期债务的支付保证，也不应该为有争议的事项提供保障；（3）风险分担原则，即被保险人必须承担部分风险；（4）信用保险不能承保融资类信用，如银行贷款损失。

关议题提供建议；同时也与同类协会或组织（如伯尔尼协会、泛美担保协会 PASA 等）保持密切联系与合作。

（3）定期举办各类研讨会议。比如，就国际宏微观经济、会员信用保险及保证业务发展和变化趋势，以及相关专业技术问题等进行探讨，此外，也为其会员公司的员工提供必要的理论和实践学习机会。

3. 协会成员

与伯尔尼协会有所区别的是，ICISA 的成员主要汇聚的是全球范围内非官方（商业）的经营信用保险及保证业务的保险或担保公司。

2018 年，ICISA 会员数量共计 52 家①。这其中不仅有三家全球大型的信用保险集团，即裕利安宜、安卓和科法斯，以及数家主营担保/保证业务的公司，如 Argo Surety（美国）、Chubb、Travelers、Seoul Guarantee Insurance Company（SGI，韩国）等，还包含全球知名的数家再保险机构，如瑞士再保险公司（Swiss Re）、慕尼黑再保险（Munich Re）、汉诺威再保险（Hannover Re）、Catlin Re（瑞士）、Partner Re（瑞士）等。

我国目前有四家公司也是 ICISA 会员，分别是中国人保财险（2009 年加入 ICISA，是 ICISA 在中国内地的第一个会员）、平安财险（Ping An P&C）、中国太平洋保险公司及中国投融资担保股份有限公司（China National Investment and Guaranty Corporation）。

目前，据粗略统计，ICISA 协会成员提供保险的应收账款及工程建设、服务履约及基础设施建设规模约为 3 万亿美元，业务总量占全球私营信用保险业务的 95% 以上②，为促进全球贸易及经济发展，持续发挥着重要作用。

二、主要官方出口信用保险机构

自英国出口信用担保局 1919 年正式成立以来，官方出口信用保险机构已走过了百年历程。截至 2018 年，全球有近百个国家和地区③建立了官方出口信用保险机构。

（一）英国出口信用担保局（ECGD）

说到官方出口信用保险机构，首先要提的是英国出口信用担保局。如前所述，1919 年，ECGD 作为全球首家官方出口信用保险机构成立，作为全球信用保险市场的开拓者和领先者，其以丰富的经验、精进的专业技术和创新开拓的精神在业内备受推崇，许多国家和地区的出口信用保险机构的建立，都曾以担保局为模板。在 ECGD 近百年的发展历程中，其成为全球信用保险发展的典范。

以每十年为一个阶段，ECGD 在每个阶段所取得的开创性的成就主要如下。

第一，20 世纪 20 年代，ECGD 以短期出口信用保险起家，到 30 年代，又开始涉足中长期业务。

第二，20 世纪 50 年代，ECGD 推出“服务贸易保单”（1954 年），首次进入非货物

① ICISA MEMBERS LIST，2018，http：//mercury. dc135. remotion. nl/websites/ICISA_2010/files_content/ICISA%20MEMBERS%202018. pdf。

② https：//www. icsa. org/icisa/。

③ 据统计，2017 年全球有 96 个国家和地区建立了官方出口信用机构。

贸易出口（无形货物出口）领域；还签发了第一张“建设工程担保”，用于承保英国承包商海外工程项目。此外，更具有里程碑创新意义的事件是，ECGD 推出了无条件银行担保业务，使担保局不再是一个纯粹的保险机构，而是进入更广阔的出口融资领域。

第三，20 世纪 60 年代，ECGD 在融资领域进行了一项更为重大的创新，即推出了出口买方信贷，从而既满足了买方长期放账的需求，又使出口商可以现汇收款，解决了出口卖方信贷给出口商带来的沉重负担，该业务成为当时支持英国重工业（资本性货物）产品出口的首要举措。

第四，20 世纪 70 年代，英国通过了《海外投资和出口担保法案》，赋予了 ECGD 一项新的使命，即为英国企业的海外投资提供政治风险保障（海外投资保险）。同期，在短期出口险领域，为提高信用限额批复效率，ECGD 推出了自行掌握限额制度。

第五，20 世纪 90 年代，成为 ECGD 的转折期。如前所述，1991 年，英国议会通过了《出口和投资担保法案》，要求重组短期险业务，保留中长期和投资业务。同年，ECGD 将全部短险业务实现了私有化，即以 7000 万英镑出售给了荷兰老牌的信用保险公司 NCM（Atradius 的前身），这一事件也拉开了全球官方出口信用保险机构短期出口险业务商业化经营的序幕。

第六，2008 年国际金融危机之后，同其他欧洲国家一样，为弥补商业保险机构限额不足的缺口，在政府支持下，英国出口信用担保局重新介入短期险业务。但从整体业务结构来看，还是以中长期和投资保险业务占主导。

（二）美国进出口银行（EXIM）①

美国进出口银行于 1934 年成立，1945 年成为独立的政府机构，其主要是为美国出口贸易和对外服务提供融资支持及相关便利，但根据公司章程，EXIM 不能与商业私营金融机构竞争，而主要是为那些不能获得商业贷款或信用保险等服务的交易提供金融支持。在具体业务方面，EXIM 能够提供出口信用保险、担保及直接贷款等金融业务，以重点支持美国中小企业和制成品、农产品等行业的出口，增加就业。

2010 年，美国总统奥巴马提出“五年出口倍增计划”，EXIM 也因此得到政府的进一步重视，并被列为“出口内阁”机构的核心成员。2012 年 5 月，国会将 EXIM 的经营权延长至 2014 年 9 月 30 日。但近年来，共和党保守派认为，EXIM 在 2015 年的信贷业务结构中，其中高达 30% 的业务授信给了以波音公司为主的飞机制造业，而并没有惠及中小企业（中小企业贷款占全部业务比例约为 41%），这违背了 EXIM 章程，令大企业受益更多，也扭曲了市场，因此要求关闭 EXIM。但在 2015 年底，EXIM 获得了至 2019 年 9 月的再次授权，只是在贷款业务方面受到一定的限制（如规定，1000 万美元以上的贷款需要美国进出口银行 5 名董事中的 3 名成员确认）②。

为全力支持中小企业，到 2018 财年，EXIM 服务中小企业的业务规模占全部业务规模（保险、贷款及担保）的比例提高到 66%。

① https：//www. exim. gov/sites/default/files/reports/annual/2018/EXIM – AnnualReport – 2018. pdf。

② https：//en. wikipedia. org/wiki/Export – Import_Bank_of_the_United_States。

（三）加拿大出口发展公司（EDC）[①]

EDC 成立于 1944 年，由加拿大政府组建，也因其政府支持背景，EDC 多年来一直享有 AAA 级主权信用评级。目前，EDC 主要业务不仅包括信用保险、投标、履约和预付款保函或担保等，还可直接提供贷款，为出口贸易和海外投资提供中长期融资。

2018 年，EDC 的客户数量达到 13135 家，创公司成立 74 年以来的新高；全年收入 14.68 亿加拿大元。目前，EDC 在北京、上海、伦敦、莫斯科、迪拜、伊斯坦布尔、雅加达、孟买、德里、里约热内卢、圣保罗、墨西哥城等地的加拿大外交机构均设有代表处。

（四）日本贸易投资保险公司（NEXI）[②]

2001 年 4 月 1 日，日本政府将之前直接经营长达 50 年的出口信用保险业务剥离出来，成立 NEXI，遵循政策性金融（保险）机构的职能定位，进行独家专业经营。

2005 年 4 月，日本出口信用保险市场开始向私营商业保险公司及外资信用保险公司开放。目前，在日本市场上除 NEXI 之外，还有超过 10 家内外资商业保险公司经营出口信用险业务，其中这些内资保险公司，大都与国外信用保险巨头建立了战略联盟。目前，市场上信用保险排名前三位的分别是三井住友海上火灾保险株式会社（与 Euler Hermes 合作）、东京海上日动火灾保险公司（与 Atradius 合作）及日本财产保险公司（与Coface合作）。但 NEXI 作为官方信用保险机构，始终既经营中长期项目险、海外投资保险等业务，又一直经营短期出口信用保险业务，目前仍占据日本本国出口信用保险八成左右的市场份额。

2018 年，NEXI 全年承保总金额为 6.3 万亿日元（同比减少 13.9%），保险费收入为 294 亿日元（同比减少 47.7%），赔付金额为 335 亿日元（同比增长 74.1%）。

（五）香港出口信用保险局（HKECIC）[③]

1966 年 12 月 23 日，香港出口保险信托局（当时名称）根据《香港出口信用保险局条例》（香港法例第 1115 章）成立，目的主要是为香港出口商提供出口信用保险服务，鼓励及支持香港出口贸易。

1969 年，香港出口保险信托局加入伯尔尼协会。1974 年，为更确切体现业务性质和内容，香港出口保险信托局正式更名为香港出口信用保险局（HKECIC）。为全面提升业务效率和质量，2001 年推出网上信用保险平台“信保易”，从而实现了出口商投保、限额申请及出运申报等业务的线上操作。2013 年又推出小营业额保单（专门适用年营业额低于 5000 万港元的出口商）。

2017—2018 年，HKECIC 的法定最高负责额由 2013 年的 400 亿港元，追加到 550 亿港元。

（六）中国出口信用保险公司（SINOSURE）

在中国加入世界贸易组织的大背景下，SINOSURE 于 2001 年 12 月 18 日正式成立。

---

① https：//www.edc.ca/en/about - us/corporate/corporate - reports/annual - report - 2018.html。

② https：//www.nexi.go.jp/corporate/booklet/pdf/annual2018 - e.pdf。

③ http：//www.hkecic.com/sc/about_corporate_history.aspx。

作为一家从事政策性出口信用保险业务的国有独资保险公司，其在短短十几年间实现了跨越式发展，目前已跻身全球出口信用保险行业的前列。

三、主要商业信用保险公司

（一）短期险市场

目前，在国际市场上较为知名的老牌商业信用保险公司，主要有欧洲的裕利安宜、安卓和科法斯。这三家集团公司是短期信用保险商业化的最终产物。

经过几十年甚至上百年的发展，这三家公司在全球多个国家都拥有众多子公司或合作机构（通过多种方式开展合作）。其产品和服务范围几乎涵盖了与信用保险、海外投资保险、担保/保函、项目融资，以及信用信息咨询、应收账款管理、催收追偿等所有相关业务领域，且随着市场的发展和客户的需求变化也在进行不断地探索和创新。

2018 年，三家公司发展概况如表 3 - 2 所示①。

表 3 - 2　欧洲三大信用保险公司概况（2018 年）

公司名称	裕利安宜②	安卓③	科法斯④
成立时间	1917 年	1925 年⑤	1946 年
营业收入（亿欧元）	27.05	18.98	13.85
利润（亿欧元）	3.45	2.03	1.22
开展业务的国家数量	50	54	66

尽管在许多场合中，以上三家公司几乎成为商业信用保险行业的代名词，但从整体来看，这三家公司所承保的业务一般均以短期（一年以内，一般不超过两年）、非资本性货物贸易为主，且多提倡以统保（whole turnover）原则（而非选择性承保或单一风险原则）进行承保⑥。

在单一风险/政治风险（中长期）市场上，除官方 ECA 机构之外，活跃的则主要是另外一批商业保险公司的身影。

（二）单一风险类型/政治风险市场⑦

单一风险保险作为信用保险一个特殊的分支，关于其概念，理论上并没有严格的界

① 关于这三家公司的发展历程，本书之前已有阐明，此处不再赘述。

② https://www.eulerhermes.com/en_global/discover-euler-hermes.html。

③ https://group.atradius.com/press-release/atradius-annual-results-2017.html。

④ https://www.coface.com/Group/Financial-summary。

⑤ 如本书之前所述，安卓前身是荷兰 NCM（1925 年成立）。NCM 又是于 1991 年收购英国 ECGD 全部短期出口信用险业务的公司。

⑥ 从承保方式上，信用保险大致可以分为两类，分别是统保类型（whole turnover）和单一风险类型（single risk）。

⑦ 有时也称为中期/长期信用险和投资保险市场（Structured Credit and Political Risk Insurance Market，SC&PRI 保险市场）。

定。按照行业目前的惯常理解，广义上，只要不适合做短期统保原则的业务，都可归属于单一风险的范畴①。

具体就单一风险信用保险的业务特性来看，主要有以下三个方面的特点：

一是风险主体单一。通常该产品承保的底层交易是单个项目，该单个项目对应的风险主体往往也是单一的付款主体（或借款人）。

二是期限通常为中长期。这些单个的底层项目，典型场景通常为大型成套设备出口、海外工程承包（承包建厂、基础设施建设）和海外投资等，因此期限多数超过两年，也可长达10年以上。

三是承保金额较高，且通常和融资相配套，被保险人常见是融资机构，因此该类保险对融资支持力度相对也更大。

正是因为上述特性，相对短期信用保险来讲，单一风险信用保险的市场需求更为刚性。实务中，单一风险信用保险涵盖的产品种类主要有出口买方信贷/卖方信贷信用保险、政治风险保险/海外投资信用保险、预付款融资保险、结构性贸易融资保险等。

承保此类风险的保险主体，除官方ECA机构之外，目前全球还有20多家商业性保险主体（大多数也是跨国集团）。其中，较有代表性的如苏黎世金融服务集团（Zurich）、美国丘博保险（Chubb）、XL Catlin、Chartis保险集团（原AIG下属的AIU，即美亚）、美国安达保险集团（ACE）、Sovereign、Aspen等②。

在实务中，这些商业性保险机构所承保的业务通常按项目逐笔承保，当然与此同时也会承保少量的短期信用保险业务，但一般主要承接银行和大企业等客户的业务，并常见以保单项下总损失超赔（excess of loss）方式进行承保，这与短期信用保险所遵循的传统意义上的承保方式有明显区别。

第三节　全球信用保险市场概览及发展

一、2017年信用保险市场概况

（一）整体业务数据③

根据伯尔尼协会的统计数据，2017年其成员的业务（按全险种统计口径）④，一是从承保规模来看，全年承保总金额共计为2.3万亿美元，同比上涨27%；二是从赔付情况来看，全年赔付总金额为63.2亿美元，尽管同比下降了2.4%，但仍高于近10年的年均赔付水平（45亿美元）；三是从追偿情况来看，全年追偿款总金额不足30亿美元，

① International Credit Insurance & Surety Association. A Guide To Trade Credit Insurance [M]. London: Anthem Press, 2015: 90.

② 当然，“三大家”也有专门的团队做单一风险市场业务，只不过占其全部业务比例不高。

③ Berne Union 2017 Statistics, https://www.berneunion.org/DataReports。

④ 短期信用保险、中长期信用保险和投资保险三项的加总。

虽低于2016年，但高于近年来的平均水平。

（二）分险种维度

1. 短期信用保险

受全球贸易超预期增长推动，短期信用保险承保金额大幅上涨，全年达到2.09万亿美元，同比增长26.7%；赔款支出25亿美元，同比下降约为10%；简单赔付率①从2016年的73%下降为68%，扣除追偿款后的赔付率②则从2016年的63%降为53%。

2. 中长期信用保险

2017年，中长期信用保险业务扭转了2016年的下降颓势，全年承保总金额小幅上涨至1401亿美元，增长率为5.9%；全年赔款29亿美元，同比下降3%。

3. 投资保险

2017年，投资保险承保金额大幅下滑至990亿美元，降幅为12.6%；赔款5.45亿美元（同时全年追偿款约为1.03亿美元）。2017年投资保险下滑主要与全球对外投资规模大幅降低有关，这背后也体现了投资者对国际市场不确定性的担忧。

二、国际金融危机之后十年，信用保险市场的发展概况

2008年国际金融危机之后全球信用保险市场的发展变化，大致如图3-1所示。

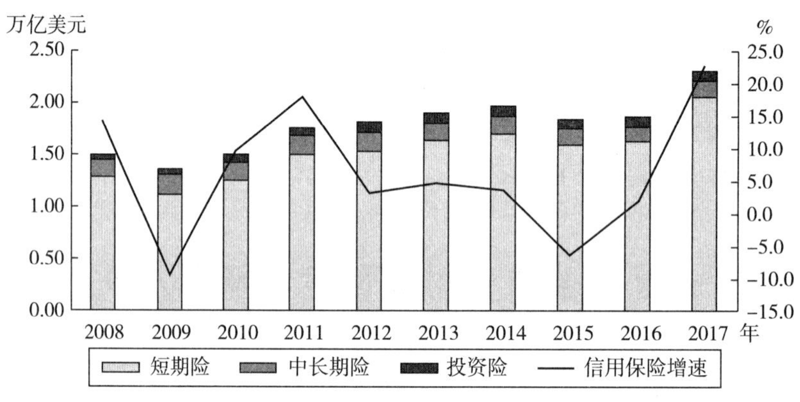

图3-1 全球信用保险市场的整体变化走势

资料来源：中国出口信用保险公司．国家风险分析报告2018——全球投资风险分析、行业风险分析和企业破产风险分析［M］．北京：中国金融出版社，2018：30.

一是就发展增速而言，2008—2009年国际金融危机期间，商业风险居高不下，企业破产数量攀升，相应地，信用保险承保风险与损失率骤然飙升。据伯尔尼协会数据的统计，这两年信用保险平均赔付率（loss ratio）达到了85%，综合成本率超过了110%，由前几年的盈利模式转为亏损状态。如本章之前所述，在国际金融危机发生初期，无论

① 简单赔付率=赔款支出/保费收入。

② 经调整后的赔付率=（赔款支出-追偿收入）/保费。

是商业保险机构还是ECA机构，普遍收缩承保规模、削减承保额度。因此，在这段期间内，信用保险全面出现负增长，2009年的承保总金额也达到近10年的谷底。这一情况到2010年有所好转，主要是因为在各国政府的支持下，ECA机构采取各种积极的承保政策，商业保险公司也不断探索创新，共同推动了信用险的增长。而随着世界经济的缓慢复苏，尤其是到2017年，国际贸易和全球经济增速超预期，在此宏观经济背景下，全球信用保险的市场规模达到了历史新高（承保金额为2009年的2倍之多）。

二是就产品结构而言，从图3-1中可以看出，短期出口信用保险、中长期信用保险及投资保险三大险种，在信用保险全部业务中的比例结构，基本常年保持稳定。多年来，短期出口信用保险业务始终占据全部业务比例的九成左右（当然这也与国际经济活动中，短期业务占绝大比例的状况相吻合）。

三、国际金融危机以来，信用保险经营管理的新发展

随着全球经济的不断发展，企业需求偏好及信用保险市场竞争环境等方面的不断变化，信用保险的供给也呈现出一些新的特点。这突出表现在以下三个方面[①]。

（一）以客户为中心的理念不断深化

为适应世界经济的飞速发展，最大限度地匹配市场需求，无论官方还是商业保险公司，都越来越注重以客户为中心，以专业为依托，不断提高运营效率，全面提升客户服务水平。比如，针对不同的客户群体，信用保险公司持续提供多样化、差异化的产品和服务，对保险产品、运行操作模式，甚至营销推广手段等不断进行改革创新。

一方面，对于大型企业客户，尤其是跨国企业客户，信用保险公司注重满足其越来越多的特定需求，不断提高信用保险解决方案的适用性。比如，定制化推出全球保单，以能够承保或满足大型客户在所有地区开展的相关业务。

另一方面，对于中小企业来说，投保信用保险的比率一直普遍偏低。据不完全统计，在欧洲，目前仅有10%~20%的中小企业投保了贸易信用保险。这其中的主要原因之一是对中小企业来讲说，传统信用保险的操作流程及所要求的单证材料相对都较为复杂。近年来，为提高信用保险对这部分客户群体的吸引力，越来越多的信用保险机构都将服务中小企业客户作为发展重点[②]，不断降低传统产品的复杂程度、简化业务流程，缩短业务申请时长和审核周期，为中小企业提供更为便利及价格更具有竞争优势的服务。

（二）越来越多地渗入到融资领域

国际金融危机期间，银行信贷普遍紧缩，融资成本上升，贸易融资困境成为阻碍国际贸易的主要因素之一。许多国家的出口企业，希望借助信用保险解决融资困境的需求明显上升。

近年来，信用保险公司进一步加强与银行的协同合作，通过推出形式多样、金额不等的贸易融资支持措施，便利融资，有效缓解企业尤其是中小企业融资紧缩的困境，这

---

① Swiss Re. Sigma. Trade Credit Insurance & Surety：Taking Stock After the Financial Crisis［J］. Sigma，2014：27.

② 比如，日本NEXI在2017年年报中，突出了其在中小企业方面提供的相关信用保险业务。

在短期贸易融资领域更为明显。

（三）承保与技术理念的变革创新

1. 单一风险和超赔保单[①]逐渐成为市场新锐或成为传统统保保单有效的替代或补充

长期以来，欧洲信用保险市场承保的业务以短期的非资本性货物贸易为主，且多提倡统保原则，而与之形成鲜明对比的是，在美国市场上，单一风险和超赔保单则相对更为主流。

国际金融危机之后，部分企业尤其是部分大公司（或成立自保公司），希望通过类似于再保的方式，转嫁自身的巨额风险。应客户日益增长的该类需求，许多信用保险公司也逐渐在美国以外的地区，开始尝试为客户提供量身定制的单一风险和超赔保单[②]，承保客户所面对的来自单一买方/集团（限额金额巨大）或多个买方组合的风险损失，以此为出口企业提供更大的（或者说额外的）支持和保障，也用于填补信用保险市场空白并作为对主营业务（统保保单）的一种补充。

2. 信用限额的可撤销到不可撤销的转变

在传统信用保险承保模式下，条款通常约定，保险公司有权根据风险变化情况，主动降低或撤销所批复的信用限额。尽管这种情况在实务中并不经常发生，但该承保规则本身，也是被保险人近年来所普遍反映的对信用保险较不满意的问题之一[③]。从另一个角度来讲，被保险人也对保险公司能够提供确定保险保障的不可撤销的信用限额，需求更为强烈。

实际上，在过去几年不可撤销信用限额在单一风险和超赔保单领域已经较为普遍的施行。国际金融危机之后，为积极响应客户需求，这种做法也开始逐渐扩展到传统的统保保单领域。

即使一些保险公司还尚未在保险合同约定中，彻底转变不可撤销信用限额的承保规则，但还是为积极响应这种变化趋势，开始在承保理念上逐渐作出一定程度的让步，并在实务中采用其他变通的做法，如将延长信用限额撤销的通知时间及在保险公司降低或撤销限额之前给予被保险人复议的机会等。

3. 补充承保方式的出现

在信用保险承保中，有时被保险人对买方的限额需求极高，并超过单个保险人的承保能力[④]，此时则可以通过补充承保的方式，在已有信用限额的基础上，由同一家或另一家保险公司对超出原保险人承保范围之外的部分补充提供风险保障。对被保险人而言，即可以为一个或多个交易对手（买方）在原有保险保障的基础上，购买补充的保险保障并另行交纳保险费[⑤]。

---

① 超赔，在信用保险领域并非新鲜事物。基本原理可参见本书第十五章。

② 超赔保单是保险人对超出免赔额的部分进行保险/赔付，通常，保单设置的免赔额相对较高，即通常在被保险人遭遇到重大损失时，可能才会启动触发保险赔付。本书在第五章中将有进一步阐述。

③ Global Credit Insurance Monitor 2017 - XL Catlin. pdf。

④ 因为资本金约束或信用限额额度受限，进而在现有保单承保条件下无法提供足够的保险保障。

⑤ 罗熹. 信用保险词典［M］. 北京：中国金融出版社，2015：39.

2008 年国际金融危机以来，补充承保方式开始常见。主要原因是在经济下行期间，许多信用保险公司开始削减信用限额，而被保险人在目标买方限额被保险公司撤销或削减时，有向其他信用保险机构申请限额补足的需求。据不完全统计，国际金融危机后，大约有 75% 的伯尔尼协会的会员机构开始提供补充承保类保险，其中较具有典型代表性的是瑞士政府在国际金融危机后就开始临时性提供补充承保，这一做法坚持到 2011 年；2011 年，裕利安宜也率先在法国开始实施这一做法并逐渐扩大承保规模；2013 年，葡萄牙信用保险机构 COSEC 为最大限度地满足出口企业的交易需求，也开始对企业的限额需求予以补足。

第四章

我国出口信用保险的发展进程[①]

我国出口信用保险的产生是改革开放发展到一定阶段的产物。20 世纪 80 年代中期，出口信用保险伴随着国家提出发展对外贸易，加大出口政策支持力度的战略需要而萌芽。1988 年，国务院决定正式建立出口信用保险制度。在之后 30 年的探索与改革历程中，我国出口信用保险从无到有，从弱到强，直至在当今世界信用保险行业占有举足轻重的地位，尤其是自 2013 年开始，我国出口信用保险的承保业务总规模连年位居全球各出口信用保险机构的榜首，目前承保范围覆盖全球约 230 个国家和地区。

回顾我国出口信用保险 30 年发展历程，因改革开放而生，适应时代变化，勇于体制机制的各项探索与创新，先后历经四次主要的变革，发展水平和自身实力不断提升，产品种类不断丰富，经营管理及风险防范方面的能力明显增强，在服务国家开放型经济发展大局、支持我国对外贸易和海外投资方面发挥着不可替代的作用。为了对我国出口信用保险发展历程及取得的成就有更为深刻和更全面的了解，本章首先从我国出口信用保险产生的时代背景谈起。

第一节　我国出口信用保险产生的时代背景

一、全球国际贸易进入调整转折期

20 世纪 80 年代，世界经济进入了全面调整的转折时期，具体就国际贸易领域而言，也出现了一些具有趋势性的变化特点。

一是从全球国际贸易的发展速度来看，从 20 世纪 80 年代初的负增长，转向 80 年代中后期的高速正增长，世界出口贸易额的年均增长速度达 10% 以上[②]。这主要是因为一方面，西方发达国家在经历了 70 年代经济滞胀衰退后，从 1983 年开始，经济开始转而复苏并保持着持续的发展，贸易方式也进一步多样化，进而带动了国际贸易的发展。另

① 周玉坤．我国出口信用保险的发展进程［J］．保险研究，2019（1）：75－86.

② 薛荣久．八十年代以来国际贸易发展的重大趋势［J］．对外经济贸易大学学报，1991（2）：9－20.

一方面，发展中国家在国际贸易中的占比（在20%左右徘徊）及发展增长速度等方面远远落后于西方发达国家的情况下，在80年代中期，普遍开始采取扩大对外开放、加速外向型经济发展的政策。

二是从对外贸易政策来看，20世纪80年代，在世界经济联系日益加强而新贸易保护主义重新抬头的背景下，各国政府在提倡贸易自由化的同时，也加强了对国际贸易的管理和协调，逐步在自由贸易和新贸易保护主义的基础上形成了管理贸易政策，即有组织的自由贸易或全球性协调保护主义。这种新型的对外贸易政策，在推动本国对外贸易健康发展的同时，实际也易出现强化贸易保护的倾向。

三是就国际贸易商品结构的变化来讲，初级产品所占比重迅速下降，而制成品所占比重则不断上升。实际上从20世纪50年代起，扩大机电产品出口成为许多工业发达国家和一些发展中国家改进出口商品结构、扩大对外贸易及发展经济的重要手段和战略目标。相应地，机电产品贸易额的增长超过了世界贸易总值的增长率，在出口贸易总额中的占比，大致由50年代的1/5，上升为60年代的1/4，再到80年代初期的1/3①。从国别分布来看，机电市场进出口贸易的50%集中于发达国家，发达国家是机电产品的主要出口国，也是主要进口国。这些国家依靠机电出口获取巨额的外汇收入。例如，1984年机电在日本出口中所占的比重约为72.8%，德国约为51%，美国约为48%，韩国约为32%，新加坡约为32.5%②。各国工业化进程表明，增加机电产品出口是发展外贸出口的一个重要方向，机电产品是具有较大潜力发展优势的出口商品。

二、我国对外贸易体制进行改革

国际贸易在20世纪80年代呈现出如上增长转变趋势，而我国当时的对外贸易处于极其落后的状态，发展形势相当严峻。这不仅表现在我国对外贸易在全世界中的比重极低（比如在1986年进口额总额占比仅为1.4%，出口额占比仅为1.3%③），还表现在出口商品的结构也极为原始和单一。制成品中主要以纺织品为主，而机电产品出口金额极低。海关数据统计，1984年我国机电产品出口总金额约为22亿美元，占世界机电产品出口总额的比重仅为4.3‰，占我国对外贸易出口总额比重仅为9%，相当于我国当年机电产品进口总额的1/4，全年逆差达61亿美元④。

当时影响我国对外贸易的原因是多方面的，为打破这种僵局，1978年党的十一届三中全会以后，我国开始探索以市场为导向的渐进式的改革开放模式，20世纪80年代成为我国改革开放的重要历史时期，其间我国对外贸易体制进行了两次主要的大刀阔斧的改革。

---

① 孙可清．当前国际机电商品市场的发展趋势及我出口前景展望［J］．国际贸易问题，1986（1）：16－20.

② 《国务院批转国家计委等八个部门关于扩大机电产品出口报告的通知》（国发〔1985〕128号），http：//www.gov.cn/xxgk/pub/govpublic/mrlm/201301/t20130109_65828.html。

③ 易柏水．外贸发展与外贸体制改革［J］．改革与战略，1988（1）：39－44.

④ 《国务院批转国家计委等八个部门关于扩大机电产品出口报告的通知》（国发〔1985〕128号），http：//www.gov.cn/xxgk/pub/govpublic/mrlm/201301/t20130109_65828.html。

第一次改革是在 1984 年，国务院通过对外经济贸易部《关于外贸体制改革意见的报告》[①]，确定对外贸易体制改革的基本原则是："政企分开，经贸部专司管理""外贸经营实行代理制""工贸结合，技贸结合，进出结合"。

第二次改革是在 1988 年，国务院发出《关于加快和深化对外贸易体制改革若干问题的规定》（国发〔1988〕12 号）[②]，全面推行对外贸易承包经营责任制。此次加快和深化对外贸易体制改革的基本内容是："全面推行对外贸易承包经营责任制，主要由各省、自治区、直辖市、计划单列市人民政府向国家承包出口收汇基数、上缴外汇额度基数、出口收汇基数内人民币补贴基数、外汇额度挂账数额，超过出口收汇基数的外汇收入实行分成，自负盈亏；少数商品由外贸和工贸进出口总公司承包并统一经营，不下放的部分工贸总公司仍由其承包经营。各外贸进出口总公司和部分工贸进出口总公司的地方分支机构（经营国家统一经营出口商品的有关企业除外）与总公司脱钩，作为企业法人，下放地方管理，财务上与地方财政挂钩。"

两次对外贸易体制改革总体来说是成功的。一方面，改革促进了对外贸易发展，其中出口贸易是检验对外贸易体制改革的关键指标。1978 年，我国出口规模极低，出口金额仅为 97 亿美元。改革开放十年后，出口额翻了两番，尤其是 1988 年全国开始全面推行承包经营责任制，当年出口额增长到 406 亿美元（1986 年出口额为 270 亿美元，1987 年猛增到 347 亿美元）[③]。另一方面，改革打破了过去对外贸易吃国家大锅饭的旧体制，开始向责权利统一、自负盈亏的新体制转变。外贸公司积极改善企业内部经营机制，成为真正的经营主体，其职能也逐步由管理型转为经营型，促使企业在出口贸易过程中更加严格核算成本，进一步发挥了各地方、各部门、各类对外贸易企业和生产企业扩大出口的积极性，促进了对外贸易经济效益的提高。

三、我国出口商品结构发生变化[④]

纵观世界各国经济发展历史，通常一国经济在起飞初期，其制造业往往从劳动密集型和技术密集型加工业起步。进入 20 世纪 80 年代，扩大机电产品出口，提高机电产品在出口中的占比，在我国当时的对外贸易发展中具有极其重要的战略意义[⑤]。一方面，有利于调整我国的出口商品结构，改变当时我国出口商品近九成以上集中在轻纺、煤炭、农副土特产等初级产品的相对落后的状况，给出口输入可持续发展的动力，且机电产品附加值高，如果充分扩大机电产品出口，将极大地增加外汇收入，促进对外贸易出口的发展。另一方面，扩大机电产品出口，参与国际市场竞争，有利于不断提高我国机

① 《国务院批转经贸部关于外贸体制改革意见的报告的通知》（国发〔1984〕122 号），http：//www. pkulaw. cn/fulltext_form. aspx？ gid = 107278。

② 《国务院关于加快和深化对外贸易体制改革若干问题的规定》（国发〔1988〕12 号），http：//www. gov. cn/zhengce/content/2012 - 02/21/content_5165. htm。

③ 王绍熙．十年外贸体制改革的评估［J］．国际贸易问题，1989（12）：2 - 7.

④ 我国出口信用保险制度在建立之初，一度被称为机电产品出口信用保险。

⑤ 杜庆祥．扩大机电产品出口加速发展我国对外贸易［J］．国际贸易问题，1988（8）：45 - 48.

电产品生产技术水平，促进产业结构的合理调整。实际上，进入 20 世纪 80 年代，一些经济发达国家也逐步把一般机电产品转移到发展中国家进行生产，在此背景下，我国通过利用外资，引进技术，加快了国产化的步伐，机械工业的机械水平与世界先进水平相比差距也在逐渐缩小，彼时，我国机电产品已经出口到 150 多个国家和地区，具有一定的生产经验和技术水平，且国内拥有丰富的成本低廉的劳动力资源，因此当时无论是向工业发达国家还是向发展中国家，扩大机电产品出口都具有一定的条件和比较优势，是一个相对有利的时机。

因此，为把机电产品作为重要的出口商品重点扶植，自 1985 年 10 月国务院全面作出扩大机电产品出口的决定开始，国家采取了财政、税收、关税、金融等一系列扶持机电产品出口的措施，出台了一系列相关的政策文件。具体如表 4 –1 所示。

表 4 –1　　相关政策文件

序号	文件名称	发文时间	文号
1	《国务院批转国家计委等八个部门关于扩大机电产品出口报告的通知》	1985 年 10 月 19 日	国发〔1985〕128 号
2	《关于成立国务院机电产品出口办公室的通知》	1986 年 1 月 28 日	国办发〔1986〕5 号
3	《国务院关于加快和深化对外贸易体制改革若干问题的规定》	1988 年 2 月 26 日	国发〔1988〕12 号
4	《国务院办公厅转发国务院机电产品出口办公室关于开拓国际机电产品市场若干意见的通知》	1989 年 6 月 27 日	国办发〔1989〕33 号
5	《国务院批转国务院机电产品出口办公室关于"八五"期间进一步扩大机电产品出口意见的通知》	1991 年 3 月 21 日	国发〔1991〕10 号

1985 年《国务院批转国家计委等八个部门关于扩大机电产品出口报告的通知》（国发〔1985〕128 号）[①] 中，明确了机电产品出口的战略指导思想和目标。该通知的颁布，是我国机电产品以贸易方式出口的真正起步。

1989 年《国务院办公厅转发国务院机电产品出口办公室关于开拓国际机电产品市场若干意见的通知》（国办发〔1989〕33 号）[②] 中，将"机床及工具、工程机械、农机、电机及电工器材、机械基础件、成套设备、汽车及零部件、办公机械、光学仪器及器材、视听及通信设备、电子元器件、电子计算机及软件、自行车及零部件、钟表、家用电器、手工具、五金制品、缝纫机及零部件、船舶及船用机电设备、民用飞机及零部件、纺织机械 21 种产品作为重点发展的出口产品"。

在"七五"期间，经过我国各地、各有关部门及对外贸易和生产企业的共同努力，我国机电产品出口结束长期徘徊，取得了突破性进展。海关数据统计，1990 年我国机电产品出口额达到 110 亿美元，比 1985 年增长 5.6 倍，在全国出口总额中所占比重由 1985

---

① 《国务院批转国家计委等八个部门关于扩大机电产品出口报告的通知》（国发〔1985〕128 号），http：//www.gov.cn/xxgk/pub/govpublic/mrlm/201301/t20130109_65828.html。

② 《国务院办公厅转发国务院机电产品出口办公室关于开拓国际机电产品市场若干意见的通知》（国办发〔1989〕33 号），http：//www.gov.cn/zhengce/content/2010 –12/29/content_5026.htm。

年的6.1%上升到17.9%[①]。

为继续重点扶植和发展机电产品出口，1991年，《国务院批转国务院机电产品出口办公室关于“八五”期间进一步扩大机电产品出口意见的通知》（国发〔1991〕10号）[②] 中，提出“要重点发展成套设备、电子产品、机床、家用电器、电工产品、船舶、汽车、飞机、农业机械及工程机械等重点产品及其零部件的出口”，为此要“继续采取积极有效的政策措施”，如继续执行“出口信用保险等现行政策”，扶植鼓励机电产品出口。

到20世纪80年代末90年代初，随着我国对外贸易遵从国际惯例、逐步步入正轨，机电出口对国家金融政策性扶持的依赖越来越大，甚至在一定程度上可以说，金融政策性扶持在20世纪80年代末90年代初，一度取代了财政补贴，成为支持和促进我国对外贸易和机电产品出口的最为关键的政策措施[③]。具体就这些金融扶持性措施而言，则主要有出口信贷[④]、出口信用保险及担保[⑤]等，其中出口信用保险以其承保风险及产品功能的特殊性，在国际贸易及对外投资领域发挥着不可替代的作用。

第二节　我国出口信用保险历次变革及主要成就

在我国于20世纪80年代进行对外贸易体制改革之前，国家对出口贸易实行垄断政策，严格控制使用非信用证的收汇方式（相应地，市场对出口信用保险需求不大），而在对外贸易体制进行重大改革之后，出口企业开始向自主经营、自负盈亏过渡，且为拓展国外市场，开始尝试改变过去单一的信用证结算方式，进而产生了收汇风险保险保障的需求。实际上，20世纪80年代中期，应我国对外贸易部门和一些对外贸易企业的需求，当时中国人民保险公司的部分分公司，已开始开展零星的出口信用保险业务。

为促进和支持我国对外贸易的发展，参照国际惯例，1988年，国家决定正式建立出口信用保险制度，此后，我国出口信用保险在30年的探索与发展过程中，经历了四次主要的变革，前后历经了独家[⑥]试办（6年）、两家主体承办（7年）、独家专业经营（12年）、多主体经营[⑦]（5年）四个阶段。

回顾信用保险历次的调整、变革和创新，其背后的动因，主要是适应我国不同历史

---

① 《国务院批转国务院机电产品出口办公室关于“八五”期间进一步扩大机电产品出口意见的通知》（国发〔1991〕10号），http：//www. gov. cn/xxgk/pub/govpublic/mrlm/201012/t20101230_63475. html。

② 《国务院批转国务院机电产品出口办公室关于“八五”期间进一步扩大机电产品出口意见的通知》（国发〔1991〕10号），http：//www. gov. cn/xxgk/pub/govpublic/mrlm/201012/t20101230_63475. html。

③ 戈辉．强化金融扶持——谈机电产品出口问题［J］．国际贸易，1992（7）：18－20.

④ 我国的出口信贷业务，大致开始于20世纪80年代初，当时主要由中国银行承办，包括买方信贷和出口卖方信贷，这是国际上普遍采取的扶持本国机电产品出口，特别是大型成套设备、船舶出口的重要金融政策。

⑤ 当时我国大型成套设备投标和合同履行，一般需由大型金融企业出具保函，如投标保函、履约保函和预付款保函。

⑥ 出口信用保险并非该主体的主营产品。

⑦ 仅限于短期出口信用保险的放开，并不包括中长期信用保险和投资保险等业务。

时期所处的时代背景及改革发展的实际需要而不断变化和调整的，同时，在变革方向和趋势方面，也大致与国际出口信用保险行业的发展规律和方向保持基本一致。总体而言，这四个阶段，基于当时所处的不同的时代背景，在我国出口信用保险发展历程中各自都留下了浓墨重彩的一笔。

一、第一阶段（1988—1994 年）：中国人民保险公司独家试办（代办），搭建起出口信用保险制度的基本框架

（一）国家政策支持

1988 年 8 月，为鼓励机电产品出口，加大出口政策支持力度，经当时的国务院机电产品出口办公室推动，国务院同意建立机电产品出口信用保险。赔款准备金为 4000 万美元，用人民币计提，通过将保险公司的调节税率从 15% 降到 7% 的办法进行筹集；外汇额度采取国家计委核减财政部非贸易外汇上缴数的办法分四年解决，每年 1000 万美元。机电产品出口信用保险 1989 年起在小范围内试点[①]。

同年 10 月，经中国人民银行批准，中国人民保险公司设立了出口信用保险部，试办国家的出口信用保险业务。试办初期，1989 年 4 月，国务院批准同意中国人民保险公司、国务院机电出口办公室联合报请的《关于开办机电产品信用保险几个问题的请示》（保发字〔1989〕080 号）[②]。该文件指出，出口信用保险是国家为支持扩大机电产品出口而开办的一项政策性业务，该项业务在中国人民保险公司出口信用保险部，实行单独管理，保本经营，财务及经营成果纳入总公司统一核算，国家拨给的 4000 万美元的赔款准备金由保险公司专款用于出口信用保险业务的资金周转。出口信用保险实行保本经营，不追求利润也尽量避免亏损，采取审慎的发展方针，试办初期，原则上以办理出口一般机电产品的短期信用险为主，对出口成套设备或船舶之类中长期的信用险，必须经过严格审查，逐笔承保。

之后，随着出口信用保险制度的确立及业务的开展，赔款基金额度也在逐年增加，同时税收问题也得到了明确。例如，1992 年，财政部决定将出口信用保险基金由 4000 万美元增加到 1 亿美元。国家税务总局则同意对中国人民保险公司经营的出口信用保险业务，实行单独建账，单独核算，免予征收营业税[③]。

（二）出口信用保险的经营管理概况

1. 实行审慎稳妥的经营管理原则

根据国务院批准的中国人民保险公司和国务院机电办“关于开办机电产品信用保险几个问题的请示”精神，出口信用保险当时定位为国家促进本国出口贸易而专门开办的一项政策性保险。因此，业务开办初期，实行审慎稳妥的经营管理原则。1989 年，中国

---

① 《关于机电产品出口工作有关问题的会议纪要》（国阅〔1988〕100 号）；何慎远，汪寿阳．中国出口信用保险研究［M］．北京：科学出版社，2015：32.

② 何慎远，汪寿阳．中国出口信用保险研究［M］．北京：科学出版社，2015：33.

③ 《国家税务局关于对中国人民保险公司办理出口信用险免征营业税的通知》（国税函〔1992〕1541 号），http：//www. cnnsr. com. cn/csfg/html/1992110900000081255. html。

人民保险公司发文通知[①]，“……年内拟先在机电产品出口量较大的省、市和经营管理较完善的出口企业试办短期出口信用险业务……在总公司会计制度修订下发以前，凡经批准试办的出口信用险业务均纳入国外业务核算……在试办阶段以办理机电产品短期出口信用保险为主，对情况复杂金额大，收汇期长的中长期出口信用保险，如出口企业提出要求，应将有关情况和材料及时报总公司，经严格审查后决定是否承保和如何承保”。

2. 开发完成我国首款出口信用保险产品

1988 年，在主要借鉴英国出口信用担保局（ECGD）和中国香港出口信用保险局（HKECIC）等信用保险机构业务管理经验的基础上，中国人民保险公司开发了我国第一份短期出口信用保险条款及费率表，制定了“短期出口信用保险综合险保险单”[②] 及一系列相关保险单证。这些产品的基本要点和核心理念[③]主要有：一是统保原则的确定，约定出口企业决定投保时，应将适保范围内的出口全部投保；二是就适用范围，约定适用于一切以商业信用方式如付款交单、承兑交单及赊销的出口，而以信用证为支付方式的出口合同，经事先约定，也可投保；三是就产品来源，明确产品全部或部分在中国制造并在中国发货；四是在承保风险方面，约定保险责任范围包括商业信用风险（买方风险）和政治风险（国家风险）两部分；五是约定通常情况下，买方信用限额可循环使用，同时约定每 12 个月内保险公司在保单项下累计赔偿的最高限额；六是对于保险费，彼时已约定对不同类别的国家或地区、不同支付方式和信用期限长短规定分档费率。按出口企业每月申报的每批发货逐笔计收保费，等等。

3. 制定各项业务管理规定，规范操作流程

在约定上述产品要点的同时，中国人民保险公司也制定各项业务管理规定，规范各业务环节操作流程手续[④]。

一方面，具体规定了各项投保手续，如明确了出口企业如何填写“投保单”、保险公司何时出具“保险单”、何时及如何填写“买方信用限额申请/审批单”、如何办理出口月申报及交纳保险费，以及约定投保人“迟报或漏报均会影响其保险权益”；另一方面，具体规定了定损核赔[⑤]事项，如规定“可损通知书”的填写及通报时间应为买方逾期两个月未支付货款之时，而在赔款支付环节上，彼时已规定了被保险人可通过授权保险公司将赔款直接付给贷款银行的办法，使贷款银行获得一定的还款保证，更好地解决被保险人的资金需要。[⑥]

（三）业务实际开展情况

1989 年，中国人民保险公司选择天津、上海、宁波、北海、青岛、广州及厦门等城

① 《中国人民保险公司关于开办出口信用险业务的补充通知》，发文日期为 1989 年 4 月 20 日，http://code. fabao365. com/law_91391. html。

② 综合保险的称谓一直沿用至今未变。

③ 李锵．举办出口信用保险　为扩大出口服务［J］．国际贸易，1989（9）：45－46.

④ 陆仁．如何投保出口信用保险［J］．机电国际市场，1994（3）：42－43.

⑤ 定损核赔的称谓，在行业实务中一直沿用至今。

⑥ 李锵．举办出口信用保险　为扩大出口服务［J］．国际贸易，1989（9）：55.

市作为试点，当年共计签发保险单25张，承保金额共计1.05亿美元；1990年，该项业务则在全国范围内全面推开，当年共计签发保单98张，承保额达到2.8亿美元，此后业务逐年增加；1992年承保金额达到7.3亿美元①。可以说，截至1992年，所开展业务几乎全部为短期出口信用保险。

1992年，为配合国家外贸出口市场多元化战略②，支持成套设备等资本货物出口，中国人民银行批准中国银行推出支持大型资本货物出口的买方信贷业务，并明确贷款项下的贸易合同必须按照中国人民保险公司有关规定办理出口信用保险，且贷款协议必须在办妥出口信用保险后方可生效③。相应地，作为买方信贷业务的配套措施，经国务院批准，中国人民保险公司于1993年成立了中长期业务处室，开始承保中长期出口信用保险业务，当年实现承保规模为1亿多美元。

综上所述，1988—1994年，是我国出口信用保险的萌芽时期，这段时期，短期出口信用保险累计承保金额为20多亿美元，承保重点是以支持机电产品出口，逐步提高机电产品在出口贸易中所占比重为主，秉持的是审慎稳妥的业务发展方针，风险把控标准较为严格。总体来讲，在业务发展方面，整体规模相对较小，基本做到的是保本经营。但这一时期所开发制定的产品要素及各项业务管理规定，具有开创性的历史意义，为我国出口信用保险的发展奠定了最为坚实的基础。

二、第二阶段（1994—2001年）：两家主体承办，出口信用保险初步发展

20世纪90年代初期，我国对外贸易实现了改革开放以后的真正高速发展，1993年，对外贸易总额（1958亿美元）由1978年全球排名第32位跃升为第11位，其中出口近1000亿美元，而机电产品出口额约占出口产品总额的1/4④。反观出口信用保险，尽管在短短几年之内，业务制度、范围及框架已经初具雏形，但从当时的出口形势和保险供求关系来看，出口信用保险在我国仍刚刚起步，远不能满足出口及对外贸易体制改革的要求。

（一）中国进出口银行成立，同时开办信贷与出口信用保险业务

1994年，我国进一步深化经济体制改革，改革的重点：一是转换国有企业经营机制，积极探索建立现代企业制度的有效途径；二是加快财税、金融、对外贸易、外汇体制改革。⑤

随着中国经济体制改革，特别是金融体制改革，1994年7月1日，中国进出口银行

---

① 中国出口信用保险公司．出口信用保险——操作流程与案例［M］．北京：中国海关出版社，2008：6-7.

② 《国务院批转国务院机电产品出口办公室关于“八五”期间进一步扩大机电产品出口意见的通知》（国发〔1991〕10号），http：//www.gov.cn/xxgk/pub/govpublic/mrlm/201012/t20101230_63475.html。

③ 《中国银行出口买方信贷试行办法》（银复〔1992〕318号）；《关于中国银行出口买方信贷试行办法的批复》，1992年8月14日发布施行，http：//www.doc88.com/p-3932262010099.html。

④ 焱森．在支持对外贸易中大显身手——访中国进出口银行董事长佟志广［J］．中国对外贸易，1994（11）：6-7.

⑤ 《国务院批转国家体改委1994年经济体制改革实施要点的通知》（国发〔1994〕35号），发布日期为1994年6月8日。

正式开业①。成立之初，其宗旨和任务主要是为机电产品和成套设备②等资本性货物进出口提供政策性金融支持③，推动产业进步和对外贸易发展，加速出口商品结构优化④。主要的业务范围⑤：一是进出口信贷（卖方信贷、买方信贷）⑥ 针对机电产品和成套设备等资本性货物出口周期长的特点，所提供的信贷产品一般金额大、利率低、期限长，通过降低企业财务成本，从而提高国际竞争能力；二是与机电产品出口信贷有关的外国政府贷款、出口信贷的转贷及国际银行间的贷款等；三是在提供出口信贷的同时，经办出口信用保险、出口信贷担保、进出口保险和保理业务⑦。

就出口信用保险业务实际开展情况而言，截至 2001 年，中国进出口银行共计承保 69 个中长期项目，承保金额达 20. 69 亿美元。在短期出口保险业务项下，累计承保金额为 15. 56 亿美元⑧。

（二）中国人民保险公司出口信用保险继续稳步发展

一方面，从短期出口信用保险业务来看，在近 7 年的时间里，中国人民保险公司的短期出口信用保险业务实现了较大的发展（见图 4 - 1）。除 1995—1997 年因国家出口增长乏力等因素导致业务下滑之外，其余年份均实现了不同程度的增长。尤其在 2000 年，承保金额跃升为 17. 4 亿美元。

另一方面，从中长期出口信用保险业务来看，中国人民保险公司陆续开办出口买方信贷保险、出口卖方信贷保险及海外投资保险，搭建起了相对完善的中长期出口信用保险业务框架体系。截至 2001 年 9 月，中国人民保险公司共计承保 123 个中长期项目，承保金额达 25. 25 亿美元（同期超过进出口银行的业务规模）。

得益于业务的不断发展及经验的不断积累，在国务院批准下，中国人民保险公司在开办出口险业务的第 10 个年头，即于 1998 年，正式成为伯尔尼协会的成员之一。

综上所述，回顾我国出口信用保险初期的这段历史，1989—2001 年，中国人民保险公司和进出口银行两家主体的信用保险业务累计支持的产品出口金额约为 180 亿美元。

---

① 相关政策文件：《中共中央关于建立社会主义市场经济体制若干问题的决定》（1993 年 11 月 14 日通过）决定“建立政策性银行，实行政策性业务与商业性业务分离。组建国家开发银行和进出口信贷银行”。《国务院关于金融体制改革的决定》（国发〔1993〕91 号）决定“组建中国进出口信贷银行。……业务是为大型机电成套设备进出口提供买方信贷和卖方信贷，为中国银行的成套机电产品出口信贷办理贴息及出口信用担保，不办理商业银行业务”。《国务院关于进一步深化对外贸易体制改革的决定》（国发〔1994〕4 号）决定“设立中国进出口信贷银行，为机电产品、成套设备等资本货物进出口提供政策性金融支持”。

② 成套设备，通常指生产制造某种产品或建造某项建设工程项目的整套设备，其出口一般需经可行性评估、谈判、招投标、签约、设计、生产、出运交付、安装、调试、运行及后续服务等一系列复杂的周期较长的过程。

③ 初创时期的中国进出口银行承接的出口项目，如果没机、没电，则几乎不承接，故彼时如果称为中国机电产品进出口银行可能也更为贴切。

④ 焱森．在支持对外贸易中大显身手——访中国进出口银行董事长佟志广［J］．中国对外贸易，1994（11）：6 - 7.

⑤ 《中国进出口银行章程》，发布时间为 1994 年 3 月 19 日，http：//www. chinalawedu. com/falvfagui/fg22016/42625. shtml。

⑥ 初期主要经营卖方信贷，之后在与国外同业建立起代理网络后，开始开展买方信贷。

⑦ 出口信贷及出口信用保险、融资担保等职能并举，这种模式在一定程度上类似于当时的美国进出口银行。

⑧ 中国出口信用保险公司．出口信用保险——操作流程与案例［M］．北京：中国海关出版社，2008：8.

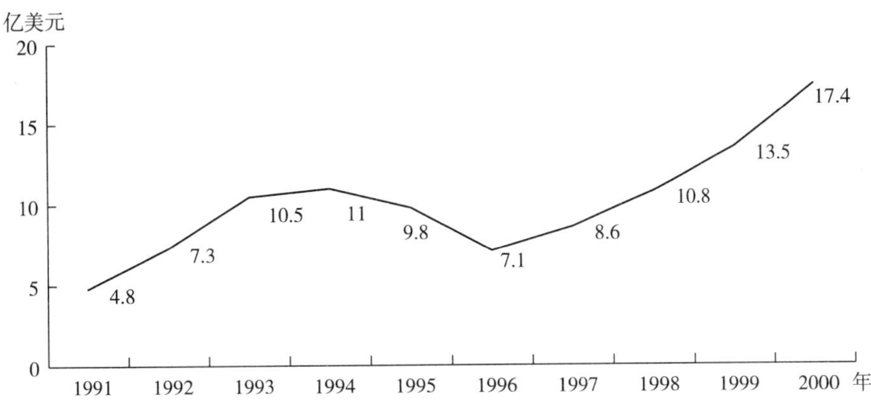

图 4－1　中国人民保险公司短期出口信用保险历年承保金额

资料来源：中国出口信用保险公司．出口信用保险——操作流程与案例［M］．北京：中国海关出版社，2008.

这一数字尽管实现了逐年的不断增长，但比对同期的发达国家，我国出口信用保险对出口贸易的整体支持力度却处于远远落后的水平。2001 年底，我国出口信用保险覆盖率[①]徘徊在 1% 左右（之前的大多数年份均低于 1%），投保出口企业比例不足 8%。

三、第三阶段（2001—2013 年）：中国出口信用保险公司成立，独家专营信用保险业务

（一）中国出口信用保险公司的成立

为了更好地发挥出口信用保险在服务国家对外贸易政策、推动企业出口和对外投资，2001 年 5 月，在中国加入世界贸易组织的大背景下，国务院印发《关于组建出口信用保险公司的通知》（国发〔2001〕19 号）[②]，批准正式组建中国出口信用保险公司（以下简称中国信保）。该通知指出，中国信保是从事政策性出口信用保险业务的国有独资保险公司，其主要任务是：依据国家外交、外贸、产业、财政、金融等政策，通过政策性出口信用保险手段，支持货物、技术和服务等出口，特别是高科技、附加值大的机电产品等资本性货物出口，积极开拓海外市场，为企业提供收汇风险保障，促进国民经济的健康发展。公司经营范围：出口信用保险外币及人民币业务；与出口信用保险相关的信用担保业务和再保险业务；出口信用保险的服务及信息咨询业务；国家法律、法规允许的资金运用业务；国务院批准的其他业务。经营方式：按商业化方式运作，独立核算，保本经营。

2001 年 12 月 18 日，在中国加入世界贸易组织后的第 7 天，中国的出口信用保险机构（ECA）——中国信保正式营业。中国人民保险公司和中国进出口银行则停止办理政

① 出口信用保险承保金额占总出口金额的比例是国际信用保险机构通常采用的一项指标。

② 《国务院关于组建中国出口信用保险公司的通知》（国发〔2001〕19 号），其中《中国出口信用保险公司组建方案》和《中国出口信用保险公司章程》作为附件一并印发，http：//china. findlaw. cn/fagui/p_1/353422. html。

策性出口信用保险业务，其原有业务和未了责任全部划转至中国信保，这标志着我国出口信用保险体制进入新的发展阶段。

（二）国际金融危机之前（2001—2008 年）中国信保保持平稳快速发展的势头

为建成国际一流的现代出口信用保险机构[①]，中国信保成立以后，不断丰富完善产品体系，积极拓展业务领域，经过短短几年发展，形成了以短期和中长期信用保险为主导，包括海外投资保险、国内贸易信用保险、担保业务（主要是与出口信用险业务直接配套的担保业务）、资信评估和应收账款管理在内的完整的产品体系。在加快业务发展的同时，中国信保高度重视风险管控，初步形成了以风险分析、评估及风险处理为主要环节的风险管理体系，且通过调动出口企业相对薄弱的风险防范意识，努力培育中国的出口信用保险市场。此外，在 8 年多的时间里，中国信保健全完善的人力资源管理机制，积极引进和培育出口信用保险的专业人才，初步建立起以责任为核心价值观的企业文化体系，最终使中国出口信用保险的政策性功能和导向作用得以极大发挥。

2005 年，中国信保实现承保金额达到 212.1 亿美元，圆满完成在 2002 年承保金额 27 亿美元基础上、三年间（2003—2005 年）业务发展翻三番的阶段性目标。2001—2008 年，中国信保承保金额年均增长 70% 左右，累计支持出口贸易为 1400 多亿美元，2008 年，对出口贸易的渗透率达到 3.02%[②]（如前所述，公司成立之前，大多数年份渗透率均不足 1%）。

从国际比较来看，我国短期出口信用保险、中长期信用保险和投资保险在伯尔尼协会的排名，分别由 2001 年的第 19 位、第 14 位和第 13 位提高到 2008 年的第 7 位、第 9 位和第 6 位。三项业务总规模排名从 2001 年的 20 位之后跃升为 2008 年的第 8 位。

（三）国际金融危机之后（2009—2013 年），中国出口信用保险行业进入了跨越式发展阶段，跻身全球前列

1. 政策背景

从 2008 年下半年开始，我国出口持续下滑，对外贸易形势极其严峻。为应对国际金融危机对我国出口企业和对外贸易的冲击，国家高度重视出口信用保险稳外贸的重要作用，国务院多次下达专项任务。例如，2009 年 5 月 27 日国务院第 66 次常务会议出台了稳定外需的六项政策，其中第一项即为完善出口信用保险政策，要求“提高出口信用保险覆盖率，2009 年安排短期出口信用保险承保规模 840 亿美元，大型成套设备出口融资保险专项安排 421 亿美元”；再如，为促进对外贸易稳定增长，2012 年 9 月，国务院下发《关于促进外贸稳定增长的若干意见》（国办发〔2012〕49 号）[③]，要求加大出口信用保险支持力度。认真落实大型成套设备出口融资保险专项安排。扩大出口信用保险规模，提高出口信用保险覆盖面。发展对小微企业的信用保险，支持中小企业开拓国际市

① 唐若昕. 建设国际一流的现代出口信用保险机构［J］. 中国经贸，2002（1）：22-23.

② 国务院发展研究中心宏观部，中国出口信用保险公司. 中国出口信用保险公司政策性职能履行评估报告（2012—2014）［M］. 北京：中国发展出版社，2017：27.

③《国务院办公厅关于促进外贸稳定增长的若干意见》（国办发〔2012〕49 号），http：//finance. eastmoney. com/news/1344，20120919251548334. html。

场。同月，国务院第216次会议要求，当年实现出口信用保险保额2600亿美元以上。

2. 培育和助推中国出口信用保险市场的迅速发展壮大

为有效应对国际金融危机，中国信保通过提高限额满足率、提供担保和保险项下融资安排等多种措施支持企业出口。2009年，短期出口信用保险承保规模一举突破840亿美元，全部险种累计承保总金额达到1166亿美元，是上一年的1.86倍，全年出口信用保险渗透率达8.2%，结束了以往多年来出口险渗透率在3%左右徘徊的历史①。

据统计，2009—2012年，中国信保累计实现承保规模超过9100亿美元，截至2013年，出口信用保险渗透率达14.82%，大幅高于10%的同期国际平均水平。

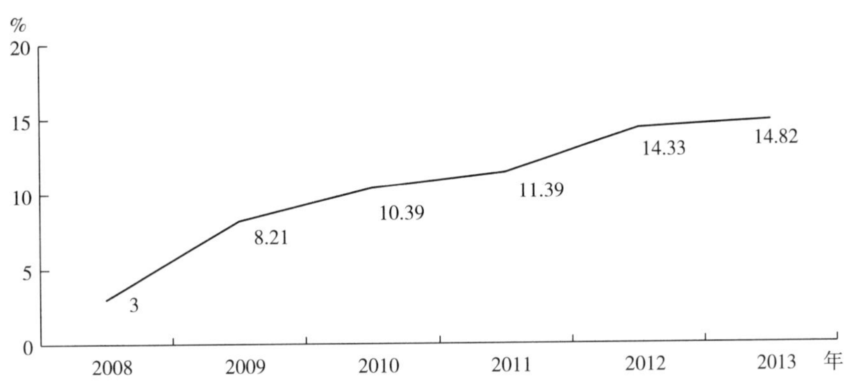

图4-2 中国信保历年出口渗透率

资料来源：国务院发展研究中心宏观部，中国出口信用保险公司联合课题组. 中国出口信用保险公司政策性职能履行评估报告（2012—2014）[M]. 北京：中国发展出版社，2017：92.

同时，为充分发挥损失补偿功能，如2011年利比亚战乱导致多家中国出口企业受损，中国信保支付赔款达1.34亿美元。2013年，承保总额在伯尔尼协会中的排名，由2009年的第4位跃居为第1位。承保保费收入25亿美元，排名第2位（全球占比为22%），开启了跨越式的发展进程。

四、第四阶段（2013年至今）：短期出口信用保险市场向商业保险公司适度开放，中长期出口信用保险仍由中国信保独家经营

（一）4家商业保险公司先后获批开展短期出口信用保险业务

从2013年开始，我国出口信用保险市场开始向商业保险公司开放。2013年1月1日，财政部首先批复同意中国人民财产保险股份有限公司试点开办短期出口信用保险业务②，即“保障信用期限一般在1年以内、最长不超过2年的出口信用保险业务”“加强

① 王毅. 为中国企业走出去护航——写在中国出口信用保险公司成立十五周年之际[J]. 中国金融，2016(24)：11-13.

② 实际上，早在2005年，人保财险就已经开始经营国内贸易信用保险，重返我国信用保险市场。2009年，人保财险加入国际信用保险与保证协会（ICISA）。

对小微企业的风险保障服务，按照市场化原则，合理厘定短期险费率”，以及“不断提高短期险产品的自主研发能力，充分发挥在网络渠道和客户资源等方面的专业优势”。

2013 年 7 月，国务院第 18 次常务会议要求“鼓励发展短期出口信用保险业务，提高出口信用保险规模，扩大覆盖面，加大对小微企业的支持力度”。之后，2014 年，《国务院关于加快发展现代保险服务业的若干意见》（国发〔2014〕29 号，“新国十条”）①要求，加大保险业支持企业“走出去”的力度。着力发挥出口信用保险促进对外贸易稳定增长和转型升级的作用。加大出口信用保险对自主品牌、自主知识产权、战略性新兴产业的支持力度，重点支持高科技、高附加值的机电产品和大型成套设备，简化审批程序。加快发展境外投资保险，以能源矿产、基础设施、高新技术和先进制造业、农业、林业等为重点支持领域，创新保险品种，扩大承保范围。稳步放开短期出口信用保险市场，进一步增加市场经营主体。

在这种背景下，为进一步提高出口信用保险覆盖面，2014 年，财政部同意中国平安财产保险股份有限公司、中国太平洋财产保险股份有限公司、中国大地财产保险股份有限公司自 2014 年起试点开展短期出口信用保险业务，即保障信用期限一般在 1 年以内、最长不超过 2 年的出口信用保险业务②。这意味着自 2013 年 1 月 1 日以来，除中国信保之外，人保财险、平安产险、太保产险及大地保险四家商业保险公司均可以试点经营短期出口信用保险业务。

在获批开办短期出口信用保险后，各商业保险公司积极开展业务。其中，人保财险利用其遍布全国的营销服务网络，迅速搭建起全国集中化的服务和风险管理平台。2014 年 3 月 31 日，作为当时我国唯一开办短期出口信用保险的商业保险公司，人保财险在除西藏外的 37 家分公司成功出单，向遍布全国的 1000 多家出口企业提供了近 90 亿美元的风险保障，初步完成了业务的全国覆盖③。2016 年 3 月，在经营短期出口信用保险满 3 年之际，人保财险重返伯尔尼协会成为正式会员。在业务开展过程中，人保财险高度重视为小微企业提供全方位的出口信用保险服务。

（二）在国际同业中的角色，中国信保由“跟随者”向“领先者”转变④

1. 业务规模连年持续增长，有力推动中国出口贸易和投资

经过多年的开发积累，中国信保已形成以项目险⑤、贸易险⑥为主，担保业务⑦、保

---

① http：//www. gov. cn/zhengce/content/2014 - 08/13/content_8977. htm。

② 《财政部关于引入商业保险公司开展短期出口信用保险业务试点有关问题的通知》（财金函〔2014〕36 号），发文日期为 2014 年 5 月 26 日，http：//www. mofcom. gov. cn/article/h/zongzhi/201407/20140700674634. shtml。

③ 短期出口信用险　人保财险全国 37 家分公司成功出单［EB/OL］. http：//finance. ce. cn/rolling/201404/15/t20140415_2662216. shtml。

④ 《中国出口信用保险公司 2018 年度报告》，http：//www. sinosure. com. cn/images/xwzx/ndbd/2019/08/27/57A3F560967E4067210EB4BAA2AD33D6. pdf。

⑤ 项目险主要由中长期信用保险、海外投资保险和海外租赁保险三大类业务组成。

⑥ 贸易险主要含短期出口信用保险（含短期特险）、国内贸易信用保险和进口贸易信用保险三大类业务。

⑦ 担保业务主要包括融资担保和非融资担保两大类，前者主要是支持出口企业从国内外银行融资，后者主要为保障出口商合同履行提供必需的保函。

单融资[①]和资信评估[②]等服务为辅的业务体系。一方面，从承保业务来看，年度承保金额连年快速增长，由2013年的3274.4亿美元[③]增长到2018年的6119.9亿美元（年度承保金额首次突破6000亿美元）。2018年，中长期出口信用保险、海外投资保险和短期出口信用保险承保金额共计5628.5亿美元，同比增长15.9%。其中，中长期出口信用保险新增承保金额233.3亿美元，同比减少2.3%；海外投资保险承保金额581.3亿美元，同比增长18.9%；短期出口信用保险承保金额4814亿美元，同比增长16.6%[④]。另一方面，从理赔来看，2018年赔款金额为19.2亿美元[⑤]，同比增长40.6%；支持企业获得银行融资3269.1亿元人民币，增长1.8%。

作为伯尔尼协会成员，2013年，中国信保各项业务承保总金额首次跃居协会成员之首，之后连续数年一直居于前列。

2. 以客户为中心

在大客户服务方面，中国信保与近百家重点行业的国际知名企业建立了战略伙伴关系，支持众多出口企业实现了自主品牌在海外的生产销售；在对中小微企业支持方面，中国信保推出中小微企业专属信用保险产品，2018年，服务支持小微企业超过8万家，对小微出口企业的数量覆盖率超过30%，全年累计支持小微企业出口678.5亿美元，赔款超过1.1亿美元。

3. 提供全方位风险管理服务

自2009年以来，中国信保先后成立了家电、电力、通信、船舶、大宗商品等多个行业承保小组；连续每年更新推出《国别风险分析报告》（自2004年开始）和《全球投资风险分析报告》，按季度发布中国短期出口贸易信用风险指数（ERI指数），以及不定期发布重点国别、行业等风险跟踪及预警信息等专业风险研究报告；2018年底，拥有海内外资信渠道超过300家，拥有海外追偿渠道达347家，覆盖全球专业追偿网络。

第三节　我国出口信用保险展望及思考

回顾我国出口信用保险的这30年，其经营管理及风险防范能力不断增强，客户服务水平及在国际、国内的社会认知度也都在逐年提高，在国民经济尤其是外经贸与对外投资领域持续发挥着重要作用。同时也要看到，我国作为一个发展中国家和新兴经济体，与国际

---

① 保单融资包含可为客户量身定制复杂化的结构化融资模式。

② 资信评估凭借功能强大的数据库，提供资信调查、信用评级、国别行业风险分析、信用管理咨询与培训等服务。

③ 短期信用保险为3093亿美元，中长期出口信用保险为181亿美元。

④ 海关统计，2018年，我国对外贸易进出口总值为30.51万亿元人民币。如按美元计价，2018年，我国对外贸易进出口总值为4.62万亿美元，增长12.6%；其中，出口2.48万亿美元，增长9.9%；进口2.14万亿美元，增长15.8%。来源：人民网，http://finance.people.com.cn/n1/2019/0114/c1004-30526349.html。

⑤ 该赔款金额刷新了之前历史最高赔付年份（出现在2015年）的赔款纪录，即2015年，中国信保共计支付赔款14.5亿美元。

信用保险行业还存在一定差距，在经营管理模式方面也存在一定差异。随着世界经济环境的变化调整，我国出口信用保险在发展过程中仍然面临诸多困难和挑战。这主要表现在：政策性保险机构的政策性功能在某些方面和领域并未能得到最为充分的发挥，管理体制因在一定程度上缺乏责任明确的政策协调机制以致运行相对不畅，部分业务决策链条较长，业务决策机制及经营管理机制相对也尚不完善；从商业性保险机构来看，问题则主要是信用保险业务规模亟待进一步扩大，经营管理经验和水平有待进一步积累和提高等；从我国整个出口信用保险行业来看，政策性保险机构和商业保险公司的沟通协调与合作不足，客户服务水平有待进一步提高，以及国际化合作和信息化建设均有待进一步加强，等等。

为促进我国出口信用保险业务实现又好又快、高质量的发展，进一步提高我国出口信用保险服务国家战略、应对风险挑战和可持续发展能力，也还需要政府、保险机构、银行及外经贸企业一起，深刻认识、主动适应全球经济政治形势的复杂变化，密切关注国内外环境的变化及全球信用保险行业的不断变革。以下四个方面或许可以提供一定的参考。

一、政策性信用保险机构和商业性保险公司之间的关系

从国外信用保险发展历程来看，20 世纪 90 年代起至 2008 年国际金融危机之前，商业信用保险机构大举进入出口信用保险市场，官方的或者说政策性的信用保险机构逐步退出短期出口信用保险领域（转而专注于中长期及投资领域），而在国际金融危机之后，官方信用保险机构对于私营保险公司不愿承保的空白地带，通过再保险或直接承保等方式，重新进入该领域。因此，在经济发达国家，ECA 机构的部分业务（通常是短期贸易险）定位通常是以对商业（私营）信用保险业务的补充形式而存在。关于官方出口信用保险机构同商业保险公司之间的关系，国际信用保险行业的基本共识也是两者并非竞争关系，而应相辅相成①。

目前，我国出口信用保险市场多主体同时经营短期出口信用保险，且在市场放开的初期，在部分地区，政策性保险机构和商业保险公司之间的竞争（甚至一度成为恶性竞争）难以避免。问题的关键是，这种竞争对于促进信用保险整个行业的健康有序发展，是否能够带来积极的正面效应？如果负面效应多过正面促进作用，政策性保险机构和商业保险公司之间应如何加强沟通和合作？如何最大化发挥各自的优势，同时规避各自的劣势？政府在什么时候、以什么样的方式参与、完善这一市场及统筹协调整个政策性金融体系，才能够达到最经济、最有效率的目标？诸如这些相关问题，是不断完善我国出口信用保险发展模式和体制需要考虑的重要因素。

二、如何最大化满足客户需求

随着信用保险行业的发展，“以客户为中心”几乎成为国内外信用保险公司的共识，尤其是官方出口信用保险机构在这方面也越来越向商业保险公司看齐。由于承保标的和承保风险的特殊性，以及保险人规避投保人逆向选择的需要和投保人自留风险较低业务的诉求，保险双方之间的矛盾始终存在，因此，许多投保企业较为普遍地认为，信用保

---

① Malcolm Stephens. The Changing Role of Export Credit Agencies [M]. IMF, Washington DC, 1999.

险相对而言，产品单一而固化，承保条件相对严格，整体难以最大化契合客户需求（这一问题，在当今国际信用保险市场也普遍存在）。

大型客户和中小微企业基于自身企业发展需求，对信用保险产品及服务的诉求必然有所区别。如何准确识别、有效满足这些不同诉求，提供侧重点不同的高质量的服务，需保险公司在产品、资信、承保、保后、理赔、追偿、风险管理、融资协同等方面勇于探索、创新，最大限度地为不同性质和规模的企业客户提供差异化、全方位支持或者综合性的解决方案。

三、拓展与深化国际合作

从世界范围来看，各国信用保险机构之间一直通过各种方式加强交流合作，如法国科法斯与各国许多保险公司通过签署合作协议等多种方式开展全方位、深层次的业务合作。

目前，我国各保险主体开展对外交流合作的方式主要有两种：一是定期参加伯尔尼协会或 ICISA 协会举办的年会及各种专业技术会议；二是与国外信用保险机构及再保险公司进行互访及会晤。整体来讲，受制于自身组织结构、业务范围、经营管理模式等各种因素的影响，我国各家保险主体同国际同业交流合作的深度和广度都相对有限，有效的信息沟通机制及深入的合作实际都尚未真正建立。

为不断提升我国出口信用保险经营管理能力及服务水平，我国经营出口信用保险的公司可积极尝试与官方信用保险机构和商业性保险公司，通过多种合作方式，进一步深化信息交流及共享机制，在业务发展、专业技术、经营管理等方面建立更深层次的连接或融合。

四、运用信息科技，赋能信用保险发展

回顾科技在金融行业的运用，大致经历了电子化、信息化、网络化和移动化阶段，目前正向智慧化迈进。随着金融科技的发展及应用，金融系统产生更多的创新业态和模式。比如，区块链技术现在已被运用到贸易金融、供应链金融等场景中，对于风险防范及服务提升发挥着重要作用。

近年来，在信用保险行业信息科技应用方面，国外信用保险公司已作出积极尝试。比如，德国裕利安宜已运用区块链技术，开展了多个信用保险创新项目①。目前，我国信用保险行业也在通过对企业信息数据分析库、客户资源管理系统（CRM）、电子数据交换（EDI）等平台的搭建或技术的应用，不断提升风险管理水平，以及在不同程度上实现了与客户无缝隙的网络和流程对接，实现了线上、线下的对接融合。但是，不可否认的是，与银行、证券等金融机构相比，无论国外还是国内的信用保险行业，在对科技应用与数字化建设等方面均尚为保守和落后。

信息与科技应用是信用保险公司经营发展的关键命脉所在。随着大数据、人工智能时代的到来，把云计算、物联网等信息科技成果运用到经营管理中，以数字化改革推进模式创新，仍将是信用保险行业今后发展的重中之重。

---

① 基于区块链的智能贸易信用保险——看法国保险公司如何运用互联网新技术［EB/OL］. 2018 - 05 - 22. http：//wemedia. ifeng. com/61644496/wemedia. shtml.

第五章

信用保险的基本原则

信用保险同样遵循保险的基本原则，其中主要包括保险利益、诚实信用、风险分担及代位求偿等。这些基本原则，是信用保险经营活动的基本准则和核心指导原则，具体通过保险合同（主要是保险条款）进行体现[①]，并一以贯之于信用保险承保及理赔等所有业务的始终。

第一节 保险利益[②]

保险利益一词，虽然乍看上去，好像更多的是以晦涩抽象的学术词汇的形象出现，但实际上，在实务中，信用保险的保险利益（以下简称信用险保险利益）几乎贯穿着产品开发、承保、理赔直至监管审计等各个环节，其与实务操作可谓如影随形。

比如，在投保人投保信用保险时，保险公司在了解了投保人的交易背景（尤其是涉及极其复杂的交易结构）和投保诉求后，可能会说“不行，这个（还）没有保险利益，我们保不了”。在这种情况下，投保人可能会困惑，什么是保险利益？具体是谁对谁的利益？是必须何时具有的利益？利益具体指向何物？另外，如果遇到部分保险公司多次以没有保险利益为由进行拒保或拒赔，则他们是否也会有滥用保险利益原理之嫌？

又如，有的出口企业希望保险公司开发各种各样的信用保险新产品。比如，某出口企业对于存储在国外仓库的货物，担心仓库不按合同约定和出口企业的指令，向收货人（或买方）交接货物。就这一风险，出口企业希望保险公司能够开发所谓的“仓单信用保险”。对于出口企业的这一产品开发需求，保险公司首先要分析的是，该产品是否符合信用险保险利益的底层逻辑，这可谓是产品开发的底线和前提。

另外，在监管审计情景下，比如，部分监管审计人员提出，“保险公司在承保国内

① 在本章基本原则的基础上，第六章将具体展开对信用保险条款的全面介绍，看这些保单条款如何一一映射和体现着信用保险所遵循的基本原则。

② 周玉坤．信用保险的保险利益及其相关适用［J］．保险理论与实践，2016（2）：21－34.

贸易出口信用保险时，被保险人对保险标的必须具有保险利益”，以及“在承保时，保险公司要求投保人按海关数据申报是否属于夸大承保规模”等。

实际上，上述这些实务中的场景及本书尚未列举出的若干类似问题，其背后的实质均指向的是信用险保险利益，而对这些问题的解答，也都可以用保险利益的基本原理和相关法律法规及信用险保险利益的特殊性来逐一进行解答。

一、信用保险保险利益的含义

我国《保险法》第十二条规定，“……财产保险的被保险人在保险事故发生时，对保险标的应当具有保险利益。……保险利益是指投保人或者被保险人对保险标的具有的法律上承认的利益”。

信用保险属于财产保险的范畴，故其保险利益自然遵循保险基本原理。在我国现行保险法律框架体系内，结合险种自身特性，现阶段信用险保险利益的内涵至少包括如下方面。

（一）从正面来看，信用险保险利益是一种利益关系，且这种关系仅基于债权关系

一方面，这种利益关系对信用保险而言是一种积极的保险利益关系，即信用保险被保险人对保险标的所拥有的一种确定的、有利的经济关系，而非消极的保险利益关系。

另一方面，信用保险这种法律上承认的积极的保险利益，目前具体可概括为一种特定的权利[①]，且对信用险保险利益而言，其关系连接对象为权利的合法有效的民商事合同所产生的财产权利，具体表现为债权关系。因为从目的性来看，信用保险的信用，即债的发生，使过去可为将来服务，将来可为过去服务，时间障碍被打破，人类可以自由地征服时间与空间[②]，这是信用保险区别于其他险种的最突出的特征[③]。

（二）从负面来看，利益关系于保险事故发生时，将引起信用保险被保险人财产上的损害

信用险保险利益至少包含两个因素：一是信用保险承保风险是客观存在的，即特定交易买方拖欠、拒收或破产的可能性是必然存在的，但保险事故的发生是偶然不确定的；二是该信用保险所承保的保险事故一旦发生，则必将给被保险人带来利益方面的不利影响（如买方可能到期无法偿还债务导致债权人利益受损）。

综合以上正反两个方面，尽管保险利益本身是一个动态变化的概念，但至少目前从理论上来看，在我国现行法律框架内，仍可将信用险保险利益一般概括为：信用保险被

---

① 权利以其标的物为标准，大致可划分为非财产权和财产权。其中，财产权（具有经济利益的权利）又可细分为债权、物权（所有权、用益物权、担保物权）及无体财产权（如智慧财产权、著作权等）。

② 我妻荣．债权在近代法中的优越地位［M］．北京：中国大百科全书出版社，1999.

③ 尽管我国《保险法》对保险利益的分类并未作出一般规定，且即使对于保险利益进行一般分类规定也难以穷尽其全部内容，但在审判实践中，一些地方法院实际已在积极探索保险利益分类的规范方式，如《福建省高级人民法院关于审理保险合同纠纷案件的规范指引》（2010）第一条规定，（保险利益的范畴）除保险法第三十一条规定外，被保险人因下列权利对保险标的具有保险利益：（一）所有权；（二）担保物权；（三）用益物权；（四）占有权；（五）合同债权；（六）侵权损害赔偿债权。不同投保人对同一保险标的具有不同性质保险利益的，可以在各自保险利益范围内投保。

保险人对于信用保险保险标的（特定客体）之间的一种法律上承认的利益关系（债权，且通常为合同债权），该种利益关系或价值关系，当信用保险保险事故发生时遭受破坏，进而引起被保险人财产上的损害。

二、信用保险的保险标的

综合现有《保险法》相关规定，基本可以看出，财产保险的保险标的包含有形财产、无形财产、责任或者利益。要了解信用保险的保险标的（以下简称信用险保险标的），可以从以下两个方面加以分析。

（一）信用险保险标的：不是什么

1. 非债务人信用或信用行为

常见代表性观点认为，信用保险的保险标的是各种信用行为；部分观点认为，信用险保险标的实际应是债务人的信用，加之信用保险限额是保险人针对债务人的信用进行评估和批复的，在一定程度上也说明了信用险保险标的为债务人的信用。

2. 非信用风险

常见代表性观点认为，信用保险是以信用风险为保险标的的保险；短期出口信用保险，是以信用期在 1 年以内的出口收汇风险为保险标的的信用保险。

3. 非经济损失

常见代表性观点认为，信用保险，是以债权人因债务人不能偿付或拒绝偿付债务而遭受的经济损失为保险标的的保险；出口信用保险，是以国际贸易活动中国内出口商在经营出口业务过程中因进口商方面的商业原因或进口国方面的政治原因而遭受经济损失为保险标的的信用保险。

4. 非信用利益

常见代表性观点认为，信用保险之所以是财产保险，根本是因为其保险标的是信用利益。信用利益是一种蕴含经济利益的信息财产，实质是一种没有物质形态的非物质财产利益。出口信用保险的保险标的应为出口信用利益。

综上观点，或许所采纳的表述依据本身没有错，但问题在于这些对被保险人而言，均不属于其财产或财产权利的范畴，而至多是被保险人所投保的财产可能遭受损失的原因或结果。

（二）信用险保险标的：是什么

实际上，ICISA 在其公开出版物中阐述到，信用保险的保险标的是贸易交易中产生的无争议的债权，通常表现为贸易（或借贷）合同项下的应收账款债权。具体分析如下：

1. 广义上，属债权范畴，且是合同债权

信用险保险标的是合同债权，这完全符合我国《保险法》第十二条的规定，即“财产保险是以财产及其有关利益为保险标的的保险”。

一方面，债权本身是一种独立的财产权。债权是债权人有权请求特定人（债务人）

为特定给付（作为或不作为）的权利。所谓特定人为特定给付，即债权的特定利益[①]。而现代社会的财产早已突破了有形物的束缚，即所谓财产，既包括权利，也包括物[②]。债权也是以一定实有利益为基础的财产，具有经济利益。另一方面，合同债权最典型地反映了债权的财产性。这主要是因为合同为各种财产及其利益的流转提供媒介，其本身也是一种独立的财产权形式，可以成为经济活动的对象，如债权人可以转让其合法拥有的合同债权利益。

2. 狭义上，应收款项是信用险保险标的最常规、最主要的表现形式

通常意义上讲，应收账款是信用险保险标的最终极、最直接的表现形式。具体来说，从权利到应收账款关系，大致可用图 5－1 表示。

图 5－1　从权利到应收账款关系脉络

具体关于应收账款，该词常见用于会计术语，通常指卖方因销售商品、提供劳务等业务应向买方或接受劳务的一方所收取的价款，属于企业的债权资产，其确认依据通常为商品或服务贸易合同、商品出库单、发票和发运单等书面文件。在经济学和法学领域，其外延有了一定的扩充[③]。具体就信用保险所保应收账款而言，其通常仅包含销售商品与劳务提供交易中所产生的应收账款，例如短期信用保险，其保险标的也常称为“贸易应收账款”，以此区别于其他应收款项。

三、信用保险保险标的须满足的条件

通常而言，一项债权可成为信用险保险标的，至少需要满足以下条件：

第一，从信用保险债的发生原因来看，信用险保险标的仅限于合同之债，也就是说，不当得利、无因管理及侵权责任产生的债务债权关系不属于信用险保险标的范畴。而合同之债的合同，一般基于货物销售或服务贸易合同（当然实务中慢慢已延展到其他合同种类），且基础合同需真实、合法及有效，权利义务（含不限于交易金额、货物交付与接收、信用期限、支付方式等）约定明确无瑕疵。

第二，就信用保险债的主体而言，一是债权及债务人归属人和指向需清晰、明确及简单（非多数人之债），特别是在信用险债的关系中，债权人和债务人都必须是特定的，以此确保债务人的给付最终归属于债权人（被保险人），即债权人得以有效受领债务人的给付。二是为严格规避被保险人道德风险，信用保险所承保的合同相关交易主体之间

① 王泽鉴．债法原理（第二版）［M］．北京：北京大学出版社，2013.
② 崔建远．债权：借鉴与发展［M］．北京：中国人民大学出版社，2014.
③ 具体可参见本书第一章中的相关内容。

不得互为关联方。

第三，从信用保险债的标的来看，原则上不发生履行不能的问题，也不会因为不可抗力而免除债务人的金钱债务。同样重要的是，为确立保险金额及保险费，信用保险所承保的债权债务的计算依据及金额需要明确，且本金的债和利息的债均可以成为信用险保险标的。

四、信用保险保险利益的实务运用

在对保险利益进行明确规定的同时，我国《保险法》也对保险利益的主体归属和时间效力问题作出了明确规定。我国《保险法》第十二条规定："……财产保险的被保险人在保险事故发生时，对保险标的应当具有保险利益"；第四十八条规定："保险事故发生时，被保险人对保险标的不具有保险利益的，不得向保险人请求赔偿保险金"；第四十九条规定："保险标的转让的，保险标的的受让人承继被保险人的权利和义务"。就上述规定在信用保险的具体适用问题上，特别是在时间效力方面，应着重理解并把握以下方面。

（一）问题的提出：信用保险保单在订立时，是否需要具有保险利益

部分观点[①]认为，保险利益原则要求被保险人（债权人）在投保信用保险时，对保险标的必须享有保险利益；保险人在支付赔款时，被保险人对保险标的也必须具有保险利益。以上两个条件缺一不可，共同构成了信用保险的保险利益原则。类似观点认为，保险公司在承保信用保险时，被保险人应对保险标的具有保险利益。保险公司不得承保不具备保险利益的预付货款、现货现款等交易，以及订立出口信用保险合同时，出口企业必须对所投保的保险标的具有保险利益。还有观点认为，短期出口信用保险承保投保人尚未实现经济利益的信用交易。出口企业在贸易合同项下已经收到的货款不应纳入短期出口信用保险的投保范围。

综合以上观点，实际上指向一个关键问题，即在订立信用保险合同时，如果被保险人对保险标的不具有保险利益，合同是否无效?

（二）信用保险在保单订立时不具有保险利益，为何不必然导致合同无效

从我国《保险法》第十二条可以反推出，信用保险在遵循财产保险损失补偿的基本原理的同时，保险利益对于信用保险合同效力的判定并不具有绝对意义，即是否具有保险利益并不是信用保险合同的有效要件，信用保险在订立保险合同时并不必然要求被保险人对保险标的具有保险利益。从险种自身特性出发，其主要原因在于：信用保险合同成立或生效时，保险标的，即应收账款的常见情形是可能还尚未形成。具体来讲，一是在保险合同已成立或生效时，被保险人拟投保的贸易合同可能并未签署甚至交易买方都尚未找到；二是可能贸易合同已经签署但被保险人尚未交付货物或尚未提供服务；三是因为保险标的尚未形成，对应的保险责任实际上也尚未真正开始，也就是说，信用保险合同成立及生效不代表保险责任开始，三者时间并不完全一致，且保险责任开始时间常

---

① 赵明昕．中国信用保险法律制度的反思与重构［M］．北京：法律出版社，2010.

见在合同成立及生效日期之后。

另外，信用保险合同成立后，被保险人将其保险标的按符合保险合同约定的条件进行转让的情况也时见发生，因此，信用保险订立时保险利益存在与否，并不是合同效力的决定因素。在保险合同存续期间（准确讲是在保险事故发生之前），保险利益主体归属的重要性并不大，但在保险事故发生时，被保险人应当对保险标的具有保险利益。

综上所述，实务操作中，建议结合信用保险产品的自身特性，灵活理解其保险利益特性及相关适用问题。

第二节　诚实信用

出口信用保险合同遵循诚实信用的基本原则。如同 Dick Briggs 和 Burt Edwards（1988）① 及 Miran Jus（2013）② 等所言，出口信用保险合同是最大诚信合同，保险合同双方互负最大诚信义务。对于风险重要信息的充分告知和披露是出口信用保险保单项下责任承担的必要前提条件。其中，对于出口企业来讲，其作为基础交易的债权方，掌握着关于买方的各种财务及商业运营管理等方面的各种类型的风险信息，这些信息不仅影响着出口企业对其交易对手风险的判断，也最终可能影响保险人对买方风险准确评估。

因此，一方面，出口信用保险合同中的被保险人必须根据诚实信用原则，及时地、完整地、公平合理地向保险人告知其所知道的及应当知道的所有重要事实及相关情况（而所谓重要事实，即为将影响风险评估、保险合同订立及如保费费率厘定和限额批复等保险条件设置的信息）；另一方面，根据诚实信用原则，被保险人还有义务对重要事实及相关情况进行及时的更新，并补充告知给保险人。

具体来讲，诚实信用原则的主要内容包括告知、保证、弃权与禁止反言。

一、出口信用保险市场的逆选择风险

出口信用保险市场中逆选择风险客观存在，但不宜夸大，更不应轻视。

（一）保险标的本身涉及的是买卖双方债的关系，投保人具有绝对信息优势

不可否认的是，随着新科学技术的应用，以及风险数据的积累，出口信用保险公司在获取买方资信，以及评估买方、行业及国别风险方面的技术在不断提高，但是，应始终认识到的是，保险公司在对“买方资信调查及评估”方面所可能具有的相对信息优势，并不等同于保险公司对所承保的保险标的本身具有相对信息优势，即买方风险信息≠保险标的风险信息。通常情况下，保险公司作为基础交易的第三方，其对保险标的（债权债务关系）风险信息的掌握程度，相对于基础交易中的卖方而言，处于绝对的弱

① DICK BRIGGS，BURT EDWARDS. Credit Insurance：How to reduce the risks of trade credit［M］. England：Woodhead - Faulkner Limited，1988：94.

② MIRAN JUS. CreditInsurance［M］. Oxford：Elsevier，2013：36，56.

势地位。

而保险标的，或卖方和买方之间的基础合同关系，对于承保风险的评估及损失发生率的大小都有着极其重要的影响。出口信用保险所承保的应收账款，其顺利回收与否固然与买方资信水平密切相关，但也受制于出口商自身的行为甚至买卖双方交易地位等因素的综合影响。相应地，逆选择行为可能因投保人而异。比如，就投保人自身规模来看，大型或核心出口企业在基础交易中，对买方控制力和影响力相对更强，或者说，对影响应收账款回收的风险因素或特征信息的了解和掌握的更为全面具体，这是中小型出口企业所无法比拟的，更是作为第三方的保险公司所无法企及的。因此，也就不难理解，风险防控较强的大型出口企业容易倾向挑选自身认为风险较高的买方进行投保[①]。相比之下，中小企业尤其是风险防控能力较差的小微企业，尽管其对买方资信信息的掌握可能远远不及保险公司，但其也是自身出运及债权信息的最佳知情者。

（二）保险标的面临的风险因素各异，保险人难以施行绝对精确的差异化承保策略

从出口信用保险承保标的来看，不同的风险单位存在较大的差异。尤其是基础交易金额越高、期限越长、交易结构越复杂的投保项目，以及出口企业挑选买方（甚至于单一买方投保）进行部分投保的情况，其基础合同项下买方风险，相对来讲，将受制于更为复杂的国别及行业等各方面因素的影响。相应地，该类保险项目实则更趋向于将在一定程度上脱离大数法则的规律，故理论上更需保险公司进行逐案评估[②]。

但实务中，如投保人不履行如实告知义务，将使保险公司难以将高风险或低风险投保客户进行有效分离，也就难以制定差异化的承保条件，或仍根据风险单位的集合及平均损失率厘定单一费率，则势必吸引的是赔款预期较高的高风险客户群体，这也就不可避免地导致逆选择的产生，进而引起市场价格的扭曲及市场效率的缺失。

（三）对逆选择行为的有效排除或规避

由以上分析可知，逆选择主要来源于投保人，但也有保险人的部分原因。而如果要排除或规避，基本也需从以下两个方面入手。

1. 保险公司部分承保方式或条件的设置，实际无法排除或规避逆选择风险

只要不是强制性险种，出口信用保险市场逆选择风险就极难完全消除。在实务中，部分观点认为，保险公司所拟定的部分承保条件可有效排除逆选择风险，比如，坚持要求投保企业将所有适保业务统保；严格设置赔偿比例、累计赔偿限额及赔款等待期等各种条件。再如，通过收取较大比例的最低保费，试图解决投保人可能同时在两家保险公司投保的主观问题，以及将费率水平与实际投保金额挂钩，以试图解决实际投保金额与预计投保金额差距较大的客观问题。此外，也有观点认为，保险公司所掌握的限额审批的主动权，也是有效排除逆选择风险的有效手段之一。

实际上，综观如上承保条件，尽管对排除逆选择风险可能起一定的作用（但实际上

---

① 当然，在投保过程中，投保人已将其风险挑选行为进行了充分告知，而保险公司也制定了风险对价的承保政策，则不属该逆选择讨论范围之列。

② 本书并非否认短期出口信用保险同样遵从大数法则的基本原理。

有时可能微乎其微)，但其意义与作用更多的却是通过产品设计、风险共担等方式，防范的是在保险合同订立之后的被保险人所可能发生的道德风险。

2. 投保人告知义务的充分履行，是排除或消减出口信用保险逆选择风险的不二选择

如上分析可知，因出口信用保险保险标的相对特殊的债权属性，只有投保人才是基础交易债权信息的最佳知情者，甚至掌控者。而保险公司并不参与买卖双方的基础交易之中，因此，即使科学技术水平再提高，承保能力再成熟，对基础交易债权信息的掌握，保险人相对投保人来讲也难以处于绝对的信息优势地位（投保人掌握相关风险信息，而保险人对此一无所知的局面，将长期存在)。而保险公司各种承保条件的制定、信用限额的批复等行为，也只有建立在投保人如实告知的基础上，才有充分发挥的空间及价值。

二、出口信用保险告知义务

告知义务为先合同义务[①]，但其相对特殊之处在于出口信用保险告知义务的履行时间不仅体现在投保单或风险问询表填写环节，还体现在限额申请及出运申报等每一个环节，投保人均需履行如实告知的义务。

就需要告知的重要事实来讲，大致包含如下三大方面。

（一）投保人自身生产、经营及投保需求

投保企业自身的生产、运营和风险管理能力，是保险公司决定是否承保并厘定费率及拟定各项保单基本承保条件的重要参考依据。这尤其在拟约定较高免赔或其他严苛的风险共担条件的保单中，保险人对投保人自身资质和风险管控能力的考量，可能要远远高于对单独的买方信用风险的评估，因此投保人方面的信息越发重要。在投保单填写阶段，投保人通常须对如下四项信息进行如实告知。

1. 关于投保人概况

投保人概况包括投保人公司名称（中英文)、注册地址、组织机构代码、出口开始年份、法定代表人及主要联系人与联系方式、企业类型、经营性质等事项。

2. 投保人内部的信用管理状况

应告知的主要事项如投保人内部风险控制责任人的设置（比如，是由专门的风险管控部门及负责人还是由高级财务经理负责，抑或根本没有专职风险管理人员)、是否有明文的风险控制及管理政策制度，以及风险控制激励体系是否明确等。这些事项所涉及的内容是保险人判断投保人风险管控质量高低的重要依据。

3. 出口业务经营情况

投保单中通常具体包括，被保险人近三年全部出口情况、最近一个完整会计年度出口情况、最近一年应收账款余额情况、应收账款余额分布、近三年逾期未收汇情况等事项。其中，近三年全部出口业务情况，是保险人进行初步风险分析的有利依据。根据近

---

① 保险合同成立之后，对于影响保险标的的重要情况，投保人承担的则是通知义务。区分告知与通知的意义在于，违反这两种义务的法律后果不同。

三年出口情况，保险人可大致了解投保人的出口规模及贸易双方整体交易情况；通过横向比较，可以了解被保险人与各买方关系的紧密程度；通过纵向历史交易情况比较，还可分析买方对被保险人的依赖性。而最近一个完整会计年度出口情况，有助于保险公司了解企业一个完整会计年度的实际业务情况，并综合判断出口业务分国别风险集中度，以及整体的支付方式风险水平。此外，通过对应收账款的分析，有助于保险人了解投保人的放账规模，以及交易对手数量、还款记录、应收账款余额水平分布等。

4. 关于投保业务

需告知事项主要包括投保范围、投保交易量、拟投保的主要买方/开证行清单等。其中，适保范围内业务全部投保是常规原则性的要求，而如果投保人为选择性投保，则通常须如实告知选择性投保的原因及挑选标准。

（二）拟投保的基础交易及买方情况

拟投保的基础交易及买方情况主要体现在限额申请环节的告知事项。在这一环节，投保人所须告知的事项，集中而明确地指向保险利益（保险标的），因此相对而言，对保险人评估单一限额买方的风险、决定是否及如何审批、审批额度高低等，具有更为重要的参考价值。具体来讲，投保人须如实告知的信息主要包含以下三项。

1. 关于销售合同的相关事项

销售合同的相关事项包括交易商品、合同支付方式、当前合同金额、最高单批出运金额等。这些基本信息，是拟定信用限额各项构成要素的主要依据。

2. 关于买方（担保方）的情况

买方（担保方）的情况包括名称、地址、注册号、联系方式，以及申请信用限额的买方与实际贸易合同买方是否一致等，这些信息直接决定着信用限额的主体。

3. 关于历史交易情况

历史交易情况是保险人据以判断保险标的（合同之债）风险高低的重要参考因素。保险人可通过多方渠道获取单纯的买方资信状况，而关于历史交易情况，则只能依靠投保人的如实告知而得到。这要求投保人须如实告知其与买方最早交易的年份、最早开始放账的日期、近年交易情况、买方历史付款表现，以及当年是否有逾期等。对于合作多年、付款表现良好的买方和初次开展赊销交易的买方，在其他条件差别不大的情况下，保险人自然会给出不同的限额批复结果。

（三）重复保险及被其他保险人承保/拒保及索赔的信息

在我国现行保险法律体系中，投保人对于重复保险是没有告知义务的①。我国《保险法》仅在第五十六条规定，“重复保险的投保人应当将重复保险的有关情况通知各保险人”，即仅规定的是通知，而并未规定须在合同订立前告知。

就出口信用保险而言，随着保险市场主体的增多和竞争的加剧，市场需求必将朝着多样化的方向发展，投保人进行重复投保也成为可能。但在出口信用保险市场中，可能

① 在英国保险法律框架内，也是如此。

更为常见的是类似于重复保险但并非我国法律意义上“重复保险”[①] 的投保形式。通常情况下，主要有以下三种情形，投保人有义务如实告知：

一是投保人将与其交易的不同买方，分别在不同的保险公司投保的；二是投保人将同一买方项下的同一笔交易，先是在一家保险公司申请投保，但限额未予批复或批复不足，之后投保人转而向另一家保险公司进行询保的情形；三是投保人将同一买方项下的不同交易，分别在不同保险公司进行投保的情形。实务中，这可能又细分为投保人将同一买方项下的不同订单分别投保，以及将同一买方同一订单项下所对应的不同发票分别投保。行业内主流观点认为，“将同一买方项下的不同债权向不同保险公司投保，即构成出口信用保险项下的重复投保”[②]。简言之，通常情况下，出口信用保险项下投保人如拟分别在不同的保险公司进行投保，其所能切割的最小投保单元是买方，而非合同，也非发票。

以上情形如不告知，保险公司对买方限额的审核评估及相关风控措施的效果将大打折扣（当然，这种告知也包括当在第二家保险公司投保后，应将相应信息告知/通知之前所投保的保险公司）。具体在实务操作中，对于上述三种重复保险的情形，保险人宜在投保单或限额申请单中逐一列明询问。

三、对保险人义务的规定和约束

以上分析，都是对出口信用保险投保人告知义务的约束。进一步来讲，如果投保人已履行了如实告知义务，则在此情况下，保险人应进行综合判断投保人所告知信息是否清晰、完整，以及保险人是否还需进一步询问。如果保险人本应询问而未予进一步询问，或者在进一步询问时投保人仍未告知的情况下承保，则保险人则被视为放弃了对这些信息要求告知的权利，即进一步可能导致其之后不得再向投保人主张相关权利。

就出口信用保险而言，在保险责任开始之前，保险人的弃权行为，可能主要有以下三个表现。

（一）在业务询保接洽环节

对于投保单上所列事项，如投保人未能全面回答（部分回答），保险人也未对这些没有充分告知的信息及事项进一步询问。此外，除投保单上所列告知事项之外，保险人还应就一些明显的风险异常的投保业务，对客户经营状况、投保动机及行业动态信息作出更多的相关询问，以便进行风险筛查，如投保人主动上门、投保意愿强烈、急于签单急于投保、投保人上下游为关联关系等。

（二）在议价签单环节

出口信用保险项下，投保单的填写与保险单的正式签发在时间上通常并非前后能够无缝对接，甚至中间间隔时间较长。尽管投保人的告知义务未能持续至保险单签发之时，但保险人也存在一定过失，这种过失主要体现在：投保单所显示出的买方项下逾期

---

① 我国《保险法》第五十六条规定，“重复保险是指投保人对同一保险标的、同一保险利益、同一保险事故分别与两个以上保险人订立保险合同，且保险金额总和超过保险价值的保险”。

② 王虹，陈韬．信用保险项下重复保险制度的构建［J］．保险研究，2009（5）：46－50.

信息，足以引起一个合理谨慎的保险人对相关事项的注意（所告知的信息暗示有潜在的风险问题，保险人有义务进一步询问），故在保险单签发之时更需进一步自行提出询问。但实际情况是，保险人不仅在保险单签发之时未提出进一步询问，甚至在批复限额时也未询问，则保险人的行为将构成弃权。

（三）在限额承保环节

保险人弃权的行为可能主要表现为：在被保险人所提供的历史交易记录信息不全，甚至未提供任何历史交易记录的情况下，保险人仍然批复信用限额；或被保险人提供的关于拟投保交易及货物流转等信息存在疑点，而保险人未进一步询问（或虽进一步询问，但投保人仍未提供）的情况下批复信用限额，例如，买卖双方首次交易（需进一步详细了解业务来源、货物流转及更多相关信息）、交易量不合乎常理、限额申请额度异常、具有生产能力的生产型企业所投保交易项下的货物并非自身生产，而是第三方采购（应详细进一步了解上游供货商信息及投保人上下游之间的关系、投保人如何控制货物流转、实体货物如何进行交付以及货物交付时点如何确认等详细情况）。

第三节　风险分担

一、实务操作

与大多数财产保险不同的是，信用保险在理赔时，根据保险合同的约定，对于被保险人在保单项下发生的损失金额（准确说法应为核定损失金额），通常并不会全额赔付，而是常见按照损失金额的一定比例支出赔款（当然也有在扣除一定的免赔额后赔付，这种情形则和其他财产险种类似）。比如，在某宗理赔案例中，发生买方拖欠或破产的风险，对此，保险公司经过勘查，最终核定被保险人（卖方）的实际损失金额是 100 万元。但对于这 100 万元，保险公司并不会全额赔付，而是根据保险合同的约定，保险公司在实际赔付环节，所赔付的金额是 100 万元 ×90% =90 万元。对于剩下的 10% 的损失金额 10 万元，则由被保险人自行承担。

当然，前面提到的赔偿比例 90%，在信用保险实务中，其并非是固定不变的数值，而常见的是一个从 50% ~90% 内可调整的变量，个别情况下可能上浮到 95%。但无论如何，该赔付比例通常不会达到 100%（当然，极个别的融资类产品可能除外），这一比例赔付的原则对于出口信用保险如此，对于国内信用保险也是如此；也可以说，对于短期信用保险如此，对于中长期信用保险也是如此。

比例赔付背后的实质，实际涉及的是信用保险行业所遵循的另一基本原则，即风险分担，也就是将相关风险要素以某种形式在保险双方之间进行分配的原则，从而能够显著降低被保险人的道德风险频率。在实务中，各国出口信用保险公司对出口信用保险所致损失均采用风险分担的方式[①]。即保险公司承担大部分责任，而相对来讲，被保险人须自留小部分风险（自留风险，即保险人不予赔偿，而投保人必须承担的那部分损失金额）。

当然，风险分担原则并非信用保险专属原则，而是被广泛运用于各种人身保险及财产保险合同中，只不过，单就信用保险来说，其风险分担原则的应用相对来讲更为刚性。

二、信用保险遵循风险分担的具体原因

因出口信用保险的保险利益（保险标的）及承保风险相对于其他财产保险产品具有一定的特殊性，故在某种程度上，出口信用保险所承保的保险事故相对于其他险种而言，可能更无法独立于投保人/被保险人的行为或控制。

（一）从防灾角度来看

出口信用保险所承保的应收账款回收的安全程度，可谓与被保险人自身的信用管理政策及贸易交易过程中的风险监督及管控力度密切相关（这也是保险人判断被保险人质量的重要依据）。

例如，能够合理控制信用销售规模、有效控制经营风险的被保险人，其企业内部通常能够制定规范的信用风险管理规章制度：一是明确细化对买方的信用额度设置、应收账款超期天数，以及信用风险等级标准等信用政策；二是成立公司信用风险决策委员会，审批内部风险管理制度、信用风险管理流程，以及负责对买方信用风险评估进行初审；三是具体到对信用赊销买方的准入及审批方面，则更是有明确的原则及标准。原则上只对有长期交易历史的、资质较高的买方进行赊销，而在具体信用额度及信用期限的确定时，也充分考虑买方背景、资信、业内地位及声誉等，如交易买方存在明显财务问题（如连续 3 年亏损或当年重大亏损等）、核心管理层有明显风险异动迹象及存在明显的欺诈风险及法律风险等情况的买方，出口方则严禁与之开展赊销交易。

（二）从减损角度来看

出口信用保险承保风险或损失高低，也与被保险人是否积极主动采取各种减损举措密切相关。

例如，在信用交易开展过程中，被保险人能否定期监控往来账款、账龄及各种风险异动因素；对逾期的应收账款，被保险人是否高度重视，或具体为是否将每笔逾期账款的催收都落实到具体人员（甚至如账款无法收回，将追究相关人员责任）；而当买方拒收货物甚至于破产之时，被保险人能否尽最大努力处理货物或避免钱货两失等。

由此，不难看出，被保险人为有效控制信用风险管理所采取的积极行为或举措，对防灾减损或保障应收账款的安全回收能够起到关键性的正面作用。换言之，出口信用保险项下其风险的发生或损失程度的大小，相对而言更易受投保人行为的影响、控制或左右，而自身风险管控能力与水平相对较弱的被保险人，其道德风险发生的概率也就相对

---

① 中国出口信用保险公司．出口信用保险——操作流程与案例［M］．北京：中国海关出版社，2008：28.

更高，相应地，保险人也就难以作出无任何风险分担的全额承保（赔偿全部损失）的政策。

三、信用保险主要的风险分担方式

为了控制风险及准确定价，保险人应根据不同情况选择不同的风险分担工具。实务操作中，出口信用保险风险分担可以通过多种方式来实现。

（一）赔偿比例

赔偿比例是保险人针对核定的损失具体进行赔偿的比例，这是保险人计算赔款金额的重要依据，即赔款金额 = 赔付基数 × 赔偿比例。在实务中，保险机构承保政治风险的赔偿比例通常最高为 95%，商业风险如拖欠、破产的赔偿比例最高为 90%，最低为 50%[①]。

在某些情况下，赔偿比例可根据投保人风险管控能力、风险状况等因素适当考虑调整。基本遵循两个原则：一是赔偿比例高达 100% 的保单，因其通常可能吸引风险较高的业务投保，故实务中极少存在，即便保险公司承保已经保兑的信用证（通常可被认为被保险人发生道德风险的概率极低）也是如此；二是赔偿比例低至 50% 以下的保单，实务中也较少出现。原因主要在于赔偿比例的调整，除考虑道德风险、历史出险因素之外，也宜充分考虑所承保的被保险人在基础交易项下的利润率水平。例如，对于俄罗斯及部分非洲国家等高利润的市场，赔偿比例可低至 50% 。

总之，赔偿比例是保险人用于平衡承保风险（或保险责任）及费率对价的重要工具，在实务中被最为广泛地应用。

（二）其他方式

在实务中，其他风险分担的方式还包括，每次第一损失免赔（each and every first loss）、最低自留额（minimum retention）、每次损失相对免赔额（non qualifying loss 或 claims threshold）、累计第一损失免赔（aggregate first loss）、最高赔偿限额（超过该金额的部分，保险人将不再赔付）、无赔款优待（no claims bonuses）、超赔款加费（reverse no claims bonus），以及利润共享（profit sharing schemes）等[②]。

第四节　代位求偿

曾经听到过一个非常具有代表性的问题：信用保险，是不是也像车险一样，如果被保险人获得保险公司的赔付之后，就可以自然免除其交易对手（买方）的付款义务了？

对于这一问题，尚不论其对车险赔付后的相关权利转移理解的对错与否，但单就其对信用保险的理解，则是有失偏颇的。以下我们首先从代位求偿含义说起，其次再进一

① 中国出口信用保险公司．出口信用保险——操作流程与案例［M］．北京：中国海关出版社，2008：14.

② 周玉坤．形式与本质：出口信用保险基础问题研究［M］．北京：中国金融出版社，2017.

步了解信用保险代位求偿权的法律适用及特殊性。

一、代位求偿原则的含义

（一）定义

简单来讲，代位求偿通常指的是在财产保险中，保险人在对被保险人的损失进行赔付之后，所依法取得的对保险标的的损失负有责任的第三方的追偿权或者对保险标的的所有权。

（二）类型

从以上定义中也可以看出，广义上代位求偿原则主要包括以下两种类型。

1. 权利代位

权利代位是相对最为常见的，或者说是狭义上所指的代位求偿。我国《保险法》第六十条第（一）款规定，“因第三者对保险标的的损害而造成保险事故的，保险人自向被保险人赔偿保险金之日起，在赔偿金额范围内代位行使被保险人对第三者请求赔偿的权利”。

从该规定中，可以将代位求偿权简单理解为先赔后追，它实际是一种债权的转移（原本是被保险人对第三方的债权，在保险人赔付后，转移为保险人对第三方的债权）。

2. 物上代位

物上代位可简单理解为所有权的转移，即保险人在赔付后，依法取得的对保险标的的所有权，其通常产生于对保险标的作推定全损时。这主要是因为，推定全损不等于标的实际完全损毁或灭失，或者说推定全损时，物质标的并没有灭失，而是很可能还有残值，故保险公司赔付后享有对标的的所有权。

综上所述，通过代位求偿原则，既可以避免被保险人获得双倍赔偿进而额外获利，又可以最大限度地维护社会公平和保险人的自身合法权益。

二、信用保险代位求偿权的相关法律适用

信用保险是一个典型的先赔后追的险种。信用保险在赔付后，不仅不自然豁免买方在与卖方所签订的基础合同交易项下的付款义务，而且无论保险合同（保险期间）是否结束，保险人对买方的追偿将一直持续到无债权可追。比如，信用保险条款中通常明确约定，在保险人赔付后，被保险人或其代理人应将赔偿所涉及的贸易合同项下的权益转让给保险人，同时，被保险人及其代理人仍有义务协助保险人向买方进行追偿。

可以说，我国现行保险法律法规对代位求偿权的相关规定，全部适用于信用保险领域。比如，我国最高人民法院关于适用《中华人民共和国保险法》若干问题的解释（四）[①]［以下简称司法解释（四）］中第七条至第十三条的相关规定。其中主要规定及相关适用如下。

---

① 2018年5月14日最高人民法院审判委员会第1738次会议通过，自2018年9月1日起施行。

（一）投保人和被保险人为不同主体时，保险人可以对投保人进行追偿

司法解释（四）第八条规定："投保人和被保险人为不同主体，因投保人对保险标的的损害而造成保险事故，保险人依法主张代位行使被保险人对投保人请求赔偿的权利的，人民法院应予支持，但法律另有规定或者保险合同另有约定的除外。"①

具体就信用保险来讲，该条规定主要适用于那些投保人和被保险人不为同一主体的信用保险险种（但是绝大多数信用保险，投保人和被保险人为同一人），比如贷款损失类信用保险以及应收账款转让给银行的信用保险险种。

（二）如被保险人预先放弃债权，对保险人实施代位求偿权的影响

司法解释（四）第九条第一款规定："在保险人以第三者为被告提起的代位求偿权之诉中，第三者以被保险人在保险合同订立前已放弃对其请求赔偿的权利为由进行抗辩，人民法院认定上述放弃行为合法有效，保险人就相应部分主张行使代位求偿权的，人民法院不予支持。"

第九条第二款规定："保险合同订立时，保险人就是否存在上述放弃情形提出询问，投保人未如实告知，导致保险人不能代位行使请求赔偿的权利，保险人请求返还相应保险金的，人民法院应予支持，但保险人知道或者应当知道上述情形仍同意承保的除外。"

具体就信用保险来讲，首先大的前提是，如果被保险人预先放弃对买方（买方即是信用保险中造成保险标的损害的第三者）的债权请求权，则相应的损失，根据保险条款的约定，保险人有权免于赔付。但是如果被保险人在投保时未尽到如实告知义务且在保险人不知情的情况下进行了赔付，则通常根据条款约定，被保险人应退还保险人已支付的赔款。比如，某信用保险条款中明确约定，因被保险人或其代理人原因导致保险人不能全部或部分行使代位求偿权，则被保险人应在收到保险人退款要求后十个工作日内退还保险人已支付的赔款及相关利息。

（三）保险人赔偿后，第三者仍向被保险人作出重复赔偿，保险人的权利如何救济

司法解释（四）第十条第一款规定："因第三者对保险标的的损害而造成保险事故，保险人获得代位请求赔偿的权利的情况未通知第三者或者通知到达第三者前，第三者在被保险人已经从保险人处获赔的范围内又向被保险人作出赔偿，保险人主张代位行使被保险人对第三者请求赔偿的权利的，人民法院不予支持。保险人就相应保险金主张被保险人返还的，人民法院应予支持。"

第十条第二款规定："保险人获得代位请求赔偿的权利的情况已经通知到第三者，第三者又向被保险人作出赔偿，保险人主张代位行使请求赔偿的权利，第三者以其已经向被保险人赔偿为由抗辩的，人民法院不予支持。"

具体就信用保险来讲，条款中通常如此约定，追回欠款后，被保险人或其代理人从买方或开证行追回或收到的任何款项，在与保险人分配之前，视为代保险人保管。被保险人或其代理人应在收到上述款项后十个工作日内将保险人应得部分退还保险人。

① 该条款规定，应主要适用于保证保险（通常来讲，绝大多数保证保险的投保人和被保险人为不同主体）。

三、出口信用保险代位求偿原则的特殊性

代位求偿权无论是物权还是债权转移，其实际根本是源自保险利益，即投保人或者被保险人对保险标的具有的法律上承认的利益。而在保险赔付后这种利益的移转，根据前述我国《保险法》的相关规定，实际是一种法定授权的方式，即保险人赔付后权益的取得无须经过任何人的确认；但是在实务中，基础合同项下的买方，在没有取得卖方（被保险人）确认同意或明确授权的前提下，可能并不认可保险人参与到买卖双方之间的法律关系中，即并不认可卖方对买方的债权自动转移至保险公司的方式，或者在没有被保险人的参与和协助下，保险公司对基础交易合同项下买方的追偿效果或许也将大打折扣，甚至完全无效。这对于出口信用保险的海外追偿来讲，尤其如此。比如，部分国家法律赋予被保险人对负有责任的第三方的绝对的赔偿请求权，在这种情况下，保险人只能以被保险人名义行使代位求偿权①。

因此，尽管我国《保险法》规定了法定代位权的取得，但是就信用保险这一险种来讲，其在理赔实践中，主要从提高追偿减损成功率和有效性的角度出发，每一宗理赔案件均需要签署“权益转让书”，以充分确保保险人在赔付后能够以被保险人的名义实施追偿，这在采用诉讼方式进行追偿的案件中也尤为重要。在破产类案件中，债权通常也需以被保险人的名义（而非保险人的名义）进行登记。

① 李赞玉．浅析信用保险代位求偿权的行使名义［N］．国际商报，2009－02－09.

第六章

短期出口信用保险产品解读

因为保险标的（涉及债权）、承保风险和操作流程等方面的相对特殊性，与其他常规财产险种相比，至少从目前来讲，信用保险还是一种相对复杂的产品。在实务中，信用保险的这种特殊性和相对复杂性，集中通过保险条款进行约定和体现，换句话说，信用保险产品（条款）不仅映射和一一对应着信用保险所遵循的基本原则（如本书之前所述的保险利益原则、诚实信用原则、风险分担原则、代位求偿原则等），同时也蕴含着保险公司对于信用风险的判断、偏好，以及风险管控的流程和手段。

信用保险条款是保险双方的根本行动指南，被保险人在投保前应认真学习、研读所有条款，当然保险人也有义务向被保险人进行讲解，尤其是条款中所约定的除外责任、理赔追偿、权益比例分摊等涉及被保险人切身利益的事项，保险人更应确保被保险人熟悉和掌握，避免一知半解。如果保险人未能反复向客户宣导、准确讲解条款，以致客户对条款约定存在误解，则在后续的承保或者理赔环节，极易产生保险双方纠纷，或者保险公司将面临失去客户信任进而客户流失的窘境。从另一方面讲，这也是对信用保险从业人员提出的一项基本要求，作为一名合格的信用保险从业人员，前提条件是准确熟记、深刻理解条款的约定，对于关键条款能够烂熟于心。

保险条款通常因为其格式条文的固定形式，难免晦涩难懂。这种情况在信用保险发展的早期尤为突出，即保险条款的措辞晦涩抽象，或者充斥着大量晦涩拗口的专业术语。随着信用保险不断发展成熟，保单条款措辞在规范严谨的前提下，呈现出越来越简洁明了的趋势①。

这种简洁明了，首先表现在信用保险条款的框架结构方面。对信用保险而言，其无论短期还是长期，无论国内信用保险还是出口信用保险，条款架构基本均可以简单地归纳概括为三大部分：一是总则（适保范围），二是保险责任（赔偿责任、责任免除），三是保险双方权利义务（承保、理赔及其他权利义务等）。

考虑以上每一部分所涵盖或涉及的内容较多，为了叙述方便和详尽，本章将以上三大部分进一步展开，细分为总则、保险责任、责任免除、限额承保与申报交费、理赔与

① 实际上，这不单单在信用保险领域，在整个保险行业，其条款的制定也都追求简单明了、通俗易懂，且目前国内外保险条款约定的趋势皆如此。

追偿、被保险人其他义务六个部分（本章的六节内容）逐一进行阐释[①]。

此外，考虑到在现行信用保险实务中，传统的短期出口贸易信用保险业务始终占据信用保险业务的绝大比例（国内外均如此），故本书综合节选了目前行业内相对最具有典型代表性的短期出口贸易信用保险（综合）类条款[②]，以之为例，对其基本原理、逻辑架构和核心要义等方面进行较为全面的阐释和比对分析。对于其他各种名目繁多的信用保险险种或创新产品，因结构和原理方面基本均大同小异，读者足可以触类旁通，本章不再赘述。

第一节　总则：明确保险主体+客体

条款总则部分，通常开宗明义、简单明了地约定保险合同组成、保险主体（投保人、被保险人）及保险客体（保险标的）等内容。

一、保险合同组成

例如，在某出口信用保险条款的总则中约定，“本保险合同由保险条款、投保单、保险单、出口信用保险国家（地区）风险分类表、信用限额申请表、信用限额审批单、出口申报单、批单及其他相关单证组成”。

从以上约定中，我们可以看出，信用保险合同并非单独的、仅局限为保险单的一纸文件，而是由约定保险双方权利义务的多份书面文件共同构成。

根据我国现行《保险法》第十条的规定，“保险合同是投保人与保险人约定保险权利和义务关系的协议”。而保险单仅是保险合同的组成部分之一，其并非保险合同的全部。或者从广义上讲，在信用保险合同订立和履行过程中形成的所有文件和书面材料，均为保险合同的组成部分。

信用保险条款，主要是从定性的角度，约定保险双方的权利和义务关系及其他相关保险事项。在实务中，条款的内容表述通常规范严谨但又相对概括及原则，或者说较少涉及数值及变量等方面的定量约定，故其在相对较长的一段时间周期内都较为稳定或固化。

保险条款之外的其他单证，如投保单、保险单、出口信用保险国家（地区）风险分类表、信用限额申请表、信用限额审批单、出口申报单、批单及其他相关单证，则分别

---

① 根据原中国保监会关于印发《财产保险公司保险产品开发指引》的通知（保监发〔2016〕115号）第十三条的规定，“保险公司开发保险条款可以参考以下框架要素：总则、保险责任、责任免除、保险金额/责任限额与免赔额（率）、保险期间、保险人义务、投保人/被保险人义务、赔偿处理、争议处理和法律适用、其他事项、释义等”。保险条款具体内容可以根据各险种特点进行增减。

② 这些条款主要有《中国出口信用保险公司短期出口信用保险综合保险条款》，http：//www.doc88.com/p-5035471023567.html；《中国人民财产保险股份有限公司短期出口贸易信用保险条款》，https：//wenku.baidu.com/view/de6cd43682c4bb4cf7ec4afe04a1b0717fd5b396.html，以及平安保险、大地保险、太平洋保险等出口信用保险条款。主要出处来源：中国银行保险监督管理委员会网站及百度文库等公开渠道。投保人在投保时，应以保险公司实时在用条款为准。

是在保险合同签订过程中的要约和承诺阶段（在保单承保、限额承保等操作环节），在条款所约定的框架内，就具体的某一承保项目，从定量的角度，进一步约定保险双方达成一致意向的特定的价格和条件。因此，这些单证涉及的主要是一些变量，即对不同的保险标的、不同的承保项目，承保价格和条件是互有差异的。

二、保险主体

例如，某出口信用保险条款约定，“凡在中华人民共和国境内注册的法人或其他组织均可作为本保险合同的投保人和被保险人”。就该约定，需要注意的是：

第一，通常情况下，短期出口信用保险投保人（负有保险费交纳义务的人）与被保险人为同一人，即投保人为自己利益投保[①]，是受出口信用保险险合同保障的人。

实务中，企业通常作为投保人为自己利益投保（同时是被保险人），而受让了企业应收账款债权的银行，也可独立作为投保人为自己的利益投保（同时是被保险人）。但存在部分特殊的、为数不多的信用保险业务，比如，在应收账款转让模式项下，出口商在投保后将保单项下应收账款转让给银行，在这种情况下，投保人和被保险人发生分离，即投保人是企业，被保险人是银行。

第二，通常情况下，出口信用保险的投保人和被保险人均为非自然人。

按被保险人是否为自然人来分类，保险产品大致可分为个人产品和非个人产品[②]。出口信用保险属于典型的非个人产品。如前述条款中对被保险人的约定，其须为“在中国境内注册的法人或其他组织”。这一条，目前对于整个信用保险行业（无论出口还是内贸、短期还是中长期）通常也是如此。也可以理解为，信用保险是典型的非个人业务（团险非个险）。

实务中，即使存在某些条款名称中带有个人二字的信用保险产品（极个别的纯融资类产品除外），其投保人/被保险人也常常是非个人。比如，安诚财产保险股份有限公司个人通信消费信用保险（三年期）[③]，其投保人/被保险人是电信运营商（法人），而非个人（与电信运营商签订用于个人通信消费的含有远期付款条件商业合同的个人）。

第三，被保险人数量，既可以是一人，也可以是数个人，即由多个主体作为共同被保险人（或联合被保险人），共同享受保险合同约定的权利，并共同承担保险合同项下义务。

实务操作中，各共同被保险人之间，原则上应具有关联关系，比如，为母子公司或控股公司，子公司或被控股公司与母公司或控股公司之间遵循相同的风险管理制度；或贸易交易及收付款实行集中统一管理操作、业务及管理的关联度较高等。同时，为了减

① 主流观点认为，财产保险如果无特别约定，则受益人即被保险人，因此通常情况下，出口信用保险也并无指定受益人的必要。

② 原中国保监会关于印发《财产保险公司保险产品开发指引》的通知（保监发〔2016〕115 号）中第八条的相关规定。根据该规定，个人和非个人产品的区分维度是被保险人，而非投保人。

③ 中国银行保险监督管理委员会关于安诚财产保险股份有限公司个人通信消费信用保险（三年期）条款费率的批复，http：//bxjg. circ. gov. cn//web/site0/tab5239/info4107979. htm。

少保险人与多个被保险人沟通的成本，保险人一般选择实力较强、起主导作用的企业作为主要被保险人，由其主要承担与保险人就投保、理赔等相关保险事项的沟通和协调工作。

三、保险客体

例如，某出口信用保险条款如此约定，“本保险合同承保同时符合以下条件的出口贸易：货物销售或服务合同（以下统称贸易合同）真实、合法、有效，应明确订立合同人、货物种类或提供服务内容、数量、价格、付款条件及交货或提供服务的日期、地点及方式”。从该约定中，可以看出：

第一，信用保险通常就其保险标的（客体）的属性，在条款中作出明确约定。如上述条款中，将可纳入适保范围内的保险标的，明确限定为贸易合同（有的为商务合同），既包含货物销售合同，也包括服务合同。

需要注意的是，国际贸易交易方式多种多样，并非所有的贸易方式所对应的合同或协议，都属出口信用保险所承保的范畴。究其原因，因其并不满足出口信用保险保险利益及保险标的的合法性、经济性和确定性的特征。主要包括在易货贸易（或以物易物）项下，不以货币结算的贸易合同；交易金额和付款期限不确定的出口合同，以及在出口商发货前或在劳务提供前，买方已经预付了全部价款的出口合同。这些合同项下，要么保险利益难以计量，保险人也就难以核算其承担的保险责任和可能损失的大小；要么根本不存在保险利益或风险损失不会实际发生。

第二，条款通常对贸易合同（基础合同）的订立形式不作限制，但对内容有所要求。

一方面，近现代以来，各国普遍奉行“合同形式自由”的原则，即认为法律行为（合同）的效力要件在于合意（当事人意思表示一致）而非形式，以满足现代国际贸易领域交易的便捷和效率需求。相应地，实务中合同订立的形式具体有书面、口头和默示行为等方式。信用保险通常对贸易合同订立的形式也鲜有明确限制。

另一方面，为力求基础交易合同内容严谨、规范，进而保险利益（保险标的）能够明确具体，条款通常均明确约定，基础合同应详细约定如标的、价格、数量、质量、贸易术语、交货日期、支付方式、信用期限及违约责任等主要事项。这在交易金额较高，或交易背景或参与主体较为复杂的交易中尤为重要。

第三，实务中，大多数出口信用保险条款均在适保范围中明确约定“贸易合同须真实、合法、有效”等对合同效力的要件要求。

之所以如此约定的理论依据，仍出自出口信用保险的保险利益的特征要求，即其债权利益必须是合法、有效的。换言之，如果投保企业将虚假、无效①或违反我国或进口

① 我国《合同法》第五十二条规定：“有下列情形之一的，合同无效：（一）一方以欺诈、胁迫的手段订立合同，损害国家利益；（二）恶意串通，损害国家、集体或者第三人利益；（三）以合法形式掩盖非法目的；（四）损害社会公共利益；（五）违反法律、行政法规的强制性规定。”

国法律的贸易合同及交易进行投保，则基本等同于虚构保险标的[①]的保险欺诈（或保险诈骗）行为，因此自然不在出口信用保险适保范围之内。

第二节 保险责任：何时、何因与何种损失三要素

关于保险责任，《财产保险公司保险产品开发指引》（保监发〔2016〕115号）第十五条规定："保险条款的保险责任可以约定以下内容：（一）损失原因。列明在保险期间内，由于何种原因造成的损失，保险人按照本保险合同的约定负责赔偿。（二）损失内容。列明在保险期间内的何种损失，保险人按照本保险合同的约定负责赔偿。（三）其他费用损失。被保险人支付的其他何种必要的、合理的费用，保险人按照保险合同的约定负责赔偿。"

综合各保险主体的出口信用保险条款来看，基本上均符合上述规定。例如，某代表性出口信用保险条款中约定[②]，"在保险期间内，被保险人按贸易合同或信用证的约定出口后，因下列风险引起的直接损失，在投保人按照本保险合同约定足额交纳保险费，并且符合本保险合同所约定的其他条件下，保险人按本保险合同约定承担赔偿责任"。

一是商业风险。一方面，非信用证支付方式下包括以下情形：(1) 买方破产或无力偿付债务；(2) 买方拖欠应付款项；(3) 买方拒绝接收货物。另一方面，信用证支付方式下包括以下情形：(1) 开证行破产、停业或被接管；(2) 开证行拖欠；(3) 开证行拒绝承兑，指在单证相符、单单相符的情况下，开证行拒绝承兑远期信用证项下的单据。

二是政治风险。一方面，非信用证支付方式下包括以下情形：(1) 买方所在国家或地区颁布法律、法令、命令、条例或采取行政措施：①禁止或限制买方以贸易合同发票载明的货币或其他可自由兑换的货币向被保险人支付应付款项；②禁止买方所购的货物进口；③撤销已颁发给买方的进口许可证或不批准进口许可证有效期的展延；(2) 买方所在国家或地区，或应付款项须经过的第三国颁布延期付款令；(3) 买方所在国家或地区发生战争、内战、叛乱、革命或暴动，导致买方无法履行合同；(4) 导致买方无法履行合同的、经保险人认定属于政治风险的其他事件。另一方面，信用证支付方式下包括以下情形：(1) 开证行所在国家或地区颁布法律、法令、命令、条例或采取行政措施，禁止或限制开证行以信用证载明的货币或其他可自由兑换的货币向被保险人支付信用证款项；(2) 开证行所在国家或地区，或信用证付款须经过的第三国颁布延期付款令；(3) 开证行所在国家或地区发生战争、内乱、叛乱、革命或暴动，导致开证行不能履行信用证项下的付款义务；(4) 买方所在国家或地区颁布法律、法令、命令、条例或采取

---

① 狭义理解，即投保人虚构原本不存在的保险对象，与保险人订立保险合同，以此骗取保险赔款或银行融资。

② 如《中国出口信用保险公司短期出口信用保险综合保险条款》，http://www.doc88.com/p-5035471023567.html；《中国人民财产保险股份有限公司短期出口贸易信用保险条款》，https://wenku.baidu.com/view/de6cd43682c4bb4cf7ec4afe04a1b0717fd5b396.html。

行政措施，禁止买方信用证项下或合同项下货物进口；（5）导致开证行无法履行信用证项下付款义务的、经保险人认定属于政治风险的其他事件。

以上条款措辞内容较多、表述较长，但其中核心关键可简要从保险期间、损失原因、损失内容三个方面重点把握。

一、保险期间

保险期间直接涉及保险公司的责任承担与否，切身关系被保险人自身权益，其对保险责任具有决定性影响。对于出口信用保险的保险期间，可从以下三个方面理解。

（一）货物交付的时点，须发生在保险期间内，这是保险责任承担的前提

比如，条款中约定“在保险期间内，被保险人按贸易合同或信用证的约定出口后，……”，该句话也意为，“出口的时间点，须在保险期间内”。而何谓出口？条款中在最后一条的释义中，通常对出口进行解释，如将其界定为：“出口：指以下情形：1. 货物销售：指货物已经报关并交付给承运人或直接交付给买方，或经保险人认可的其他形式；2. 提供服务：发票（支付通知）或列明交易标的、主体、金额等要素的结算清单（支付清单）被提交给买方，或经保险人认可的其他形式。”综上所述，出口指的是货物交付或服务提供。也就是说，货物交付或服务提供的时间点，须发生在保险期间内。

举例来说，某保单的保险期间是 2017 年 11 月 22 日至 2018 年 11 月 21 日，对于被保险人的某笔出口，在有效信用限额覆盖的情况下，如果其出运/交付的日期①为 2017 年 11 月 23 日，则该笔出运项下风险属承保范围之内，但如果某笔出运/交付的日期是 2017 年 11 月 21 日，则该笔交易不在保单承保范围之内。尽管出运日期（2017 年 11 月 21 日）仅比保险期间起始日（2017 年 11 月 22 日）提前一天，但因其不在保险期间内，故一旦风险发生，保险公司对该笔出运也无须承担赔偿责任。

综上所述，可以看出，货物交付日期或服务提供日期是否落在保险期间内，直接关系到保险公司是否赔付。

（二）损失发生的时点，不一定落在保险期间内

只要出口的时点落在保险期间内，则无论该笔出口发生损失时保险合同的保险期间是否结束，保险公司均将按约定承担赔偿责任。

这一特殊约定的原因主要在于信用保险中除保险期间外，还存在信用期限的概念。就信用期限的概念，条款中通常也会对其进行明确约定。比如，某条款约定：“信用期限指的是出口之日起至买方/银行应付款之日。”

接上述案例，假设贸易双方约定信用期限是 60 天，如果某笔交易出口日期是 2018 年 10 月 1 日，则按 60 天信用期限计算，买方应在 2018 年 11 月 31 日之前付款，也就是说，在这之前如果不发生买方拒收、破产等风险，只有到 2018 年 11 月 31 日后才能判断买方拖欠及其他风险事故是否发生，而这个时间点无疑已经超出保险期间（2018 年 11 月 21 日）的范围。

---

① 在 C 组和 F 组贸易术语项下，通常以提单上的 ON BOARD DATE 为准。

综上所述，从理论层面讲，大多数信用保险的保单均为风险关联保单（risk attaching policy），即保险人承担赔偿责任的前提条件是，投保人所投保的货物交付日或服务提供日须发生在保险期间内，而并不要求承保损失发生的时点必须在保险期间内。也就是说，即使所承保损失发生在保险期间之后，保险公司仍承担赔偿责任。这与常见的传统财产保险大都属损失/事故发生制保单（losses occurring policy）[①] 形成了较为鲜明的对比。

（三）保险期间≠保险责任生效期间

《保险法》第十八条规定，“保险合同应当包括下列事项：……（五）保险期间和保险责任开始时间”。从该规定可以看出，保险责任开始时间和保险期间是两个不同的概念。保险责任开始时间才是保险人真正开始承担保险责任的时间。

严格意义上讲，保险期间的意义主要用于作为保险费计算的基准之一，即所谓“保险期间，并非指保险契约效力持续之期间，而是保费计算之期间”[②]。就信用保险而言，保险期间通常指的是保险合同约定的一段时间，如前所述，通常是货物交付或服务提供的时点发生在保险期间内，保险公司才承担赔偿或给付保险金的义务。

就保险责任生效期间而言，信用保险真正开始承担保险责任的起点是，投保人是否已经履行其在贸易合同项下交付货物或提供服务的基本义务（该特定事件不发生，则自然无保险责任承担一说）。也就是说，该特定事件的发生日，即保险责任的起点有可能与保险期间起始日（保险合同生效日）同步，但在绝大多数情况下，短期出口信用保险保险责任起点在保险合同生效日之后。

二、损失原因

前述条款中约定的损失原因（损因），包含了商业风险和政治风险两大类（这也是该条款在实务惯例中常被称为综合保险[③]的原因之一），具体可如图 6－1 所示。

对于这两大类风险，宜重点从以下三个方面进行把握。

（一）商业风险

在交易买方项下，通常指债务人破产/无力偿付、拖欠[④]、拒收等风险。其中，关于拖欠，条款中通常可能同时将之界定为，买方接收到货物后或接受被保险人提供的服务后，违反贸易合同的约定，超过应付款日 30 天仍未支付应付款项；开证行拖欠指在单证相符、单单相符的情况下，开证行超过最终付款日 30 天仍未支付信用证项下款项。从该约定中可以看出，保单所约定的拖欠定义，与实际贸易交易中常规理解的拖欠含义

---

① 当然，信用保险产品也有损失/事故发生制保单类型，这种类型通常约定，保险人承担保险责任的前提是，应收账款损失的发生日应在保险期间内；反言之，如果损失未发生在保险期间内，则属保单除外责任。但实务中，这种类型的保单目前并不多见，即使有，其通常也仅限用于承保破产风险（出运/交付不在保单期间内，但只要破产发生在保单期间内，保险人就要承担赔偿责任，对于破产发生在保单期间之外的，保险人不负责赔偿）。

② 江朝国．保险法基础理论［M］．北京：中国政法大学出版社，2002：199.

③ 此处综合保险的综合两字，并非跨险种之意（如用一个条款，同时承保其他险种如责任保险、财产保险等）。

④ 部分保险公司也采用“延期付款”的表述，专指交易买方从贸易合同应付款日起的一段期间内（等待期条款，如 90～180 天），未能支付应付款项的行为。

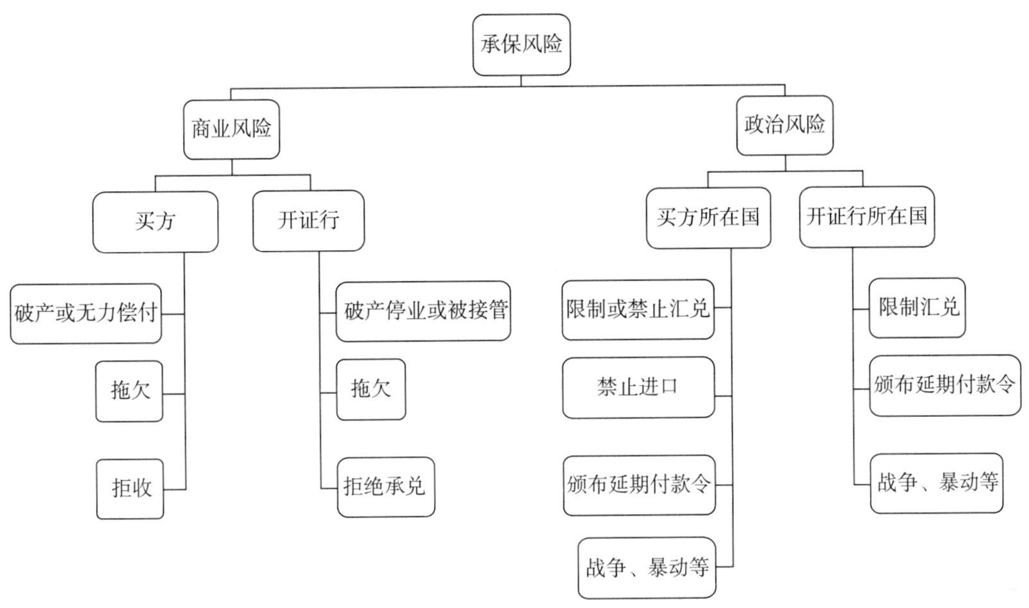

图6－1　承保风险分类

并不一致。具体来讲，考虑到很少有买方能够严格紧扣应付款日前付清货款，故保单所约定的拖欠指的是超过贸易合同应付款日30天，这相当于默认可以给债务人30天的付款延长期[①]，也就是说，一旦超过贸易应付款日30天仍未付款即构成保单所约定的拖欠风险。而实际贸易交易中，拖欠风险发生则通常严格以贸易合同约定的应付款日为准。

掌握保单所约定的拖欠含义，是非常关键和重要的。实务中，合理判定拖欠风险发生的时点，是后续准确判定哪些出运属知险后出运（此处所谓的险，即指保单所约定的拖欠风险，而非实际交易中的拖欠含义），以及何时是通报可能损失的时点（是否存在迟报可损）等理赔事项的基本前提。

（二）政治风险

总体而言，政治风险与买方/开证行所在国家（地区）的政治外交、经济金融和社会安全等密切相关。政治风险主要涉及政治经济金融风险、制度风险、地缘风险等，制约行业风险，并左右和影响买方付款能力及付款意愿。

条款中通常所约定的政治风险，大致可以分为针对进口交易的法律法规及行政措施风险、延期付款令（买方所在国或货款经过的第三国）及战争内乱三大类风险。其中，针对进口交易的法律法规及行政措施风险项下，又分别包括对货物进口的禁止（如2004年，日本因禽流感宣布禁止进口来自我国的禽类）、对货币支付的禁止或限制及对进口

① 应付款日后30天实际上是国外条款中常见的最长延长期限（maximum extention period），实际上也是给予买方的一个宽限期（grace period），即买方在该期限之前付款，不视为保险合同项下违约或损失发生。而对被保险人来讲，如果在该期限内继续向买方交付货物，也不应视为已知风险后出运。实践中，国内外大多数的条款，都约定被保险人可自主决策在最高延长期限内是否继续出运。

许可证的撤销或限制三种情形。这些政治风险的存在，势必在不同程度上导致买方无法履行合同。

（三）实务处理

尽管保单条款中采用列举的方式，将商业风险和政治风险看似进行了明确的划分，但在实务案件处理中可以发现，各种类型的风险可能是互相交织或说界限模糊的，因而损因的判定也并非总是简单直接或明了可辨的。

部分情况下，商业风险和政治风险实际上是难以明确划分界限的，或者说，同一宗案件项下，难以确定其损因是政治风险，还是因政治事件所引致的商业风险（或是该商业风险根本就是独立的，与政治事件无关）。比如，某进口国常年实行钉住美元的汇率政策，但之后取消资本管制，允许汇率自由浮动，从而导致大量本国进口商违约。对于这种情形，可能部分保险公司将之视为政治风险处理，但更为常见的可能是，大多数保险公司倾向将之视为商业风险定损。

但无论如何，因不同的损因通常对应不同的赔偿比例，故损因界定将直接影响到被保险人可获赔偿的多寡。相应地，为避免理赔环节的损因界定纠纷，保险公司在进行产品设计时，需要事先充分考虑这些较为复杂的情形，或在承保环节，与被保险人进行充分沟通，制定更为明确合理的承保方案。

三、损失内容

所谓直接损失，是指被保险人所投保的贸易合同项下所产生的应收账款损失（符合保险利益原则）。对于因不能按期回收应收账款而可能产生的其他相关损失，如汇率变动损失、利息①、预期利润损失等，则不属于条款所约定的直接损失，保险人不承担赔偿责任。当然，为了进一步明确和强调这一点，也有保险公司在其条款的责任免除部分，同时约定保险公司除外责任中还包括由于应收款项逾期导致的利息、违约金、费用或其他惩罚性赔偿的损失。

当然，对于在减损过程中，被保险人所支付的其他各种必要的、合理的费用损失，保险人也按照保险合同的约定负责赔偿。比如，拒收案件项下，被保险人在货物处理（放货、降价、转卖、退运等）过程中所产生的滞港费、转运费、退运费及仓储费等费用损失，也属于核定的直接损失范围之内，只要直接损失总金额不超过限额金额，保险人也负责赔偿。

第三节　责任免除：两个合同项下的除外

根据《财产保险公司保险产品开发指引》（保监发〔2016〕115 号）第十六条的规

① 但在中长期信用保险项下，利息损失通常属直接损失的一部分，被纳入责任范围内。比如，出口卖方信贷保险的保险金额，通常包含成本和应收的延付款项（可含利息，但不包括逾期利息和罚息）；再如，出口买方信贷保险的保险金额，通常包含贷款本金及利息（但不包括赔款等待期利息和罚息）。具体可参照本书第十二章。

定，保险条款责任免除部分可以约定的内容主要为情形除外（出现何种情形时，保险人不负责赔偿）、原因除外（何种原因造成的损失、费用，保险人不负责赔偿）、损失除外及其他除外。

就信用保险来看，实务中，各保险公司条款约定的具体形式并不一致。既有部分保险公司在条款责任免除部分，仅列明致损原因，而对于保险人不承担或减少保险责任的其他情形，则散落于整个保险条款中的其他各章各节中；又有部分保险公司，在其条款的责任免除部分，一并全部列明了保险人不承担、免除及减少保险责任的所有致损原因、情形除外及损失除外等内容。

但实际上，无论实务中条款约定的具体形式如何，从其主要内容来看，短期出口信用保险项下的主要责任免除大致可以分为两类来理解，即基础交易合同项下的主要除外情形 + 保险合同项下的主要除外情形。

一、基础交易合同项下的主要除外情形

实务中，出口信用保险条款一般分别从被保险人在基础交易合同项下所可能出现的欺诈、违约、关联交易及信用证支付等方面，具体约定不同的除外情形。总体来看，这些方面可归结为一点，即均属不完全债权的除外情形。或者说，由于基础交易合同（或信用证项下）项下卖方（或受益人）存在履约瑕疵（违约），进而导致合同项下的债权成为欠缺某种效力（请求力、执行力、私力实现、处分权能及保持力）的不完全债权，故属保单责任免除范畴。

（一）欺诈或其他违法行为

通常来看，欺诈或其他违法行为是出口信用保险条款所约定的首当其冲的除外情形。比如，某出口信用保险条款中约定，“被保险人或其代理人欺诈或其他违法行为引起的损失，保险人不承担赔偿责任”；再如，某条款约定了更具体的措辞，“被保险人或其代理人欺诈或未遵守任何相关法律法规（包括任何有法律效力的命令、法令或规则）之规定所导致的任何损失，保险人不承担赔偿责任”。

具体到实务中，常见的行为有被保险人虚构交易背景或保险标的（完全虚构，或者部分虚构，甚至真假保险标的混同掺杂等）以骗取保单项下银行融资或保险赔款，这种欺诈行为属于典型的道德风险，本身即属保险责任免除范畴。保险公司和融资银行也在不断地总结历史案件处理经验，提高识别和防范此类风险的能力①。

（二）违约行为

相关条款措辞通常约定为，“被保险人或其代理人未能履行贸易合同约定所导致的任何损失，保险人不承担赔偿责任”，以及“由于被保险人或买方未能及时获得各种必须许可证、批准书或授权，致使贸易合同无法履行引起的损失”等。

表现在贸易实务中，主要包括出口商在交货时容易出现的与合同所约定的交货期

① 中国出口信用保险公司理赔追偿部．国际贸易与出口信用保险案例集（第二辑）［M］．北京：对外经济贸易大学出版社，2012：417.

（如延迟交货，以致错过买方的销售旺季）、货物品质、包装及数量等不符的情形。如果这些情形并未事先取得买方认可，则卖方违约在先，属卖方履约瑕疵。从法律角度讲，相关债权是不完全债权，即债权的请求权是不完备的。因此，条款约定保险人不负责赔偿。

（三）关联交易

对关联交易除外的条款约定，不同保险公司约定方式不尽一致，但总的来说，目前大致可分为三种类型。一是部分条款在责任免除章节中直接进行约定，比如约定“被保险人向其关联公司出口，由于商业风险引起的损失，保险人不承担赔偿责任”，或约定为“被保险人与其关联企业签订的销售合同导致被保险人损失，保险人不负责赔偿”。二是部分条款在保险合同适用范围章节中先行进行排除。比如约定“本保险合同不适用于以下合同：被保险人与关联买方所签订的合同。关联买方包括与被保险人之间存在直接或间接控制关系或利益关系的买方，以及存在直接或间接贷款或担保关系的买方”。三是部分条款在“适用承保买方”章节中进行排除，比如条款约定“买方不包括被保险人的关联公司”。

综合上述约定，需注意以下两点：一是尽管部分条款中可能也会对何为关联公司或关联关系进行释义，但实务中判断是否存在关联关系，通常应当视交易的实质，分别从股权、经营及人员等方面综合考量，即遵循实质重于形式的原则，而并不能仅仅依照某单一标准，如仅依据出资或持股比例进行狭隘判定。二是有部分保险公司的条款，并非对关联交易项下的所有风险都不承保，如前述有的条款措辞为，“被保险人向其关联公司出口，由于商业风险引起的损失，保险人不承担赔偿责任”，从该约定中可以看出，该条款并未将政治风险排除在外，换句话说，投保人与其关联企业之间的交易不能投保商业风险，但可办理政治风险保险。

（四）信用证项下，豁免开证行付款义务的情形

现行主流条款，对于信用证支付方式项下的除外情形，通常约定为：（1）因单证不符或单单不符，开证行拒绝承兑或拒绝付款所造成的损失；（2）信用证项下的单据在递送或电讯传递过程中迟延、遗失、残缺不全或误邮而引起的损失；（3）被保险人未按照规定提交信用证项下单据而引起的损失，但不包括交单前发生本保险单承保的风险，被保险人按照保险人的书面指示不提交信用证项下单据的情形；（4）虚假或无效的信用证造成的损失。①

综合上述约定，可以看出该条款背后的基本逻辑：对于根据《跟单信用证统一惯例》相关规定可免予开证行付款责任的情形，自然也不属于保险人的赔偿责任②。

---

① 主要参照《中国出口信用保险公司短期出口信用保险综合保险条款》，http：//www. doc88. com/p－5035471023567. html；《中国人民财产保险股份有限公司短期出口贸易信用保险条款》，https：//wenku. baidu. com/view/de6cd43682c4bb4cf7ec4afe04a1b0717fd5b396. html。

② 随着实务的发展，该业务逻辑也出现了一定的问题和挑战。具体分析可参阅：周玉坤．形式与本质：出口信用保险基础问题研究［M］．北京：中国金融出版社，2017.

二、保险合同项下的主要除外情形

保险合同项下的主要除外情形主要指那些非基础交易合同项下的债权瑕疵，但是在保险的范畴内，根据信用保险所遵循的基本原则及规则，保险公司为控制承保风险及合理定损核赔，而在特定的保险合同项下，事先约定的非保险承保或赔付内的事项。

（一）知险后出运

根据《保险法》的相关规定，当保险事故发生时，被保险人应当采取必要措施，防止或减少损失。这对于出口信用保险来讲也是如此。即如果被保险人未能遵照这一基本规定，而是在风险发生之后，仍然出口或交付货物，则为保单责任免除情形。

具体措辞如某典型代表性条款中约定，“被保险人知道或应当知道本保单条款所约定的风险已经发生，或买方根本违约或预期违约时，被保险人仍然出运/交付货物或提供服务所遭受的损失”（其中本保单条款所约定的风险，指的是保险责任范围内的商业风险＋政治风险）。就该措辞约定，其中需重点关注的是拖欠风险项下的已知风险后出运的判定原则。举例来说，被保险人分别于2018年1月10日、2018年2月15日、2018年3月15日各出运一批货物，信用期限为30天。如果三笔出运均发生了买方拖欠风险，则根据保单约定，仅第三笔出运属已知风险后出运（保险公司不承担赔偿责任），而第二笔出运则并不属已知风险后出运。

第二笔货物的出运日期，已经在第一笔出运项下的应付款日之后，为何第二笔不属于已知风险后出运呢？就该问题，需回溯到前述保单条款对拖欠的定义界定。即保单项下拖欠指的是，超过应付款日30天，而非超过应付款日。所以，按条款如此约定，上述案例中的第二笔出运时间，仅是超过了贸易合同项下的应付款日（2018年2月9日），但并未超过保险合同项下所约定的拖欠风险发生日（2018年3月10日）。

综上所述，根据该条款的约定，实务中对已知风险后出运中风险的判定[①]，是以保险条款界定的风险为准的。

（二）无有效信用限额

信用限额是保险人对所承保的基础交易合同项下的单一买方所设定的最高保险额度[②]，或者说是保险人所批复同意的，对被保险人在与特定买方特定交易项下所形成的合同债权所可能承担保险责任的最高额度（部分保险公司条款中也采用信用额度的表述，可能会比较容易理解，但并不能全面反映信用限额的全部内涵）。

一定意义上可以说，信用限额是出口信用保险保险标的最为集中的体现，是承保环节的关键与核心，也是保险公司控制承保风险、判定保险责任的底线及依据[③]。因此，对于不符合限额约定的出运交易，被明确列入保险公司的免责范围。具体又可主要分为以下三种情形。

---

① 需要注意的是，该拖欠风险的界定及判定原则，仅是某保险公司某一条款的约定。实务中，并非所有短险条款都如此界定。投保人需注意辨别，并以其实际投保的条款措辞为准。

② 罗熹．信用保险词典（第一版）［M］．北京：中国金融出版社，2015：427.

③ 在本章第四节中将进一步展开阐述。

一是无有效限额、限额失效或被撤销。比如条款约定，“在保险人拒绝、取消对特定买方的信用限额后，被保险人仍交付货物或提供服务所造成的损失，保险人不承担赔偿责任”，或约定“对于任一买方或开证行，如果被保险人在出运前未获得有效信用限额或信用限额已失效或被撤销，保险人对相应出口不承担赔偿责任”。

二是保险人所批复的信用限额金额为零。比如条款约定，“被保险人如未在货物出运及服务提供前获得保险人对信用限额的批复，则保险人对相关损失不承担赔偿责任”，或约定“被保险人向保险人批复的信用限额为零的买方出口，或向保险人批复的信用限额为零的开证行开立的信用证项下出口”，为保单除外责任。

三是未能满足保险人所批复的信用限额的条件（如特别生效条件）。比如，大多数出口险条款均在责任免除章节中明确约定，“对于超出信用限额金额、支付方式、信用期限的损失，以及被保险人不满足信用限额特别生效条件或附属规定所导致的损失，保险人不承担赔偿责任”。

（三）申报问题

条款关于对被保险人未履行申报义务的后果约定，主要包括以下两个方面：

1. 未申报或误申报

对于保险合同约定了被保险人就其实际出运负有申报义务的，如果在后续保险业务操作环节中，被保险人并没有申报或申报有误，则必将在理赔阶段影响被保险人权益。但具体影响的程度和大小，不同公司的不同条款约定可能也有所差异。比如，有的条款直接在责任免除部分中明确约定，“保险人对被保险人未申报或误申报的出口贸易不承担保险责任”，但有的条款措辞则相对灵活，约定的是“保险人对被保险人未申报或误申报的出口贸易有权拒绝承担赔偿责任”。

2. 补申报

关于补申报，各保险公司条款约定基本一致，即约定为，“对于未在规定的时间内申报的出口，被保险人有义务及时补报”。

对于在补报前已经发生的损失或者可能引起损失的事件已经发生的，条款通常约定，“保险人对该补报部分不承担赔偿责任”。就该约定，符合保险基本原理，即保险公司并不承保风险损失确定的业务，以及不得在风险损失发生后，要求被保险人补交保费再予赔付。《财产保险公司保险产品开发指引》（保监发〔2016〕115 号）第七条也规定，“保险公司不得开发下列保险产品：……（三）承保的风险是确定的，如风险损失不会实际发生或风险损失确定的保险产品”。

（四）核定损失内容（损失金额）时的扣除事项

一是非信用保险承保风险（信用风险）所导致的相关损失，如汇率变动引起的损失。

二是根据信用保险风险共担原则，被保险人应自留的部分，即部分条款约定“按照保险合同约定的赔偿比例计算赔偿额之外的金额”。

三是无保险利益、非保险利益的部分，以及保险利益减少的情形，比如约定“被保险人擅自与买方商定的降价部分及被保险人擅自放弃债权的部分”“由于应收款项逾期导致的利息、违约金、费用或其他惩罚性赔偿的损失”“买方已支付、已抵债、已抵销的款项及被保险人已同意接受买方反索赔的款项”“被保险人已通过其他途径收回的相关款项，包括但不限于转卖货物或变卖抵押物所得的款项及担保人支付的款项”，以及“被保险人已从开证行或买方获得或确定能够获得的其他款项或权益”等。

第四节　限额承保与申报交费

综合现行各保险条款，其基本框架结构是在约定了总则和保险责任两大部分内容之后，即开始了对承保、理赔等实务流程及业务操作过程中的相关事项进行具体的细化约定。

这些约定，不单单是对被保险人义务的要求，同时更是涉及或包含了对保险双方各自的权利、义务的约定。换句话说，实务中被保险人在投保过程中应做哪些、应如何做、能获得何种权益，以及保险人在承保和理赔过程中有何权利、应负哪些义务等事项，在保单条款中均可以找到答案，且须严格以条款约定为准。

按照流程操作的环节和顺序，本节主要介绍的是承保板块，在该板块中，具体包含了责任限额的申请和批复、出运申报及保费交纳三个环节。

一、责任限额的申请和批复

责任限额是保险人控制承保风险的关键和核心。信用保险项下，责任限额又具体分为针对单一买方项下批复的信用限额及针对单一保单项下授予的累计最高赔偿限额（涵盖单一保单项下的所有买方）。

（一）信用限额

1. 内涵

（1）界定。信用限额是保险人针对被保险人在某一买方/开证行项下所设定的最高保险额度。在信用保险业务中，信用限额可谓是保险人用于衡量、控制和管理单一买方/开证行（信用保险再保险中的单一风险单位）风险的基本技术和关键手段。

通常情况下，常规出口信用保险保单条款要求被保险人在出运前获得已生效的信用限额，是保险人承担保险责任的前提条件之一。

信用限额除额度（保险人对单一买方承担的最高保险责任）外，通常还包含信用期限、支付方式、信用限额生效日期、是否可循环及是否包含特殊生效条件等要素。

（2）分类。比如，某条款约定，“信用限额包括被保险人自行掌握的买方或开证行信用限额和保险人批复的买方或开证行信用限额”。由此可以看出，信用限额主要分为以下两种。

一种是被保险人自行掌握限额，其指的是，不需被保险人申请，保险人在《国家（地区）风险分类表》承保条件内，自动赋予被保险人对特定买方或特定开证行开立的信用证项下的出口可能承担保险责任的最高额度。也就是说，自行掌握限额是无须被保险人就每个买方逐个申请、无须经过保险人逐个批准的限额，或者说，在保险人批复了自行掌握信用限额方案的保单项下，被保险人自动被赋予在一定限额（保险人能承担赔偿责任的最高限额）内，可与之灵活开展交易的且符合一定前提条件的买方。该自行掌握限额自动适用于整张保单项下，被保险人与所有买方的交易。实务中，通常对于经验丰富、业务量较大、单笔金额较小且出运频次较高的被保险人，保险人根据被保险人风险管控能力、投保规模大小及历史履约出险赔付等情况，综合考虑是否设置自行掌握限额方案。

另一种是保险人批复的信用限额，即被保险人应就保险合同适保范围内的出口，按每一买方或开证行，分别向保险人书面申请买方或开证行信用限额，保险人进行批复并生效后使用。

（3）与赔付金额的关系。无论是自行掌握信用限额还是保险人批复的信用限额，都是保险人对被保险人向某一买方或某一开证行开立的信用证项下的出口可能承担保险责任的最高额度。但应注意的是，因信用保险遵循风险分担的原则，信用限额并非赔付金额概念，即信用限额≠赔付金额。

两者的关系具体如某保险条款中约定，“一旦发生索赔，保险人所承担的具体的赔偿金额将不超过信用限额与保单所约定的赔偿比例的乘积”，或约定，“保单项下损失发生时，保险人实际赔偿额应按照信用限额与核定损失孰低原则确定赔付基数，之后赔付基数与保险合同载明的赔偿比例之乘积为保险人赔付金额”。

综上所述，如用公式表示就是：

如果核定核损金额≥信用限额，则赔付金额 = 信用限额 × 赔偿比例

如果核定损失金额 < 信用限额，则赔付金额 = 核定损失金额 × 赔偿比例

例如，保险人在某保险合同项下为某一买方批复信用限额 100 万美元，该买方适用赔偿比例为 90%，如果被保险人在该买方项下赊销出运 120 万美元全部出险，则保险人最终赔付金额 = 100 × 90% = 90 万美元。如果被保险人在该买方项下赊销出运 80 万美元全部出险，则保险人最终赔付金额 = 80 × 90% = 72 万美元。

2. 被保险人如何申请限额（信用限额构成要素）

实际上，相对于条款原则性约定的寥寥数语，对于保险人批复的信用限额，其在操作中却包含更多的要素和内容。这主要包括信用限额所针对的授信主体、限额金额（对核定损失金额超过限额金额的部分，保险公司不承担赔偿责任）、支付方式/信用期限、有效期（信用限额的生效日期及失效日期）、信用限额特别生效条件（如提供相关担保、出运/交付前收讫一定比例的预付款等）、是否循环使用等要素。实务中，常见完整的信用限额的表述如：“在 × × 国 × × 买方项下，保险人批复信用限额为 OA 30 天，100 万美元，生效日期为 × × × × 年 × 月 × 日。”

反之，如果被保险人实际贸易交易的相关条件不能满足限额各项要素，则将直接导致保险人拒赔或在不同程度上影响被保险人权益。因此，被保险人在申请信用限额时，以及在获得保险人批复的限额后，需重点关注与核对以下六个方面。

（1）授信主体。对部分被保险人而言，常见可能出现的问题是难以准确识别交易主

体，或者说，在贸易交易主体以及信用限额的授信主体认定上容易出现混淆，以致被保险人所申请信用限额买方与实际交易的合同买方不一致，进而影响保险合同项下权益的顺利实现。

比如，在实际交易中洽谈、订单抬头名称、订单下达主体及在对外付款等过程中，所涉及的主体为多人，以致某被保险人未能准确识别实际交易主体及合同买方，未能区分付款义务人（法律意义上谁有付款义务）和付款履行辅助人（实际上由谁对外付款）的区别，其所申请限额的买方非实际交易买方，最终无法获得保险公司赔偿。再如，如果是买方委托代理人与被保险人签订贸易合同，则被保险人申请和保险人批复限额的对象都应该是作为委托人的买方，而不应是代理人。

（2）限额金额申请额度。通常来讲，被保险人申请信用限额的金额，应大致为一个付款周期内，买方在任何时候的最高欠款额，即一个周期内最高应收账款余额，而不等于签订的合同（订单）总金额。

比如，买卖双方当前合同金额为 90 万美元，付款方式为 OA 60 天，50% 的预付款在出运前付清。货物分三批出运，如出运计划为 1 月 1 日出运 30 万美元，2 月 1 日出运 40 万美元，3 月 15 日出运 20 万美元，则一个周期内最高应收账款余额为 35 万美元（$30\times50\%+40\times50\%$），即为被保险人应申请的信用限额额度。

（3）支付方式和信用期限。在保险实务中，支付方式和信用期限是信用限额不可或缺的构成部分，其对保险责任的判定能够起到至关重要的决定作用。

一方面，就支付方式要素来讲，在国际贸易实务中，预付款之外的任何一种支付方式都可能存在应收账款风险。具体来看，不同的支付方式项下的风险通常有高有低。这表现在出口信用保险中，不同的支付方式所对应的费率水平通常各不相同，加之，实务中，限额支付方式、申报支付方式及实际交易支付方式三者可能并不能完全一致或无法覆盖，相应地，保险公司对案件损因的认定及保险责任的判定也不尽一致，如果被保险人对之未能了解并熟悉掌握，则势必在理赔阶段产生一定的纠纷。

另一方面，就信用期限要素来讲，交易账期能否为信用期限所覆盖，是判定保险责任的关键。比如，部分保险公司的条款中直接约定，“贸易合同必须明确约定货物交易的付款条件及付款期限，且付款期限绝对不能超过保险合同所约定的最长信用期限”。实务中，如果实际贸易中的交易账期长于保单项下单一信用限额的信用期限（如贸易交易账期是 180 天，限额账期是 30 天），且实际交易账期与信用限额的信用期限适用不同的费率标准，则属超限额的原则性问题，保险公司有权拒绝承担赔偿责任（这与人为地将交易账期进行分段拆分批限承保，是分属于不同性质的两个问题）。

（4）信用限额生效日期。条款中通常约定，“保险人批复的买方或开证行信用限额对其生效后的相应出口有效”，也就是说，保险保障仅对信用限额生效日后的出运有效，反之，如果出口日期在信用限额生效日期之前，则因保险责任尚未起始，保险人无法承担赔偿责任。

为避免这种情况的发生，被保险人应及时申请限额。一般来讲，应尽量在与买方洽谈合同意向时，或贸易合同生效前，即向保险公司提出限额申请。通常大限额买方的限额申请，更宜提前（如在出运前一个月）。

（5）限额特别生效条件。限额特别生效条件指的是只有在满足该条件的前提下，信用限额才生效；反之，如果条件不成熟，则保险人不承担赔偿责任。实务中，常见的限额特别生效条件主要包括约定被保险人在出运前收讫部分比例的预付款及须获有效担保等。其中，在以担保（一般要求的是独立担保）为条件的信用限额项下，担保合同的真实合法有效是保险人承担保险责任的前提。为避免无效担保对被保险人权益造成的影响，被保险人需注意担保合同的主体、性质、金额等方面是否违反有关法律法规；担保人出具的担保是否违反担保人章程，以及担保人出具的担保是否履行了应有的审批、登记程序等。

（6）信用限额有效期间。保险公司已批复信用限额，通常长期有效。比如，条款中通常约定，“除特别注明外，买方或开证行信用限额在保险期间内均可循环使用”。实务中，信用限额大都为可循环信用限额。其中，循环的含义是，如果被保险人在信用限额内的交易金额已回款，则已回款部分的金额即被释放（空出），被保险人可在该金额内继续出运交易，并得到保险保障。

比如，保险人批复了被保险人在某买方项下的信用限额为 OA 30 天、10 万美元。在限额生效日后，被保险人于 1 月向该买方出运货物 7 万美元，则限额余额剩 3 万美元。如果 2 月被保险人全额收到 1 月出运的全部货款，则该信用限额余额自动恢复至 10 万美元。

3. 保险人的权利

需要额外注意的是，信用保险条款中通常会约定保险人有调整信用限额的权利，而调整信用限额常见的主要有两种情况：一是比如条款中约定，“保险人有权根据被保险人对买方或开证行信用限额的实际使用情况调整买方或开证行信用限额”；二是比如条款中约定，“当风险发生重大变化时，保险人有权书面通知被保险人撤销或修改针对特定买方或开证行、特定国家或地区所有买方或开证行的信用限额”，但“上述撤销或修改适用于该通知中载明的生效日期之后的出口，不影响此前保险人已承担的保险责任”。

（二）最高赔偿限额

1. 内涵

最高赔偿限额在部分条款中被称为最高自定额度，还有的条款将其表述为最高责任限额（实务中，也有保单累计赔偿限额及保单限额等称谓）。就其具体含义而言，条款通常将其解释或约定为，“在保单年度有效期内，保险人所累计承担的最高赔偿额度（或可能承担赔偿责任的累计最高额度）”。

由此可以看出，最高赔偿限额通常是针对一张保单（当然，特殊情况下，也可以是就特定业务如某特定买方或特定国别）项下的赔偿责任的累加，或准确来讲，是赔付金额的累加，而并非单一信用限额的累加（信用限额与赔付金额的关系）。一旦损失超过最高赔偿限额或余额，则保险人不再承担赔偿责任。其中，余额 = 最高赔偿限额 - 保险公司在同一保单年度内累计已支付的赔款总额。

例如，某张保单约定最高赔偿限额是 100 万美元。保险人已经先后在甲、乙两个买方项下，分别向被保险人赔付40万美元、50万美元，而后续如果被保险人又在丙买方项下发生损失，索赔金额是30万美元（假设限额金额也是30万美元）。虽然单就买方丙来讲，保险公司理论应赔付金额是30万美元×90%＝27万美元，但因超过保单项下最高赔偿限额余额100万美元－（40万美元＋50万美元）＝10万美元，则保险公司实际赔付金额只能为10万美元。

2. 作用

通常而言，最高赔偿限额的设置目的在于，通过量化和锁定保险人在整张保单或特定承保范围内的累计赔偿金额，规避单一保单项下巨额赔付的风险，进而起到保护保险人的作用。从本质上来讲，这也是一种真正意义上的保险双方风险共担的机制，尽管从表面来看，其并不像赔偿比例及免赔所发挥的功能那样明显。

此外，设置保单最高赔偿限额，通常也是再保险的要求。

3. 约定方式

因出口信用保险条款中通常不对最高赔偿限额的确定规则及口径进行明确约定，故在实务操作中，最高赔偿限额通常以一个确定的金额（定值）表示，而该金额常见约定为年度适保额/预计（约定）投保金额的一定比例，或者是年度保费（或年最低保费，或年预估保费）的若干倍数。

但无论何种约定方式，实际上并无谓孰对孰错或孰优孰劣。而在保单年度执行过程中，如果被保险人实际赊销规模及实际支付保费与签单时预计值有较大出入，进而可能导致保单最高赔偿限额过低而不能覆盖买方单笔有效限额或导致最高赔偿限额过高时，保险公司可与被保险人协商，及时调整最高赔偿限额。总之，为保证整体的承保质量，保险公司关键是要把握住风险对价的基本原则，找到一个平衡的解决方案。

二、出运申报

（一）内涵

条款通常在对责任限额进行约定之后，按照业务流程，即开始对被保险人申报义务进行约定。比如，某条款中约定，“被保险人应按照‘保险单’载明的申报方法，以保险人要求的格式，向保险人申报适保范围内的出口。对于未在约定期限内申报的出口，被保险人有义务及时向保险人补报并补交保险费”。

通俗来讲，申报，即出运申报，指的是被保险人须在约定时间内，就在每一买方/开证行项下出运/交付的相关信息，向保险公司进行提交的行为，这也是保险公司在保单适保范围内，就被保险人的每一笔出口承担保险责任的依据。

因此，被保险人在申报时，应确保申报信息的及时性、完整性及真实性（有实际交易出运，且与实际出运单据相符）。其中，就申报时限来讲，实务中主要有实时申报、月申报、季度申报、半年度申报等方式。就申报的主要内容来讲，主要包括买方名称及代码（开证行名称及SWIFT码）、出运/交付时间、信用期限、支付方式、发票号和发票金额等。

（二）申报与保险责任的承担

申报可为保险人进行买方风险评估提供大量的有价值的信息，是保险人风险管控的重要手段，但需注意的是，保险人要求申报的最为主要的或最为原始的目的在于确保被保险人的相关出运交付进行投保并以此计算保费①。比如，部分保险公司条款中约定，“被保险人须申报其营业额以及保险人所要求的其他相关信息，包括保险单列明的与计算保险费有关的数据”。

实务中，又有部分保单其保费的计算和收取并不与出运申报严格钩稽甚至并无关联，因此，如果保单中无特别约定（如条款中并无保险人对于未申报的出口不承担赔偿责任等类似约定），则在实务操作中，保险公司宜尽量避免将被保险人申报义务的履行情况视为判定保险责任承担与否的决定因素。

三、保费交纳

（一）保险费的计算

比如，条款通常约定，“被保险人应就适保范围内的全部出口，按照保险单载明的保险费率向保险人交纳保险费”。

在实务操作中，保险费的计算公式一般是：保险费 = 计费基础 × 费率。

（二）最低保险费

为督促投保人将其所投保的交易全部向保险公司进行申报，避免投保人选择性申报或漏申报的逆选择倾向，部分保险公司的条款中可能约定，“最低保险费是投保人在保险期间内应交付的最少保险费。保险责任开始后，保险人收取的最低保险费不予退还。保险合同履行过程中，投保人应交的保险费将首先从最低保险费中冲减”。

就该约定，通常实务操作是，保险公司在签发保险单之后，根据年度预计投保金额、保险费率和比例，计算出最低保险费金额并向被保险人收取。

（三）保费交纳与保险责任的承担

我国《保险法》第十四条规定，“保险合同成立后，投保人按照约定交付保险费，保险人按照约定的时间开始承担保险责任”。由此可以看出，保险费的交付并非保险合同成立的要件（而是保险合同成立后应履行的义务之一）。

关于出口信用保险保费的交纳与保险责任承担之间的关系，部分保险公司条款中明确约定，“如被保险人未在保险合同约定期限内足额交纳保险费，则保险人有权对被保险人相关出运损失拒绝承担赔偿责任”，还有更为严格的约定是，“投保人未在约定期限内交纳保险费，保险人对被保险人申报的相关出口不承担赔偿责任”。

此外，还有条款类似约定，“保单约定一次交纳保费而未按期交纳的，保险人对保费交清之前发生的损失不承担赔偿责任；保单约定分期交纳保费而被保险人未如期交纳，则保险合同效力中止。待被保险人全额交清保费及利息费用后，经保险人同意，保

① International Credit Insurance & Surety Association. A Guide To Trade Credit Insurance [M]. London: Anthem Press, 2015: 38.

险合同可以复效”（与部分人身保险合同约定类似）。当然，也有其他公司条款则约定，“如被保险人未在保险合同约定期限内足额交纳保险费，则保险公司有权终止保险合同”。

第五节　理赔与追偿

如前述限额、申报及交费可统归为承保阶段，条款在对承保阶段相关事项进行约定之后，通常紧接着开始对理赔追偿环节的相关事项进行明确。在条款的这一部分，信用保险所遵循的风险分担原则、损失赔偿原则、代位求偿原则等，更是处处得以淋漓尽致地体现。关于理赔追偿部分的条文约定，通常涉及内容较多，且相对较为复杂，但从被保险人的角度来看（如条款哪些约定将明显影响到被保险人保险权益的获得），则可提纲挈领地分别从理赔处理的流程时限、定损核赔内容及催收追偿三个方面来重点关注。

一、流程时限

现行实务中，主流条款通常将理赔环节进一步划分为可能损失通知、索赔申请及定损核赔的时限三个阶段。就这三个阶段，首先需要重点关注条款中对于相关时限要求的约定。

（一）可能损失通知

1. 提交可能损失通知的时限

比如，部分条款约定，“被保险人应在知道或应当知道本保险合同拖欠风险发生之日起 30 天内，或其他风险发生之日起 10 个工作日内，向保险人提交可能损失通知书”。具体展开，则可用表 6－1 来表示。

表 6－1　提交可能损失通知的时限情况

承保风险	提交可能损失通知的时限
买方拖欠	知道或应当知道保险合同约定的拖欠风险发生之日起 30 天内
开证行拖欠	
买方破产或无力偿付债务	知道或应当知道风险发生之日起 10 个工作日内
买方拒绝接受货物	
开证行破产、停业或被接管	
开证行拒绝承兑	
政治风险	

如上约定，需关注的是保单约定的拖欠定义，即超过应付款日/最终付款日 30 天仍未支付应付/信用证项下款项。

当然实务中，也存在一类条款并无可能损失的表述，而只是约定被保险人应在风险发生后立即/及时就尚未清偿的任何欠款以书面形式通知保险人。此外，还有部分保单进一步明确为，“被保险人应在最高延长期届满后 × × 日买方仍未付款时，立即通知保险人”，而关于最高延长期则意为在符合一定条件的前提下，被保险人可以同意在应付款日之后再给买方延长一段时间的赊销期。如果买方在该日期前付款，则不被视为保单项下风险发生。简言之，如果买方超过了最高延长期付款，则视为保单约定的风险发生①（实质上与超过应付款日 30 天方视作拖欠风险的约定做法并无二致）。

2. 违反后果

时限一旦如此约定，则被保险人须严格遵守。因通常保单同时约定，“被保险人未能在本保险合同约定期限内提交可能损失通知书，保险人有权降低赔偿比例”，以及“如果被保险人未在规定期限后 6 个月内提交可损，则保险人有权拒绝承担赔偿责任”（但对于可损通知，并无保险公司拒绝受理一说）。

无论措辞如何表述，条款如此严格约定时限，主要是有利于保险人在风险发生时能够及时知晓和介入，以避免贻误调查及减损的最佳时机。

（二）索赔申请

对于部分约定了可损环节的条款，对索赔申请的时限通常约定，“被保险人应在提交可能损失通知书后 120 天内向保险人提交索赔申请书及索赔单证明细表载明的相关文件和单证。超过上述期限，保险人有权降低赔偿比例或拒绝受理索赔申请，但事先经保险人书面同意的除外”。

但是对于并无可损通知环节的那些信用保险产品来说，其条款则可能将索赔申请时限直接约定为，“被保险人应在保险事故发生后，及时向保险公司提出索赔申请，且被保险人索赔诉讼时效为 2 年”。还有部分在约定了最高延长期的条款中，则通常约定的是，“被保险人应在最高延长期届满后 6 个月内提出索赔申请”等。

（三）定损核赔的时限

因信用保险案件勘查核损的事项涉及国内、国外相关出口商、买方、货物出运、资金流转等相关内容，通常需要一定的、必要合理的时间来进行处理，因此，条款中常见将定损核赔的时限约定为，“保险人在受理被保险人的索赔申请后，应在 120 天内核实损失原因，并将核赔结果书面通知被保险人”。

定损核赔的时限是对保险人义务的约束。需要注意的是，其中的 120 天指的并非是所有的案件都只在第 120 天结案，而是 120 天仅为案件处理的最长时限。实务中，各保险公司出口险案件的平均结案时间基本在百天以内。

二、定损核赔

条款在定损核赔部分，通常会约定定损核赔的基本原则（公式）、特殊案件的处理，以及核定损失时的扣除项目等。

（一）基本逻辑

比如某代表性条款约定，“在符合最高赔偿限额约定的前提下，保险人对保险责任

① 又如，条款可能将已知风险后出运免责的事项约定为，“买方如在最高延长期后仍有欠款，但被保险人仍继续向买方出口所发生的损失，保险人不承担赔偿责任”。

范围内的损失，按照核定的损失金额与信用限额从低原则确定赔付基数，该赔付基数在任何情况下不得超过申报发票金额。保险人赔付金额为赔付基数与本保险合同约定的赔偿比例的乘积”。

简单来讲，定损所遵循的大致思路是，在符合最高赔偿限额约定的范畴内，保险人首先确定的是赔付基数（核定损失金额与信用限额二者孰低），之后以赔付基数与赔偿比例之乘积确定赔付金额，即赔付金额 = 赔付基数 × 赔偿比例。但无论如何，该赔付金额不得超过最高赔偿限额或其余额，这是保险公司定损核赔的重要原则。

（二）特殊案件的处理

特殊案件通常包括有付款担保的案件及贸易双方存在纠纷的案件等。

1. 付款担保案件

条款关于对付款担保的处理，通常约定为，“如保证或担保是保险人批复信用限额的前提条件，则被保险人获得对担保人已生效的仲裁裁决或法院判决并申请执行之前，保险人将不会定损核赔”或“如保险人以被保险人获取有效担保作为承担赔偿责任的前提，除非保险人书面同意，在担保人按担保协议付款以前，或被保险人对担保人申请仲裁或在担保人所在国家（地区）提起诉讼，在获得已生效的仲裁裁决或法院判决并申请执行以前，保险人不予定损核赔”。

2. 贸易纠纷案件

具体就贸易纠纷情形下的保险责任承担问题，部分条款（常见国外出口险条款）中约定，保险公司对之不予定损核赔，除非相关争议由仲裁机构或法院作出具有法律效力的仲裁裁决或法院判决[①]。比如，某条款中约定，“因贸易纠纷而引致的买方拒付货款或拒收货物，则保险人停止支付任何相关的保险赔款，直至被保险人获得已生效的仲裁裁决或法院判决并执行”。甚至，还有部分出口险条款中进一步细化约定，“仲裁裁决或法院判决对贸易双方均具有约束力，且须具有可执行力。而保险人所支付的赔款金额，则将以明确认定了买方应偿付给被保险人的欠款金额的仲裁裁决或法院判决为依据”。

当然，相对于上述将仲裁或诉讼作为理赔前置程序的行业做法，也有部分保险公司认为[②]，因在贸易及保险实务中，存在大量的贸易纠纷案件，且其中相当比例不过是买方拖欠或拒收货物的借口，如不分客观实际情况，全部要求被保险人发起仲裁或诉讼的前置程序，操作可行性极低。因此，为充分体现对出口企业的保障，保单条款中并不强制要求仲裁或诉讼作为定损核赔的必需的前置程序，而是进行了相对变通灵活的约定。

比如，条款中约定，对于贸易纠纷案件，“被保险人可先行与买方协商解决争议，双方能够达成和解协议且经保险人认可的，保险人对于保险责任范围内的损失予以赔偿，如双方无法达成和解协议，则保险人将进行调查审理并判定保险责任，但如被保险人既无法与买方达成协议，又不接受保险人判定结论，则被保险人应进行仲裁或提起诉

① International Credit Insurance & Surety Association. A Guide To Trade Credit Insurance [M]. London: Anthem Press, 2015: 27.

② 中国出口信用保险公司理赔追偿部．国际贸易与出口信用保险案例集（第二辑）[M]．北京：对外经济贸易大学出版社，2012：307.

讼”。相比之下，也有部分保险公司的条款中约定，被保险人应先行与买方协商解决争议，……而保险人则要么依据贸易双方和解结果定损核赔，要么根据裁决或判决赔偿，而并无“如贸易双方无法达成和解，保险人则将进行调查审理并判定保险责任”的环节。

如此约定，可充分提高贸易纠纷案件定损核赔的效率和质量，这对于保障保险双方的权益具有重要的现实意义。

（三）款项扣减与赔付金额厘定

关于在核定损失时进行款项扣除方面的约定，大多数条款所约定的扣除款项可能均指向可归属于贸易合同项下的已回收款项、被保险人在未经保险人书面同意的情况下擅自降价、放弃债权的部分等。

但个别条款另外也同时约定了扣除款项应包括免赔额，比如，“被保险人应自行承担保险单中所约定的免赔额，且不得就该免赔额另行投保。保险人在确定赔付基数时，亦将扣除该免赔额”。

三、催收追偿

关于追偿方面的约定，主要涉及以下三个方面。

（一）赔付后的代位求偿权及权益转让

我国《保险法》第六十条规定：“因第三者对保险标的的损害而造成保险事故的，保险人自向被保险人赔偿保险金之日起，在赔偿金额范围内代位行使被保险人对第三者请求赔偿的权利。”

相应地，在出口信用保险条款中，通常约定，“保险公司自支付赔款之日起，即在赔款金额范围内享有代位行使被保险人对买方或相关责任方请求赔偿的权利，且被保险人亦应协助保险人实施代位求偿”，或有的条款约定，“保险人赔付后，被保险人应将赔偿范围内的贸易合同、信用证项下的权益转让给保险人，同时，被保险人仍有义务协助保险人向买方或开证行追偿”。

通过主张这些权利和补偿，保险人既可从买方处追回所赔偿的款项，又可避免对被保险人过度补偿。

（二）追偿款及追偿费用的处理规则

按照保险损失赔偿原则，被保险人在保险项下的收益，不得超过其实际损失。因此，如果被保险人在获得赔偿后又收到买方或开证行支付的款项，应及时通知保险公司。对于追回的款项，通常需要按照保险双方各自在保单项下的权益比例进行分摊，而对于追回欠款过程中发生的经保险公司事先同意的合理的追偿费用，也按权益比例分摊。

关于上述规则，有些条款中明确约定，“追回欠款后，按照保险人和被保险人在本保险合同项下各自的权益比例分摊追偿费用和追回款”①。

① 关于权益比例分摊的具体案例，可参见本书第十章。

（三）还款冲抵原则

有关还款冲抵原则的条款通常约定，“应按时间顺序偿还保险项下应收账款”（部分条款中具体约定为到期日顺序），或表述为，“本保险合同约定的风险发生后，保险人赔付前，无论被保险人与买方是否有特别约定，除非保险人书面同意，买方对被保险人的任何付款均被视为按应付款日时间顺序偿还保险项下被保险人对该买方的应收账款”。

第六节　被保险人其他义务

条款通常在最后一部分，对被保险人的其他权利义务进行补充完善。其中，就被保险人义务而言，除条款在承保和理赔章节约定的事项（限额申请、出运申报、交纳保费、可损通知义务、减损及追偿义务等）外，根据诚实信用原则，被保险人在保单项下的义务还包括以下三个方面。

一、如实告知义务

告知义务是保险诚实信用原则所包含的一项重要内容。为规避被保险人逆选择风险，根据《保险法》的相关规定，订立保险合同，投保人应将可能影响保险人风险判断和风险性质、程度变化的信息，如实告知保险人。

就信用保险而言，几乎全部现行信用保险条款均就被保险人如实告知义务进行了明确约定。比如，具体措辞为，“被保险人应将可能影响保险人风险预测、费率厘定、限额审批和理赔追偿的信息真实、全面、准确、及时地书面告知保险人”。

根据该条约定，投保人在投保或申请信用限额时，需如实填写投保单及信用限额申请单上相关内容，如果已经知道目标买方之前有过应收账款拖欠记录，投保人应将此信息及时告知保险人，保险人将据此决定是否以及如何承保该买方。如果投保人进行错误陈述或隐瞒、欺诈，保单条款则相应约定了保险人可主张保险合同无效、解除保险合同、拒绝承担赔偿责任且不退还保险费。

二、保证义务

保证是诚实信用原则的另一项重要内容。保证义务主要指，保险人要求投保人或被保险人对某一事项的作为或不作为、某一事项的存在或不存在作出承诺或确认。保证的目的在于控制承保风险，减少危险事故的发生。

根据上述基本原理，为了在一定程度上规避道德风险，信用保险条款也通常约定，“出口后，被保险人认真审查适保范围内的贸易合同及相关单据，经常检查贸易合同的履行情况，切实做好应收款项催收工作”。通过条款“明示保证”的形式，将保证通过条款的方式载明于保险合同上，要求投保人或被保险人在整个保险期间严格遵守。

三、投保后，保险标的危险程度明显增加的通知义务

我国《保险法》第五十二条规定，“在合同有效期内，保险标的的危险程度显著增加的，被保险人应当按照合同约定及时通知保险人，保险人可以按照合同约定增加保险费或者解除合同。”

就信用保险而言，其保险标的的危险程度显著增加①，或者说基础合同项下债权危险程度显著增加的具体表现形式，主要指的是在未取得保险人同意的前提下，基础交易合同项下的交易双方，对基础交易合同中关键交易条件进行变更，如变更支付方式、（延长）付款期限、债权债务转让等。因为这些行为将导致信用保险当事人缔结保险合同的基础发生重大变化，所以保险人享有救济权以实现公平。

相应地，信用保险条款中通常约定，被保险人在申请信用限额后，变更贸易合同的支付方式、付款期限、转让债权债务及其他可能影响保险人权益的合同内容时，应事先征得保险人书面同意，否则，保险人对相关出口项下发生的损失有权拒绝承担赔偿责任。

综上所述，通过对短期出口信用保险条款主要内容的分析，大致可以看出，出口信用保险的保险责任承担与否的判定遵循的是“一个中心，两个合同”的原则，即围绕合同债权能否确定这一中心问题，结合被保险人在贸易合同和保险合同项下的义务履行情况，进行综合判定。

因此，一方面，对被保险人而言，为了能够充分实现其保险合同项下权益，其前提或必要条件是确保在贸易合同项下债权的成立。这不仅需要出口商严格履行贸易合同所约定的各项义务，更不可忽视的是首先须确保贸易合同中各项交易条件约定的清晰明确，并能够满足保险合同对贸易交易条件的相关要求。另一方面，对保险人而言，宜致力于不断完善和打造既规范、明晰、严谨，又适当通俗、简洁、易懂的保险产品，以不断满足多样化的市场需求，不断提高服务水平和质量，最大限度地发挥信用保险的功能和价值。

---

① 而非信用风险显著增加。实务中，部分观点可能会套用《保险法》第五十二条的规定，认为信用保险项下，如果信用风险显著增加，则保险人可以按照合同约定增加保险费或者解除合同。无疑，这根本是混淆了信用保险的保险标的和信用风险。

第七章

国际贸易与出口信用保险

短期出口信用保险的保险标的和承保风险，通常产生或来源于国际贸易交易本身。换言之，对出口信用保险而言，国际贸易交易本身决定了保险标的及承保风险的高低。

为了科学合理地制定承保方案、有效实施风险管控及高效地进行理赔追偿，保险人不仅需要全面评估进出口双方、行业及国别风险等因素，还需要对所承保的国际货物买卖合同、贸易规则及国际结算等方面的知识有相对全面的了解和掌握，这实际上也是更好地认知和理解出口信用保险的前提和基础。

就国际贸易实务来讲，国际货物买卖合同可谓是核心和主线，因其是确定买卖双方权利义务的重要法律依据，也是有效管控和降低国际贸易交易中不确定性（风险）的关键手段。就国际货物买卖合同所适用的法律及惯例来说，大致有各国国内有关法律、国际协定、条约或公约及国际贸易惯例。其中，各国国内法包括《中华人民共和国合同法》（以下简称《合同法》）、美国《统一商法典》等；国际条约主要包括《联合国国际货物销售合同公约》（*the United Nations Convention on Contracts for the International Sale of Goods*，以下简称《公约》）[①]、《承认及执行外国仲裁裁决公约》（1958 年《纽约公约》）等；惯例规则主要包括《国际贸易术语解释通则 2010》（*Incoterms* 2010，以下简称《2010 通则》）、国际商会《托收统一规则》（*ICC Uniform Rules for Collections*，1996 年 1 月 1 日正式生效，以下简称 URC 522）、《跟单信用证统一惯例（2007 年修订本）》（*Uniform Customs and Practice for Documentary Credits*，以下简称 UCP 600）等。

本章在分析国际贸易交易与出口信用保险相关问题时，在结合出口信用保险典型案例及实务操作的基础上，主要依据的就是这些法律法规及相关惯例规则，希望本章能够为出口企业提供一定的参考借鉴。

① 联合国国际贸易法律委员会于 1980 年通过该公约。我国是最早加入的缔约国之一。

第一节 国际货物买卖合同

通常来讲，一项国际贸易，无论进口还是出口，一般都可分为交易前准备、国际货物买卖合同的商定（磋商签订）及履行三大阶段。

相应地，《合同法》的主要内容也大致包括合同的订立与生效、合同条款、合同的履行等方面。

一、从一宗出口险案例看国际货物买卖合同的订立

我们可以从一宗典型的出口信用保险案例来分析国际货物买卖合同的订立①：

国内某出口商A公司收到国外某进口商B公司发来的电子邮件，询问货物价格并要求订购。随后，A公司拟制了形式发票（proforma invoice）发给B公司，形式发票上载明了货物名称、品质、重量、包装、单价、总价、支付方式（为D/P）及交货时间、地点等事项。之后，A公司按照形式发票所载明的出运日期如约发货，一个月后，货物到达买方所在国家港口，但B公司却拒绝付款提货。

经保险公司介入调查追讨，B公司表示和A公司之间并未正式签订过买卖合同，双方之间不存在贸易合同关系，因此并无付款提货的义务。就曾经给A公司发送过采购货物的电子邮件，B公司表示发送邮件的是个人，而公司作为独立的法人主体并未向A公司下过订单，故电子邮件也并不能证明买卖合同有效成立；同时B公司还否认收到过形式发票。保险公司经过进一步调查获知，B公司曾凭借A公司所出具的形式发票到当地政府有关部门申领货物进口许可证。

该案例中，B公司的主张能否成立，或者说进出口双方之间买卖合同是否成立并生效，是处理本案的关键。而这些都需要分别从合同订立、生效及合同表现形式等方面入手来进行分析。

（一）合同的订立

订立合同的过程，通常包括询盘/邀请发盘（Inquiry）、发盘（Offer）、还盘（Counter Offer）和接受（Acceptance）四个环节。

1. 询盘

简单来讲，询盘实际上就是询价，指的是买方或卖方向对方询问成交条件或表达开展交易的愿望，同时也有了解市场行情、试探对方交易底线的作用（有买方询盘，也有卖方询盘），目的是使对方发盘，故也称邀请发盘。

通常询盘内容灵活，形式多样，且询盘对象不限数量（如同时可向多家供应商发出采购信息），同时询盘对象所开出的条件也只是一个参考，而不是正式的报价（因此也

① 中国出口信用保险公司短期业务理赔追偿部．国际贸易与出口信用保险案例集［M］．北京：中国商务出版社，2008：411－415.

不具备发盘的条件，不构成发盘），而发出询盘的一方，即使发出询盘，也不一定必须接受询盘对象所报的条件。

因此，询盘不具有法律上的约束力，也并非交易的必备法律程序，因如交易双方彼此了解，则可直接向对方发盘。

2. 发盘

第二个环节，即在询盘之后，就要求对方报价（各种交易条件，不仅包括价格）或发价（法律上的要约）。实务中，发盘既可由买方也可由卖方发（如买方发则如要求货物的规格、价格、数量、交货条件等）。

关于一项行为是否构成发盘，根据《公约》第 14 条第 1 款的规定："凡向一个或一个以上的特定的人提出的订立合同的建议，如果其内容十分确定并且表明发盘人有在其发盘一旦得到接受就受其约束的意思，即构成发盘。"而我国《合同法》对发盘的规定同《公约》的规定基本一致。我国《合同法》第十四条规定："要约是希望和他人订立合同的意思表示，该意思表示应当符合下列规定：（一）内容具体确定；（二）表明经受要约人承诺，要约人即受该意思表示约束。"

从以上规定中可以看出，发盘的主要特点：一是内容确定，即订约建议中，至少应包括货物名称、数量、价格或确定价格的方法等事项；二是发盘行为具有法律约束力，即通常表明"如受盘人一旦接受发盘，则发盘人即受约束"（而非就某些交易条件建议同对方进行磋商），因此，报价需要慎重，应避免随意乱报；三是有特定的受盘人，即发盘对象明确；四是多数情况下，发盘具有有效期。

3. 还盘

第三个环节，即在报价之后，对方可能接受，也可能不接受，如果不接受，即构成还价（法律上的反要约）。

根据《公约》第 19 条第 1 款的规定："对发价表示接受但载有添加、限制或其他更改的答复，即为拒绝该项发价，并构成还价。"而受盘人的答复如果在实质上变更了发盘条件，也构成对发盘的拒绝。根据《公约》第 19 条第 3 款的规定："有关货物价格、付款、货物质量和数量、交货地点和时间、一方当事人对另一方当事人的赔偿责任范围或解决争端等的添加或不同条件，均视为在实质上变更发价的条件。"

还盘不是必备的交易环节，但受盘人一旦还盘，其法律后果是原发盘即告失效，原发盘人就不再受其约束。

4. 接受

合同订立的最后一个环节，即接受（法律上称为承诺），是指受盘人在发盘规定的时限内，对发盘一揽子表示同意。接受通常代表买卖合同即告成立（成交）。《公约》第 23 条规定，"合同于按照本公约规定对发价的接受生效时订立"。我国《合同法》第二十五条规定，"承诺生效时合同成立"。

接受成立须满足以下条件：一是必须由特定的受盘人（原法定的受盘人）作出；二是与原发盘的内容相同；三是以发盘规定的方式表示，根据《公约》第 18 条第 1 款的规定，"被发价人声明或作出其他行为表示同意一项发价，即是接受，缄默或不行动本身不等于接受”；四是在规定的有效期内作出。

关于接受生效的时间，各国法律有不同的规定。其中，英美法采用“投邮生效”的原则，而大陆法系采用“到达生效”的原则。而《公约》则明确为两种情形：一是“送达生效”。比如，《公约》第 18 条第 2 款规定，“接受发价于表示同意的通知送达发价人时生效。如果表示同意的通知在发价人所规定的时间内，如未规定时间，在一段合理的时间内，未曾送达发价人，接受就成为无效，但须适当地考虑到交易的情况，包括发价人所使用的通信方法的速度。对口头发价必须立即接受，但情况有别者不在此限”。二是接受还可以在受盘人采取某种行为时生效。比如，《公约》第 18 条第 3 款规定，“但是，如果根据该项发价或依照当事人之间确立的习惯做法和惯例，被发价人可以作出某种行为，例如与发运货物或支付价款有关的行为来表示同意，而无须向发价人发出通知，则接受于该项行为作出时生效，但该项行为必须在上一款所规定的期间内作出”。

以上四个环节中，发盘和接受（或者说要约和承诺）是合同成立不可缺少的两个基本法律环节。

（二）合同的成立与生效

1. 合同成立时间

根据《公约》的规定，合同成立的时间即为接受生效的时间，而接受生效的时间，又以有效接受的通知到达发盘人时及受盘人作出接受行为时为判断标准，因此，其同时也是合同成立时间的两个判断标准。

当然，在贸易实践中，买卖双方也可对合同成立时间进行另行约定，如约定为，“以订约时合同上所写明的日期为准”或“以收到对方确认合同的日期为准”。

2. 合同成立不等于合同生效

合同成立与合同生效是两个不同的概念。如前所述，合同成立的判断依据是接受是否生效；而合同生效则指合同是否具有法律上的效力，是否能够得到法律上的保护。

具体关于合同的效力，通常有以下四种情形：

（1）绝大多数合同，成立时即生效。比如，我国《合同法》第四十四条第一款规定，“依法成立的合同，自成立时生效”。

（2）法律对合同的生效条件进行了规定，如规定合同形式，或规定批准、登记后生效。比如，我国《合同法》第四十四条第二款规定，“法律、行政法规规定应当办理批准、登记等手续生效的，依照其规定”。

（3）约定合同的生效条件和生效日期，则合同自条件成就时生效或失效，或自期限届至时生效，或自期限届满时失效。

（4）有瑕疵的合同，主要包括无效合同和可撤销合同。其中，无效合同的合同效力自始无效、当然无效（无须经过法院、仲裁庭确认）；而可撤销合同的效力取决于当事人的意志（是否行使撤销权），且当事人行使撤销权应经法院或仲裁机构确认，合同确认被撤销后，则自始至终没有法律约束力。

（三）合同的形式

国际贸易中，买卖双方订立合同主要有书面形式、口头形式及其他形式。其中，书面形式主要包括合同书、信件及数据电文（如电报、电传、传真、电子数据交换和电子邮件）等；其他形式主要是指以行为方式表示接受而订立的合同。

结合如上相关法律规定，再回到本节开头所述案例，则就A、B两公司之间是否真正存在贸易关系这一问题，可分别从合同订立、生效及合同形式等方面来进行分析。

首先，从出口商A公司所出具的形式发票来看，其内容包括了具体的报价条件，且明确向特定对象B公司发出，故可构成法律上的要约①；其次，从电子邮件来看，经保险公司核实，进口商以邮件方式与卖方确认了出运时间，可视为承诺，且如前所述，电子邮件可视为书面合同，故贸易双方买卖合同关系成立；最后，从买方行为来看，B公司曾根据形式发票到当地政府有关部门申领进口许可证，且保险公司经调查，获得了相关证据，足以证明B公司以其实际行为开始履行合同义务。实际上，B公司拒收的真实原因是货物到港之前，市场行情大幅下挫，B公司意欲规避相关损失。

综上所述，B公司所提出的与A公司之间不存在贸易合同关系的主张是不成立的。本案在保险公司的施压追讨下，B公司最终付款提货。

二、国际货物买卖合同的内容

关于合同内容，《公约》和各国合同法都有规定。比如，我国《合同法》第十二条规定："合同的内容由当事人约定，一般包括以下条款：（一）当事人的名称或者姓名和住所；（二）标的；（三）数量；（四）质量；（五）价格或报酬；（六）履行期限、地点和方式；（七）违约责任；（八）解决争议的办法。当事人可以参照各类合同的示范文本订立合同。"

通常来讲，一份书面合同，无论其格式如何，基本内容均可大致分为约首、基本条款和约尾三大部分。这三大部分全面约定了交易主体、交易标的（货物品质、数量、包装）、价格（单价和总值）、卖方义务（交货、交单和转移货物所有权）、买方义务（支付价款/货款结算）及争议的预防和处理（货物检验、索赔、仲裁、不可抗力）等内容，是交易双方履行合同的法律依据。而就承保了买卖交易的出口信用保险来讲，买卖合同也是保险公司据以承保和理赔的基础性法律文件。

具体就一份标准的国际货物买卖合同来看②，主要内容如下。

（一）约首部分

约首部分主要是明确交易主体，通常包括合同名称、编号、买卖双方名称、公司形式及地址、税务识别代码/其他注册代码、联系人等项目。

---

① 需要认识到，尽管在国际贸易实务中，形式发票甚至可以作为销售确认书，但是相对于正式的书面合同来说，形式发票的内容通常并不完备（如通常并不对违约责任、争议解决条款等进行规定），因而如果无其他证据，仅以形式发票来主张权利的证据力也是不足的。

② 中国国际商会，国际商会中国国家委员会．国际商会国际销售示范合同（制成品）2013修订版［M］．北京：对外经济贸易大学出版社，2017.

就出口信用保险而言，交易双方作为买卖合同的债权人和债务人，也分别成为出口信用保险的被保险人（投保人）和风险方（限额买方），因此，明确买卖合同的交易主体，也是确认保险责任承担与否的前提条件和关键因素。对于部分买卖合同中所约定的买方主体、签约主体（买方/买方代理人/第三方）、收货人及付款主体等不是同一人的情形，更是需要重点明确限额买方主体。

在保险实务中，买卖合同的主体条款也是保险人重点审核的事项。比如，在出口信用保险承保和理赔环节，不仅需要核实合同的卖方是否与被保险人一致，还需要确认合同的买方是否与限额买方一致①。

在某类典型出口信用保险理赔案例中，保险人经审核被保险人所提交的合同或发票（全部或部分）发现，其上所载的实际买方并非是保险公司所批复的限额买方，同时限额买方也否认与被保险人存在买卖合同关系，故根据保险条款相关规定②，保险公司对被保险人在相关单证项下的出运损失将无法承担赔偿责任。在理赔实务中，并不乏这样的案例。

（二）基本条款

合同的基本条款主要包括：销售的货物（goods sold）、合同价格（contract price）、交货条件/国际贸易术语（delivery terms）、交货时间（time of delivery）、货物检验（inspection of the goods）、所有权保留（retention of title）、付款条件（payment conditions）、单证（documents）、迟延交货责任（liability for delay）、货物到达后的检验地点（place of examination at arrival）、货物不符通知的最大延迟时限（maximum delay for notification of non - conformity）、货物不符的责任限制（limitation of liability for non - conformity）、适用法律（applicable law）、争议解决（resolution of disputes）及其他（other）等。

以上这些基本条款可谓是合同的主体。商定合同，主要就是对这些基本条款进行磋商和确定。为防范国际贸易中常见的贸易纠纷，在买卖合同中重点对数量、价格、交付/出运时间、付款条件、质量条款及争议解决等事项进行明确约定，是出口商有效主张自身权益的有力武器。

1. 对货物价格的争议

在某典型信用保险案例中，经保险公司介入调查，限额买方虽承认和被保险人之间存在贸易关系，并对债务金额表示认可（与被保险人向保险公司申请索赔的金额相同），但是却提出货物交易单价应为A，而非商业发票显示的单价B（B > A，即买方认为货物单价过高），按二者差价计算，债务金额应扣减数十万美元。

就买方该项主张，保险公司经审核被保险人提供的双方贸易往来函电发现，该交易是由买方首先向被保险人主动发起要约，且买方在邮件中明确提出交易单价为B。而被保险人在答复邮件中，并未对交易单价提出任何异议，只是就货物出运时间表达了不同意见（反要约）。之后，买方回复邮件表示可以（承诺），至此，买卖合同关系合法成

① 相关问题，在本书第九章中有进一步阐述。

② 对于任一买方或开证行，如果被保险人未在出运前获得信用限额或信用限额已失效或被撤销，保险人对相应出口不承担赔偿责任。

立。此后，被保险人按照合同约定，出运货物并开具商业发票，发票显示货物单价为 B。货物到港后，买方签收商业发票并正常提取货物，且并未对货物单价提出任何异议。应付款日届至后，买方又以交易单价偏高为由提出扣款主张，既缺乏法律依据，也缺乏合同及事实依据，是存在明显信用问题的。

2. 就货物质量提出争议

质量条款是货物买卖合同中的重要条款。国际贸易中，在常见发生的关于货物质量的各种争议中，不乏部分所谓的货物质量问题争议，实际是买方拒付货款的借口。

在某宗信用保险案件中①，买方提货后以货物质量存在瑕疵为由拒付货款，但始终未能提供任何有效的书面证据材料。而与此同时，出口商则向保险公司提供了相关证明材料，主要如被保险人在出运前取得的 SGS 出具的产品质量检测报告（合同约定产品质量以 SGS 出具的检测报告为准），以及双方之间签署的贸易合同。合同中明确约定："买方承诺不得以任何理由拒绝付款。"在相关证据材料面前，经保险公司介入施压，买方最终承认债务，并出具了分期还款协议。

在部分质量争议案件中，出口商所提供的货物在客观上确实存在一定的质量问题，但买方则可能更是借机以此为由，夸大损失，并在主观上进一步要求相关补偿。

在另一宗信用险案件中，买方称出口商的货物存在严重的质量问题，并提供了仓库验货照片等书面证据材料。出口商随即派员前往国外买方仓库进行查验，发现部分货物确实存在质量问题，但尚可补救。在对涉及的问题货物数量及严重程度进行统计评估之后，贸易双方经协商达成了书面和解协议，约定由卖方给予买方部分折扣 A 万美元，但余款买方需在和解协议签署后 15 个工作日内一次性支付。为了避免买方态度反复，出口商根据保险公司的建议，在买方当地对和解协议办理了公证手续。果不其然，在和解协议约定的应付款日届至后，买方始终未支付余款，并以货物在当地销售不佳为由，要求出口商再进一步给予折扣。为了维护自身合法权益，出口商根据保险公司的建议在买方所在地法院对买方提起了诉讼，并通过简易程序，申请执行和解协议。之后，出口商获得胜诉判决，买方不得不根据法院判决结果支付了货款。

综上所述，为了避免买方以质量问题为由向出口商转嫁市场销售不佳或其他风险，防范质量纠纷，出口商在合同中应明确约定质量条款。这具体主要包含三个方面：一是约定实体质量条款，如质量检验标准、产品认证标准等（其中部分强制标准即使无约定也须遵守，如欧洲 CE 认证、美国 FDA 认证、美国 UL 安全认证等）；二是明确程序质量条款，如由谁负责检验、检验的时间和地点、检验程序、类型（如凭货样抽检还是整批检验）等；三是约定质量保证责任条款，如约定质量异议期（质量问题的主张需在特定的合理期间内提出）、赔偿责任限制、禁止直接扣款及禁止无因退货等条款。

3. 争议解决条款

在国际货物买卖合同中，为便于处理可能出现的争议，一般都明确约定争议解决

---

① 中国出口信用保险公司理赔追偿部. 国际贸易与出口信用保险案例集（第二辑）［M］. 北京：对外经济贸易大学出版社，2012：31.

条款。

具体关于争议解决方式，国际贸易实务中，除和解方式外，诉讼和仲裁是主要的纠纷解决方式。我国《合同法》第一百二十八条规定："当事人可以通过和解或者调解解决合同争议。当事人不愿和解、调解或者和解、调解不成的，可以根据仲裁协议向仲裁机构申请仲裁。涉外合同的当事人可以根据仲裁协议向中国仲裁机构或者其他仲裁机构申请仲裁。当事人没有订立仲裁协议或者仲裁协议无效的，可以向人民法院起诉。当事人应当履行发生法律效力的判决、仲裁裁决、调解书；拒不履行的，对方可以请求人民法院执行。"

由此可以看出，生效的法院判决和仲裁裁决均具有法律效力。但实务经验也表明，两者相比，出口商通常更宜优先选择仲裁方式。这主要是从仲裁裁决和法院判决的可执行性的角度考虑。因为仲裁条款通常具有排除诉讼管辖权的效力，一国的仲裁裁决通常可在大部分国家得到承认和执行，而法院判决则很难在其他国家得到承认和执行。

具体来讲，根据1958年在联合国国际商业仲裁会议上签署的《承认及执行外国仲裁裁决公约》（以下简称《纽约公约》）的规定，外国仲裁裁决在缔约国内均可按照公约的规定得到承认和强制执行[①]。我国于1987年加入《纽约公约》，截至2018年底，《纽约公约》的缔约国共计158个，几乎包括了与我国有贸易往来的世界各国[②]。而如果两国之间没有就法院判决达成相互认可的双边条约，或者没有共同参加互认法院判决的国际公约，则一国法院的判决通常仅在本国内才具有强制执行力。

因此，如果选择以仲裁作为纠纷解决方式，即使仲裁裁决不是由进口商所在国作出，出口商也可依据该裁决向进口商所在国的法院申请承认和执行，从而最大限度地保障自身权益。

在某宗出口信用保险理赔案例中，买方提出拒付货款的理由是，被保险人出运的货物不符合进口国环保局标准，且当地环保局也已开始对被保险人出运的货物进行调查。为此，买方提供了相关证明材料。针对买方主张，被保险人不予接受，且提供相关书面抗辩文件。

该案件中，尽管保险公司介入调解，贸易双方也无法通过和解方式解决争议，经过权衡利弊，被保险人选择了根据买卖合同约定的仲裁条款在国内对买方申请仲裁，且在正式申请仲裁并与拟聘请的律师签订相关法律服务协议前，就各项费用（仲裁费、律师费等）取得了保险公司的事先书面确认。最终，被保险人获得了胜诉的仲裁裁决（全额确立了对买方的合法、有效债权），并按照买方所在国法律规定及时在当地有管辖权的法院申请仲裁裁决的承认和执行，且获得了当地法院批准。之后，保险公司按保单约定对被保险人进行了赔付。

---

① 《纽约公约》第一条第一款规定："仲裁裁决，因自然人或法人间之争议而产生且在申请承认及执行地所在国以外之国家领土内作成者，其承认及执行适用本公约。本公约对于仲裁裁决经声请承认及执行地所在国认为非国内裁决者，亦适用之。"

② 《承认及执行外国仲裁裁决公约》缔约国名单（截至2018年）可查看中国国际经济贸易仲裁委员会官网，http：//www. cietac. org. cn/index. php？ m = Article&a = show&id = 73。

（三）约尾部分

约尾部分一般包括合同签约日期、订约地点及当事人签字等内容。其中，订约地点通常涉及合同准据法的问题，而签字人身份及是否有合法授权等事项，则主要涉及债权确立问题，均需慎重对待。

综上所述，国际货物买卖合同作为明确约定买卖双方权利义务的正式协议，具有重要的法律意义。签订严谨、规范的合同，是有效降低风险、维护买卖双方合法权益的基本前提。

三、国际货物买卖合同的履行

国际货物买卖合同的订立和履行都要适用国内和国际相关特定的法律法规和惯例规则。实践中，不同国家和地区对同一个问题可能有不同的规定，为解决这种冲突，我国《合同法》采用了“当事人意思自治原则”及“最密切联系原则”。我国《合同法》第一百二十六条规定，“涉外合同的当事人可以选择处理合同争议所适用的法律，但法律另有规定的除外。涉外合同的当事人没有选择的，适用与合同有最密切联系的国家的法律”。

除国内法之外，国际货物买卖合同的订立和履行还必须符合当事人所在国缔结或参加的与合同有关的双边或多边国际条约。当国内法和国际条约两者之间有不同规定（发生冲突）时，根据我国《民法通则》的相关规定，在法律适用问题上，条约或公约优先于国内法（除国家在缔结或参加时声明保留的条款以外）。

本节在分析买卖合同履行相关问题时，主要依据的是《联合国国际货物买卖合同公约》。

（一）合同的适当履行

国际货物买卖合同一经有效成立，当事人必须履行各自的合同义务。相关义务主要包括以下方面。

1. 卖方的基本义务

《公约》[①] 第30条规定，“卖方必须按照合同和本公约的规定，交付货物，移交一切与货物有关的单据并转移货物所有权”。其中，关于货物交付，《公约》第31条至第33条则进一步规定了卖方必须按合同规定的时间、地点和方式交付货物。

此外，第35条第1款规定了卖方对货物承担品质担保的义务，如规定“卖方交付的货物必须与合同所规定的数量、质量和规格相符，并须按照合同所规定的方式装箱或包装”。《公约》还规定了卖方义务包括“货物权利瑕疵担保”，如《公约》第41条规定，“卖方所交付的货物，必须是第三方不能提出任何权利或要求的货物，除非买方同意在这种权利或要求的条件下，收取货物。但是，如果这种权利或要求是以工业产权或其他知识产权为基础的，卖方的义务应依照第四十二条的规定”。《公约》第42条进一步规定，“（1）卖方所交付的货物，必须是第三方不能根据工业产权或其他知识产权主

① 《联合国国际货物销售合同公约》。资料来源：联合国公约与宣言检索系统，https：//www. un. org/zh/documents/treaty/files/UNCITRAL－1980. shtml。

张任何权利或要求的货物，但以卖方在订立合同时已知道或不可能不知道的权利或要求为限……”

实践中，为保证出口合同的严格履行、有效防范贸易风险，出口商需做好出口各个环节的工作，具体来讲，需切实做好备货、租船订舱、报关、保险、有关单据的缮制、售后收款等环节的工作。其中，尤其是在备货环节，出口商应按时、按质、按量及按所要求的包装方式等交付约定的货物。

同时，对于出口履约过程中产生的各种单证文件，如发票[①]、海运提单、报关单、保险单、汇票、产地证明书、装箱单和重量单、检验证书等，出口商应注意留存和整理，以避免出险后难以凭借有效单据向买方确立合法有效债权。

2. 买方的基本义务

买方的基本义务主要包括两大项，如《公约》第 53 条规定，“买方必须按照合同和本公约规定支付货物价款和收取货物”。

关于收取货物，《公约》第 60 条进一步规定，“买方收取货物的义务如下：（1）采取一切理应采取的行动，以期卖方能交付货物；（2）接收货物”[②]。

（二）违约及其救济方法

尽管买卖双方都应严格按照合同各项约定履行自己的义务，但是，在履行合同的繁杂过程中，总是难免出现各种情况，导致合同当事人不能履行或不能完全履行合同义务，从而造成违约。

关于违约，各国法律都作出了不同的规定。而《公约》则将违约分为根本性违约和非根本性违约。其中，所谓根本性违约，《公约》第 25 条规定，“一方当事人违反合同的结果，如使另一方当事人蒙受损害，以致实际上剥夺了他根据合同规定有权期待得到的东西，即为根本违反合同，除非违反合同一方并不预知而且一个同等资格、通情达理的人处于相同情况中也没有理由预知会发生这种结果”。而非根本性违约，即根据该规定，不构成根本性违约的情况，均可视为非根本性违约。

国际贸易实践中，卖方违约的情形主要表现为不交货、延迟交货及交货与合同约定不符等。买方违约则主要表现为不按合同约定接收货物和支付货款。对于买卖双方违约的处理，各国法律通常均规定，如果合同一方当事人违约，则另一方当事人有权采取相应的救济方法（法律上给予受损害一方的补偿方法），而违约方须承担违约责任。

具体关于违约的救济方法，各国法律规定不尽相同。但综观各国法律，救济方法基本可概括为三种：实际履行、损害赔偿和解除合同。

1. 实际履行

实际履行主要指，一方当事人违约，另一方当事人有权要求违约方按合同约定完整地履行合同义务，或有权向法院提起实际履行之诉，由法院强制要求违约方按合同约定

---

① 发票包括商业发票（commercial invoice）、海关发票（customs invoice）、领事发票（consular invoice）、厂商发票（manufacturer's invoice）、形式发票（proforma invoice）等。

② 在绝大多数国家的相关法律规定中，接收货物≠接受货物。在《公约》中，买方收货用的表述是“taking over the goods”，而非“acceptance of goods”，以避免涉及货物所有权相关问题。

履行义务。

具体针对买方违约的情形，按照《公约》第62条的规定：“卖方可以要求买方支付价款、收取货物或履行他的其他义务，除非卖方已采取与此要求相抵触的某种补救办法。”第63条规定：“（1）卖方可以规定一段合理时限的额外时间，让买方履行义务。（2）除非卖方收到买方的通知，声称他将不在所规定的时间内履行义务，卖方不得在这段时间内对违反合同采取任何补救办法。但是，卖方并不因此丧失他对迟延履行义务可能享有的要求损害赔偿的任何权利。”

各国法律对实际履行作为一种救济方法的规定差异较大。比如，大陆法将实际履行作为一种主要的救济方法，而英美法则将其作为例外的辅助性的措施。

为调和大陆法和英美法在该问题上的分歧，《公约》并不给予法院依据《公约》作出实际履行判决的权利。比如《公约》第28条规定，“如果按照本公约的规定，一方当事人有权要求另一方当事人履行某一义务，法院没有义务作出判决，要求具体履行此义务，除非法院依照其本身的法律对不属本公约范围的类似销售合同愿意这样做”。

2. 损害赔偿[①]

相对实际履行来讲，在国际货物买卖中，损害赔偿是使用最为广泛的一种救济方法，主要指的是，违约一方采用金钱方式，来补偿因其违约而给对方所造成的损失。

尽管各国法律对损害赔偿均进行了规定，但具体到赔偿责任的成立、赔偿范围和赔偿方法等问题，则差异较大。在《公约》第74条至第77条中，对于大陆法与英美法的有关规定做了一些折中。如《公约》第74条规定，“一方当事人违反合同应负的损害赔偿额，应与另一方当事人因他违反合同而遭受的包括利润在内的损失额相等。这种损害赔偿不得超过违反合同一方在订立合同时，依照他当时已知道或理应知道的事实和情况，对违反合同预料到或理应预料到的可能损失”。从该规定可以看出，《公约》所规定的损害赔偿应遵循的基本规则是完全赔偿，即通过损害赔偿，使受损害方在金钱上可以达到如约履行时的状态。

针对买方违约（如买方拒收货物）的情形，按照《公约》的有关规定，卖方可以要求买方承担违约损害赔偿责任。

（1）有替代交易时（如卖方已以合理方式将货物转售），根据《公约》第75条的规定，卖方可以要求的损害赔偿额是，合同价格和转卖货物交易价款之间的差额，以及因买方违约而造成的其他损失额，但卖方转卖货物须在合理时间内进行。

（2）无替代交易情形下（卖方没有转售货物），卖方可以要求的损害赔偿额是合同价格和时价之间的差额[②]，以及因买方违约而造成的其他损失额。

3. 解除合同

解除合同指合同当事人免除或终止履行合同义务。

---

① 可以说，损害赔偿制度的相关规定，实际上是出运前保险基本原理的法理根据，也是出运前信用保险合同、产品开发及实务操作的基础参照。具体可参见：周玉坤．形式与本质：出口信用保险基础问题研究［M］．北京：中国金融出版社，2017：135－168.

② 用词时价，但并非市场价格。

对于买方违约的情形，根据《公约》的规定，卖方可以解除合同。比如《公约》第64条规定，“卖方在以下情况下可以宣告合同无效：(1) 买方不履行其在合同或本公约中的任何义务，等于根本违反合同；(2) 买方不在卖方按照第63条第1款规定的额外时间内履行支付价款的义务或收取货物，或买方声明将不在所规定的时间内这样做”。同时，解除合同的卖方仍可根据《公约》的有关规定行使其他的救济方法。

(三) 出口信用保险对买卖合同履行情况的审核

就承保国际贸易交易的出口信用保险来讲，尤其是在理赔追偿环节，保险公司不仅需要审核货物买卖合同的成立、生效及合同中所约定的各项交易条件或条款等事项，更为重要的是，还需对货物买卖合同的内容以及出口商在贸易合同项下的义务履行情况进行审核[①]。

具体来讲，主要审核事项包括：

(1) 被保险人是否向买方交付货物；是否按合同约定时间、方式交付货物，被保险人交付的货物是否与买卖合同约定相符；

(2) 被保险人是否按合同要求，向买方移交一切与货物有关的单据，是否转移货物所有权；

(3) 如买卖合同约定了预付款或定金，被保险人是否已足额收取；

(4) 买方是否就被保险人出运的货物提出异议（包括但不限于货物溢短装、质量争议、迟出运)，以及贸易双方是否存在其他贸易纠纷和争议，如存在争议，则买卖双方各自对于纠纷持何种主张，以及是否提供相应抗辩证据材料；

(5) 被保险人是否已有效行使法律或合同赋予的各项抗辩权利，如不安抗辩权、债务抵销权等；

(6) 被保险人是否已取得买方认债证明文件或还款协议；

(7) 被保险人是否存在其他违反合同约定的行为。

以上情况，可通过对被保险人在履约过程中产生的相关单证（如合同、发票、提单、报关单、箱单等）进行比对和审核验证后综合判断。

第二节　国际贸易术语对出口信用保险的影响

为了能够向出口商提供相对最为合理的保障方案，保险人首先必须充分了解国际贸易合同的基本条款、相关法律、国际公约和惯例等，而在这些法律、公约及惯例中，相对来讲，其中必不可少的当属《2010通则》。

《2010通则》是反映国际货物买卖实务的贸易术语，其专用于表明商品价格构成，说明货物交接过程中有关风险、责任和费用的划分。在当今有关贸易术语的国际惯例

① 相关问题，在本书第十章中将有进一步阐述。

中，《2010 通则》包含的内容相对较多，在国际贸易中应用范围最为广泛[①]。

具体到承保国际贸易交易的出口信用保险，国际贸易术语对之又有怎样的影响或意义？或者具体来说，是否采用任一贸易术语的交易均能被出口信用保险适保范围所涵盖？因每种不同的贸易术语对买卖双方之间风险、责任和费用的划分规定不同，是否相应地或在不同程度上将影响到（以及如何影响）出口信用保险保险责任的承担？

一、典型出口信用保险承保及理赔案例

（一）出口信用保险的适保范围，是否可涵盖任何一种贸易术语项下的交易

实务中，常见出口信用保险保单条款约定，“保险责任起始于被保险人出口货物”。这对于有采用 F 组和 C 组贸易术语的交易，实际也基本等同于保险责任起始于被保险人货物装运之日。但是，在国际贸易实务中，买卖双方还不乏采用 E 组和 D 组贸易术语进行的交易。

比如，对于 E 组术语进行的交易，如某被保险人与国外买方所签订的贸易合同中所采用的术语是 EXW（工厂交货），按照贸易合同约定，被保险人在其工厂所在地（系买卖双方指定的交货地点），将货物置于买方控制之下，即完成交货义务。之后，出口通关及运输保险均由买方承担（与被保险人无关）。但在合同约定的应付款日后，买方发生拖欠。

保险双方之间极易产生的争议问题可能是，EXW 项下，货物交付时间尽管是在保险期间之内，但却早于保险条款所约定的保险责任起始时间（出口），且在货物交付之后，卖方并不关心货物出口情况（货物甚至有可能都不一定出境，这是否不能满足出口信用保险所强调的货物须出口报关的要件？），是否 EXW 项下的交付或交易，即使保单条款未明确约定除外，其也应被排除在保单适保范围之外？或者简单来讲，E 组术语项下，货物交付之时（尚未出口报关），根据保单条款的约定，“保险责任还尚未起始”，则保险公司是否应承担赔偿责任？

类似的争议问题，可能还常见于 D 组贸易术语项下的交易，是否也应被排除在承保范围之外？

（二）不同贸易术语项下，风险何时移转至买方

在某宗较为典型的理赔案例中[②]，某出口企业 A 公司向国外买方 B 公司以 CIF 条件出口一批货物，支付条件为买方收货后 120 天付款。之后，A 公司与国内某航运公司签订了海上集装箱运输合同（运输合同注明货物名称，并标注严禁水浸），并按贸易合同约定时间交付货物。

一个月后，货物到达买方所在国目的港后买方 B 公司提货，但随后告知 A 公司，集装箱中的货物已遭水浸，全部报废。因货物事实上已无法使用，故 B 公司拒绝对 A 公司

① 需要注意的是，国际贸易惯例本身不是法律，其没有强制性。实践中，当合同内容与援引的惯例规定不同时，应以合同规定为准，但惯例仍不失为法院判决或仲裁裁决时的依据。

② 中国出口信用保险公司短期业务理赔追偿部．国际贸易与出口信用保险案例集［M］．北京：中国商务出版社，2008：283－284.

付款。

因 A 公司事前已投保出口信用保险，遂向保险公司报损并申请索赔。就该案例，B 公司拒付货物的主张是否成立？保险公司是否应承担保险责任？

上述两个案例中相关问题的解答，均应在运用国际贸易惯例的相关规定（尤其是不同的贸易术语项下，对风险、责任的规定）的前提下，结合出口信用保险的基本原理进行综合判断。

二、国际贸易术语概述

为了最大限度地适应和反映国际贸易实务的最新发展，第一版《国际贸易术语解释通则》（*Incoterms*）自 1936 年正式发布以来，历经数次修订和补充。2019 年 9 月 10 日，国际商会（ICC）正式发布最新版本，即《国际贸易术语解释通则 2020》（以下简称《2020 通则》），并于 2020 年 1 月 1 日生效。现将《2020 通则》所规定的 11 种贸易术语①，以列表方式作简单梳理归纳（见表 7－1）。

表 7－1　　11 种贸易术语列表

贸易术语	交货/风险转移	出口报关的责任、费用由谁负担	进口报关的责任、费用由谁负担	适用的运输方式
EXW（Ex Works）工厂交货	当卖方在其所在地或其他指定地点（如工厂、车间或仓库等）将货物交由买方处置时，即完成交货	买方	买方	适用于任一运输方式，也可适用于多种运输方式
FCA（Free Carrier）货交承运人	以下情形，视为交货完成：（1）若指定交货地在卖方所在地，则当货物被装上买方提供的运输工具时；（2）其他情况下，当货物在卖方的运输工具上做好卸货准备，并交由买方指定的承运人（或其他人）处置时	卖方	买方	
CPT（Carriage Paid To）运费付至	卖方将货物交付给承运人（该承运人已与卖方签约）或以取得已经如此交付的货物的方式交货	卖方	买方	
CIP（Carriage and Insurance Paid To）运费和保险费付至	卖方将货物交付给承运人（该承运人已与卖方签约）或以取得已经如此交付的货物的方式交货	卖方	买方	

① 中国国际商会，国际商会中国国家委员会．国际贸易术语解释通则 2020［M］．北京：对外经济贸易大学出版社，2020.

续表

贸易术语	交货/风险转移	出口报关的责任、费用由谁负担	进口报关的责任、费用由谁负担	适用的运输方式
DAP（Delivered at Place）目的地交货	卖方在指定目的地或该指定目的地内的约定交货点，将仍处于抵达的运输工具之上且已做好卸货准备的货物交由买方处置时，即为交货	卖方	买方	适用于任一运输方式，也可适用于多种运输方式
DPU（Delivered at Place Unloaded）目的地卸货后交货	卖方必须在指定目的地的约定地点（如有），将货物已从抵达的运输工具上卸载并已交由买方处置时，即完成交货	卖方	买方	
DDP（Delivered Duty Paid）完税后交货	卖方在指定目的地将仍处于抵达的运输工具之上，但已完成进口清关，且已做好卸货准备的货物交由买方处置时，即为交货	卖方	卖方	
FAS（Free Alongside Ship）船边交货	卖方在指定的装运港将货物交到买方指定的船边（如置于码头或驳船上），或者当卖方取得已经如此交付的货物时，即为交货	卖方	买方	适用于海运或内河水运
FOB（Free on Board）船上交货	卖方以在指定装运港将货物装上买方指定的船舶或通过取得已交付至船上货物的方式交货（货物灭失或损坏的风险在货物交到船上时转移）	卖方	买方	
CFR（Cost and Freight）成本加运费	卖方将货物装上船或以取得已经这样交付的货物方式交货	卖方	买方	
CIF（Cost Insurance and Freight）成本、保险费加运费	卖方将货物装上船或以取得已经这样交付的货物方式交货	卖方	买方	

从表7-1可以看出，与《2010通则》相比，《2020通则》同样将11种贸易术语分为两大类，其中一类是适用于任一运输方式或多种运输方式的术语；另一类是适用于海运及内河运输的术语。但其中术语有所不同的是，《2020通则》将《2010通则》中的DAT（Delivered at Terminal，运输终端交货）更改为DPU（Delivered at Place Unload，目的地交货并卸货），以强调目的地可以是任何地方而不仅仅再限于运输终端。

三、国际贸易术语之于出口信用保险的影响：既无关也相关

如上贸易术语的不同规定，结合出口信用保险的基本原理，可大致将贸易术语对于出口信用保险的影响或意义，归纳总结为如下三点。

（一）出口信用保险适保范围，可涵盖任何一种贸易术语的交易

贸易术语与信用保险功能作用、适用范围各不相同，两者并不冲突。具体分析如下：

1. 就贸易术语本身而言，其仅属买卖合同交易条件的组成部分，但并不涉及所有权转让或债权等问题

一方面，贸易术语所代表的贸易条件，其所约定的内容主要包含两部分：一是价格构成，二是交货条件。两者共同构成买卖合同条款中必不可少的重要组成部分。

另一方面，贸易术语的重心为风险负担而非所有权移转，即贸易术语并不直接对货物所有权的买卖和移转进行直接规定。具体来讲，贸易术语的使用范围，虽然仅限于买卖合同，但是贸易术语并没有给出一个完整的买卖合同，其既不涉及款项支付方式，更不涉及货物所有权移转及违约、救济及豁免等问题，而这些问题，买卖双方通常应在交易合同中另行明确约定或依据合同适用法律进行处理。

2. 从出口信用保险承保客体来看，其债权取得的必要条件为贸易术语项下义务的履行，但并不限于采用何种贸易术语

出口信用保险保险利益及标的基于基础交易合同债权，这一债权，要求是明确的、无瑕疵的合同债权，而这种合同债权的取得，其必要条件是卖方无瑕疵地履行合同所约定的特定贸易术语项下的若干特定义务，而并不论合同中究竟采用的是何种贸易术语（贸易术语只是合同交易条件的一部分）。因此，出口信用保险的适保范围，核心强调的是基础交易合同及合同债权，其理论上是足以涵盖任何一种贸易术语交易的。

（二）保险责任的起始，与贸易术语关于风险的划分宜相符一致

1. 从风险转移的角度看贸易术语的分类

根据贸易术语关于风险的划分，交付意同风险转移。而具体就风险划分来讲，其核心问题是风险转移的时间界限和地点，具体用贸易术语中在理论上所必须界定的风险临界点（Critical Point for Risk），也称交货临界点（Critical Point for Delivery）来表示。如通则所称，交货指的是货物灭失与损坏的风险从卖方转移至买方的点，即在这个临界点之前的货物毁损与灭失的风险由卖方承担，之后的风险由买方承担。因此，不同于装运（仅是一种将货物运往指定目的地的物理上的行为），交货是一个法律概念，其代表了一种法律行为，即卖方（或经由货物的托管人）在特定时间和地点将货物交给买方处置的行为。在《2020 通则》所规定的 11 种贸易术语中，按交付的角度，基本可分为三大类（2010 年之前的 *Incoterms* 版本将所有术语划分为 E 组、F 组、C 组和 D 组）。

第一种类型是 EXW 工厂交货术语（在出口国的内地比较多）。在这一术语项下，风险转移于卖方在其所在地或其他地点（如工厂、产地或储存的某个仓库）将未经报关出口且未置于任何接收货物的运输工具上的货物交由买方之时。EXW 代表了卖方的最小义务。

第二种类型是在装运合同中（象征性交货合同，即 F 组和 C 组术语），风险转移于装运国或发送国，即交货地均在预期运输的卖方一侧。

第三种类型是在到货合同项下（D 组实际交货合同），风险转移至边境或进口国约

定的目的地，即只有货物实际到达了目的地，卖方才履行了其交货义务。其中，DDP代表了卖方的最大责任。

2. 风险与买方付款之间的关系

在传统民法理论中，货物买卖过程中的风险通常包含两种，一种是价金风险，另一种是交易对手履约/信用风险。其中，价金风险主要指的是因为不可归责于交易当事人的原因致使标的物灭失或损坏时，损失由当事人哪一方承担以及合同款项的支付是否存续的问题（这与交易对手违约风险分属两个不同范畴的问题）。关于贸易术语中所提及的风险性质，综合《2020通则》各术语在风险转移条款中的明确约定，可知其仅指的是货物发生灭失或损坏等损失的风险（而非违约风险）。相关国际条约或惯例所规定的风险负担，也均明确是建立在这一风险概念基础之上的。

就风险负担（或风险移转）的法律后果而言，《公约》第66条也进行了明确规定，“货物在风险移转到买方承担后遗失或损坏，买方支付价款的义务并不因此解除，除非这种遗失或损坏是由于卖方的行为或不行为所造成”。通常情况下，买方不承担货物交付之前所发生的损坏或灭失的风险。但是，只要风险转移到买方，则即使货物已经损毁灭失，买方仍然有义务支付货款①（如果合同无其他约定，则买方付款责任与所有权是否转移无关。这如同在海上保险中，其保险利益的评判标准通常以风险移转为准）。至于买方应何时付款，则由交易双方在合同中所约定的支付方式及信用期限来确定。

3. 贸易术语所规定的风险移转在一定程度上决定了出口信用保险责任承担的起点

从以上分析可知，风险转移与买方付款责任密切相关，而风险移转的核心问题是，货物风险何时从卖方转移到买方。进而，风险移转的时点在一定程度上决定了出口信用保险保险责任的起始点。

因此，对于买方以货物在运输过程中发生损毁灭失为由拒付货款，出口险是否承担保险责任这一问题，在信用保险理赔实务中，通常需在分析实际交易中采用的何种贸易术语（如果贸易合同无其他特殊约定）、风险于何时发生转移（一旦转移，则买方付款义务不因货物灭失或损坏而豁免）、被保险人是否已完整且无瑕疵地履行了交易合同项下的责任义务（换言之，买方是否应无条件履行贸易合同项下的付款义务）等因素的基础上，进行综合判定。

具体到前述买卖双方采用CIF交易的案例，按照术语约定，货物毁损或灭失风险自货物装到船上即从A公司转移到买方B公司承担，也就是说，只要B公司无法证明货物在装到船上之前发生水浸，就必须按照合同约定按期履行付款义务。而在信用保险合同项下，在被保险人无其他义务履行瑕疵的情况下，保险公司应如约承担赔偿责任。

（三）保险责任的承担，与贸易术语关于责任和费用的划分直接相关

1. 卖方在贸易术语项下责任的实际履约情况，直接决定了其保险权益的有无

贸易术语项下的责任（或者说买卖双方各自应履行的义务），主要包含三个方面，

---

① 风险的提前转移有一个前提条件，即货物特定化，或者说，货物必须已正式清楚地划归或确定为该合同项下。

即谁来负责运输、谁来办理保险及谁来负责通关。而在实务操作过程中，相关细节问题更是需要买卖双方重点关注的。

为了避免卖方未能完全履行贸易术语所规定的义务，进而买方可能以此为由拒付货款、拒收货物甚至提出违约救济等情形的发生，促进国际贸易合同的订立以及在合同项下义务的顺利履行，出口商在选择贸易术语时，应综合考虑运输条件、货源情况、运费因素、运输途中的风险及办理进出口结关手续有否困难等因素。

2. 贸易术语关于费用负担的规定，直接决定了被保险人保险权益享有的多寡

出口商在履行以上所述运输、保险及通关等责任的同时，均同时涉及或发生相关的费用。这些费用（货价中的从属费用）最终将被归集到成交货物的价格构成中，因此，贸易术语也被称为价格术语。

当然，不同术语表明了买卖双方各自承担的不同责任，因此责任的大小又影响到货物的价格。即贸易术语不同，直接影响交易货物价格，进而在不同程度上影响基础交易合同项下的债权金额及出口信用保险项下的申报金额、投保金额，以致最终可能影响到后续理赔过程中的赔款金额。

综上所述，国际贸易术语与出口信用保险之间的关系，既无关又相关。其中，无关主要体现在出口信用保险承保范围及条款本身措辞设计方面，并无必要规定适用于何种贸易术语，即其可涵盖所有贸易术语的交易；而相关则指交易双方对贸易术语的选用，可直接或间接影响被保险人在保险合同项下权益的高低及多寡。

第三节　国际结算与出口信用保险

国际贸易交易中，空间距离和时间距离特点明显。这主要是因为买卖双方分处于不同国家，而交易货物或标的，通常需要经过一段时间的长途运输方能抵达买方所处地区，相应地，货款的支付也难以实现一手交钱一手交货（自然而然产生了信用）。

在贸易实务中，买方采用何种方式支付货款，始终是谈判的焦点问题，因其也直接涉及商业风险主要由谁承担。其中，对卖方而言，只要交易不是采用预付款方式进行结算，则或多或少都面临着应收账款损失的风险。

就出口信用保险承保实务来讲，国际贸易结算方式不同，出口商（卖方）向保险公司申请限额的支付方式也不尽相同。但从总的原则来看，如果贸易合同中约定了多种支付方式，则被保险人（出口商）通常既可按不同支付方式分别申请不同的信用限额，也可按风险最高的支付方式申请总的信用限额，而申请及批复总限的规则基本为：“高风险支付方式的信用限额可以涵盖低风险支付方式的出运”，具体来讲，在非证支付方式项下，OA 方式可以涵盖 D/A 和 D/P 方式，D/A 方式可以涵盖 D/P 方式①。比如，如果保险人批复 OA 限额，则其既可适用于被保险人在 OA 结算方式项下的出运，也可适用

① 中国出口信用保险公司．出口信用保险——操作流程与案例［M］．北京：中国海关出版社，2008：51.

于以 D/A 或 D/P 方式项下的出运。

保险实务采用该操作规则的原因，需要从国际结算方式、分类、每种支付方式操作特点及风险特性说起。

广义上讲，因商品买卖、服务供应及国际借贷等活动，而通过银行办理的国与国之间的外汇收付业务，叫作国际结算①。国际结算方式也称支付方式，而在买卖合同中则称支付条件②。

国际结算方式（或者说银行所提供的国际结算产品），大体上主要分为汇付、托收和信用证三大类别③。在这三种方式下，银行介入单据处理④的程度不同，相应地，每种支付方式所表现出来的风险特性也并不相同⑤。

一、汇付（Remittance）

汇付又称汇款，指付款人委托银行或通过其他途径将款项汇交收款人。在这种方式下，一般是进口商首先向自己当地银行（汇出行）办理汇出手续，汇出行将款项汇到汇入行，汇入行再转入出口商账户。

在汇付业务中，通常涉及四方当事人，分别是汇款人（Remitter，通常是进口商）、收款人（Payee or Beneficiary，通常是出口商）、汇出行（Remitting Bank，通常是进口地银行）、汇入行（Paying Bank，又称解付行，通常是出口地银行）。

（一）汇付的两种主要方式

1. 预付货款（Payment in Advance）

预付货款是指进口商先将部分或全部货款汇交出口商，出口商收到货款后，再行生产或交付货物。比如，100% 款到生产（100% T/T advance），在这种先款后货方式下，出口商能够预收货款，从而几乎无任何收汇风险。

2. 货到付款（Payment after Arrival of the Goods）

货到付款是指出口方在没有收到货款以前，先交付货物或单据，进口商待收到货物后，再立即或在一定期限内将货款汇交出口商。这种方式实际上是一种赊账/赊销业务

---

① 银行在为进出口商办理信用证、托收、汇款项下这些结算业务的同时，可为进口商或出口商提供的与结算相关的贸易项下的资金融通或信用便利等融资活动，即通常意义上所理解的贸易融资。

② 苏宗祥，徐捷．国际结算（第五版）［M］．北京：中国金融出版社，2013.

③ 实际上，继汇付、托收、信用证之后，近年来还逐渐出现了第四种国际贸易结算方式，即银行付款责任（Bank Payment Obligation，BPO），是指付款银行（买方银行）向收款银行（卖方银行）作出的独立、不可撤销的即时或延期付款的责任承诺，以顺应当今赊销贸易盛行的形势，帮助贸易双方更好地达成交易。为规范 BPO 业务管理，国际商会制定了《银行付款责任统一规则》（*Uniform Rules for Bank Payment Obligations*），并于 2013 年 7 月 1 日正式实施。该规则将 BPO 业务严格界定为银行之间的权利义务关系，即 BPO 业务的受益人（Beneficiary）是卖方银行，而非卖方。考虑到 BPO 目前在贸易结算业务中整体占比相对不高，本书不再展开介绍。

④ 货物单据化，方使银行有了参与国际贸易结算的可能。或者说，国际结算，实际体现的也是单据与货款对流的形式。

⑤ 因此，需要全面理解的是，国际结算不仅仅具有债权债务清算的功能，实际在一定程度上，也还具有对买卖双方的商业风险进行防范的功能。只不过，每种支付方式都不能对风险百分之百地完全隔离。出口商需全面了解和深入掌握各种支付方式项下可能存在的风险，并通过信用保险的方式进行有效转移。

(Open Account Transaction)，相对来讲，买方最乐意采用。

以上两种汇付方式，手续简便灵活，银行费用较为低廉，其中赊销方式，更是能最大限度地促进销售增长。当今在国际贸易结算中，汇款方式的业务占比远超其他两种（托收和信用证）方式。

（二）汇付风险分析

从风险角度来讲，汇付方式风险相对最高。因交易对方的履约风险，或者完全由买方承担，或者完全由卖方承担。

预付货款方式下，进口商不仅被挤占资金，而且通常还承担全部商业风险。因进口商以前TT方式全额付款在先，则势必在一定程度上面临出口商违约的风险，因为出口商是否发货、是否按时发货（尤其是季节性货物）、发送货物是否质量合格、是否交单等，完全凭借出口商自身的信用，几乎没有外在的制约（如果没有履约保函等保障措施）。

货到付款方式下，出口商承担全部商业风险。通常在买方市场中，进口商不愿承担风险，要求先发货后付款（后TT），但卖方的发货和买方的付款义务之间又缺乏必然的制约机制，或者说，货到后买方是否付款，完全取决于买方信用。在这种情况下，如果买方信用不良，则出口商甚至可能面临钱货两空的风险。

实践中，为了避免风险完全由一方来承担，也可以采用部分预付款，部分货到付款相结合的方式，如采用T/T定金+T/T尾款发货前付清，或者更为常见的是采用部分定金，部分尾款见提单副本复印件（如30% T/T，70%尾款见提单副本付款）等。但随之而来的问题是，款项在部分预付后，也无法百分百避免出口商违约或者进口商不付清余款的风险。国际贸易中，我国出口商所遭受的相关损失案例不胜枚举①。

总之，采用汇付结算方式，交易仅依靠商业信用，银行在其中仅为资金渠道，而与货物或单据的交付无任何关联，也因此，在没有其他第三方提供保障的情况下，汇付结算几乎没有任何风险防范意义。

（三）信用保险实务

在信用保险实务中，无论承保还是理赔环节，赊销方式的交易占全部信用保险业务的绝对比例，通常可占到八成左右。

当然，在信用保险实务中，也还可见赊销条件和其他结算条件并用，以在一定程度上减轻风险的做法，但是也有的对赊销方式进行各种更为苛刻的变形，反而进一步增大了风险。

在某宗理赔案例中，贸易双方约定的支付方式为，“经买方所在国家检疫部门检测通过后支付50%货款，剩余50%货款在拿到检测报告并到达买方仓库后21天内支付”。这种本质上属于赊销的支付方式，不仅将货物置于买方的控制之下，还使买方极大可能以货物未通过检测或未获得检测报告为由拒付货款或要求较大折扣，从而给出口商造成较大损失。

① 贸易纠纷风险提示：商务部网站，http://www.mofcom.gov.cn/article/ztxx/xmlh/xmg/201810/20181002797753.shtml。

二、托收（Collection）

国际商会制定的第522号出版物《托收统一规则》（以下简称URC 522）对托收进行了如下定义："托收是指由接到托收指示的银行，根据所收到的指示处理金融单据和或商业单据以便取得付款/承兑，或凭付款/承兑交出商业单据，或凭其他条款或条件交出单据。"

简言之，托收方式项下，出口商按照买卖合同约定先行发货，之后开立金融单据或商业单据或两者兼有，委托出口地银行（托收行）通过其海外联行或代理行（进口地银行，即代收行），向进口商收取货款。从银行角度来讲，托收则指银行受出口商委托，凭其提交的出口商业单据和金融票据通过国外代收行向进口商收取款项的一种支付方式。

根据URC 522的相关规定，托收方式所涉及的当事人主要有委托人（Principal，通常是出口方）、托收银行（Remitting Bank，一般是出口地银行）、代收银行（Collecting Bank，通常是进口地银行）、付款人（Drawee，通常是进口人）等。

（一）托收的两种主要方式

托收方式项下，大多采用的是跟单托收（Documentary Collection）[①]。按照交单条件的不同，跟单托收可分为付款交单和承兑交单两种。

1. 付款交单（Documents against Payment，D/P）

付款交单是指出口商的交单以进口商的付款为前提条件，即出口商发货并取得装运单据后，委托银行办理托收，并指示银行只有在进口商付清货款后，才能把商业单据交给进口商。

按付款时间的不同，D/P又可分为即期付款交单（Documents against Payment at sight，D/P at sight）和远期付款交单（Documents against Payment after sight，D/P after sight）。但无论是即期还是远期，都必须是付款人付款后，代收行才放单，即一手交钱，一手交单。

2. 承兑交单（Documents against Acceptance，D/A）

承兑交单是指出口商的交单是以进口商承兑为条件，即为买方（付款人）承兑汇票后交单[②]。

（二）托收风险分析

就风险防范成效来讲，托收相对于汇付，是一种进步（汇付项下，银行只是办理国

---

① 非光票托收（Clean Collection）。光票托收通常指金融单据不附有商业单据的托收方式，主要用于小额交易、预付货款等。

② 贸易实务中还有一种常见的方式为CAD（Cash Against Documents），即交单付现，其含义也是买方不付款，则卖方不交单、不放货。但与D/P不同的是，CAD并不受URC 522的约束，理论上也不通过银行转交单据，而是出口商自寄单据。只不过在实务中，出口商又常见难以准确把握CAD的含义，或者也通过银行传递单据（如约定为CAD via bank），即表面上已将CAD作为D/P即期或远期（如在某笔交易中，合同约定支付方式为"50% CAD，50% D/A90天"）；甚至也有的直接将CAD视同为OA放账方式，或将1/3正本提单放给买方。因此，为谨慎起见，如合同中约定为CAD方式，则应进一步明确约定其为先付款后交单或其他含义，以避免出口商认为CAD是付款交单，但买方在后续交易中却将其主张为OA。也避免贸易双方均将CAD视为OA，但出口商又申请的是D/P限额，从而发生信用限额无法覆盖实际交易条件的情况。因此，无论在贸易项下，还是在保险承保过程中，出口商均应准确确认实际交易的支付方式及相关风险。

际汇兑，而不介入国际贸易和单证业务）。因为出口商发货后，银行开始发挥一定功能，主动介入代替出口商/委托人保管单据和收款，从而可以通过控制单据来控制货物（进口商拿不到单据无法提货），尤其是采用 D/P 即期的方式，理论上，可有效起到避免出口商货款两空的作用（当然如采用承兑交单，卖方仍有遭受钱货两空的风险）。

尽管如此，银行所发挥的作用非常有限，出口商仍承担相当大的风险。因为这种方式项下，本质上还是出口商先将货物发出后再行收款。尽管理论上或许可以控制单据，但是货物出运后，如果进口商就是拒绝提取货物，则出口商仍将被动地面临货物处理的问题，即使能够委托当地机构代为清关，但也面临后续无论退运还是就地处理，基本上都将遭受不同程度的损失（除产生相关货物处理费用如清关费、仓储费用之外，势必折价处理。因为通常情况下，只有在当地市场行情不好的情况下，买方才会拒不提货）。此外，托收项下，还面临银行擅自放单、船公司擅自放货等风险。

托收仍然是一种卖方向买方提供信用的方式。其中，银行尽管按照卖方指示办事，但并不承担付款责任，也不对货物负看管责任，更有甚者，部分资信不佳的银行和买方勾结，在买方不付款或不承兑的情况下放单也时有发生。

国际贸易实务中，部分国外不法企业通过相似的操作手法，实施贸易欺诈，大多通过提供虚假银行地址（实际并无此银行）①，或与部分银行内部人员内外勾结等手段，直接骗取国际快递公司所投递的海运单据（部分快递公司在递送函件时，并不严格核查收件单位和收件人身份），并在提货后拒绝付款并失联。

（三）信用保险实务

出口信用保险承保理赔案件中，对于托收支付方式，也集中体现出一些共性特征②。

比如，贸易合同中约定的支付方式通常为 D/P 或部分 D/P + 部分 D/A，而货物价值则通常不高（常见在 10 万美元左右）。货物在到港后，买方可能开始以短期资金紧张或其他理由，要求被保险人将支付方式由原 D/P 更改为 D/A，或更改为部分（如 10%）前 TT，部分 D/A45 天等。而在卖方同意更改支付方式，或收到部分预付款后，买方还可能再一次以各种理由提出无法从银行承兑（如银行客户经理外出无法办理业务），进而要求更改代收行（尽管原代收行可能也是买方指定的），甚至要求自寄提单并将支付方进一步更改为 OA。而此时，货物可能已到港数日，如果继续拖延可能面临被海关拍卖的风险等，故通常情况下，卖方只能放单买方。

还有的案例中，买方并未付款或并未承兑，但仍凭正本提单将货物提走。对于这种情况，出口商尽管通过托收行向代收行了解相关单据情况，但代收行可能也怠于回复托收行的报文。同时，如出口商再和买方联系，可能买方会声称没有提货，还可能多次要求卖方更换不同的代收行。

---

① 关于意大利公司通过付款交单 D/P 进行贸易欺诈的紧急提示，中华人民共和国商务部网站，http://www.mofcom.gov.cn/article/ztxx/xmlh/xmg/201504/20150400935181.shtml。

② 中国出口信用保险公司理赔追偿部．国际贸易与出口信用保险案例集（第二辑）［M］．北京：对外经济贸易大学出版社，2012. 案例 70 “欧债危机阴影下的对希腊出口风险”（第 270 页）、案例 89 “希腊代收行擅自放单的追收启示”（第 337 页）、案例 98 “一宗尼日利亚 D/P 托收案件成功追讨的启示”（第 366 页）。

对于上述类似案件，保险公司经调查发现，可能多个买方实属同一家族，其家族成员在其本国（如国际金融危机期间的希腊）各地注册多家企业，以各种手段骗取货物后逃匿。而在代收行也存在信用风险的案件处理中，保险公司通常将同时对买方和银行进行追讨。在某宗案例中，保险公司以向代收行所在国中央银行进行控告以进行施压，最终代收行承诺数月内分期支付全部货款，之后再自行向买方追讨。在另一宗案例中，保险公司通过各种渠道，正式向代收行所在国中央银行提起控告，而当地中央银行经过审查后，最终裁定代收行须在数个工作日内无条件支付欠款（否则，相关欠款将从代收行在中央银行的银行准备金中直接扣除并处罚银行相关工作人员）。在中央银行的压力下，代收行最终偿清全部货款。

综上所述，托收对进口商而言，不仅可转移资金压力，还将交易风险转嫁到由出口商来承担，因此对进口商十分有利，实践中也通常是进口商主动提出要求托收。对此，出口商务必高度警惕，事前，慎重选择交易买方及代收行；事中，尽早识别风险信号，并与船公司及货代等保持密切沟通；一旦风险发生，则及时采取多种积极有效措施进行追讨（如借助各国监管机构的行政力量向责任方施压）。

三、信用证（Letter of Credit，L/C）

汇付和托收两种方式都不能有效解决贸易风险问题。为了解决出口商和进口商之间互不信任的问题，银行更深入地参与国际贸易结算，通过信用证的方式，以银行自身信用向出口商作出付款承诺，只要开证银行不破产，即使买方存在商业风险，出口商在相符交单的情况下，款项也有保证。

关于信用证比较权威的定义，根据国际商会《跟单信用证统一惯例》（UCP 600）[①]的解释，信用证是指，“一项不可撤销的安排，无论其名称或描述如何，该项安排构成开证行对相符交单予以承付的确定承诺”。简言之，信用证是一种银行开立的、对受益人的有条件（在单证相符前提下）的承诺付款。

实务中，信用证支付方式所涉及的当事人相对较多，通常来讲，主要有开证申请人（Applicant，通常是进口商）、开证银行（Issuing Bank，一般是进口商所在地银行）、通知银行（Advising Bank，通常是出口商所在地银行）、受益人（Beneficiary，通常是出口商或实际供货人）、议付行（Negotiating Bank）、保兑行（Confirming Bank）、偿付银行（Reimbursement Bank）、受让人（Transferee，可转让信用证项下的第二受益人）等。

（一）信用证的种类

从不同角度，信用证主要分为以下五类：

第一，以是否附有货运单据划分，可分为跟单信用证（Documentary Credit）和光票信用证（Clean Credit）。贸易实务中所使用的信用证，绝大部分是跟单信用证。光票信用证常见用于信用证方式的预付货款。

第二，在未经受益人及有关当事人同意的前提下，以开证行的付款责任是否可撤销

① 中国国际商会．ICC 跟单信用证统一惯例 UCP 600［M］．北京：中国民主法制出版社，2006.

为标准，信用证可以分为不可撤销信用证（Irrevocable Letter of Credit）和可撤销信用证（Revocable Letter of Credit）两种。

第三，以是否有另一银行加以保证兑付来看，信用证可分为保兑信用证（Confirmed Letter of Credit）和不保兑信用证（Unconfirmed Letter of Credit）。其中，保兑信用证项下，开证行和保兑行都负第一性的付款责任。

第四，按付款期限的不同，付款信用证可分为即期付款信用证（Sight Payment Credit）和延期付款信用证（Deferred Payment Credit）。

第五，根据受益人对信用证的权利可否转让，分为可转让信用证（Transferable Credit）和不可转让信用证（Non-transferable Credit）。其中，可转让信用证是指信用证的受益人（第一受益人）可以要求将信用证全部或部分转让给一个或数个受益人（第二受益人）的信用证。贸易实务中，第一受益人通常是中间商。

（二）信用证项下的风险

信用证支付方式下，开证行以自身信用作出第一性付款保证，其以银行信用取代买方商业信用，故相对赊销及银行托收等方式而言，收款安全性在整体上相对更高。

同时应认识到，信用证支付方式尽管侧重于风险控制，但也并非是百分之百安全结算方式的代名词。因为尽管信用证一经开出，不受买卖合同的约束①，但银行付款的原则是凭单付款，付款的条件是相符交单②，且该相符交单，既需单证一致（单据在表面上与信用证规定的条款一致），还需单单一致（受益人提交的各种单据在表面上的相互一致）。在信用证实际使用过程中，除政治风险外，主要还存在以下风险。

1. 银行以不符点为由拒付，是受益人面临的最主要的风险

据一系列信用证全球调查粗略估计，大致在 UCP 600 实施（2007 年）之前，信用证首次交单中因不符点而拒付的比例高达 70%。另据 2014 年国际商会银行委员会发布的《全球及地区贸易金融趋势》中的一项不完全调查统计结果，与 2012 年相比，2013 年信用证单据在首次交单时拒付率上升，其中出口信用证项下的平均拒付率是 29%，进口信用证项下的平均拒付率是 26%，而拒付率在某些风险较高的地区，如孟加拉，更是要数倍于全球平均的拒付率。

一方面，因信用证结算流程相对冗长，信用证中的各项条件约定及对各项单据的要求相对繁杂，出口商稍有不慎，可能就会导致不符点的存在。在实务中，常见的单据不符点包括：信用证本身常见的不符点（如信用证过期、信用证单价或货名有误等）、汇票出现不符点（如汇票到期日无法确定、金额超过信用证金额、汇票上的付款人有误等）、商业发票出现不符点（如出票人非信用证受益人、发票对货物的描述与信用证不符、发票金额超过信用证金额或超出允许增减的范围等）、提单出现不符点（如不清洁提单、起运港或卸货港等与信用证不符、已装船批准没有标明日期、提单数量与信用证

① 如 UCP 600 第 5 条规定，“银行处理的是单据，而不是单据可能涉及的货物、服务或履约行为”。

② UCP 600 第 2 条将相符交单定义为，“指与信用证条款，本惯例的相关适用条款及国际标准银行实务一致的交单”。

要求不符等），其他如产地证、箱单、重量单，以及各种检验证书等出现不符点等。

另一方面，因UCP框架内，交单不符是银行凭以拒付的唯一理由，故银行审单相对谨慎严格。究其根本原因，则在于开证行与开证申请人之间，以及指定银行或保兑行与受益人之间，因不同主体基于各自立场及角度的不同，甚至对同一个不符点是否成立，可能会意见相左。

2. 软条款的风险

除不符点风险之外，实务中还存在一种约定了软条款的信用证，在这种信用证中，加列了各种限制性条款，使出口商（受益人）的履约行为或单据有效性受到买方或第三方行为或意志的制约，简言之，买方完全控制交易，而受益人无法独立满足付款条件。实践中，常见的软条款类型是，信用证中规定的单据需要开证申请人（或买方）配合才能取得，或者设置若干隐蔽性的“陷阱”条款。

贸易实务中，比如信用证中规定的货物付运前须经买方检验并出具质量检验合格报告，或者船公司（或者船名，或者装船日期，或者目的港等）由开证申请人通知，受益人才能装船，或者受益人应提供进口商出具的各类证书或确认（如进口国当地有权机关同意放行货物的书面确认），以及规定的信用证暂不生效，何时生效由银行另行通知，或信用证对银行付款规定若干条件（如货物清关后才支付，或收到其他银行款项后才支付）等。诸如此类软条款的存在，通常使信用证本该有的银行信用形同虚设，甚至于部分软条款，使卖方行为完全受买方控制①。

信用保险实务中，也不乏买方利用软条款掌握贸易主动权甚至进行欺诈的案例。在某宗理赔案例中，信用证条款规定，“受益人（被保险人）应于发货前一周将装运计划通知给开证申请人，货物在开证申请人对装运计划发出确认函后，才能出运。且该装运计划和买方对装运计划的确认函原件均为信用证要求提供的单据”。但在该交易中，信用证的开证申请人（最终买方A）并非是贸易合同中约定的买方B，出口商C因无法联系到开证申请人A，只能将装船计划通知B，并请B通知A予以确认。但可以想象到的是，由于市场行情不利，B或A一再拖延确认，面对即将失效的信用证，出口商C陷入了两难境地。

3. 可转让信用证的风险

目前，基于全球需求，可转让信用证在国际贸易及银行融资实务中，仍是不可缺少的一部分，且保持良好的发展态势。但就风险而言，相比不可转让信用证，可转让信用证项下由于介入了（一个或同时数个）第二受益人及转让行，从而使操作流程更为复杂，第二受益人发货、交单及收汇的链条更为辗转，其间所面临的不确定因素更为多样，以致第二受益人承担的风险通常是最大的。

就出口信用保险项下，一宗较为典型的可转让信用证的理赔案例②是，我国某出口

---

① 如果在工程项目中使用信用证结算，则由于工程项目结算的特点（如视工程数量、质量和进度等付款），信用证中所要求的相关单据（如履约证书、发货许可等）一般均需要取得业主的签字认可。

② 中国出口信用保险公司理赔追偿部．国际贸易与出口信用保险案例集（第二辑）[M]．北京：对外经济贸易大学出版社，2012：171－176.

企业 A（第二受益人），与某德国买方 B（第一受益人）采用可转让延期付款信用证方式进行螺纹钢交易项下的出险损失。该案例的大致经过如下：

（1）在合同签订阶段：A、B 双方签订的贸易合同总金额为 300 万欧元，货物约定由 A 直接发往荷兰最终买方 C（开证申请人）。在 A、B 签订贸易合同之前，B 已与该荷兰买方 C 签订总金额为 500 万欧元的贸易合同。之后，B 在收到 C 作为开证申请人的信用证（500 万欧元）之后，通过当地德国某转让行将信用证其中一部分（300 万欧元）转让给 A，同时，将另一部分（150 万欧元）转让给德国某企业 D。

（2）在之后的单证流转过程中：2008 年 9 月，A 按转让信用证约定如期出运货物，并将相关单据提交转让行，之后转让行将经过 B 替换过的单据提交开证行，而开证行审单无误，通知其将于到期日付款。但在应付款日前 10 天，开证行以其收到荷兰当地法院颁布的“止付令”为由而拒付款项。而实际上，该“止付令”的缘由却始自 B 在替换另一第二受益人 D 发票时所出现的超支失误（误将按原信用证约定应为 160 万欧元的发票金额开为 190 万欧元，导致开证行实际多支付 30 万欧元），以致开证申请人荷兰买方 C 以 B 欺诈为由，向当地法院申请了“止付令”。

（3）在减损过程中：A 尽管积极进行减损，结果却是货款两失。一方面，涉事各主体均持拒付态度。其中，开证行表示，其止付是按法院指令行事，其自身并未违约，且 A 作为第二受益人，信用证项下单据非其直接提交，其与开证行之间没有直接的法律关系，故 A 也无权直接向开证行抗辩；而最终买方 C 又表示其并未与 A 签订销售合同，对 A 无付款义务；而贸易合同实际债务方 B 尽管认可其债务，但表示其仅为中间商，其资金来源为最终买方 C 或开证行的付款，而 C 拒不接受和解。另一方面，货物处理艰难。A 尽管向当地法院申请监管并采取公开拍卖形式进行处理，但因 B 背负对若干家债权人的欠款，导致多家债权人加入到该批货物的争夺中，最终货物并未能成功拍卖。

以上案例，可谓第二受益人在可转让信用证交易中所面临的各种风险的集中缩影。从表面来看，可转让信用证的采用，使中国出口企业的权益除受制于开证行及其合同买方，还受制于信用证项下其他第二受益人项下的相关交单因素的不利影响。但不可否认的是，上述案例发生在 2008 年国际金融危机背景下，当时国际大宗商品行业（包括螺纹钢）市场价格在短期内大幅下挫，在这种背景下，最终买方及中间商在各自贸易合同项下的付款意愿和付款能力随之相应减弱，这在一定程度上是左右开证行付款或出口企业安全收汇的最终决定因素。

除此之外，在国际经济及金融环境动荡的背景下，开证行无故拒绝承付、拖欠乃至破产的风险居高不下。甚至受益人还可能面临信用证本身系伪造或欺诈的风险（如受益人发货后发现所谓的信用证并非信用证上的开证行所开，或信用证的开证行根本不存在），或者部分银行并不总是严格按照国际惯例规则行事，再加之银行所在国家政治风险与法律监管风险等因素的影响，出口商采用信用证支付方式也不再是最安全收汇方式之最优选项。

综上所述，本节分别介绍了三种支付方式的定义、操作及风险特点等，如将三种支付方式进行简单归纳对比，则如表 7－2 所示。

表7－2　　国际结算三种支付方式的比较

支付方式		手续	费用/交易成本	对出口商的风险	对进口商的风险	对销售的促进作用
汇付	预付货款	简单	低	最低	最高	最弱
	货到付款OA			最高	最低	最强
托收（D/P、D/A）		稍繁	中	中	中	中
信用证L/C		最繁	高	小	大	低

从表7－2中可以看出，一方面，无论采用何种支付方式，出口商都或多或少面临一定程度的收汇风险。而单就每种支付方式项下出口商所面临的风险来讲，非信用证支付方式项下，通常（或者说理论上）OA、D/A、D/P三种支付方式的风险程度依次递减，而信用证（银行信用）支付方式通常低于非信用证（商业信用）。相应地，这也解释了信用保险实务操作中，为何采用“OA限额可覆盖D/A出运，D/A限额可覆盖D/P出运”的规则。

另一方面，综合每种支付方式的操作手续、成本、风险及对销售的促进作用来看，每种支付方式各有其优劣势。实务中，为促进交易达成，保证安全收汇，买卖双方总是需要在费用、风险及收益等方面进行综合权衡，并选择有保障的结算方式，采取必要的风险管控措施。当然在国际贸易实践中，买卖双方除采用单一支付方式外，往往还需根据交易历史、交易商品、成交金额的大小、生产周期的长短、工程和交货进度等因素，同时使用各种不同的支付方式，如将汇付与信用证（如T/T定金＋尾款即期信用证）、托收与信用证等进行组合使用。

相应地，在保险项下，被保险人在申请信用限额的支付方式时，根据实际贸易支付方式，结合保险条款的相关约定，如实申请即可。但对于不同支付方式组合使用的情形，具体应申请何种支付方式的信用限额，如果被保险人无十足把握，为避免影响日后保险项下权益，则可事先与保险公司进行沟通明确。

第八章

短期出口信用保险的保单承保

如果单靠主观的先入为主的想象，则部分观点可能会认为，“与常规的财产保险相比，贸易信用保险相对复杂，其充斥着大量晦涩抽象的专业术语，且不遵循大数法则，几乎无规律可循，故也难以依据保险的一般经营逻辑运转”。之所以会持这样的观点，主要是因为，一是从承保标的来看，信用保险领域介入了太多的无形和主观的因素，比如其承保的保险标的大都是无形的债权，而不是有形的实体。二是从承保风险来看，贸易信用保险主要是承保来自成千上万的单一买方项下的信用风险，而这一风险具有不稳定性的特点，因为其根本上是被市场以及买方付款能力和主观的付款意愿所左右的。整体来讲，具有顺经济周期的特点，比如在宏观经济低迷时期，买方破产及违约的概率会随之飙升，再加之政治风险更有可能带来系统性的巨灾损失。三是从信用保险行业来看，相对于其他常规财产保险来讲，当前信用保险市场规模较小，保险深度与渗透率较低，而市场竞争却越来越激烈，以致费率也呈现不断走低的态势。

恰恰相反的是，从贸易信用保险所走过的百年历程来看，其取得了巨大的成功，且全球信用保险多年的经营经验和数据也表明，其也有一定的客观规律可循。比如，根据ICISA协会对其成员业务的数据统计，除2008年及2009年受国际金融危机期间全球贸易环境恶化的影响，贸易信用保险的平均赔付率高达85%之外，2011—2016年，其历年赔付率均保持在40%~50%的范围浮动[①]（2010年大约为37%）[②]，而国际金融危机前的2003—2007年，历年赔付率更是几乎呈一条直线分布，基本稳定在42%左右。又如，一项关于贸易信用保险可能最大损失（Probable Maximum Loss，PML）的研究结果显示，2005—2011年，贸易信用保险市场的平均违约损失率（Loss Given Default，LGD）[③]为7.4%[④]。

---

① The ICISA Yearbook 2017—2018，http：//www. icisa. org/publications/1583/mercury. asp？ page_id = 1559。

② 同期我国信用保险历年的简单赔付率浮动也与国际几乎保持一致（数据来源：历年中国保险年鉴及中国银保监会、国家统计局公布的相关数据）。

③ 违约损失率 = 理赔结案后保险人的最终损失（扣除追偿收入后的净赔付）/批复限额总和。

④ TORSTENKARAU，WERNER STAHEL。Credit Insurance：The Loss Given Default Summary［EB/OL］. http：//www. cs – pml. org/images/document/2016 – 04 – 08. Credit – PML – Study_finalreport – summary. pdf（http：//www. cs – pml. org/index. php 是 Credit & Surety PML Wroking Group 的网站，这个工作组于2004年成立）。

在一定程度上可以说，贸易信用保险所承保的信用风险尽管是不稳定的，但却是相对可控的，这其中的原因或许大致可以归纳为以下几个方面。一是从承保标的来看，尽管贸易信用保险承保的是无形的债权，但这种债权所产生的基础却来源于实实在在的贸易交易，而这种贸易交易本身则基于的是供需关系，且这恰恰是一种买卖双方互有所需的、相对稳固的交易关系。在这种贸易交易关系中产生的“贸易之债”，其偿付表现通常要好于单纯的资金拆借的“借贷之债”。换言之，在实践中，贸易应收账款通常相对是最晚违约的债务，这在具有长期交易历史及关键供货商交易中更为明显①。二是从承保期限和金额来看，与国际贸易交易实际相匹配（短期贸易目前约占八成），贸易信用保险主要承保的是短期的信用风险，这种短期风险相对更容易准确预测和量化，加之相对中长期业务来讲②，贸易信用保险单均承保金额不高，这有助于承保风险的相对可控。三是从保险公司经营管理的角度来看，经过多年发展，贸易信用保险行业遵循着一些基本原则，具体如承保的底层交易结构清晰明确、与投保企业风险共担、通过再保分散风险并提高承保能力、确保费率结构合理以保证风险对价，以及实施多样化经营策略、不断提高专业技能和运营效率等。与此同时，在具体的业务操作过程中，也已基本形成一套独特的、动态的、科学合理的风险管理技术及方法。比如，在承保阶段，保险公司可以有效地对买卖双方及交易风险进行较为准确的识别判断，以及对买方和国别风险进行持续跟踪；又如，在风险发生异动时，可以采取动态的可撤销的信用限额或与被保险人一起，及时有效地采取各种风险管控措施，避免损失持续扩大；再如，在理赔阶段，当风险发生时，保险公司可以及时介入减少可能发生的损失，以及在赔付之后还可以通过代位追偿弥补自身的赔付支出。

从本章开始，一直到第十章，都是在具体介绍短期出口信用保险承保和理赔的具体实务操作技术和规则方法。

第一节 保单承保

一、从承保到理赔业务的全流程

为了更好地理解何为保单承保，在这之前有必要再回顾和梳理一下出口信用保险的主要业务流程。这大致可用图 8－1 表示。

（一）基于投保人（被保险人）的角度

出口信用保险办理程序（按先后步骤）如下：

1. 申请投保：投保人填写“投保单”，向保险公司申请投保出口信用保险。

---

① 关键供应商的优势地位，以及贸易双方交易的持续性等，在很大程度上也是左右买方付款能力和意愿的重要因素。

② 中长期业务承保风险相对来讲更难以准确预测和度量，因此也更需要政策性支持。

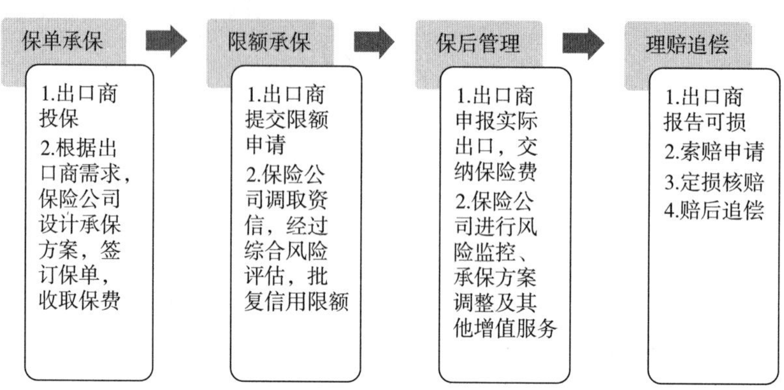

图 8－1　出口信用保险的主要业务流程

2. 申请限额：投保人在接到保险公司签发的保险单后，如果保单无特殊约定，则应就适保范围内的每一个买方向保险公司申请信用限额。

3. 申报出运、交纳保险费：在保险公司批复了买方信用限额之后，投保人如果在该获批限额的买方项下出运了货物，则应在出运货物后，按照保险单约定的申报方式和申报期限，把出运交付的情况向保险公司进行申报，供保险公司计收保险费，并在保单约定期限内交付保险费。

4. 风险发生之后：投保人在出货后，如果买方发生保单约定风险，则应在保单约定期限内向保险公司提交可能损失通知书，并在保险公司指导下积极减损。如果减损追偿无效，被保险人可向保险公司提出索赔申请，并提供相关索赔证明材料。在获得保险公司赔付后，被保险人须转让赔款项下权益并协助保险人继续进行赔后追偿。

以上，即为一个从投保到获得赔付的完整流程。

（二）基于保险人的角度

对保险公司而言，其业务流程分别为保单承保、限额承保、保后管理（交易申报）、理赔追偿。

从以上流程可以看出，出口信用保险与海上货物运输保险极为相似。具体来看，在货物运输保险操作中，通常对分批出运的被保险人采用预约统保的方式进行承保，即先签发一个预约保险单（又称开口保单或统保合同），该保单可视为保险双方的一个框架性的一揽子合作协议，其主要约定在一个保险合同期限内，投保货物的范围、投保险别、保险费率及结算方法等承保条件，但承保总金额通常无法在保险单中事先锁定，故该保单一经生效，被保险人后续还需将之后每批出运的货物按保单约定，向保险人履行通知（申报）义务①。

对于出口信用保险保险合同的订立，通常采取的也是先有保单承保，后有买方承保，最后完成交易申报的预承保模式，最终订立的保险单也是一个预约保单（也可称为“伞式保单”或“动态保单”）。即在保单签订之后，保险人通常都将对拟承保的每一个

① 韦松．货物运输保险［M］．北京：首都经济贸易大学出版社，2004：58.

买方进行单独的信用风险评估（当然除自行掌握限额及特殊无须申请信用限额的产品等情形），并且在保单存续期间内，这个风险评估及跟踪的过程持续存在，也就是说，保险人实时掌控所承保买方的风险动态，并根据每个买方风险状况的变化，以及被保险人需求的变动情况，可以适时提高、降低直至撤销买方限额。此外，在保单期间内，被保险人可能还会产生新的买方限额申请的需求，因此，信用保险保单实际是一个动态的保单，信用保险的承保也是一个动态、连续的过程。

二、保单承保的基本含义

（一）业内理解

保单承保是信用保险承保的最前端业务环节。按业内惯常理解，保单承保指的是，对于投保人所提出的投保申请，保险公司综合评估不同类型投保人的经营管理及整体业务风险[①]，并相应制定保险单各项基本条件的一系列的承保行为和过程安排。

保单承保阶段的主要成果是，保险公司对保单承保条件作出整体设计和合理拟定。这些保单承保条件主要包含投保范围、投保金额、最长信用期限、赔偿比例、保单累计赔偿限额、被保险人自留额及保险费率等[②]。

（二）保单签订是保单承保环节基本完成的标志

在保单承保环节，投保人首先填写投保单，履行如实告知义务，而保险人在收到投保单并全面了解客户投保需求后，如果同意承保则签发或出具保险合同文件，这可视为要约及承诺的完成，双方意思达成一致，则作为保险合同凭证最主要组成部分的“保险单”（部分保险公司表现为“保险单明细表”的形式）即正式成立（生效）。

简言之，保单承保环节即保险双方磋商订立保险单的过程，而保险单的签订是保单承保环节的最终产物。

（三）保险单成立及生效并不等同于保险责任开始

短期出口信用保险合同在订立及生效过程中，通常要经过保单承保、限额承保、出运申报等主要业务环节，其中，保单承保环节虽然最终会订立保险单，但这并不等同于保险责任开始。

就信用保险而言，保险人真正开始承担保险责任的起点是可承保的特定事件的发生。该特定事件通常指的是，被保险人（出口商）在与每一个交易买方签订的具体贸易合同项下的基本义务履行，即出口商是否已经履行其在贸易合同项下交付货物或提供服务的基本义务（如果该特定事件不发生，则自然无保险责任承担一说）。

需要注意的是，根据信用保险合同的约定，被保险人（出口商）在交付货物之前，必须获得保险公司批复的有效信用限额。也就是说，只有在获得保险公司批复了有效的

① 基本可以理解为一个客户评级的过程。评级所考虑的因素主要包括客户所处行业、投保金额、风险分布、目标市场、损失历史等。

② 参见 ATRADIUS 2015 年年报，第 141 页。Policy underwriting：The activity related to establishing the terms and conditions of the insurance policy designed to mitigate unacceptable risks. These terms and conditions include premium rate, maximum credit periods, the insurers maximum liability, the customer's own retention and other risk sharing and mitigation aspects.

信用限额之后，被保险人方可在有效的信用限额项下，履行贸易合同项下的货物交付义务，且在货物交付之后，再向保险公司进行申报及交纳保险费，至此，贸易交易行为才算是真正纳入承保范围之内。

三、保单承保的职能

信用保险承保的主要工作是最大化满足客户（被保险人）需求，提供能够有效匹配客户需求、解决客户难题的保险产品及承保方案，助力客户业务发展及交易机会最大化。与此同时，也应保证保险公司在风险可控的前提下，实现自身的适度盈利。

相应地，保单承保负有两项基本职能：一是开拓市场和服务客户；二是把好客户准入关口，与限额承保人共同控制承保风险。

（一）市场开拓与客户维护

在保单签署之前，承保人（客户经理）需积极宣导和推广信用保险，与投保企业保持良好沟通，协助企业财务、业务及信用管理人员不断加深对信用保险的认识，培养信用保险投保观念。同时，深入了解和分析客户需求，协助企业提交投保申请，建立和提升良好的客户关系。

在保险单签署之后，承保人的客户日常维护工作如下：

1. 保单服务：包括协助客户申请限额、跟踪出运申报及限额使用情况；跟踪收汇、帮助企业获得银行融资；催收保费；跟进可损索赔案件的处理工作，以及实时关注老客户的保单执行情况，定期进行分析、到期进行保单续转等。此外，还包括客户评级、可能损失估算、承保费用估算等相关工作。

2. 提供风险管理及建议：一是向客户提供国家（地区）及行业风险跟踪、出口风险预警信息、典型承保及理赔案例分析等，对重点客户还可以定期提供半年或年度保单总结、提供风险建议书等；二是利用自身信息资源，在必要的情况下，可协助出口企业做好买方的风险控制和新买方的开发工作，帮助企业了解买方，以及对贸易合同的签订提供有针对性的风险管控建议；三是提供增值培训服务等。

（二）承保风险管控

《中国银行业贸易金融业务自律规范指引》[①] 中，将贸易金融业务的主要风险分为信用风险、操作风险、市场风险、国家（地区）风险。其中，信用风险管理要点为：了解客户基本面信息（包括企业评级、运营情况、财务状况、内外部信用记录、管理层诚信等）和交易对手信息（资信状况、生产或货源组织能力、交易双方往来经验和违约记录、关联公司间交易是否符合商业逻辑、期限和价格是否符合行业惯例等）；以具体单笔交易为基础，进行结构化安排和全流程管理，对物流、资金流实行动态监控，通过操作流程控制有效防范信用风险。

与银行贸易融资业务相类似，出口信用保险保单承保人在进行信用风险评估时，不

---

① 关于印发《中国银行业贸易金融业务自律规范指引》的通知（银协发〔2014〕6 号），http://www.china-cba.net/bencandy.php? fid=208&id=13184。

仅需要了解客户基本面信息，也需要了解客户的交易买方之信息，即被保险人自身风险和买方风险，在保单承保人进行风险评估时是同等重要的[①]。

具体来讲，一方面，对客户（投保人）进行准入评估，主要包括了解投保企业基本信息、经营情况；把握投保人所在行业情况、市场地位和战略发展方向；了解投保企业交易实质、销售支付行为（如支付方式、销售变现天数 DSO 等）、风险偏好；评估交易风险。另一方面，在保单承保阶段对买方的风险评估，实际主要指的是对买方质量的初评，且更多的是对出口企业的所有交易买方组合质量的初步评估，重点包括对买方整体风险、行业及所在国别地区的风险评估。

需要注意的是，承保过程中需要从多个方面、视角去评估众多风险要素，而这些所需要评估的风险要素，从来都不是孤立的、单一的，甚至每个风险要素对承保决策的影响程度也将视具体交易情景的不同而不同。保单承保人需综合评估这些不同要素之间的相互作用和影响，以便最终所作出的承保决策和解决方案，能够达到保险双方的互利共赢。

第二节 客户接洽及投保申请

全球化和国际化的趋势在助推信用保险发展的同时，也加剧了信用保险市场的竞争。当今，无论国外信用保险机构还是国内保险主体，无论私营信用保险公司还是官方信用保险机构，尽管可能在业务范围、承保理赔政策等方面会有所差别，但相通之处却都在于，其经营管理的思路越来越聚焦于“以客户为中心”。而在客户群体的选择上，也日趋广泛化。

与客户接洽，分析了解客户需求，是有针对性开拓市场、甄选客户及合理制定承保方案的第一步，具有重要意义。

一、不同类型客户的需求

按投保企业需求类别划分，基本可分为风险转嫁和风险管理、融资、市场拓展、财务规划四个方面。通常来讲，风险转嫁和风险管理是投保信用保险的基本诉求，也是其他需求得以实现的基础。但客户性质和规模不同，对信用保险的需求和侧重点也有较为明显的差异。

（一）按所有制不同划分

按出资人属性，投保企业大致可分为国有企业、民营企业、三资企业（外商独资企业、中外合资企业和中外合作企业），以及其他类型企业（集体企业及其他海关登记中未明确性质的出口企业）。

① 信用保险在承保过程中，首先接触的是投保人（保险公司的客户），之后才会了解到投保人（卖方）交易对手（买方）的风险信息。

首先，从国有企业来看，其通常有替国家管理、经营资产、保证国有资产保值增值的职责，也有按照国资委的相关要求，进行全面风险管理的需求。比如2006年，国资委颁布《中央企业全面风险管理指引》（国资发改革〔2006〕108号）[①]，首次就中央企业风险管理问题出台技术性指导要求及建议。其中，重点就风险管理初始信息、风险评估、风险管理策略、风险管理解决方案、风险管理监督与改进、风险管理信息系统等方面进行了具体规定，并将企业资产质量状况、债务风险状况等财务绩效定量评价指标及风险控制评价纳入《中央企业综合绩效管理暂行办法》及相关细则中。对接上述需求，信用保险可为国有企业提供风险管理的整体解决方案，助力中央企业全面风险管理的实施。

其次，从民营企业来看，其核心需求通常集中于扩大业务规模和市场、发挥信用保险融资便利的功能，以及逐步规范内部管理控制制度等方面。而信用保险不仅可助力投保企业敢于开拓新市场新业务，而且可通过“信用保险+融资”模式的安排，为企业提供融资便利。此外，借助信用保险，也可助力部分民营企业家族式管理模式的逐步转变。

最后，从三资企业来看，其目前在我国高度集中于高新技术、机电产品等出口领域。整体来看，三资企业对信用保险认可度较高，相对能够更加主动地将信用保险统筹纳入内部经营管理机制中。

总体来看，不同所有制企业在发展战略、经营管理理念及风险偏好等方面存在相对较大的差异，相应地对信用保险的需求侧重点各有不同。保险公司也需要对不同所有制企业采取有针对性的分类服务策略，以便为保险双方的长远合作打下坚实的客户基础。

（二）按客户规模划分

按规模不同，基本可将客户分为大客户、中小客户及小微客户。在这方面，不同保险公司对于企业规模的界定可能略有区别。比如，有的保险公司将年出口规模15000万美元以上的企业，认定为大客户；将年出口规模500万~15000万美元的企业，认定为中等规模；将年出口规模500万美元以内的企业，认定为小微客户（还有的保险公司将年出口规模在300万美元以内的企业，界定为小微企业）。

这些不同规模的企业，历年出口的“二八效应”明显。比如，2014年，我国在海关有记录的出口企业共计29.5万多家，其中年出口规模在300万美元以上的非小微企业约8万家，占全部出口企业总数的27%；出口金额共计约2.4万亿美元，占全部出口总金额的94%。

从对出口信用保险的需求来看，企业规模不同，自身内部信用风险管控水平和对买方风险管控能力也不相同，从而对信用保险的需求重点也不相同。

1. 大型客户

大型客户通常具备相对严格、完善的信用管理机制，自身风控水平较高，而对保险公司来讲，基本是20%的大客户贡献80%的保费收入，因此，大客户也是保险公司的战

① http://www.sasac.gov.cn/n2588035/n3627146/n3627311/n3627317/n3627318/c4312413/content.html。

略性客户，始终是保险公司的业务重心。

在大客户服务方面，保险公司通常会对客户进行分类评级，并针对不同级别的客户，在承保和理赔环节有针对性地提供分级服务措施。比如，在承保方面，会提供一些相对特殊的、更为便利的承保政策和服务举措；在理赔方面，如优化理赔流程、缩短理赔时效等。

2. 中小微客户

数量占绝对优势的中小微客户是国民经济和社会发展的重要支柱，长期以来在增强经济活力、改善民生、促进就业等方面发挥着极为重要的作用。为中小企业提供信用保险支持，也是保险公司全面践行社会责任的充分体现。当今，国际上大多数信用保险公司都提供特定化的小微出口信用保险产品，注重对小微企业的风险保障和支持，成为信用险行业近年来关注的焦点。

因为小微企业自身缺乏国际贸易与融资经验，专业知识力量不及大型企业，加之对成本极其敏感，所以，当前出口信用保险对大多数小微企业群体还停留在潜在需求、尚待开发的阶段。总体来看，小微企业群体对出口信用保险需求的特殊性集中体现在：一是需要简化的产品和操作流程、简化的保费计算方式及提供优惠费率，简化单证文件。二是因中小微企业在生产运营中融资需求明显，所以“融资难、融资贵”问题更为突出。相应地，中小微企业对出口信用保险的需求不仅局限于风险保障层面，其普遍更为看重的是保单便利融资的功能。三是小微企业通常缺乏现代管理经验，对国别、行业及海外买方资信状况掌握信息不足，防范和抵御海外风险的能力普遍较弱。因此，更需要出口信用保险机构为中小微企业提供关于国别、行业及海外买方等方面的风险提示、管理建议等增值服务。

基于小微企业对出口信用保险的上述特殊需求，保险机构需为小微出口企业量身打造区别于大型客户的专属产品、承保模式和风险管理及服务措施。一方面，应创新研发定制化及简化的保险产品、简便投保及理赔操作，同时需要根据小微企业个性化需求的不断变化，适时对产品及承保模式进行相应升级和优化，定期为小微企业提供出口风险管控和建议等增值服务。另一方面，应最大限度地发挥出口信用保险保单特有的融资增信功能，加强与融资银行在小微出口信用保险项下贸易融资领域的分工和合作，积极探索创新小微出口信用保险综合金融服务的新模式、新途径及新方法。

二、投保申请的填写

有投保意向的出口企业需按照保险人提供的格式填写“投保单”，提出投保申请。“投保单”为保险合同的组成部分，是投保人履行告知义务以及保险人决定是否承保并厘定费率、合理制定各项基本承保条件及方案的重要依据。

“投保单”主要内容包括投保人基本情况、内部信用管理状况、出口业务经营情况及拟投保业务等。

（一）投保人基本情况

投保人的基本情况包括投保人公司名称（中英文）、注册地址、法定代表人及主要联系人与联系方式、企业类型、经营性质、出口开始年份等事项。另外，对于关联企业信息，投保人需如实填写。

（二）投保人内部信用管理状况

投保人内部信用管理主要供保险公司了解投保人的信用管理政策制度及贸易交易过程中风险管理相关措施。应填写告知的主要事项，如投保人内部风险控制责任人的设置、是否制定严格规范的风险控制及管理政策制度，以及风险控制激励体系是否明确等。

（三）出口业务经营情况

出口业务经营情况主要包括三部分，分别为近三年全部出口业务情况（针对全部出口业务）、最近一个完整会计年度出口情况、出口收汇情况。其中，出口收汇情况具体包括近三年未收汇情况及应收账款余额分布等事项，投保人应如实填写。

（四）投保业务

投保业务主要包括投保主要目的、投保业务范围（明确拟投保的产品或业务类型）、投保金额、拟投保的主要买方/开证行，同时投保人须填写“适保范围内的主要买方/开证行清单”。该清单也是“投保单”的重要组成部分，具体填写事项包括买方/开证行名称、国家、地址、最早开始赊销日期、过去12个月交易总量、最高应收账款余额、付款方式，以及拟申请的信用限额及信用期限等。

通过“投保单”上的相关信息，保险公司将充分了解你的客户（KYC）。也只有在此前提下，保险公司为广泛的客户群体提供专业化的过程服务，也才是长久发展之道。

第三节　保单审核及业务准入

通常可能会认为，信用保险所承保的风险主要来源于交易买方（因此买方也常被称为风险方），而非来自出口企业（被保险人）。因此，买方是信用限额评估的标的对象，而且买方风险也最为直观地反映出保险公司所承担的风险高低。实务操作中，不乏部分信用保险公司将其承保的重心越来越倾向于对买方信用风险的评估，侧重对买方信用额度的管控。

但实务经验表明，由于保险市场中天然存在的信息不对称，被保险人自身的业务运营、信用风险管控能力、损失处理能力等相关事项，保险公司也应同时关注和掌握。

相对限额承保，保单承保更多聚焦的是对被保险人质量的评估。对投保企业自身生产运营和信用管理能力及损失处理能力等方面的质量评估，是信用保险承保过程中的重要组成部分。在承保之前，信用保险机构需对投保人进行保前调查/客户准入评估（类似银行贷前尽职调查），以掌握必要的或承保决策时所需要的重要信息。实务经验表明，对风险认识不清，是影响信用保险机构业务质量及风险高低的重要因素；而且实务中也不乏部分被保险人项下的赔案数量总是比类似条件的其他被保险人要多的情形，甚至不同的被保险人在同一买方项下，风险表现也并不一致[1]。尽管这也可能不单单是被保险人自身的原因所导致，但多数情况下，总是与企业风险偏好及风险管理能力等因素密不可分。

实务中，各投保企业内在质量各不相同，但大致来讲，影响投保人质量高低的因素主要包括企业的生产运营情况（规模、经验等）、所处行业、企业自身财务实力、信用管理水平以及与买方的合作关系等。

一、投保人信息

（一）企业性质

一是企业的成立时间、所有权结构及变更情况、之前的经营历史及行业经验等。其中，成立并实际运营时间较长的企业，通常市场经验更为丰富、运营管理能力相对更强，承保基础也更好。比如，应关注投保人与原停业公司的关系及是否曾经由原停业公司原班人马而来等事项。因实务中不乏部分已注销的企业，出于虚假贸易融资或其他动机，另起炉灶设立公司并恶意投保的案例。

二是企业的主要（重要）负责人，董事及管理层。他们个人的从业经验和信用状况，也是判断企业风险质量高低的关键因素，尤其是对中小型企业更是如此。

三是企业目前是否存在关联公司（国内或国外），是否有可能存在将集团内部风险较大的业务剥离至该企业进行投保的情况（承保实务中也不乏这方面的真实案例）。

（二）经营概况

一是主营业务、业务结构最近是否有所变化。

二是企业从事的主业或销售的主要货物情况，包括货物是否是大宗货物、货物用途、市场需求、行业竞争、货物价格及利润率等情况。

三是近期有无重大业务发展计划或规划；在技术、渠道等方面，有无特殊的竞争优势。

（三）出口及收汇情况

如前所述，被保险人在投保单上，主要告知的是近三年全部出口情况、最近一个完整会计年度出口情况及出口收汇情况等信息。

一方面，保险人对投保企业出口历史的梳理，可大致了解投保人出口规模、交易对手数量、整体交易情况，以及被保险人与各买方关系的紧密程度，综合判断出口业务的国别风险集中度。同时，应重点关注投保人实际开展出口尤其是赊销业务的经验。

另一方面，关于应收账款及收汇情况，保险人可重点分析赊销与应收账款账龄及分布结构，判断投保人的实际赊销买方数量与规模分布；详细了解应收账款逾期、坏账信息。如果有买方拖欠的情形，则应要求投保人按标准格式提供拖欠买方清单，进一步了解详细信息。对企业应收账款现状的分析是项目审核最重要的技术环节之一。

---

① 限额审批环节，在买方资质一般的情况下，如果被保险人行业地位较高，风控水平较强，且具有良好的历史交易记录，通常限额审批额度也会相对宽松。

二、投保人的财务实力及行业地位

（一）投保人财务实力的评估

必要情况下，保险人需像评估买方那样去评估投保客户的财务状况。这主要是因为，经营不善或面临破产的投保人，对保险公司来讲，承保风险通常较高。

这种承保风险，一方面，或者直接来自投保人的逆向选择或道德风险，如其在巨大的财务压力面前，容易诱发保单欺诈或利用保单进行虚假贸易融资的风险，或者甚至连保费也难以如期向保险公司交纳。另一方面，承保风险可能间接来自买方，如买方认为其供应商（投保人）即将破产，则买方的信用风险可能也将随之增加（主要可能是付款意愿将下降），此外，在赔后追偿方面，因为投保人缺位协助，也可能导致保险公司的赔后追偿工作难以持续，赔后追偿效果不尽理想。

（二）投保人自身市场地位

通常来讲，企业规模大小对于其在市场上的话语权有直接影响，买方付款的优先顺序也与供应商的重要程度直接相关。承保实务中，保险人应着重了解投保人是行业内核心供应商，还是处于供应链底端等，并结合企业运营年限、业务规模、发展预期等作综合判断。

三、投保人内部的信用管理状况

投保人自身信用管理，是保险人判断投保人风险管控质量高低的重要依据。

（一）投保人内部信用风险管理政策或制度

了解投保企业信用风险管理体系建设情况。具体包括：（1）投保企业内部是否下发风险控制及管理政策制度、企业信用管理制度是否独立于销售职能部门。（2）投保人内部信用管理机构及风险控制责任人的设置情况，比如，有无风险管理委员会或信用管理部门；是否有专门的风险管控部门及负责人，是否由高级财务经理负责，或是根本没有专职风险管理人员。（3）投保企业风险控制激励体系是否明确。

（二）对（新）买方的授信

保险机构宜重点与销售部门沟通，具体了解赊销交易开展情况。比如，了解企业与赊销买方的交易关系通常如何建立（是销售人员主动开拓市场，还是被动等待买方上门）；市场开拓中，一般倾向选择哪种类型的买方；主要依据何种资信/信息渠道对买方进行授信；投保企业如何对所获得的买方资信信息进行处理和分析；不同层级人员的授信权限，即由谁进行授信的最终决策（决定是否发货、信用期限和具体额度）；常用的支付条件，通常是如何确定的，支付条件是否符合行业贸易交易习惯、是否风险可控、是否能够吸引新买方；如果需要超限额出运，企业内部如何决策；决策层级的设定是否合理；等等。

（三）授信后的过程管控

关于信用销售决策的事后阶段，承保人通常需核实的事项主要包括企业对买方授信之后，如何进行风险跟踪？企业是否可以及时获知买方风险异动信息？发生买方信用风险后，企业通常采用何种方式及如何进行处理？等等。

四、投保业务

（一）投保范围

投保范围主要审核的是投保企业是将全部出口赊销业务都投保（统保），还是部分投保（选择性投保）？

其中，为了最大限度地排除风险逆选择，保险人需要了解其部分投保的原因。比如，实务中不排除部分投保客户坚持部分投保，其背后的原因或是投保企业规模较大，自身风险管理水平相对较高；或是投保企业对信用保险初期并不了解，为控制成本，坚持先行投保单一买方，之后再循序渐进陆续投保其他赊销业务[①]；或是因为市场竞争，投保人将其全部买方分拆在不同保险公司进行投保；或者是企业出于融资需求及保险成本考虑，愿意拿出部分买方投保，而银行往往也仅认可对部分资质相对较好、规模相对较大的买方进行融资放款。

（二）投保交易

投保交易主要审核的是预期投保交易量、拟投保的主要买方/开证行清单等。其中，对于主要交易及买方，需进一步整体审核买方（担保方）的概况，如名称、所在国别，以及历史交易情况，如最早交易年份、最早开始放账日期、近年交易情况、买方历史付款表现，以及当年是否有逾期等。对于合作多年、付款表现良好的买方和初次开展赊销交易的买方，在其他条件差别不大的情况下，保险人自然会给出不同的承保条件。

（三）投保目的

投保企业的投保目的或者为规避或弥补损失，或者为开拓市场促进销售，或者为支持贸易融资等。实务中，投保企业需求侧重点不同，对保险的关注点也不同。

综上所述，保单承保人需主要对以上各方面进行充分了解和综合分析判断。同时，对于一些交易金额相对较大、交易模式相对特殊或对于在保单核保过程中发现的投保人的部分异常之举，保险人还需通过实地尽调，获取补充信息，或通过多渠道的信息采集，强化信息之间的校验分析和逻辑判断，更有效地解决信息不对称问题，准确评估承保风险。以下为一宗较具有典型代表性的通过保单核保排除逆选择风险的案例。

【案例】

通过保单核保排除逆选择风险案例

某保险公司在与某出口企业A公司业务洽谈过程中，A公司表示出强烈的投保意向，同时更是急切希望利用信用保险进行银行融资。为了争取保险公司尽快出单承

① 实务中，不排除这样的投保客户。比如，国内某一龙头生产企业，其从2003年将其某单一买方投保，到次年的两个买方业务投保，再到多个买方+出运前+境内关联公司共同投保，以及境外关联公司投保，最终扩展到承保其全部国内采购业务，最终实现了国内国外全部业务的统保。当然在十几年信用保险保障下，该投保企业也从小到大，逐渐成长为国际化企业。

保，A公司对保险公司较高的报价也“照单全收”，同时提出，愿意把其国外买方C公司在国内订单项下的其他供应商（出口企业）都推荐给保险公司进行投保，并且保费可以由A公司统一支付。

A公司的一系列反常之举，引起了保险公司一定的质疑。保险公司在尽调过程中，重点审核了A公司所拟申请限额的国外买方C公司的资信情况，调查结果显示C公司法人代表D（华人），同时也是A公司的法人，买卖双方关联关系明显。此外，保险公司也向同业了解到，因D涉嫌虚假贸易融资，在同业保险公司尚有拒赔的案件在处理。为此，经进一步走访银行得知，同为A公司与C公司法人代表的D，名下同时拥有数家国内公司及一家国外C公司，同时在多家银行的出口险保单项下的融资额度高达数亿元。但近年来，由于D涉足关联交易和虚假贸易融资，各大银行已开始对D旗下的几家企业开始进行资产处置。

综合如上信息，保险公司果断放弃了对该A公司的承保，同时也第一时间撤销了其他出口企业在C企业项下的所有有效信用限额，并以风险警示函的形式告知相关出口企业（在同一买方C企业项下，尚有其他无关联关系的中国企业与之交易），建议立即停止发货，并加紧催收应收账款。

第四节　保单基本承保条件的设定

基于对投保人需求的把握、对投保人整体风险资质的审核，以及对部分限额预批复情况①的综合考量，保单承保人还需要结合公司自身市场地位和经营成本及策略，决定是否对客户的业务进行承保以及如何设定合理的风险对价，拟定匹配客户需求的各项保单承保条件。

保单承保条件的设定也是保单承保的重要工作，包括确定承保范围、风险分担机制（如赔偿比例、免赔额、最高赔偿限额）、保险费率等。

一、投保人/被保险人

承保方案中，首先需要明确投保主体。通常投保人需要满足以下基本条件：

一是在中华人民共和国境内（不包括港澳台地区）注册。对于设立在境外的企业，原则上不得单独作为投保人或被保险人。

二是具有独立法人资格，能够以自身名义独立承担民事法律责任。对于企业下属的事业部、无独立法人资格的分支机构以及自然人等一般不能作为被保险人。

三是一份保险合同通常对应一个被保险人。如果投保人属关联企业，如母子公司或

① 部分情况下，在保单承保阶段，保险公司可对投保人拟投保的部分主要买方进行限额预批，以避免在保险单签订之后，投保人拟投保的主要买方限额无法满足，进而导致保险双方合作破裂。

控股公司，而相互之间业务及管理的关联度又较高，则可综合考虑将其作为共同被保险人。

二、投保范围

（一）全额统保（whole turnover）

出口信用保险保单强调统保原则，当今国内外的主要信用保险机构大都以统保理念为基础设计保险单，因此统保保单也常被称为标准保单。

统保保单原则上要求出口企业将适保范围内的所有赊销出口业务[①]全部投保。坚持统保原则，一是有利于风险分散。因承保买方数量越多，分布国别越广，涉足行业越多，则通常越有利于分散承保风险，以及规避投保人的风险逆选择。二是统保保单项下，保险公司为企业全部赊销买方设定信用额度，能够给予投保企业最大限度的风险保障。此外，费率水平相比于非统保保单更低。

（二）部分投保/单一买方或特定买方保单

传统上，统保原则在短期险业务中普遍适用，但随着信用保险行业的发展，部分企业也倾向选择性投保单一买方或部分买方（传统上，单一买方承保更常见适用于资本性货物的出口，或中长期业务或政治风险保单），加之因统保原则在分散风险的同时，实际也会使保险公司在一揽子承保全部风险的同时，有时也被动地承保一些质量不高的买方。因此，保险公司在短险中也可承保单一买方或部分买方项下的业务。[②]

实务中，保险公司承保部分业务，在约定承保条件时通常有如下处理方式：

一是明确界定保险范围。如将保险范围限定为部分国别，或列明特定买方/开证行（多个或单个）项下的业务（如只承保特定市场、特定国别或部分支付方式的业务，也可以列明特定交易买方或开证行）。特定买方不局限于仅承保一个买方，而是可以承保几个关键买方。

二是可以采用剔除特定买方的方式。比如，明确约定承保被保险人在全部非信用证支付方式的业务，与此同时，明确剔除部分买方项下的出口业务。

三、投保金额

投保金额常见有两种承保方式。

一是明确保单年度预计投保金额，即通常根据上一年度实际适保（赊销）出口金额，去合理预估拟投保年度的投保金额。

二是采用约定投保金额方式，指的是约定被保险人在保险期间内必须申报的最低出口金额，这实际上等于锁定了被保险人在保单年度内的申报金额，准确地讲，是对被保险人义务的约定，常见用于部分投保的保单中。实务中，比如部分保险公司对新投保客

① 是所有赊销的出口业务，而非所有出口业务。

② 实际上，在信用保险发展初期，保险人普遍承保的是单一买方或特定买方项下的交易，大约直到20世纪40年代，统保保单开始普遍在信用保险行业占据主流。而信用保险发展到现在，统保保单并非是不可逾越的红线。

户，要求该约定投保金额通常不低于上一年适保出口总额的50%；对老客户，要求不低于上一年全部适保业务的80%。

四、累计赔偿限额

保单累计赔偿限额，通常用一个固定的金额来表示。这个固定金额的确定，常见有两种方法。一种是按被保险人在保单年度内支付保险费的倍数来确定。具体如按实际支付（年度支付）保险费的30~40倍进行约定，即被保险人交纳的保险费越多，其在保单年度内享有的最高赔偿限额越高。另一种则是按出口企业当年适保/投保金额的1/3~1/2来确定①。

此外，累计赔偿限额通常是针对一张保单在整个保险期间内的全部投保业务进行约定，但在某些特殊情况下，保险公司可以根据风险程度、保险费率等因素，在保单累计赔偿限额之内，再行就某一特定范围内的业务与被保险人单独约定累计赔偿限额。例如，单独约定自行掌握限额业务项下的累计赔偿限额，或约定特定国别、特定买方项下的累计赔偿限额等。但需注意的是，特定范围业务的描述必须清晰明确，不存在歧义，且不得与有效限额相冲突。

五、自行掌握信用限额

实务中，对于经验丰富、业务量较大、单笔金额小且出运次数多的被保险人，保险人可根据被保险人风险管控能力、出口规模大小、买方数量及历史履约出险赔付情况，综合考虑是否设置自行掌握限额方案。大多数信用保险机构在短期出口信用保险单中都可约定自行掌握限额。

自行掌握信用限额的设定，虽然可为被保险人的小额频繁出运提供操作便利，在一定程度上减少人力成本和管理费用，但为有效控制风险，对于内部信用管理制度不完善、新开展赊销业务，以及交易买方风险较高的被保险人，通常不适宜自行掌握信用限额。另外，也可同时采用在自行掌握信用限额项下单独设置最高赔偿限额、降低赔偿比例等风险控制措施，以便控制整体风险。

六、赔偿比例及其他免赔方式

比例赔偿体现了国际通行的信用险风险需在保险人和被保险人之间进行共担的原则。

通常情况下，出口信用保险承保方案中将政治风险所致损失的赔偿比例约定为90%，最高不超过95%；买方拒收风险损失的赔偿比例为80%；其他风险（如拖欠、破产）所致损失的赔偿比例约定为90%。

需要注意的是，保险单所约定的赔偿比例适用于该保单项下所有申报投保的业务。当然，保单中也可单独就部分国别、部分买方或部分支付方式项下的业务，单独约定特

---

① 中国出口信用保险公司．出口信用保险——操作流程与案例［M］．北京：中国海关出版社，2008：28.

殊的赔偿比例。

赔偿比例是最为常用的一种风险共担的约定方式。除此之外的其他风险分担方式还包括每次第一损失免赔（each and every first loss）、最低自留额（minimum retention）、每次损失相对免赔额（non qualifying loss 或 claims threshold）、累计第一损失免赔（aggregate first loss）、无赔款优待（no claims bonuses）、超赔款加费（reverse no claims bonus），以及利润共享（profit sharing schemes）等。这些风险分担方式，均可在不同程度上减少保险公司的理赔工作量，降低管理成本，以此有效控制道德风险，同时对被保险人来说，也可因其自行承担了部分损失，相应地也可以获得更低的保险费率。在业务实践中，具体更适宜选用哪种方式及如何更大限度地起到风险分担的目的，保险公司需视每种方式的特点、被保险人的业务结构和风险管理水平等因素综合考量。

七、申报方式

申报是被保险人将适保范围内的具体出口业务向保险公司投保的重要环节，也是保险公司承担保险责任以及计收保险费的依据。

对于申报方式的约定，保险单通常可约定采用明细申报（逐票申报）或买方总额申报的方式。其中，明细申报是指，被保险人需要按照出运发票逐笔将适保范围内的出口业务向保险公司进行申报。

对于申报时限的约定，通常应与信用期限相互匹配。一般来讲，保单中可约定的申报时限主要包括即时申报和月度申报，也可约定季度申报、半年度甚至年度申报等类型。

八、其他承保条件

其他承保条件包括在承保方案中约定：保单最长信用期限（通常需与贸易实际或所在行业交易惯例相符，且后续所批复的信用限额的信用期限原则上不得超过保单最长信用期限）、部分特殊的信用限额是否可撤销、特殊的可损通知期限（将保险条款中所约定的可损通知期限进行变更，这主要涉及对已知风险的判定问题）等。

九、保险费

（一）保险费率的厘定

在现行实务中，出口信用保险保险费率的拟定通常由基础费率和风险调整因素两部分构成。其中，基础费率主要是采用基础费率表的形式，其决定因素包括支付方式、信用期限及买方/银行所在国家（地区）风险等级。基本原理是结算方式风险越高、信用期限越长、买方/银行所在国家（地区）风险越大，则费率水平也相应越高。具体如表8－1所示。

表 8-1　　　　短期出口信用保险基础费率表①

支付方式	信用期限	买方/银行所在国家（地区）风险类别							
		1	2	3	4	5	6	7	8
L/C	0~30 天								
	31~90 天								
	91~180 天								
	181~270 天								
	271~360 天								
D/P	0~30 天								
D/A&OA									
D/P	31~90 天								
D/A&OA									
D/P	91~180 天								
D/A&OA									
D/P	181~270 天								
D/A&OA									
D/P	271~360 天								
D/A&OA									

在此基础费率表的基础上，保险人在报价时，则可综合考虑若干风险调整因素，对实际适用费率进行浮动调整。这些风险调整因素主要包括投保人出口经验、内部风险管控水平、主要出口产品、所在行业风险高低、主要出口国家（地区）、年度投保金额、适保买方/开证行数量、历史坏账、出险率、赔付率，以及行业平均利润水平等。

（二）保险费的计收

1. 保费计算公式

通常保险费的计算公式为：保险费 = 计费基础 × 保险费率。

实务中，关于保险费的计费基础主要有三种：赊销金额、（月末）应收账款余额（又称未结余款申报、未了责任余额）、信用限额（某一固定时点上，保险公司实际批复的有效的买方信用限额总金额）。此外，还有一种保险费收取方式称年度固定保费，即无论保单年度内实际赊销金额、应收账款余额或信用限额的多少，直接锁定保单的年度保险费。

2. 不同计费方式的优缺点

几种计费方式可谓各有优缺点或各有其最为适用的场景，实务中保险双方可在协商的基础上自由灵活选择。而在现行实务中，采用较多的是按赊销金额计费。在这种方式下，被保险人按照保险合同约定，就某一时间段内的实际发生赊销交易的总金额向保险

① 中国出口信用保险公司. 出口信用保险——操作流程与案例 [M]. 北京：中国海关出版社，2008：29.

人进行申报，作为保险费计算的基础。保险公司则可清晰、准确地了解掌握被保险人交易量的多少，且费率与支付方式、信用期限长短等反映风险高低的因素也可直接挂钩。

（月末）应收账款余额申报/计费方式下，被保险人按照保险合同约定的时间节点，就所投保买方的账面应收账款余额（而非全部赊销交易金额）向保险人进行申报并以此计算保险费。例如，被保险人在某一个月内在某买方项下全部交易金额为1000万美元，其中申报节点到期（假设每月月底）时，该买方项下应收账款余额为300万美元，则在该月月底，按照未结余款申报约定申报规则，被保险人向保险公司申报投保的金额为300万美元。

与常规的按赊销金额申报/计费的方式相比，应收账款余额（或信用限额，或应收账款余额与信用限额两者取低者）的计费方式，可鼓励被保险人积极管控风险和清收欠款，不断缩小风险敞口以降低时点上应收账款余额以及降低所需的信用限额，从而减少保费支出。但应收账款余额的方式，可能对于同一批货物需要多次计费（只要货款未收回），因此也不太适合于账期较短或月底应收账款余额较低的业务。

年度固定保费的方式，则常见用于中小企业保单中。

3. 保费收取方式

保费收取方式通常可约定保险费预交、实报实收等。其中，预交保险费是指，投保人提前向保险人交纳一定金额保险费，以后每笔申报对应的应交保险费首先从该预交保险费中进行核减，当预交保险费被核减为零后，投保人再继续交纳申报对应的保险费，即多退少补。

还有另一种方式是，保险公司有时在保单中设定最低保险费（Minimum Annual Premium，MAP），即在保单年度内，被保险人每笔申报项下对应的应交保险费首先从该最低保险费中核减，当最低保险费被核减为零后，被保险人还需继续交纳申报对应的保险费。到保单年度终止时，如果最低保险费仍有余额，则根据保单条款约定，通常最低保险费不退不还（即使按实际出运额计算的实际应交保费低于最低保费，多余部分也不退还）。实务中，保险公司通常综合考虑客户投保年限、预计投保金额及费率高低等情况，合理灵活拟定该金额。具体来讲，通常是按照全年预计总保费的一定比例来进行确定。在部分外资保险公司出具的承保条件中，常见约定为年度预估保险费的一个较高比例（如七成到八成）。

（三）保险费基本原则

实际上，关于保险费的报价，费率表并不是唯一的方式。

比如，有的信用保险公司采用费率模型进行定价。在该定价系统中，是将买方违约概率作为主要变量来评估风险成本，而影响买方违约概率的因素又包括出口商资质、买方评级、所在国别、市场环境等指标。其中，出口商资质还需进一步根据出口商所处行业、投保金额、交易买方风险分布、历史损失等方面进行综合评估。此外，考虑到最高赔偿限额、通货膨胀等变量对风险成本的影响，实务中，保险公司将以上各种变量和对应的权重，输入电子化的操作系统，可为每个客户量身设定个性化的费率定价。

还有的保险公司的定价公式主要是风险、成本和利润三大因子的加成。其中，风险因子具体由买方资质、买方付款行为、投保人业务经营情况、投保人信用管理能力及保单所设定的风险共担条件等因素共同影响；而成本因子主要由保险公司业务管理成本、资本成本（主要由承保金额高低决定）、风险成本（主要由批复限额决定）、经纪人成本、再保险成本等因素综合决定。

综上所述，一方面，保险公司无论采用何种费率定价模型，信用保险都应该是一种相对昂贵的保险产品。因从费率定价因子中也大致可以看出，其一，从风险因子来看，信用保险所承保的信用风险，其与财产保险所承保的是自然灾害事故不同，信用风险不是潜在的风险而是发生概率较高、单一或累计损失金额都相对较高的一种风险类别。其二，从成本因子来看，信用保险公司所提供的保险服务，贯穿着从保单承保、限额承保、保后跟踪及减损追偿的全流程，服务内容也更多包含了信用管理的综合类金融保险服务，因此服务成本相对较高，相应的费率水平也相对高昂。

另一方面，在保费定价过程中，除一些可以进行模型计算的变量之外，还有部分难以定量计算的因素，比如，如果保单中除费率之外的其他承保条件或变量，设置的越多或越严格（对被保险人的限制越多），则对费率的要求相应将越低；又如，在定价过程中，还需要充分考虑商业竞争和投保人的接受程度，毕竟无论何种类型的客户，其不仅看重的是保险公司所提供的高质量服务，也需要保险公司可以提供有竞争力的价格。因此，保费水平不应超出投保人愿意接受的水平，而且相对于其他信用保险的替代形式（自保、保理、福费廷等），也需有一定的竞争力。总之，对于机械的定价模型所不能解决的问题，更多地还是需要保单承保人进行综合平衡和灵活判断①。

最后，当保险公司对出口企业所投保的风险进行全面评估、审核并制定出承保方案后，即可签发保险单。而在保单后续执行过程中，对于被保险人的一些新的需求（如调整适保范围、更改申报方式、调整保险费、调整最高赔偿限额及自行掌握限额、变更保单有效期等），保险公司也可通过出具批单或特别约定的方式，机动灵活地对原保单条件进行修改或补充。

当保险单到期前，保险公司一般会对保单实际执行情况进行总结评估，评估事项主要包括被保险人投保率、风险集中度、限额批复率、限额使用率、交易申报及回款情况、当前未了责任、保费、出险率及赔付率等内容，在此基础上，保险公司同时结合市场竞争以及被保险人续保预期等因素，综合考虑出具新的续保方案对保单进行续转。

保单承保是信用保险的首个业务环节。在这一阶段，保险公司一方面需要不断拓展市场、维护客户；另一方面在风险识别和审核过程中，需全方位、多角度、动态、中立地对众多风险因素进行综合评估，以便所作出的承保决策和解决方案，既能有效对接和匹配客户需求，又可保证保单承保质量，从而为后续的限额承保和理赔追偿奠定坚实的基础，最终实现整个信用保险业务的良性循环。

---

① 从长期来看，价格尽管是市场竞争的重要因素，但只有专业服务才能留住客户。客户总是在服务和价格之间进行权衡。

第九章

短期出口信用保险的限额承保

通常理解，出口信用保险的承保由“保单承保 + 限额承保”共同构成。具体来看，如果说保单承保主要是保险公司对卖方（出口商/投保人/被保险人）进行评级准入，则限额承保即侧重对买方（进口商）进行审核评估。

就限额承保的实务操作来看，实际也是一个要约承诺的过程，即被保险人首先就其交易买方向保险公司提出限额申请（credit limit application），之后，保险公司在对买方进行资信调查和风险评估的基础上，批复买方项下的信用限额。

第一节　限额承保概述

一、限额承保的基本含义

信用保险的保单承保是保险公司为出口企业（被保险人）出具保险单，约定一揽子的保单承保条件，但是因为出口企业（被保险人）并不是保险公司所承保信用风险的风险直接来源方，因此，保险单的出具并不代表保险公司开始实质性承担出口企业所面临的来自交易买方项下的信用风险。

信用保险项下，保险公司承保的信用风险的来源方是出口企业的交易买方（买方在信用保险尤其在再保安排中，也常被称为风险方）。只有当被保险人就其计划开展赊销交易的各个买方，逐一向保险公司提交针对买方的信用限额申请，经保险公司对买方进行资信调查和风险评估后批复了买方信用限额，才能视为保险公司接受对买方信用风险的承保，这也就是通常所理解的限额承保的过程，而这一过程，实质也是一个风险识别、评估、审批及管理的风险管控的过程。

因此，区别于保单承保，限额承保又常被称为风险承保（risk underwriting）或买方风险承保（buyer risk underwriting），但通常不宜将限额承保称为买方承保。这其中的主要原因是，尽管从表面上看，信用额度是针对特定买方所批复的，但本质上，是保险公司对被保险人（出口商）所承担赔偿责任的限额，即对被保险人（出口商）而非向买方所提供的保障。因此，如将限额承保称为买方承保，则极易造成语义混淆，尤其是对新接触信用保险的人来说，很容易将信用保险理解成是为买方提供的保险，或理解成被保险人是买方，从而产生一定的困惑。

二、限额承保的职能和价值

（一）基于被保险人的角度

与大多数财产保险产品类似，对于被保险人来说，在其获得了保险公司的承保承诺之后，相当于将风险进行了转嫁。但与其他险种的不同之处又在于，信用保险在更大程度上能够通过提供信用风险管理服务，帮助投保企业对风险进行有效的规避。

在保险公司所提供的一系列信用风险管理服务中，其中相对最核心和最重要的服务之一就是对出口商的交易对手进行信用风险的调查、审核和评估。在整个信用风险评估过程中，被保险人可借助保险公司获得买方更多的、更为翔实的信用风险信息，并以此能够综合评估出买方的信用资质状况，确定合作计划和策略，真正实现在风险可控前提下业务的稳健拓展。

因此，从某种程度上可以说，保险公司的限额承保实际上是承担或分担了投保企业内部信用管理部门的部分职责，也成为企业信用管理的重要组成部分或者是不可或缺的补充。

（二）对买方的影响

保险公司为被保险人提供信用额度，主要是保障被保险人（出口商）免受因买方信用风险（拒收、拖欠甚至破产）所造成的应收账款损失，但从另外一个方面来说，保险公司在进行信用限额决策时，也要避免其限额批复行为对买方造成不利影响。

具体来讲，保险公司既要避免超出买方最大付款能力，无限制批复额度、无限制延长信用期限的批限行为（这种滥用信用的行为，可能导致贸易交易条件的不断恶化和市场的无序竞争），更要避免不适当地收缩信用额度的行为对买方带来不利影响。

比如，保险公司如果在短期内将买方信用额度大幅调降，或直接撤销原已批复的限额，将有可能造成买方之前所享有的赊销条件难以为继，或者使买方失去主要的或核心的供应商，从而进一步阻碍或恶化贸易交易①，进而影响买方现金流②，甚至将买方推向破产的边缘。这种紧缩信用限额的粗放做法（信用限额批复完全顺周期），不仅为买方带来不利影响，同时也将引致投保企业（出口商）的不满（尤其是在经济下行周期更是如此）。

综上所述，限额承保工作，需要在为被保险人提供最大程度的风险保障和不给买方付款能力造成负面影响之间，寻求一个相对有效的平衡。而要达到这一平衡状态，意味着限额承保并不仅仅是简单机械的数据定量分析，而是更需要有宏观的视野和格局，以及能够融会贯通地主观分析预判的专业能力和经验积累。

---

① 实务中，当保险公司撤销或调减信用限额时，限额买方亲自登门拜访保险公司的案例不胜枚举。而大多数情况下，买方谈判的目的可能都不是提高限额，而仅是维持原有限额额度，以能够保障其正常经营运转。

② 类似于银行授信，银行硬性终止授信将可能使借款人资金断裂。信用保险虽然不像银行授信那样直接，但发生机制在一定程度上是类似的。

暂且不论限额承保是科学还是艺术，或是两者的结合，其最终目的都是控制和管理风险，通过提供合理化建议和服务，有效地保障和促进贸易交易的达成，而非为交易制造障碍。

第二节 信用限额申请

常规出口信用保险中，保险公司签发保险单之后，被保险人应在货物出运之前，及时就保险单适保范围内的买方，逐一向保险人提交信用限额申请。而被保险人在提交信用限额申请过程中，应当履行如实告知义务，保证向保险人所提供的关于买方、贸易合同、交易历史①、收汇及风险控制措施等情况和相关文件材料的真实、准确和完整。

具体就信用限额本身来讲，为了最大限度地保障自身权益，被保险人应根据其基础贸易合同的交易条件，结合信用限额的四大要素（交易主体、支付方式、信用期限、信用额度）②，在提交限额申请时，着重关注以下事项。

一、明确交易主体/限额主体

就交易主体而言，被保险人应真实、准确地告知其申请限额的买方/开证行的名称（注册名）、地址、联系方式等基本信息，同时更要确保申请信用限额的买方与实际交易的合同买方完全一致，这是信用限额申请、审批及被保险人保单权益能否真正实现和享有等所有事项的前提，故被保险人应高度予以重视。

实务中，不乏部分被保险人，或因交易模式相对复杂，或因风险防范意识不强等种种因素的干扰，在申请信用限额时，对交易主体/买方身份的认定发生偏差或混淆。相关情形有合同和 A 签署，但货物出运给 B；合同是和 A（多为中间商）签署，但付款方是 A 的下游买方或最终买方；合同是和某总部 A 的分支机构所签署；合同和子公司签署，但付款方是母公司；等等。实务中，关于债务主体认定不清的多发性的典型案例大致如下③。

（一）涉及中间商交易

例如，某出口企业 A，通过中间商 B（法定代表人为华人）向国外买方 C 供货。在贸易交易过程中，并不签署书面合同，而只是中间商 B 根据 C 的采购需求，向 A 发送电子邮件转达订货需求；在收到订货需求后，A 将货物直接发往 C，但 A 和 C 始终未有任

---

① 交易历史是保险人据以判断保险标的（合同之债）风险高低和批复限额时的一个极为重要的参考因素。如果说单纯的买方资信状况，保险人也可通过多方渠道获取，那么关于历史交易情况，则只能依靠投保人的如实告知而得到。这要求投保人须如实告知其与买方最早交易的年份、最早的开始放账日期、近年交易情况、买方历史付款表现，以及当年是否有逾期等。

② 某标准限额常见表述为：保险公司在××买方项下，批复信用限额为 OA ××天，××万美元。

③ 中国出口信用保险公司理赔追偿部．国际贸易与出口信用保险案例集（第二辑）［M］．北京：对外经济贸易大学出版社，2012：395－402.

何其他联系。关于发票的开具则是 A 向中间商 B 开出发票，B 在收到发票后，再加佣金后复开发票给 C。在 C 付款给中间商 B 后，B 再向 A 付款。

在整个贸易过程中，A 始终认为 C 是其合同买方，遂向保险公司申请并获批了 C 的信用限额。交易申报约半年之后，A 的应收账款发生逾期。A 遂向 C 主张债权，而 C 虽然承认收到相关货物，但以从未与 A 签订合同为由拒付货款，并称已支付货款至 B。当 A 向 B 追讨时，B 已身负巨额债务，早已关门停业。

保险公司在调查审理过程中，因 A 无法提供其与 C 之间存在销售合同关系的有效书面证明文件，且 C 向保险公司表示其交易的卖方是 B 而非 A，并出具了其向 B 下达的订单以及已向 B 付款的银行凭证。最终保险公司经综合调查审理后认为，A 与 C 之间无销售合同关系，无法对 C 确立合法有效债权，故无法承担赔偿责任。

（二）涉及与母子公司的交易

贸易实践中，集团买方出于战略布局、风险隔离和财务安排等方面的考虑，往往将签署订单、收取货物和对外付款交由集团项下不同的法律主体分别负责，从而很容易使出口商在认定交易主体时发生混淆。

例如，某出口商 A 与欧洲某 B 集团达成合作意向，商定由 B 集团项下子公司之一 C 向 A 下达采购订单，但货物直接发往 C 在非洲的最终买方。而按 B 业务开展惯例，其各家子公司对外均采用统一的格式订单，订单抬头显示集团 B 的贸易名，但订单的买方落款处则由各家子公司以自身名义分别独立签章。此外，按照集团的财务管理制度，集团项下各家子公司的对外付款均由 B 集中操作。

考虑到实际付款方为 B，A 遂以 B 为抬头开具商业发票。同时，A 认为 C 为 B 全资拥有，故以 B 为对象向保险公司申请信用限额。

交易持续数年后，C 经营状况恶化即将破产，A 遂要求 B 清偿全部欠款。但 B 称订单系由 C 下达，并要求 A 公司自行参与 C 的破产清算程序。

保险公司经调查审理后认为，交易订单系由 C 向 A 直接下达，且在 C 破产管理人公布的债权人名单中，A 赫然在列。由于 A 无法通过销售合同确立对限额买方（B）的合法有效债权，故保险公司无法承担赔偿责任。

（三）涉及与同一自然人控制的多家公司交易

例如，某案件中，出口商 A 与欧洲某买方 B 合作多年，交易历史良好，且相关交易一直投保出口信用保险（B 为限额买方）。

后 B 总裁 K 先生向 A 表示，其在香港成立采购中心 C，C 的经营管理团队仍为 B 的同一班人，只是改由 C 直接向 A 下采购订单（由 K 先生签发），货物也直接发往 C。

由于 A 仅将注意力放在打交道多年的 K 先生个人身上，而忽视了交易主体的变化，因此并未向保险公司申请 C 的信用限额，且对 C 的出运也一直在原限额 B 项下申报。

拖欠风险发生后，K 先生仅代表香港 C 全额承认债务，但称因资金紧张暂时无法清偿货款[①]。保险公司在调查审理的过程中，（限额买方）B 表示与被保险人无合同关系，拒绝承担任何付款责任。因此，虽然 C（合同实际买方）全额认债，但因其并非限额买方，故保险公司无法承担赔偿责任。

在以上三宗案例中，实际交易买方都不否认债务，但因在保险合同项下，被保险人并未申请实际交易买方的限额，而是误申请了其他主体的限额，以致无法获得保险赔付（简言之，被保险人虽在贸易合同项下履约无瑕疵，但在保险合同项下存在问题）。因此，被保险人在申请限额时，对于买方主体的认定需慎之又慎。

二、合理确定限额的支付方式

出口商在实际贸易交易中，对于支付方式的合理选择，可以有效规避或控制风险。而具体选择何种支付方式，往往需综合考虑对买方的了解程度、交易历史及行业惯例等因素确定。

在保险项下，通常来说，被保险人申请限额的支付方式应与贸易实践中所采用的支付方式相吻合，或者说，按照贸易交易中实际采用的支付方式，结合保险条款中的相关约定，如实申请即可。

比如，贸易实践中采用 D/P，即可按 D/P 方式申请限额，当然，参照信用限额支付方式的操作原则（非信用证支付方式下，OA 风险大于 D/A、D/A 高于 D/P），如果被保险人出于特殊考虑，也可申请 OA 限额。但无论如何，应确保贸易实践中所采用的支付方式的风险，不可超出限额支付方式的风险。比如，贸易实践中如果采用 OA 方式，则不能申请 D/P 限额（以避免在理赔环节，因限额支付方式无法覆盖实际贸易支付方式而拒赔的情形）。

对于其他一些相对特殊的贸易条件，如采用 CAD（Cash Against Documents）、部分预付款、备用信用证，或存在“软条款”的信用证，或一个合同项下采用不同支付方式的组合等情形，具体应按何种支付方式申请限额，被保险人可与保险公司事先进行明确[②]。

三、合理确定信用期限

关于信用期限，贸易实践中，出口商一方面应重视明确信用期限的起始点。比如，约定信用期限起始日是以出运日期起算，还是以提货日期起算，或是其他，以便明确锁定应付款日。另一方面，出口商应合理设定付款期限长短（账期）。比如，如果以出运日期起算的话，则通常需要考虑货物运输、清关、销售及回款时间等因素综合进行设定。一般来说，信用期限长短通常和交易货物属性密切相关。此外，在不同的行业，甚

① 实务中，部分出口企业普遍存在认人不认公司的习惯思维，因此类似案例并不少见。还有如买方负责人同时注册多家公司（ABC），针对同一供应商时而用一家公司 A 的抬头下单，时而再用另一家公司 B 的抬头下单，或再用 C 的抬头，更换频繁。如果供应商也不加区分下单主体，认为比较烦琐故始终沿用一个固定的抬头制作贸易单据和投保，则一旦出现买方破产重组拖欠等风险，必将带来难以挽回的损失。

② 相关事项，在本书第七章第三节中，已有详细介绍。

至不同国别，信用期限在相当长的一段时间内，往往是相对稳定的①。

在保险项下，当出口商（被保险人）申请限额时，通常按照贸易实际中所采用的实际放账期限如实申请即可。对于特殊交易方式项下信用期限的判定问题（如 DDP 术语下信用期限），可事先和保险公司进行确认。总的原则是，为充分保障自身赔偿权益，被保险人需确保实际贸易中所采用的交易账期能为限额信用期限所覆盖。即如果贸易交易的放账期限是 90 天，则申请信用限额的期限务必等于或超过 90 天，而不能在 90 天以内。

比如某条款中明确约定，“贸易合同必须明确约定货物交易的付款条件及付款期限，且付款期限绝对不能超过保险合同所约定的最长信用期限”。鉴于此，如实际贸易中的交易账期长于保单项下单一信用限额的信用期限（且实际交易账期与信用限额的信用期限适用不同的费率标准），则属超限额的原则性问题，保险公司是有权拒绝承担赔偿责任的。保险实务中并不乏该类拒赔案例。

比如，某宗典型理赔案例中，被保险人报损项下某笔出运所对应的限额支付方式为 OA 30 天，在该限额项下，被保险人向保险公司进行申报的支付方式也为 OA 30 天（按 OA 30 天的费率标准交纳保险费）。但在理赔过程中，经保险公司审理相关单证后发现，贸易双方实际支付方式为 OA 60 天，就该信用期限，买方向保险公司进行了确认，且被保险人也予以认可。因此，根据条款约定，因被保险人实际交易风险（OA 60 天）已超过保险公司限额承保风险（OA 30 天），且保险公司对 OA 30 天与 OA 60 天执行不同的费率标准，从而保险公司无法承担赔偿责任。

四、合理申请信用额度（限额金额）

信用限额是由保险人批复的，保险人对被保险人向特定买方出口或在特定开证行开立的信用证项下的出口可能承担赔偿责任的最高限额，从该定义中可以看出，信用额度是保险公司承担赔偿责任的最高限额，这是保险合同中一项根本的不可突破的基本承保原则和底线。

实务中，不乏发生超限额出运的案例。例如，在某宗案例中，保险公司批复限额额度为 100 万美元，但在该限额项下，被保险人实际出运 120 万美元。之后买方破产，被保险人成功登记破产债权 120 万美元。在理赔环节，根据保单条款约定，保险公司仅能以 100 万美元作为赔付基数核定赔款金额为 100 万美元 ×90% =90 万美元，但被保险人坚持认为其实际损失是 120 万美元，因此保险公司应以 120 万美元定损（赔款金额为 120 万美元 × 90% =108 万美元）。保险双方僵持不下诉至法院，法院最终判决保险公司胜诉。

因此，被保险人在申请限额额度时，应综合买方付款能力、付款意愿及被保险人对买方的控制力三个方面，合理论证限额需求。通常可以一个账期内最高的应收账款余额（也就是买方最高欠款余额）来进行合理测算，既要避免不切实际的虚增限额申请额度，

① 通常如服装、鞋类等日用消费品，信用期限定为 120 天内是相对合理的。此外，信用期限也受国别因素限制，如拉美地区因融资成本较高，以致买方为获得融资便利而要求的信用期限普遍较长（一般超过 180 天）。

也应避免因限额申请不足，产生超限额出运的情况（当然有时也有可能是因为买方资质不佳，限额批复不足）。

当然，在保险公司批复信用限额之后，如果被保险人随着业务发展的需要，原限额已不能满足新业务的需要，则被保险人可提出追加信用限额的申请。

第三节　资信调查

如果卖方在交易之前（无论是通过自身还是借助第三方），能够较为全面地获知买方信用信息并以此对买方资质进行准确评估，则必将有效防范买方风险。

与银行及其他金融机构授信业务相类似，在收到被保险人提交的限额申请后，保险公司也将首先开展对风险方的资信调查，获得买方信用资质的相关信息。在此基础上，方才再对买方进行风险评估和限额审批。

从某种角度上也可以说，信用保险实际承保的是信息不对称的风险。因此，拥有或者获取信息的数量多少和质量高低，对保险公司经营管理起着至关重要的作用，信息是信用保险公司的命脉和核心竞争力之一。随着信用保险行业的发展，甚至不乏部分观点认为，在将来，买方资信信息服务或也将成为信用保险的主打业务，而保险的损失补偿将有所弱化或由以前的首要服务变成附属功能。

一、资信来源

实务中，保险公司通常从多种信息渠道获取买方资信信息。这些渠道或来源主要包括征信机构、数据库、公开信息、被保险人及买方各自提供相关信息，银行、保险同业及公司内部所积累的业务数据等。

（一）调查渠道/征信机构

被保险人提交信用限额申请后，保险公司即开始对买方开展资信调查。其中最常用的方式是调取买方资信报告。

资信报告主要由征信机构或资信公司提供（这些机构的主营业务一般都包括提供企业征信报告、信用评级、数据库服务、市场战略咨询、信用风险与违约率预测等）。此外，部分征信机构在提供资信报告的同时，也会提供授信额度建议①。

目前，开展信用保险业务的保险公司大多均同时与国际、国内多家资信调查机构（资信渠道）建立合作关系。其中，较为知名的资信调查公司如下：

一是美国的邓白氏（Dun & Bradstreet）。目前是全球企业征信领域规模最大、历史最悠久并最具有影响力的资信商，主要服务有信用调查、应收账款管理、营销信息、信用级别评估等。

---

① 通常对保险公司而言，第三方的建议仅作为参考，保险公司最终依靠的还是自身的独立判断。

二是在欧洲，主要有荷兰的资讯供应商 Bureau van Dijk[①]（BVD）。BVD 目前也是全球领先的企业信息提供商。

三是在日本，主要如当地最大的企业征信机构——日本帝国征信公司（Teikoku Databank，TDB）。

四是美国克莱勒商业信息集团（专注对美国中小企业的资信调查）、澳大利亚 TCM 国际信用管理集团公司、荷兰格瑞顿公司（Graydon International Co.）及中国台湾的中华征信所企业股份有限公司（China Credit Information Service，LTD）[②] 等。

（二）在线数据库

尽管资信报告是保险公司评估买方资信最基本和最主要的方式，但是由于部分资信报告在信息完整性和时效性等方面可能会存在一些问题，加之资信报告调取费用相对高昂，因此，各种实时的、在线的数据库及公开网站也是保险公司获取买方信息的重要（辅助）途径。

目前信用保险公司常用的数据库，一般有以下几类[③]：

一是企业信息数据库，如 BVD[④] 全球企业数据库（目前信息涵盖全球上市及非上市企业约 3 亿家）、穆迪 KMV 数据库、路透智库、Lexis Nexis 律商联讯商业信息数据库等。

二是银行数据库，如 BVD 的全球银行与金融机构分析库（BANKSCOPE）、SWIFT 等。

三是 PIERS 海关数据库。

四是国别和行业数据库，如 IBISWorld 美国行业数据库、ISI（Internet Securities，Inc.）全球新兴市场数据库、Digitimes 电子及光伏行业数据库、Informa UK 全球电信行业数据库、Lloyd's List Intelligence（LLI）劳氏集团在线航运信息数据库、IHS 环球透视（IHS Global Insight）、Business Monitor Online[⑤] 等。

（三）被保险人和买方各自提供的信息

一方面，卖方（被保险人）最熟悉买方，故也是保险公司获取买方信息的重要来源。通过被保险人，保险公司可获取被保险人和买方的交易背景、交易历史、回款记录、买方市场地位、买方采购区域及主要供应商、主要销售渠道、买方最新财务报表、银行授信额度证明、买方近期变化或有无重大计划等信息，这些都有助于限额的审核和评估。

另一方面，部分买方为争取信用额度支持，还会直接与保险公司联系，主动提供相关信息。

---

① https：//www. bvdinfo. com/zh - cn/about - us/overview。

② 罗熹. 信用保险词典［M］. 北京：中国金融出版社，2015：573 - 574.

③ 罗熹. 信用保险词典［M］. 北京：中国金融出版社，2015：584.

④ BVD 数据库，目前包括企业信息数据库、行业分类数据（约 99 个类别的行业报告）、交易数据及宏观经济数据等。

⑤ Business Monitor International（BMI）专注于新兴和前沿市场国家风险与行业分析，以及对全球、区域和国家层面动态及趋势的预测。公司的企业平台 Business Monitor Online 可为用户提供日常分析、时间序列和预测数据、报告及使用专有数据库。

（四）内部信息

通过以上渠道，也并不一定能够获得最为全面的信息，比如，卖方（被保险人）所了解的买方信息可能也仅限于自身交易项下，而对于买方和其他供应商的交易以及买方的其他欠款情况，可能也并不完全了解。

因此，保险公司内部所掌握的相关信息也至关重要。这方面的相关信息主要有，保险公司在长期的服务过程中，沉淀了大量的出运、申报及收付款记录等承保数据（如可能覆盖高达数百万家境内外企业），以及在多年理赔服务过程中，也积累了众多买方/银行的出险名单及相关案件信息。

又如，可通过伯尔尼协会、ICISA 协会及同业机构、再保险人之间共享关于国别、行业及买方的相关数据和信息。

二、征信报告的主要内容及种类①

（一）主要内容

概括来讲，对买方进行信用评估主要有定性分析和定量分析两种方法。其中，定性分析方法，国内外比较有影响力的如 3F 要素②、5C 要素③、CAMEL 体系④、五性分析⑤等。而定量研究，实务中广泛应用的则是爱德华·阿特曼（Edward Altman）教授在 1968 年提出的 Z－score 评分模型⑥。

总结归纳各渠道征信报告，虽在格式体例等方面各不相同，但内容一般都涵盖“3F”“5C”。其主要内容包括：企业概况、注册信息（注册日期、注册号、地址、法人代表、注册资本等）、股东信息（股东名称）、历史沿革、管理层背景（主要负责人、履历等）、营运状况（经营范围、业务性质、主营产品、销售方式、主要客户、雇员规模、办公用地、职能部门、关联企业等）、财务分析（资产负债表、损益表、现金流量表、重要财务数据、财务比率等）、往来银行、付款记录、诉讼记录、信用评级及股价等。⑦

（二）征信报告的类型

根据征信报告内容的深浅度，征信报告的种类大致分为一般征信报告、标准资信报告（基本报告）、深度征信报告（或称特别报告或定制化报告）、信用追踪报告等。

以邓白氏商业资信报告为例⑧，其主要有商业核实报告（提供企业最基本的简易信

---

① 张大为. 怎样读各国的资信调查报告［M］. 北京：中国方正出版社，2003.

② 3F 要素：管理要素（management factor）、财务要素（financial factor）、经济要素（economic factor）。

③ 5C 要素：品格（character）、能力（capacity）、资本（capital）、担保品（collateral）、商业状况（condition）。

④ CAMEL 体系：资本状况（capital adequacy）、资产质量（asset quality）、经营管理水平（management）、收益状况（earnings）、流动性（liquidity）。

⑤ 五性：安全性、收益性、成长性、流动性、生产性。

⑥ Z－score 评分模型以一系列财务比率（变量）为基础计算 Z 值，看 Z 值大小。通常判断标准是，如 Z 值小于 1.8，则企业破产概率相当高。Z 值如在 3 以上，则企业相对安全。

⑦ https：//wenku. baidu. com/view/ec71df03a6c30c2259019e74. html。

⑧ http：//www. huaxiadnb. com/credit－risk/business－report. html#On－Site BIR。

息）、商业信息报告（主要适用于定期常规的信用审核）、商业信息实地审核报告（在商业信息报告的基础上，添加了通过实地考察、审核验证及人员访谈而获得的第一手信息及照片，信息更为翔实、全面），以及中国深度报告（适合进行重大商业决策）。

综上所述，保险公司需从多个资源渠道搜集信息，这些信息不仅需要准确、翔实，还需要保证较高的质量和时效。

第四节　限额评估

在资信调查的基础上，保险人将对买方或银行风险进行评估。评估工作也主要围绕买方付款能力、付款意愿及被保险人对买方的控制力等几个方面，具体可分别从保单情况、国别风险、买方资信及尽职调查等方面展开。

一、保单情况

在被保险人不存在道德风险的情况下，限额承保通常不宜过于简单、直接地拒绝被保险人提出的限额需求，而更应考虑以何种对价条件最大限度地满足被保险人需求。因此，在限额承保时，保险公司不宜孤立地仅审核买方资质，而是需要结合被保险人及保单条件综合考量。

（一）被保险人概况

主要应考量被保险人的行业经验、行业地位和自身的风险管理水平。比如，被保险人在和某一所在国别风险较高的买方的交易历史中，回款记录一直保持良好，则通常可以在短期内预估在其他条件不变的情况下，这种交易回款的稳定性还将持续。

此外，被保险人的持续经营能力、行业竞争优势及对买方的重要性和控制力等因素也应重点考虑。比如，如果被保险人是买方关键/唯一供应商，则买方在对外支付欠款时，通常会优先考虑对关键供货商的付款。因此，实务中，有两个不同的出口商和同一个买方进行交易，但交易规模相差悬殊（假设一个年交易额是 10 亿元，另一个年交易额是 1000 万元），这两个出口商如果同时向保险公司申请同一个买方信用限额，保险公司也有可能批复不同额度的信用限额。

（二）交易货物及行业

交易产品的种类和特性，也是进行信用评估时需要重点考虑的因素之一。比如，要考虑交易商品的季节性（如服装、节假日用品、农业机械等）、是否是大宗货物（易受市场投机行为的影响）、是否为买方所在国的必需品等。相应地，在进行限额审核时，应避免套用常规思路，避免过于严格和僵化。

行业信息十分重要。因为产能过盛或需求低迷，即使在经济上行周期也会存在坏的行业。限额评估时，保险公司应重点分析买方在行业中的地位及竞争对手情况，评估企业基本运营状况，以及判断买方企业对经济周期变化的应对能力等。

（三）保单各项承保条件

在评估限额时，应注意拟批复限额能否为保单各项承保条件所覆盖。

投保范围。主要看保单是统保还是部分投保。若为部分投保（列明国别、列明买方、列明产品等），则要判断申请限额的买方是否在保单约定承保范围之内。

保单累计赔偿限额。通常拟批复单一买方的信用限额额度，不高于保单累计赔偿限额。

支付方式。如果保单约定承保的是全部信用证的出口，则不宜再批复 OA 限额。

信用期限。限额信用期限，不宜超出保单约定最长信用期限。例如，某物流行业企业，保单约定最长信用期限为 30 天，则单一买方项下信用限额不可批复为 90 天。因为如果保单费率采用单一费率，则对保险人将有失公平①。

信用限额生效时间，不可早于保单起始日期。

（四）历史承保记录及未了责任

历史承保信息也为限额评估时的重要参考因素。

二、国别风险

在出口信用保险信用评估过程中，国别风险是关键的风险评估维度。

（一）国别风险评估

国别风险（政治风险）是一个相对抽象的概念。通常，衡量国别风险有多种不同的因素，但大致来讲，可以归纳为如下三个方面（参考因子）。

1. 经济因素

为评估一国经济结构的平衡性及可持续性，在经济因素方面，涉及的关键评估因素主要有一国的投资、消费、出口、GDP、通货膨胀、经济政策（如货币政策、财政政策、汇率政策等）、公共债务、国际收支（如对外贸易、国际储备、汇率水平等）、双边贸易等。

2. 政治因素

政治因素主要是评估一个国家整体的政治态势，涉及的因素主要有一国的政治稳定性（政局、执政党）、政府干预（如外资政策、征收风险）、社会稳定性（如就业、恐怖主义等）、腐败程度、司法体系、国际关系、国家安全及地缘政治冲突等。

3. 营商环境

营商环境涉及的因素主要如投资便利性、营商成本（如税收政策、劳动力成本）、行业投资环境等。

（二）实务操作

不同的保险公司，通常对买方所在国家或地区按风险高低程度进行定期的风险评级，绘制国别风险地图，并制定国别分类。

比如，科法斯（Coface）通常按季度对 160 个国别的风险进行评估，并将国别风险分为 A1（非常低，very low）、A2（低，low）、A3（满意，satisfactory）、A4（合理，

---

① 如此批限，只能视为保险公司内部操作风险。

reasonable)、B（比较高，fairly high)、C（高，high)、D（非常高，very high)、E（极高，extreme）8 个级别[①]。

又如，中国信保将国家风险水平分为 9 个级别，分别为 1 级（最低)、2 级（很低)、3 级（较低)、4 级（中等偏低)、5 级（中等)、6 级（中等偏高)、7 级（较高)、8 级（很高)、9 级（最高)。2018 年，中国信保对全球 192 个国家分别进行了评级，评级分布如图 9 -1 所示。

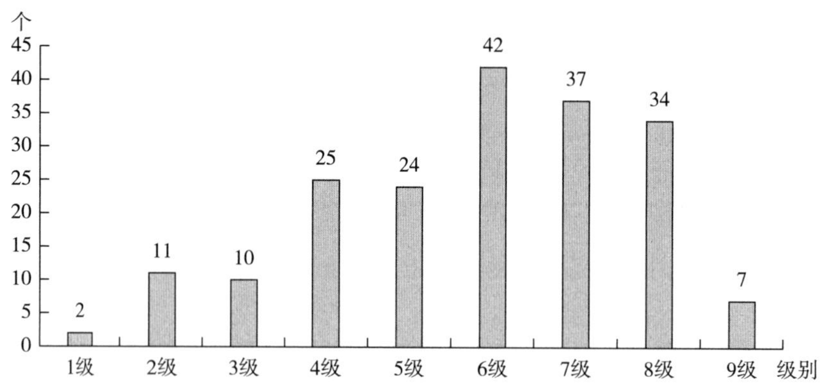

图 9 -1　2018 年国家风险评级分布[②]

对应不同的国别分类，大多数保险公司都相应制定不同的国别承保政策，比如分为暂停承保类、个案处理类、支付方式限制类和降低赔付比例类等国别。其中，对受制裁的国别，通常将之列为暂停承保类国别；而对于一些风险极高的国别，则需结合国别风险状况、所处行业状况进行综合分析，并按照保险公司内部审批权限进行处理。

此外，对于不同的国别，通常还需制定国家限额，即保险公司为控制承保业务整体风险，针对风险水平相对较高的部分特定国别或地区所设定的累计最高风险敞口。而在低风险国别项下的限额总量，通常不受国家限额的限制。

以上也都是在评估和审批具体限额时需要重点考察的事项。

三、买方资信[③]

因信息不对称的存在，对买方资信作出相对准确的判断和预估也并非易事，比如财务报告等披露的信息，有时也并非完全是买方最为真实的财务状况，因此，并不能单纯地依靠财务指标分析或照搬模型评估结果，也不能完全依赖一种定量的或是定性的分析方法。尽管有的保险人在进行承保决策时对财务指标的重视程度非常高，但实务经验也表明，在定量分析的同时，如果加入非财务指标（如行业、交易历史、交易习惯等）等

① https：//www. coface. com/。

② 中国出口信用保险公司．国家风险分析报告——国家风险评级、主权信用风险评级暨 62 个重点国家风险分析 2018［M］．北京：中国金融出版社，2018：4.

③ 中国出口信用保险公司．出口信用保险——操作流程与案例［M］．北京：中国海关出版社，2008：37 -48．张大为．怎样读各国的资信调查报告［M］．北京：中国方正出版社，2003.

定性分析，则将大大提升信用评估和预测的准确性。

大致来讲，对买方的风险评估，主要围绕以下三个方面展开①。

（一）基础信息/注册信息

1. 注册形式

各国经济、文化、法律存在差异，对不同商业组织和法人形式的分类也不尽相同。常见的企业法律形式有独资企业（Sole Proprietorship）、合伙制企业（Parternership）、有限责任公司（Limited Liability Company，LLC）、股份公司（Public Limited Company or Joint Stock Limited Company）等。

承保实务中，首先需核查买方名称、地址及注册号等，如果发现这些基本信息在短期内频繁变更，则通常是风险信号，需要进一步核实。

2. 成立年限和发展历程

企业的生产经营年限，通常在一定程度上代表着其生存和适应市场环境的能力强弱。实务中，通常对于注册时间短于三年，尤其是新注册企业或者注册资本较小的企业，需谨慎授信。

3. 实付资本/注册资本

实付资本（Paid - in Capital）反映买方的资金实力和股东的投入，但各国对注册资本的要求也不尽相同。从变动情况来看，通常增资属利好信息。

（二）经营管理

1. 业务性质

判断买方是零售、批发，还是生产型企业。对应企业的不同类型，其注册资本、资产规模和现金流等通常也有不同特点，需区别对待。

2. 所在行业和交易商品

就所在行业而言，重点核查买方所在行业动态，如竞争程度、产销状况、利润水平、国内外景气预测等，以及判断买方在行业中的地位。

就交易商品而言，是否定制化程度较高或季节性特征较强；是否属于大宗商品，或是否属于反补贴反倾销商品等，具有这些特点的商品，通常整体风险较常规商品更高，需谨慎授信。

3. 上下游市场

比如了解买方上游供应商，以及下游客户群，尤其是企业完全改变战略，进入新市场，也是早期的风险预警信号，以及当买方是中间商，则其下游客户（最终买方）的还款能力在很大程度上将影响买方（中间商）付款。

4. 员工人数

员工人数是反映买方实力的一个重要指标。关于这一指标，横向需与行业平均指标和保险公司掌握的经验数据进行比对，纵向需重点比对买方连续几年雇员人数的变化趋势，看买方是处于上升通道还是人员急剧萎缩状态。

---

① 这些方面，实际也可简单概括为从人、财、物、产、供、销六个方面评估买方的付款能力。

5. 管理层背景

管理层背景重点关注管理层年龄、履历、学历、从业经验与技能、经营风格、信用记录等方面，因为他们的学识、经历、能力、品格和操守都可能对企业经营产生重大影响。

另外，如企业高层发生重大或频繁变更（尤其是 CEO 及 CFO 的非正常变动）、管理人员曾有涉嫌破产、商业欺诈或者有未清偿的债务被追偿等情况，通常被视为负面信息。

需要特别关注的一点是，企业管理者是否是华人。根据保险行业多年业务经验，如为华人买方与中国出口商开展交易，风险发生概率通常较高①，这在经济低迷时期尤为如此。

6. 企业设备

在不动产方面，企业办公场所或厂房规模大小、所有权性质，以及坐落地点等信息，在一定程度上也均可以反映买方实力。动产如机器设备等，则宜关注是否属企业自有还是租赁，以及平均产能和设备是否抵押等信息。

7. 银行往来

通常银行往来状况，在征信评级中占有相当大的比重。买方的开户银行掌握着买方的大量信息和收付款记录。因此，企业开户日期、存款、银行对买方的评级、所授予的信用额度、企业资产抵押给银行或第三方的信息，以及融资条件的变化、买方与银行的关系，都是限额评估重要的参考因素。

8. 付款记录

重点关注买方企业付款习惯、交易金额、交易笔数、逾期天数、是否涉及追偿等负面信息。如买方付款记录突然恶化，通常是发生财务危机的预警信号。

9. 股票价格

尤其是对于上市公司的大限额，应关注买方实时动态的股价走势。股价出现异动，通常也为明显的风险信号。

10. 公众记录

公众记录主要如买方是否涉及大额未决诉讼，起诉时间、涉诉金额、诉讼原因，如是否和贸易付款或税款拖欠相关；再如买方是否曾经或正在申请破产，是否存在欠薪、违规、环境污染、产品召回、被从政府项目中排除及被知名评级机构下调评级等负面信息。

综上所述，基本是围绕着买方非财务信息方面所展开的评估。以下即为一宗买方财务信息欠缺但批复了限额的典型案例。

---

① 中国出口信用保险公司．出口信用保险——操作流程与案例［M］．北京：中国海关出版社，2008：44.

【案例】

围绕买方资信评估的限额批复案例

我国某出口商A，向保险公司提交了国外某买方B的限额需求为OA 30天，金额为500万美元，交易商品为季节性货物，出运高峰在6—9月。经保险公司调取资信报告显示，买方有20多年的经营历史，但无财务信息，也无负面信息。

保险人主要从以下方面进行了评估：一是投保人是行业龙头企业，与买方已有3年交易历史，并且是买方的关键供应商；二是投保人内部有较为完善的信用风险管控制度，且与买方B交易的实际账期仅为20天左右，收汇记录良好；三是投保人为上市公司，根据内部风控制度，需要信用保险额度覆盖才能对外签署贸易合同，故该投保人的保单为全额统保；四是买方B所在国别风险很低；五是该买方经营历史较长，且在中国有多家供应商，其中两家供应商在该保险公司已投保多年，且承保记录良好；六是买方的下游买方为全球知名企业C，买方所采购的货物全部供应给该一家企业。此外，买方派驻员工在投保人工厂全程参与产品设计及货物出运前的质检等工作。

综合考虑以上方面，保险公司最终全额批复信用限额，但为体现风险共担，约定赔偿比例为80%，且附有限额特别生效条件为，“被保险人出运货物须全部发往限额买方B的最终买方C”。

（三）对财务状况的评估

通常来讲，买方财务情况是进行信用限额评估的核心依据，而财务情况通过财务报表来体现①。一份完整的财务报表至少包含资产负债表（Balance Sheet）、损益表（Income Statement）、现金流量表（Cash flow Statement）、附注（Financial Statement Notes）②和管理层讨论与分析（Management’s Discussion and Analysis，MD&A）五部分。

对财务状况的评估，不仅要看过去、现在，更重要的还需对买方的未来发展趋势和前景作出相对准确的预估，因此至少要分析连续三年的财务报表。分析时，一方面，要看财务绝对值，如净资产（如果为负值，表示资不抵债）、营运资金（如果流动资金 < 流动负债，则反映短期偿付实力不足）、销售额（反映营业规模，与历史同期相比，则反映成长趋势）及利润（反映盈亏状况）等；另一方面，运用财务比率分析，同时结合特定国别、行业性质、经济周期、经营性质等因素综合判定。

其中，财务比率分析是用于评估买方企业经营活动的最基本的方法，具体主要围绕流动能力、偿债能力、经营能力和盈利能力四个方面展开。

---

① 企业法律形式不同，各国对其公开财务报表的要求也各异。比如在北美，只有上市公司有义务对外公开财务报表。

② 附注主要包含会计方法、会计估计和假设、关联交易、商业收购和处置、法律诉讼、分支机构、或有事项和承诺等内容。

1. 流动能力

主要指标如下：

（1）流动比率＝流动资产/流动负债。

（2）速动比率[①]＝（现金＋短期证券＋应收账款）/流动负债。

一般而言，指标越高，代表企业资产的变现能力和短期偿债能力越强；反之，说明买方资金流动性差，短期拖欠风险较高。

2. 偿债能力

主要指标如下：

（1）负债权益比＝总负债/总所有者权益。

（2）资产负债率＝负债总额/资产总额。

以上两个比率反映了所有者权益或企业资产对债权人权益的保障程度。其中，资产负债率（Debt to Assets，D/A Ratio）越高，说明资产对债权的保障程度越低，如果达到100%以上，则为资不抵债的状态。

3. 经营能力

主要指标如下：

（1）应收账款周转率＝销售收入/年均应收账款；应收账款平均回收天数（Days of Sales Outstanding，DSO）＝365/应收账款周转率。

（2）存货周转率＝主营业务成本/年均存货；存货平均处理天数（存货周转期）＝365/存货周转率。

（3）应付账款周转率＝采购成本/年均应付账款；应付账款平均付款天数（付款周期）＝365/应付账款周转率。

（4）资产周转率[②]＝销售收入/年均总资产。

评估中，为避免以上比值无法客观准确地反映买方企业实际情况，故还需要结合买方企业的经营方式及特点进行综合考量，如买方是否属季节性经营或销售、是否大量使用分期收款结算或现金结算方式等情形。

4. 盈利能力

盈利能力是衡量销售利润率的指标，主要有净利润率、毛利润率、营运利润率、税前利润率等。限额审核时，通常最为优先使用的指标为净利润率。

（1）净利润率＝净利润/销售额。

（2）资产收益率（Return on Assets，ROA）＝净利润/平均总资产。

（3）净资产收益率（Return on Equity，ROE）＝净利润/平均净资产。

---

① 速动比率是指速动资产对流动负债的比率。速动资产包括货币资金、短期投资、应收票据、应收账款这些可以在较短时间内变现的资产，而流动资产中的存货和1年内到期的非流动资产及其他流动资产则不计入速动资产中。也可用简单公式表示：速动比率＝（总的流动资产－总库存）/总流动负债。

② 衡量资产周转率的指标还包括营运资本周转率＝销售收入/年均营运资本、固定资产周转率＝销售收入/年均固定资产等。

四、尽职调查

考虑到资信报告、第三方数据库和公开渠道所提供的资信虽然易于获得，但更多的主要是单独针对买方一方的资信信息，而无法体现基础贸易项下买卖双方的贸易合作背景、合作历史及关系，再加之部分资信信息可能滞后也可能失真，故对于一些金额较高、涉及交易相对复杂或特殊的限额申请，保险人还需通过多种方式开展尽职调查或实地拜访，获取补充资信，之后再通过对所获得的信息进行校验分析和逻辑判断，以更为准确地评估承保风险。

以下即为一宗根据资信报告和尽职调查，分别得出两种不同评估结果的限额批复案例。

【案例】

根据资信报告和尽职调查评估的限额批复案例

我国某出口商A，与国外买方B已有3年交易历史，每月发货金额平均在100万美元左右，几无历史坏账发生（虽偶有延迟，逾期也不超过30天）。A向保险公司申请B的信用限额是OA 90天400万美元。

一、资信报告

根据调取的资信报告显示：买方B成立于1960年，在其所在国内是大型经销商，公司员工人数超过200人。从其销售渠道来看，B的下游买方既有大型超市，也有自己的销售渠道。此外，资信报告显示B的付款评级为“及时”，且几乎无重大不良的负面信息。

从资信报告提供的信息分析，买方B整体信用资质较好，没有明显的信用风险信号，如果再结合其与A的交易历史情况分析，则理论上，保险公司可全额满足被保险人提交的限额需求，即批复B信用限额为OA 90天、400万美元，90%赔比。

二、尽职调查

考虑到拟批复限额金额较高，且A在投保时也表现出一些可疑之处（比如，之前在没有保险的情况下与买方交易3年多，之后却主动上门急于签单投保），因此保险公司展开了资信报告之外的尽职调查工作。

通过初步调查了解到，买方B实际在A所处省份，还同其他多家出口商有交易历史，其中和部分出口商的合作历史甚至超过10年，而这些出口商几乎均为当地该产品出口领域的行业龙头企业，但近年来，与B的交易或是终止或是大幅萎缩。因此，保险公司进一步实地走访了其他出口商（其他的部分出口商，也同时是保险公司的在保客户），获知：买方B尽管也曾是行业内知名买方，但近年来付款情况不尽理想，常见的是以产品存在质量问题为借口要求出口商减免货款，经出口商据理力争之后B再付款，但是拖欠时间也越来越长，这背后的真正原因是受产品定位（低端路线）、电商冲击等因素的影响，B的销售量大幅下滑，市场份额逐年减少甚至萎缩，其付款能力和意愿都存在严重问题，因此在行业内口碑也甚差。加之，国内实力较强的出口企业也逐渐实现升级转型，故纷纷终止和B的合作。另经了解，B买方在同业保险机构有多宗可损索赔的案例同时在处理。

在充分获取如上信息之后，保险公司最终拒保并充分解释说明原因，同时建议A减少和B的后续交易规模并采用更为安全的支付方式。A认同并采取建议。

一年多以后，B明确表示其无力再偿付对任何一家供应商的欠款。

第五节　限额批复与风险跟踪

保险人通过对所获取信息的全方位、多角度的对比、校验和评估之后，最终将作出限额批复与否及如何批复的决策。

一、批复零限额的主要原因（关键风险点）

通常来讲，在被保险人不存在道德风险的前提下，以下五种情形（重要负面信息）保险公司将会批复零限额。

（一）基本注册信息

拟申请限额买方不存在，即发现其无登记注册记录，或者注册状态显示失效、中止或注销、撤销等。

（二）经营管理方面

重大风险信号，比如买方注册状态正常，但没有任何经营活动及财务信息；或买方已停业；雇员规模小甚至无雇员；或者买方出现破产、重组、有大额税款拖欠或其他诉讼记录等。

保险实务中，不乏出现类似的案例。比如，某出口企业在向国外某买方出口货物之前，委托保险公司进行海外调查。经保险公司调查后，发现查不到买方的经营信息，同时可能还会获取到该买方关门停业的照片等。投保企业了解相关情况之后，如果果断停止发货，即可有效避免损失。

（三）财务状况方面

重大负面情形，如买方经营性现金流长期为负；或资产负债率极高，甚至资不抵债；或营收大幅下降且连续亏损；或付款情况急剧恶化；或Z指标小于1.8等。

以下为一宗较为典型的因买方经营管理及财务状况均为负面，保险人批复零限额的案例。

【案例】

零限额批复案例

2001年,四川××电器股份有限公司（以下简称××电器）开始与美国买方APEX发生业务往来，交易当年就采用赊销方式，出运4184万美元的货物，当年全部未回款。次年，又销售6.1亿美元产品，但仅回款1.9亿美元，应收账款累计4.63亿美元①。

在交易过程中，××电器曾向保险公司申请APEX的信用限额，经保险公司调查后发现APEX的基本情况是，该公司成立于1997年，创办人为美籍华人；在采购方面，该公司与多家中国企业合作，但经常是合作一段时间后，就以产品存在质量问题为理由拖欠货款；在财务方面，邓白氏资信报告显示，APEX资产负债率极高、净资产较少，而且仅有的资产也悉数抵押，同时，付款指数较低（意味还款意愿不佳，拖欠风险较高）；有大量的抵押记录，显示出流动性已经欠佳；此外，还牵涉多宗诉讼，其中一项未决诉讼是与我国的另一出口企业，涉诉金额高达上千万美元（反映出与主要供货商已经发生尖锐的矛盾）。据此，保险公司判断买方付款能力和付款意愿均极低，故未予批复APEX的限额。

2003年，某新闻媒体以“传××在美国遭遇巨额诈骗”为题，曝出××电器债务危机，该事件发生前后，国内多家出口企业也先后向保险公司申请APEX的限额，保险公司均未批复。

2005年，××电器董事会公告显示，APEX对××电器欠款金额累计高达4.675亿美元，其中可能收回的款项仅为1.5亿美元，这意味着有3.175亿美元欠款无法收回，这一金额高于××电器过去10年的净利润之和。

（四）买方涉嫌欺诈

如果经保险公司核实确定买方涉嫌欺诈，则通常不予批限。根据保险实务经验，一些常见的买方骗局主要有以下特点。

一是主体可疑。比如，买方设立空壳公司或冒充身份，或自己主动联系出口商，并主动建议出口商投保出口信用保险，甚至承担出口商应交纳的保险费；或同一买方在短时间内，几乎同时向多家中国供应商集中大量采购（保险公司同一时间段内会接收到多家出口商就同一买方的限额申请），且订单各项交易条件基本一致，如成交价格较高、利润诱人；多采用所谓的银行托收方式，以便后续无承兑情况下即提货后失踪；买方对货物质量并不关心；买方急于提供和展示其“完美”的财务信息；或者利用第三方代理进行诈骗（通常将在事后，声称未曾授权代理方）。

又如，还有一些中间商涉及诈骗的情形（与限额买方实际无关）。这些所谓的中间

① 刘元庆．信贷的逻辑与常识［M］．北京：中信出版集团，2017：55－59．

商，通常自称是国外某买方的代理商或授权采购商，其提供的名片、注册文件等相关资料，经核实系伪造；或使用与某买方的邮箱名称相似度极高的邮箱；或者经常使用的是Gmail、Hotmail等邮箱（尤其是来自非洲的电子邮件）等。

二是合同可疑。比如，一些订单格式随意，签名可疑；或经核实，订单系伪造；或者交易货物标的与买方经营范围无法匹配。

三是货物流向异常。比如，买方要求货物在一段时间内大量集中发货；或要求货物发往第三方或第三国，或运送到一些可疑地点（如停车场、住宅或其他无名场所）；或者货物主要发往的是一些欺诈风险频发的地区。

四是支付方式可疑。比如，首次交易便向出口商提出大额长期放账要求，且拒绝支付任何预付款或定金（出口商也就难以通过汇出账户，核实交易主体的身份[①]），或指定身份不明的第三方付款。

（五）其他风险信号

其他风险信号主要包括买方项下已有可损、赔付历史，或已在保险公司特别关注名单上；或者买方已是同业机构通报的危险买方；或者买方所在国别/行业出现重大风险信号等。

通常，保险公司在批复零限额的同时，会向投保人进行充分的解释说明，并提供最为全面、准确的风险防范意见和建议，这些意见和建议对被保险人而言，无疑也是最有价值的风险防范的利器。

二、限额批复

（一）限额基本要素方面

保险人在批复具体限额时，应根据被保险人实际贸易交易条件，如买方、交易金额、出运时间和频率、最高单批出运金额、信用期限、支付方式等综合判断在一个账期内的最高信用额度，在买方总限额范围内合理审批信用限额。

为避免出现批复限额与贸易实际不匹配的情形，保险人尤其应注意的是限额主体、金额、付款条件、付款期限等是否与被保险人需求相一致。

就限额主体来讲，保险公司在获得资信报告后，首先应确认的就是资信报告所述买方与被保险人申请限额的对象是否一致。如果发现买方名称、地址和被保险人申请的并不一致，则需要联系被保险人进行确认，或要求资信公司反复核实。

（二）限额特别生效条件

对于一些相对特殊的交易或买方，为最大限度地防范和控制风险，保险公司在批复限额时会附带限额特别生效条件，即只有在满足这些特别条件的基础上，当损失发生时，保险公司才承担赔偿责任。

这些限额特别生效条件，主要如下：

一是约定限额有效期。比如，常规限额的有效期，通常持续时间为整个保单年度。

① 对出口商而言，其放账交易宜循序渐进，忌盲目跟进。

但对于一些有季节性高峰期出运的限额需求，或者买方风险在一段期间后将可能发生较大变化等情形，保险公司批复的信用限额，可能有效期仅为数月（如三个月）。过期后，限额则自动失效。

二是约定限额不可循环使用。

三是约定限额买方项下的赔偿比例。通常是在买方风险较高、需要被保险人提高自留风险比例的情况下，保险公司将特别针对某一买方，约定其项下适用的赔偿比例。这一比例，通常要低于保单约定的赔偿比例。

四是其他特别生效条件包括要求合同中约定物权保留条款、被保险人在出运前须收讫买方支付的相当于出运金额××%的预付款、指定担保人为买方对被保险人的付款提供无条件、不可撤销的独立担保等。

以上各项特别生效条件，对于有效防范风险将起到重要作用。比如，其中的还款担保条件，实务中，也有多宗最终依靠担保方来清偿债务的理赔案例，但同时也应认识到，从海外追偿的经验来看，担保条件的设置也并非多多益善，关键是在限额批复时，应认真分析贸易交易的风险点，相应合理地设置限额特别生效条件，避免滥用。

综上所述，保险人在批复信用限额后，通常以信用限额审批单的形式送交被保险人。被保险人收到后，也应认真核对信用限额批复主体与申请主体是否相符一致，同时关注批复限额的额度、支付条件、期限及特别条件，确保日后的出运在限额覆盖范围之内。

三、风险跟踪与限额调整

限额批复之后，买方风险并非固定不变，而是可能随着商业环境及所在国家风险的变化实时动态发生改变。因此，保险公司也尤其重视日常风险监控体系的建立和不断完善，以便对已批复限额的国别、行业及买方进行风险的有效跟踪管理。其中，尤其是对大限额买方，保险公司通常会根据买方累计有效限额金额的高低将之分类，并定期进行月度或季度风险跟踪和分析，如定期关注买方经营管理和财务信息变动情况；定期回顾分析投保企业在限额买方项下的申报及回款记录；与投保企业进行专门交流；定期拜访买方；定期和同业机构及行业协会交流大买方信息；等等。

同时，根据保单条款约定，保险公司可对已批复限额进行调整。比如，根据被保险人需求和买方资信的改善，对限额进行追加；在买方风险发生重大异常变动或限额空置时，降低限额或逐步收缩限额直至全部撤销等。当然，这通常会事前与被保险人进行充分沟通并获认同后再进行限额的调整操作。

“亡羊补牢，不如防患于未然”“损失前的预防，胜过损失后的补偿”，这堪称风险管理的基本原则之一。

保险公司经过综合信用评估后所审批的信用限额，出口企业不应仅仅将之视为事前风险转嫁的有力抓手，更适宜作为经营发展和信用管理决策的重要参考依据。

第十章

短期出口信用保险的理赔追偿

如果说出口信用保险的承保工作主要是“防患于未然”，理赔追偿则侧重于“补救于已然”。可以说，在整个信用保险业务中，理赔追偿发挥着极其重要的作用。

从一个较为宏观的视角来看，信用保险理赔追偿并非是简单的赔款计算的过程，其实际是对所承保的底层交易合同项下所发生的风险违约事件，依法合规、灵活高效进行处理的一系列原则、流程及技术和方法的统称。

但理赔与承保，并非是孤立的、互不干扰的业务单元，实务经验表明，两者是相互依托、互为支持的。

第一节　理赔追偿概述

一、职能和价值

信用保险理赔追偿的作用和价值，不仅体现在赔款和追回款的数量多少上，还体现于一些难以量化的方面。

第一，从定量角度来看，尽管赔案数量与赔款金额的多少，是常用于衡量保险为客户服务水平高低的一个重要指标，但是与其他险种有较为明显区别的是，信用保险理赔的意义并不止于此。信用保险理赔功能的发挥，不仅在于为损失支付赔款，更在于风险发生后的减损。

出口信用保险因承保标的和承保风险的特殊性，出险风险相对较高。尽管如此，短期出口信用保险风险仍然是整体可控的，其赔付率与追偿率常年保持在一个相对稳定的水平。其中一个最为主要的原因就是在风险发生之后，通过积极有效的理赔追偿，能够最大限度地化解风险，减少损失。

信用保险实务中，有相当比例的理赔案件，是在客户还未提交索赔阶段，即通过采取各种减损措施，将风险消弭于无形，数量众多的可损案件得以撤销，从而既不影响客户在保险公司的资质，也不影响风险对价，反而客户还可能在新的保单年度内享受到无赔款优待。

因此，信用保险理赔追偿并非是在损失发生之后简单的一赔了之，而是更需要在深度介入并理性还原基础交易的前提下，通过运用各种专业、高效的理赔追偿手段，去处理违约交易风险，减少损失的发生，这也是信用保险价值得以体现的重要方面。

第二，从定性角度来看，理赔服务水平的高低，更多体现在难以量化的方面。

一方面，理赔追偿所采取的方式、方法，对所承保的底层贸易交易有着直接的影响。实务中，各种理赔追偿措施的采用，必须兼顾到底层贸易合同及对贸易双方合作关系的影响，而各种不同类型的底层贸易交易，其反过来又在不同程度上影响着保险人的理赔追偿决策。不同类型的理赔案件，应相应制定行之有效的减损方案。因此，信用保险理赔追偿工作并非只是一个相对被动的“看天吃饭”的简单的调查定损的过程，而是其对案件的预估、判断、方案的制定，以及介入时点和处理技能水平的高低等，都将直接关系到债权权益收回的多寡。

另一方面，对保险公司自身来讲，信用保险理赔政策及相关规定，不仅直接影响着自身的财务水平，而且也是公司内部风险管理体系的重要组成部分；同时，理赔与承保也不能割裂开来，两者只有进行良好的互动协同，才能为客户提供最好的服务。

二、理赔处理原则

毋庸讳言，对信用保险行业，外部可能也存在一种认为投保容易，理赔难的误解。但是这种观点，实则经不起推敲。

尽管信用保险的功能价值更多体现在赔付前的风险减量管理方面，但同时也需认识到，如果信用保险行业赔付率极低，或甚至没有赔案，则或许可能在短期内获得较高的利润，但同时也将势必吸引更多的保险主体进入到信用保险领域中开展业务，而市场竞争主体的增多必将导致费率水平不断下滑。从投保人角度来看，因为赔付率极低，部分投保人也可能不再倾向选择信用保险来分散风险，而是更多地选择自保或其他风险转嫁方式。因此，从长远来看，这些都不利于整个信用保险行业的发展。

简言之，信用保险理赔处理宜遵从及时高效、依法合规的原则，即以《保险法》为准绳，以保险合同约定和底层贸易交易事实为依据，应赔尽赔但不滥赔。

三、理赔基本流程

以上所述的理赔功能价值及处理原则，是通过各项具体的业务操作来体现的，而这些具体的业务操作，实务中则是须严格遵循必要的既定流程来开展。理赔处理流程的规范化和合理化对理赔案件的高效处理，具有极为重要的意义。

常见理赔追偿标准化操作流程，如图 10－1 所示。

从 10－1 图中可以看出，信用保险理赔追偿常规流程的特点主要包括：一是可损发生后，须先减损；二是在定损核赔前，须先勘查；三是追偿行为从赔付前需一直持续到赔付后，直至无债权可追性为止。

步骤	内容
通报可损	•在保单约定的风险（拖欠、拒收、破产、政治风险等）发生后，被保险人应在保单约定时限内，向保险公司通报可能损失
积极减损	•保险双方合力，积极采取风险防控措施，最大限度地减少损失
勘查追讨	•在减损同时，保险公司介入调查，以便尽早查明损失原因
索赔申请	•如被保险人认为损失既定，可在保险合同约定期限内提供索赔单证，申请索赔
定损核赔	•保险公司正式受理被保险人的索赔申请后，根据调查审理结果，结合被保险人在保险合同和贸易合同项下的义务履行情况，综合判定保险责任
权益转让	•保险公司赔付后，被保险人应将赔款涉及的权益转让给保险公司，同时协助保险公司继续向买方追偿

图 10－1　常见理赔追偿标准化操作流程

第二节　可能损失和减损处理

为更直观地展示投保人从出运承保到出险理赔的全过程，本章选取某宗典型理赔案例入手进行分析。

某出口企业 A，于 2017 年 4 月与国外某买方 B 签订合同，合同金额为 100 万美元，付款方式为提单日后 90 天。

2017 年 5 月 19 日，保险公司批复买方 B（买方代码：×××/××××××）信用限额为 OA 90 天、100 万美元（指定生效日期 2017 年 5 月 19 日）。

在获得保险公司批复的信用限额之后，出口商 A 于 2017 年 7 月 17 日至 2017 年 9 月 17 日，向限额买方 B 陆续出运 3 票货物（×××），实际发票金额共计 80 万美元。之后 A 将提单、保险单、相关检验检疫证书，连同合同、发票和箱单一并寄给 B，B 在收到单证文件后确认无误并顺利清关，其间双方沟通顺畅。与此同时，A 就 3 票出运向保险公司进行了申报，申报及实际支付方式均为 OA 90 天，但因操作失误，实际申报发票金额为 75 万美元。

2017 年 10 月 17 日，A 提醒 B 第一票货物款项到期应支付货款，B 答复尚未做完产品检验，并表示将在一周后汇款。一周后，A 再催促，B 又表示其正在与最终买方商谈货物销售方案，待最终买方付款后 B 将立即付款至 A；但之后买方依旧拖延，并又提出产品存在质量问题。

2017 年 11 月 18 日，A 向保险公司报损，报损金额 80 万美元。

就该宗代表性案例[①]及后续理赔追偿处理的相关事项，我们可重点从如下三个方面进行掌握。

一、及时通报可能损失

国际贸易中，买方拖延付款的一些危机先兆或风险异动信号，大都有迹可循。比如，买方突然要求变更付款习惯、要求延长付款期限[②]；或违背已有的付款承诺；或突然一次性大额进货、改变付款方式；或买方突然或经常更换银行；或声称其下游客户未能向自己付款；或声称货物存在质量问题；或对于债务问题闪烁其词、采取躲避态度；未经许可退回有关单据；甚至向出口商发出“破产威胁”（如声称，若出口商要求买方立即付款，买方将会被迫申请破产），以及买方被并购[③]；等等。对此，出口商在货物交付/出运后，应积极主动跟踪货物状态，及时做好收汇跟踪工作，发挥定期书面对账机制的债权保障作用。一旦发现买方付款和经营状况出现风险异动，应及时采取有效措施减少损失。

而一旦发生保单约定的风险后，被保险人应在保单约定时限内向保险公司通报可能损失。

（一）通报可损的时间

关于保单约定时限内，不同的条款可能约定不尽一致。比如，以某主流条款为例，其约定“应在拖欠风险发生之日起 30 天内，或其他风险发生之日起 10 个工作日内，向保险人通报可能损失”，其中拖欠风险指的是超过应付款日 30 天仍未支付款项（大致等同于应收账款日后 60 天内）。

就本节前述案例，被保险人第一票出运日是 2017 年 7 月 17 日，贸易合同的应付款日是 2017 年 10 月 16 日。买方到期未付款，根据保险合同约定，保单项下的拖欠风险发生日是 2017 年 11 月 16 日，故被保险人应在 2017 年 12 月 16 日前向保险公司报损。案例中，被保险人报损日期是 2017 年 11 月 18 日，故完全符合保险合同的约定[④]。

（二）为何要及时通报可损

1. 及时通报可损，主要是为了利于保险公司及时获知信息，并与被保险人第一时间共同采取有效措施，以控制风险，最大限度地减少损失

国际贸易实践中，不乏部分出口企业在应收账款发生逾期后，仍对买方心存幻想，或顾及合作关系，或担心失去客户和市场，因而不愿主动或请第三方机构介入施压催

---

① 当然，也有可能发生的是买方拒收、破产及政治风险等情形。本案例仅以拖欠风险为例进行说明。该案例情景及理赔处理，将基本贯穿于以下各小节中。

② 香港出口信用保险局，http://www.hkecic.com/sc/information_credit_management.aspx。

③ 买方被私募股权基金收购、债务重组也成为破产的一个重要因素。比如，2017 年美国鞋履巨头 Payless 和美国的玩具反斗城都是如此。

④ 当然，以上是针对拖欠风险，而如果是其他风险，则适用条款约定的其他期限。

收，结果贻误了追讨的最佳时机，造成更大损失。在某些情况下，买方的非正常大额拖欠或拒收往往也是破产的前兆。这在一些合作多年的老买方、大买方交易过程中，表现得尤其明显。

比如，某宗理赔案例中[①]，出口商A与有着百年经营历史的某买方B合作3年，一直采用预付款方式交易，在累计成交额达到2000万美元以后，双方开始采用赊销方式。但数月后，买方开始拖欠。A为维持合作关系，并未调整出运政策，而是继续向买方超限额大量出运货物，累计赊销货值达200万美元。

拖欠初期，B表示将积极筹款偿付欠款，同时A也担心如果保险公司介入，可能影响与买方“亲密”的合作关系，因此并未通报可损。但之后B一拖再拖，因此A也停止继续赊销，并提出采用现款现货方式交易，但B资金周转已出现问题，无法以现金采购新货。无奈，在拖欠风险发生4个月后，A才通报可损。

保险公司介入后，B仅承认部分债务，且称货物存在质量瑕疵，并向A提出高额反索赔。数月之后，B向法院提交破产申请。

2. 延迟报损，也将影响被保险人在保险合同项下赔款权益的获得

以上案例，是实务中成千上万宗拖欠案件的典型缩影。实务经验已表明，被保险人迟报可损或延迟追讨，最有可能贻误了最佳的调查追讨时机，因在延误期间内买方经营状况可能进一步恶化，或者买方可能会转移资产、破产、失踪或逃匿等，从而造成损失难以补救。

因此，大多数信用保险条款中通常均约定，如果被保险人没有在保单约定时限内通报可损，保险人有权降低赔偿比例。

实务中，并不乏类似的案例。比如，某被保险人迟报可损时间长达16个月，当保险公司介入调查时，买方已濒临破产，损失几乎无法挽回。因被保险人迟报可损，延误了最佳的追讨时机，严重影响到保险人的权益，因而根据保单条款，保险公司进行了拒赔处理[②]。

（三）通报可能损失的相关内容

被保险人通常是以“可能损失通知书”的形式通知保险公司。通知书主要内容包括出险买方（开证行）名称、合同（信用证）号、致损原因、交易详细信息（出运日期、支付条件、应付款日、发票号、发票金额等）、可损金额、是否委托保险人追讨、是否办理贸易融资、案情说明、减损措施等事项[③]。

同时，被保险人还需提交其他基本贸易单证材料，主要包括贸易合同、发票、提单、报关单、贸易往来函电等。

---

① 中国出口信用保险公司理赔追偿部．国际贸易与出口信用保险案例集（第二辑）［M］．北京：对外经济贸易大学出版社，2012：12.

② 中国出口信用保险公司．出口信用保险——操作流程与案例［M］．北京：中国海关出版社，2008：64.

③ “短期出口信用保险可能损失通知书”，http：//www. docin. com/p－270718371. html。

二、保险公司对可能损失进行审查

保险公司在收到可能损失通知后，将第一时间对可损案件进行审理。具体审理内容主要为以下两大方面。

（一）保险合同项下的相关事项

保险合同项下的相关事宜主要是关于信用限额、申报义务、保费交纳情况及其他保险义务履行情况等方面的审核。其中，关于信用限额的审核，主要是审核被保险人实际交易买方是否与信用限额买方一致；实际交易金额、支付方式与信用期限等各要素能否为保险人所批复的信用限额所覆盖；信用限额特别生效条件是否满足；等等[①]。

而关于其他保险义务，主要是审核被保险人是否存在迟报可损，以及知险后出运等情形。

（二）贸易交易情况

贸易交易情况主要是获知出运交易的关键信息，主要包括如下几个方面：

（1）货物出运日期、应收款日、逾期金额。

（2）交易货物品种、是否涉及货物处理；如果涉及出运前风险，则需了解被保险人报损时货物生产制造的进度及已发生的成本等。

（3）可能损失发生的原因，如买卖双方是否涉及贸易纠纷及涉及何种争议。实务中，如国外买方付款意愿下降，通常也处心积虑寻找各种欠款的借口。具体如产品质量、出运延迟、下游销售不畅、知识产权、付款路径、检测标准、投资合作、历史贸易纠纷等问题，往往都容易成为买方挑起纠纷、推脱付款责任的天然“挡箭牌”。

（4）贸易双方交易历史。

（5）买方付款态度和付款方案，以及买方是否要求被保险人后续出货等。

综合以上信息，保险公司进行综合评估并制定后续减损处理方案。

三、制定减损措施，积极减损

国内外大多数信用保险条款中都明确约定，原则上，在发生可损之后，被保险人应尽可能在第一时间将案件委托给保险公司介入追偿减损（包括那些还没有到期的应收账款，都应一并委托）。

条款如此约定的原因，主要在于：一是保险公司毕竟是损失的最终承担者，因此在保单约定的风险发生之后，保险公司应主导决策何时追偿以及采取何种方式进行追偿，以最大限度地减少损失。二是一旦买方因付款能力出现问题而导致违约，则可能是对其所有或大部分供应商违约，如果这些供应商在同一家保险公司投保，则保险公司可以整合相关案件，统一向买方进行追偿，从而获得较为强势的谈判地位；而且，如果买方出具了付款方案，保险公司更能够准确评估其可行性，并对其还款进度实施有效监控。三

① 理赔环节对信用限额的审核事项，实际也是被保险人在申请信用限额时尤其需要关注的。具体可见第九章相关内容。

是保险公司以自身名义发出的催收函，相比被保险人的一己之力，对买方来说，通常具有更大的威慑力。这不仅是因为保险公司相对来讲实力较强，而且保险公司可以视情况撤销其所承保的所有出口商在同一买方项下的所有限额，而无论其他应收账款是否已到期。因此，保险公司的催收追偿，实际也是一项信用保险的增值服务。

具体来说，针对案件的不同损因及特点，减损方式和手段通常也不尽相同。

（一）买方拖欠

实务中，部分被保险人因和买方之间具有较长的交易历史，更加了解市场和买方，同时也基于继续交易的可能性，买卖双方之间更可能达成协议，故也有被保险人希望先行自行追讨。对于这种情况，被保险人可向保险公司提交书面自追申请，说明自追原因、拟采取的追偿措施及申请自追的期限。在自追期间内，被保险人和买方达成的任何还款协议，都必须经过保险公司的事先认可。而保险公司则密切跟踪被保险人自追进展，必要时提供协助。自追期满，如被保险人自追未取得实质性效果，或买方出现风险异动，则应及时授权委托保险公司介入处理。

无论是被保险人自行追讨，还是委托保险公司介入催收，在追讨过程中应做到：第一，向买方催收欠款的行动要迅速和果断。介入得越早，减损的效果则越理想。通常来讲，损失大小和欠款时间长短呈明显的正相关关系。成功的减损，通常取决于损失发生前几个月（约前 3 个月）的努力程度。

在某宗案例中，国外买方突然对其绝大多数供应商大面积逾期违约，其中多数供应商（出口商）都陆续向保险公司报案并获得赔偿，但也有部分出口商虽然投保了信用保险却迟迟不自追也不委托保险公司追讨，而是认为其和买方历史交易时间最长，故一味地相信买方对其债权将优先给予偿付的承诺。但最终的结果是，其他出口商在保险公司的协助下，成功追回了欠款或得到赔偿，而被动等待的出口商最后颗粒无收。

第二，影响追偿成效的因素主要有债务金额大小、案件难易程度、买卖双方合作历史及卖方对买方的重要程度和控制力、国别经济发展水平、市场销售情况、追偿渠道的追讨能力等。实务中，应在综合分析评估买方还款能力和意愿的前提下，采取适当的追讨方式，制定合理、可行的还款方案。通常情况下，追讨初期采取较为友善的方式（如电话、邮件等），如无效果，则可采取相对强硬的手段如发送律师函、登门拜访催收，直至升级到采取仲裁、调解或诉讼等方式（但也要评估采取法律手段需要耗费的时间和费用成本）。

（二）买方拒收

拒收并非在 D/P 方式下才会发生，贸易实践中，无论采用何种支付方式（如赊销、托收、信用证等）进行交易，买方拒收货物的风险都有可能发生。

比如在某宗案例中①，买卖双方采用 OA 方式进行交易，但货物到达目的地后，国外买方因资金紧张而拒绝提货。面对买方拒收，出口商书面坚决要求买方在限期内提货并付款，否则出口商会转售该批货物，并由买方负责赔偿货物转卖所产生的相关损失，

① 香港出口信用保险局."赔偿个案分享，拒绝提货"［EB/OL］. http：//www.hkecic.com/sc/policies_service_our_policies.aspx.

但遭买方拒绝。之后，出口商果断折价将货物转卖给新买方。对于转卖货物所产生的相关损失，被保险人向买方进行追讨，但随后买方申请破产。

以上是一宗较为典型的拒收案例。实践中，买方拒收有多种原因，比如有其付款能力的问题，也有的是企图以拒收为由逼迫卖方降价，或要求卖方直接放货但买方往往又在提货之后“人间蒸发”，更有甚者，则是买方利用当地海关政策，一味拖延收货时间以达到货物被海关罚没和拍卖、低价骗取货物的最终目的（如常见于非洲买方）。

比如在某案例中，出口商A向土耳其买方B出运一批货物，支付方式为D/P。货物到港后，买方虽一再承诺付款提货，但始终没有行动。因双方交易历史较长，被保险人多次相信了买方的口头承诺，又因买方屡次爽约，故被保险人在和买方交涉了两个月后，才开始寻找其他买方进行转卖。然而，尽管A以不错的价格联系好新买方，但根据土耳其海关对到港货物退运的一系列规定，如需原买方出具“同意退货声明”而买方实际并未出具，且货物已超过清关提货期限（45天），故货物被列入了海关拍卖清单之中，A无法再将货物进行退运。三个月后，A得知买方B的实际控制人以其朋友名下的另一家公司的名义，在海关拍卖中低价拍得了该批货物。

从以上案例可以看出，出口商应全面了解目的港的海关政策，尤其是对于货物退运处理时间及退运需要提交的相关文件的要求（如需买方出具“同意退货声明”[①] 或买卖双方达成退运协议的证明）。比如，印度海关目前只允许30天的货物处理期[②]。若到期后进口商不申请延期，货物将会被列入罚没或被拍卖清单或弃货[③]。货物拍卖时，原进口方为第一购买人，享有优先购买权。

而在遭遇拒收后，为避免货物长时间滞留港口造成费用和损失扩大甚至全损，出口商不能一味听信买方的口头承诺或随意放货，而是应第一时间与保险公司联系，在保险公司的协助指导下，在目的港海关规定的时间内根据货物特性及时处理货物（如退运、转卖或折价放货买方等），最大限度地减少损失。同时，被保险人在处理拒收货物时，需妥善留存相关货物处理差价及各项费用损失证明文件，作为日后索赔的证明材料。

（三）买方破产或无力偿付

买方破产并不意味着必然全损[④]，出口商在买方破产风险发生后，应迅速行动，采取有效措施，尽早保障自身权益，最大限度地减少损失。

1. 常规处理

对于买方破产案件，通常首先需调查核实买方破产原因、破产程序，并要了解货物

---

① 有该规定的国家，南亚地区主要有印度、巴基斯坦、孟加拉；东南亚主要有印度尼西亚、菲律宾、泰国、韩国；中东及非洲主要有尼日利亚、阿尔及利亚、科威特、阿拉伯联合酋长国、土耳其等国家。

② 但动物、易腐物品和危险物品可随时被出售，以及武器弹药可按政府指定的时间和地点出售。具体参见印度1962年《海关法》（*The Customs Act*，1962）第四十八条。来源：http：//www. eximguru. com/exim/indian - customs/customs - acts - 1962/chapter - vii - clearances - of - imported - goods - and - export - goods. aspx#Procedure_in_case_of_goods_not_cleared，_warehoused，_or_transhipped_within_thirty。

③ 目前泰国为10天；沙特阿拉伯为15天；马来西亚为21天；土耳其为45天；印度尼西亚为60天；中国为90天。

④ 中国出口信用保险公司理赔追偿部．国际贸易与出口信用保险案例集（第二辑）［M］．北京：对外经济贸易大学出版社，2012：80.

情况。

如果此时货物仍然在途或买方尚未提货，则被保险人需通过各种方式，及时取回并处理货物、减少损失（转卖、运回、弃货等）；如果买方已提取货物，则被保险人应仔细阅读破产告知函相关内容，在法院（或其他有权机关）规定时限内，以规定形式自行登记破产债权并跟踪债权分配情况；或如果不具备自行登记债权的条件，则可委托保险公司介入，由国外专业的破产渠道律师协助减损，及时进行债权登记，争取有利的重组或破产方案，最大限度地减少损失。

2. 物权保留条款

为避免货物被视为破产财产按照债权等级顺序统一分配，出口商可根据相关国家法律规定，在贸易合同中约定物权保留条款，即约定在货物交付后，卖方保留货物的所有权直到买方付款。如果买方破产，该合同项下的债权可优先得到清偿。

比如在某宗案例中，出口商 A 和 B 分别向德国同一买方出运货物。货物到港后买方破产。因出口商 A 在贸易合同中约定了物权保留条款，经保险公司协助，破产管理人同意支付全款后提取货物。但出口商 B 并未在贸易合同中约定物权保留，其到港的货物则被视为破产财产按照债权等级顺序统一分配，因此 B 公司仅能全额登记债权，获得较低的分配比例。

当然，物权保留条款因大陆法系和英美法系国家传统不同，规定也各异。比如，德国以贸易合同约定物权保留条款为准，而有的国家要求经法院注册（如意大利）、也有的国家要求以公证书的方式方可确立该项权利（如西班牙）。

3. 买方提出破产申请后，请求出口商继续供货情况的处理

部分买方在破产后提出继续供货请求，出口商和保险公司应视买方实际及破产情况等综合分析，共同采取谨慎态度进行处理。

实践中，不乏有的被保险人考虑到买方进入破产保护程序后，清算概率远远高于重组，故拒绝继续发货。但是也有一些被保险人在获得相关保障措施的情况下，采取了继续向买方供货的策略。

比如在某宗案例中，出口商 A 与美国买方 B 有多年交易历史①，后 B 因投资失误导致财务状况恶化，向美国当地联邦破产法院申请破产重整。至买方破产申请日，其对 A 的欠款金额为 100 多万美元。

B 为维持破产重组申请日后的继续存续，要求 A 继续供货，并表示如 A 能够继续供货，则将 A 公司列入“关键供货商”② 名单，并按照原货款到期日顺序逐步清偿破产申请日前对 A 公司的欠款（旧债）。

就该案件，当然也可以采用常规的破产类案件处理方式，即赔付后等待破产重组分配，但这种方式也将使被保险人无法获取关键供应商身份，从而丧失了在破产程序初期

① 中国出口信用保险公司理赔追偿部．国际贸易与出口信用保险案例集（第二辑）［M］．北京：对外经济贸易大学出版社，2012：196.

② 能够为买方提供其必需的、关键的、特定的或不可替代性的货物的供应商，或者说是对买方持续经营能够起到决定性意义的供应商。实践中，不乏部分出口商成为买方的关键供应商，最终欠款得到全部清偿的案例。

获得旧债（破产申请日前发生债务）清偿的机会。保险公司经权衡，决定支持被保险人A争取关键供应商资格，与买方继续保持交易关系；同时指导A公司合理控制发货进度，结合旧债到期日和还款金额安排新出运日期和出货量，并保证每笔新的货物出运前都能收到高于新出货金额的旧债还款，从而变相达到溢价减损的目的。按此减损方案，买卖双方交易持续数月，最终被保险人对买方出运货款得以全部收回，案件成功撤销。

从以上案例中可以看出，针对买方破产案件，消极等待对保险双方减损不利，必须主动出击，积极作为。

（四）信用证案件

在发生保单约定的开证行风险时，出口商应避免在仓促之间接受进口商或开证行提出的无理要求（如要求大幅降价等），而应积极抗辩追索，有效保护自身合法权益。

如果被保险人已无法控制货权，通常应第一时间向开证行进行抗辩追索，同时向买方施加压力，督促开证行和买方尽快支付货款。如果被保险人仍可控制货权，则在向开证行抗辩追索的同时，应在保险公司指导下及时处理货物，避免货物长期滞港造成损失进一步扩大。

比如在某宗典型信用证案例中，出口商A于2017年6月29日向国外买方B出运价值数百万美元的货物，结算方式为即期信用证，信用证有效期为2017年5月1日至2017年7月20日，开证行为买方所在国的C银行。A出运后在信用证要求期限内交单。

C银行于2017年7月10日收到信用证项下单据，但以信用证所要求的单据不全，主要是缺少提单传真收条（Fax Receipt）为由，于2017年7月17日发出拒付通知。

收到该拒付通知后，A于2017年7月18日补寄单据，之后开证行于2017年7月23日收到，但又于2017年7月30日以检验证书上的货物名称使用的是统称，同信用证约定的名称不完全一致为由，再次提出新的“不符点”，并坚持拒付。

对于C新提出的“不符点”，在保险公司指导下，A积极援引国际惯例进行抗辩，主张C严重违反了UCP 600关于“不符点”应一次性全部提出的操作要求①。而保险公司则联系到中国驻买方当地使馆，向开证行C持续施压，与此同时，也要求A公司尽快与船公司及货代取得联系，以实质性控制货权。最终，在不到一个月时间内，开证行C迫于中国驻当地使馆的压力，同时顾及在国际银行同业间的声誉，一次性支付了信用证项下的全部货款。

对于开证行拖欠货款期间，出口商所垫付的货物滞港费用近10万美元，属于减损期间发生的必要及合理费用损失，保险公司依据保单条款约定，对其进行了足额赔付。

（五）政治风险案件

损因为政治风险的案件，如果涉及货物处理，被保险人同样应在保险公司的指导下，尽快处理货物，最大限度地减少损失。

---

① UCP 600第16条c款及f款规定：“c. 当按照指定行事的被指定银行、保兑行（如有）或开证行决定拒绝兑付或议付时，必须一次性通知提示人……；f. 如果开证行或保兑行未能按照本条款的规定行事，将无权宣称单据未能构成相符提示。”

综上可以看出，可能损失阶段的主要工作和任务，是保险双方联动采取积极措施，有效控制风险扩大，最大限度地减少损失。

第三节 信用保险的索赔和理赔

通常来讲，被保险人一旦提交索赔申请，均希望尽快得到保险公司的赔付，尤其在遭遇巨额损失的时候，赔款更是可能关系到被保险人的现金流及企业的正常经营运转。因此，案件进入索赔阶段，保险公司应尽快立案勘查，明确损因，快速及时与合理合规进行赔付或作出相关理赔处理决定。

一、索赔申请

（一）索赔时间

在保单约定时限内申请索赔，是保单赋予被保险人的一项最主要的保险合同权利。

以某短期出口贸易险条款为例，被保险人或其他索赔权人提交索赔申请的时限为在提交“可能损失通知书”后四个月内。超过上述期限，如果影响保险人权益，保险人有权降低赔偿比例或拒绝受理索赔申请。

比如本章第二节中开篇案例，被保险人提交可损的时间是2017年11月18日，如果经追讨未追回全部应收账款，则根据前述条款的约定，被保险人应在2018年3月18日前（任何一个时间点均可）提交索赔申请。

（二）索赔材料

1. 保险相关文件

提交索赔时，被保险人或其他索赔权人需填妥并提交“索赔申请书”及相关委托文件，如部分保险公司所要求的“委托代理协议”及“委托事项明细表”等材料。其中，“索赔申请书”的事项主要包括[①]：买方（开证行）名称、合同（信用证）号、致损原因、交易详细信息（出运日期、支付条件、应付款日、发票号、发票金额等）、损失金额、索赔金额、是否委托保险人追讨、是否办理贸易融资、案情说明、减损措施等。

2. 贸易相关单证

除“索赔申请书”外，被保险人或其他索赔权人还要提交基本贸易单证和相关损失证明文件等，其中：

（1）基本贸易单证，主要有贸易合同、发票、海运提单或其他货运及交付单据、报关单以及贸易双方往来函电、信用证文本、银行电文（如有）等。

（2）损失证明材料，主要如买方/开证行（保兑行）破产或丧失偿付能力的证明文件、货物处理所发生的相关费用单证等。

① 《索赔申请书——短期出口险一般业务适用》，https：//wenku. baidu. com/view/41181e8e6e1aff00bed5b9f3f90f76c661374c0e. html。

（三）索赔处理

通常，如果被保险人提供的基本索赔单证不齐全、不清晰，或者货物尚未处理完毕且损失金额尚未确定，或者索赔主体身份不合格等，保险公司将暂不受理索赔，并要求被保险人或其他索赔权人补齐相关索赔单证。

如果被保险人或其他索赔权人提交了完整、清晰的基本索赔单证，保险公司将正式立案受理被保险人提交的索赔申请，并以正式立案受理日期作为计算定损核赔的起始日期。

二、勘查追讨

所有理赔案件，无论被保险人是以何种损失原因报损或提起索赔，保险公司在定损核赔之前，均需要开展勘查追讨工作，即调查相关贸易背景、明确损失原因，并向买方、债务人及相关责任方追讨欠款。因此可以看出，勘查追讨这项工作可能开始于案件的可损阶段，也有可能开始于索赔阶段。

通常，保险公司的调查追讨需在被保险人的合法授权前提下开展。具体来讲，有以下两种方式。

（一）保险公司自行勘查

保险公司直接和买方及相关责任方取得联系，具体所采取的方式主要有发送邮件、传真或寄送正本函件等；同时也可通过电话方式和买方负责人或财务负责人进行联系。如果发函和电话方式没有实质进展，则保险公司可对买方开展实地调查。

（二）对外委托追偿渠道进行勘查

综合考虑自追效果、案件金额大小、紧急程度、难易程度及委托调查的成本和效率等方面因素，保险公司也可将案件依照高效性、经济性和安全性等原则，委托合适的勘查追偿机构（有些追偿机构是保险公司的下属公司）或律所（统称渠道）进行处理。这些渠道通常位于买方所在国，对当地法律法规等比较了解。

通常，追偿渠道可提供的服务主要包括调查保险责任、非诉追偿、诉讼追偿、破产程序及法律咨询等。

对于应向渠道支付的追偿款佣金，国内外绝大多数出口信用保险公司遵循的都是“无效果、无报酬”（no cure no pay）的原则。即如果没有追回款，则保险公司对渠道不支付佣金；如果有追回款，则按追回款的一定比例支付给追偿渠道。佣金比例通常根据债务金额、类型、年限等因素，事先由保险公司和渠道协商确定。常见佣金比例在10%～50%范围内浮动①。

三、定损核赔

定损核赔是指保险人依据调查结果，确定损失原因，并结合被保险人在贸易合同项

---

① International Credit Insurance & Surety Association. A Guide To Trade Credit Insurance［M］. London：Anthem Press，2015：79.

下及保险合同项下义务履行情况，综合判定保险责任并支付赔款。通常，只有被保险人无瑕疵地履行了其在贸易合同和保险合同项下的各项义务，才能确保被保险人最终获得保险人的足额赔偿。

相应地，在定损核赔环节，保险公司主要对贸易合同和保险合同项下两个方面情况进行审核。

（一）对贸易交易情况的审核

1. 对贸易交易真实与否的审核和确认，是定损核赔工作的首要任务

保险市场是一个典型的信息不对称的行业。虚构保险标的或故意制造事故毁损保险标的等保险欺诈行为，在保险领域经常发生。而在信用保险领域，道德风险相对来讲，更有其滋生的肥沃土壤，这主要是因为承保标的是贸易交易中所产生的无形的债权，而用于证明债权的贸易单证又极易伪造，甚至债权本身也可以虚构，比如，被保险人与第三方（关联方）勾结串通，订立阴阳合同或实际无货物交付行为等。

信用保险公司经过多年的经验积累，多已形成一套行之有效的风险识别与管控的方式方法和手段。不仅在承保环节能够有效监控识别和排除欺诈风险，而且在理赔环节，通过对贸易单证的审核比对，也通过多渠道对贸易交易过程中相关主体（如买方、海关、收发货人、船公司等）的调查核实，以如实还原所承保的基础交易，排查相关风险。

2. 对被保险人在贸易合同项下义务履行情况的审核

审核主要是对单证资料审核，主要包括如下方面：

（1）对合同进行审核，主要审核事项：合同买方（开证行）是否与限额买方（开证行）一致；合同卖方是否与被保险人一致；采用何种国际贸易术语；合同约定的支付方式、信用期限（须逐票审理核对）、装运时间、质检标准、质量异议期、溢短装条款及争议解决条款等。

（2）对贸易单证进行审核及比对，主要审核单证及事项：发票（发票开具主体；开具金额等）、运输单据（收发货人、起运港、目的港、提单日期等）、报关单（报关主体、报关产品、起运港、目的港等）、箱单等。

对于这些单证，主要审核的实际还是单证基础信息之间是否能够相互钩稽。比如，各单证所载主体是否一致（合同买方、收货人是否为限额买方；卖方、报关人、发货人是否为被保险人等）；金额是否一致；日期是否一致（各单证间的日期是否符合逻辑）；商品信息是否一致（商品名称、规则、单价、总价、数量、重量等）；物流信息是否一致（船名、航次、港口、集装箱号等）等。

（3）贸易往来函电，主要审核判断的事项：贸易双方是否存在纠纷和争议；买方对纠纷有何主张，是否提供了相应证明材料；被保险人对纠纷态度如何，是否希望与买方达成和解及具体和解底线；被保险人是否对买方负有其他债务，如有，买方是否主张抵销；被保险人是否存在擅自放弃债权的情况等。

3. 海外勘查情况

海外勘查情况主要包括限额买方对贸易关系和债务事实的态度；买方付款能力和付

款意愿；买方是否提供了认债证明文件或还款协议；买方是否提出争议，如有，买方是否提供相关证据，以及向承运人、海关等第三方核实的情况。

通过以上方面，保险公司综合判断被保险人在基础贸易交易合同项下的履行情况，以及对买方确立债权的情况。

（二）对保险合同义务履行情况的审核

审核主要包括以下事项：

1. 信用限额

信用限额主要包括是否有有效信用限额；合同买方是否是限额买方；限额特别条件（预付款、有效担保、物权保留等条件）是否获得满足；是否存在超限额出运等情形。

2. 保险合同中其他义务履行情况

审核主要包括被保险人在如实告知义务、出运申报义务、保费交纳义务、通知报损义务及减损义务等方面是否存在履行瑕疵等。

结合以上对贸易合同和保险合同项下义务履行情况，保险公司综合判断被保险人损失是否属于保险责任范围之内。如经审理认为不予赔付的，则保险公司出具正式的理赔处理意见。通常不赔的情形主要包括：一是贸易合同项下，因被保险人义务履行瑕疵无法确立对买方的债权，如被保险人未能按时交货、货物的质量/数量存在问题等；二是保险合同项下，如没有有效信用限额（常见限额买方非合同买方；限额未生效或已失效等）、限额特别生效条件未获得满足；被保险人未经保险人事先审批同意擅自处置/放弃债权、超限额出运，以及没有完全履行申报、交费等义务。

实务案例中，并不乏被保险人可能同时存在漏申报、知险后出运和未能如实告知等问题，以及未履行被保险人应尽的诚信义务和减损义务，如这些问题的存在严重影响保险人权益，则根据保单条款约定，保险公司对之可给予拒赔处理①。

（三）判定保险责任，核定损失，支付赔款

如果保险公司经审理后认为损失属于保险责任，则启动核定损失、支付赔款的流程。

1. 核定损失金额②

所谓核定损失金额，通常指的是保险公司核定在保险合同承保范围之内③，被保险人在贸易合同项下的实际损失金额，但该金额并非是最终赔款金额。

被保险人根据保险条款约定，通常需要扣除相关款项，比如买方已支付、已抵销的款项；被保险人未经保险人书面同意擅自降价、放弃债权的部分或接受买方反索赔的款

---

① 中国出口信用保险公司短期业务理赔追偿部．国际贸易与出口信用保险案例集［M］．北京：中国商务出版社，2008：440.

② 本部分内容所提案例，并不适用于无须申报的特殊类型保单。

③ 保险合同承保范围之内是前提。比如，被保险人出运两票货物同时出险，其中第一票货物（10 万美元）进行了如实申报，第二票货物（20 万美元）未申报（未交纳保险费），则虽然对被保险人而言，其在贸易交易项下的实际损失为两票出运的累计金额（30 万美元），但保险人核定被保险人的损失金额时，则只认定第一票出运金额（10 万美元）。

项；如被保险人已通过其他途径收回的相关款项（如转卖货物）等。

此外，条款通常约定“回款按时间顺序冲抵”的原则，即“保单约定的风险发生后，保险人赔付前，无论被保险人与买方是否有特别约定，除非保险人书面同意，被保险人所有收到的款项总是按应付款日到期的时间先后顺序，来冲抵（偿还）保险项下被保险人的应收账款”[①]，无论买方就款项该如何分配持何种看法。

当然，这一条中有“除非保险人书面同意”，因此在理赔实务中，如何冲抵及冲抵金额的多少等事项，保险公司可视案件减损效果及贸易实际情况灵活处理。

以本章第二节开篇案例为例，假设被保险人的发票金额、申报金额、损失金额不完全一致。比如，出运发票金额80万美元，申报发票金额75万美元，买方收货后拖欠货款，被保险人报损及申请索赔的金额均为80万美元。追偿期间，买方支付10万美元，并确认债务余额为70万美元。则保险公司核定保险项下的实际损失金额为75万美元－10万美元＝65万美元[②]。

2. 确定赔付基数

简单来讲，赔付基数通常按照核定损失金额与信用限额几者孰低原则确定，即赔付基数＝min（核定损失；信用限额）。

如前述案例，保险公司核定损失金额为65万美元，信用限额金额为100万美元，则赔付基数应确定为65万美元[③]。

3. 确定赔偿比例

案件适用赔偿比例的最终确定，通常要考虑三个方面：一是保险单约定的赔偿比例；二是信用限额是否约定了特定买方项下特殊适用的赔偿比例；三是被保险人如在贸易合同及保险合同项下存在义务履行瑕疵情况，保险公司是否需进一步降低赔偿比例。

比如，保单约定的拖欠风险赔偿比例为90%，但涉案买方信用限额约定其项下适用的拖欠赔偿比例为80%，案件处理过程中，被保险人又存在严重迟报可损影响保险人权益的情形，则保险人最终可能决定将案件赔偿比例降低至70%进行赔付。

4. 计算赔款金额

通常根据保单约定，赔付金额＝赔付基数×赔偿比例。

如前述案例，被保险人在保单约定期限内通报可损且无其他履约瑕疵，赔偿比例适用90%，则赔付金额＝65万美元×90%＝58.5万美元。

但在确定最终赔款金额时，上述金额还需与案件所属保单年度的保单累计赔偿限额（余额）相比对，然后按二者从低原则确定最终的赔款金额，即最终赔款金额＝min（赔付金额；保单累计赔偿限额或余额）。

---

① 《中国出口信用保险公司短期出口信用保险综合保险条款》，http://www.doc88.com/p-5035471023567.html；《中国人民财产保险股份有限公司短期出口贸易信用保险条款》，https://wenku.baidu.com/view/de6cd43682c4bb4cf7ec4afe04a1b0717fd5b396.html。

② 理论上，买方支付的10万美元，无论是否能够对应到具体的出运发票号项下，均应按时间顺序冲抵保险项下应收款项。

③ 如果保单还约定有免赔，则还应根据免赔性质，继续再扣除免赔部分。

前述案例，如保单约定的“保单累计赔偿限额”为200万美元，则该案件的最终赔款金额为58.5万美元。

但是，如果被保险人除本案外，之前在本保单年度内已经发生两宗案件并获得赔款累计150万美元，故本案项下应适用的保单最高赔偿限额余额为200万美元-150万美元=50万美元，则本案最终赔款金额为min（58.5万美元，50万美元）=50万美元。

5. 赔后追偿

保险人在支付赔款后取得代位求偿权，并将继续向债务人追偿。根据保单条款约定，被保险人也要采取一切必要的、合理的措施，积极配合保险人向买方追讨欠款。追偿欠款过程中，需要对债务人进行诉讼或仲裁的，通常以被保险人名义进行。

如果买方或开证行将款项直接付至被保险人的账户，则条款通常约定相关款项在与保险人进行分配之前，视为被保险人代保险人保管。至于追回款如何在保险双方之间进行分配，不同保险主体的约定不尽相同，如有的约定赔付后所取得的追回款优先归保险人所有，直至冲抵完保险人项下的全部赔款，还有的是约定按比例进行分配[①]。

目前，国内市场中的代表性做法是，按保险人与被保险人的权益比例进行分摊。具体按适用主体，权益比例则分为保险人权益比例和被保险人权益比例。赔付后的权益比例，用公式表示如下[②]：

保险人权益比例 = 赔款金额／赔付时的有效委托金额[③] × 100%

被保险人权益比例 = 1 - 保险人权益比例

比如在某案例中，被保险人实际损失为50万美元（买方欠款金额），有效信用限额为40万美元，赔偿比例为80%，即保险公司实际赔款金额为32万美元（被保险人自行承担部分为18万美元）。在赔付后追回款为10万美元，则就该追偿款项，在保险公司和被保险人之间按如下方式进行分配：

保险公司分配部分：32÷50×10万美元=6.4万美元。

被保险人应得部分：（1-32÷50）×10万美元=3.6万美元，或18÷50×10万美元=3.6万美元。

如本章节中开篇案例，最终赔款金额为58.5万美元，赔付时买方认债金额为70万美元，则赔付后保险公司权益比例为58.5÷70×100%=83.51%。

从以上两个案例中可以看出，实务中理赔案件千差万别，特别是在涉及超限额出运、已知风险后出运、被保险人擅自放弃债权等情形时，权益比例并不总是等同于赔偿比例，实践中保险公司应充分考虑案件实际情况，合理确定个案适用的权益比例，以有效平衡保险双方的权利义务关系。

综上所述，基本是一个完整的从风险发生到减损，直至后期定损核赔的操作流程。从中大致可以看出，一方面，理赔追偿涉及的业务环节和内外部相关主体数量众多，尤

① International Credit Insurance & Surety Association. A Guide To Trade Credit Insurance [M]. London: Anthem Press, 2015: 94.

② 中国出口信用保险公司. 出口信用保险——操作流程与案例 [M]. 北京：中国海关出版社，2008：127.

③ 有效委托金额指的是可对买方合法确立的债权金额，一般不含利息、预期收益等损失。

其是理赔追偿作出的相关决策对承保的底层贸易交易将产生不同程度的影响，如保险公司制定的相关风险减损方案及货物处理方案等都直接涉及保险双方权益。总体来讲，理赔追偿决策需兼顾贸易交易实际和保险合同约定，做通盘化考虑。另一方面，理赔案件案情各异，其中保险责任的判定、赔款金额的核算及对追回款和追偿费用的分摊等事项，均涉及保险公司真金白银的现金流出入，为确保案件处理依法合规，实务中，所有理赔追偿案件至少需采取双人复核制度，这从另外一个角度也可以看出，信用保险理赔工作目前也较难以进行外包或完全做自动化处理。

第四节　理赔与承保的互动协同

信用保险实务经验表明，无论理赔还是承保，两者之间并非是孤立的、互不干扰的业务单元，实践中，两者是相互依托、互通有无的。这主要表现在双方对风险的联动评估和管控、信息的共享和反馈，以及承保理赔方案的共同研讨和工作联动等方面。

一、理赔对承保的作用

理赔追偿作为信用保险业务环节中的最后一个节点，在案件处理过程中，不仅可以对基础贸易交易进行如实还原，同时还能够对历史承保情况进行系统的梳理和回顾，并为后期承保提供有价值的参考借鉴。

（一）对保单承保的影响

一方面，理赔过程中，不仅可以总结出被保险人在保险合同项下的实际履行情况，还可以对被保险人风险管控水平作出更为准确的评估，这些信息均可为保单承保人在新的保单年度或新发生的交易项下，拟定新的承保条件提供重要参考。比如，可综合考虑被保险人过往理赔追偿记录，决定是否调整费率对价水平，或者相应调整保单其他承保条件，如降低赔偿比例或要求被保险人承担更大的自留额等。另外，对于理赔中的一些重大典型风险案例及经验的分享（如涉嫌虚假贸易融资案例等），可进一步提高承保人对客户准入判断的能力。

另一方面，在理赔处理过程中，可以检验保单的相关约定是否清晰明确。比如，保险单约定的特殊贸易模式是否合理；保单承保条件与限额承保条件是否矛盾；批单生效日期倒签是否到位；等等。

（二）对限额承保的作用

一方面，理赔出险及赔付信息，可作为限额拟定或调整的重要依据。比如，对于出险案件，理赔第一时间将相关买方进行名单管理，从而可避免限额承保再对相关买方进行授信，进而避免承保风险扩大；而在赔款支付后，通常情况下，买方在未清偿全部债务前，保险公司也将不再承保买方项下的新交易，从而可避免单一买方的损失再次发生。又如，理赔追偿过程中所总结出来的一些经验或做法，如买方欺诈惯用伎俩、买方风险异动的常见信号，以及运用何种方式能够最为有效地保障债权等，都可为限额承保提供借鉴和创新思路。

另一方面，赔案处理过程中也可检验限额相关约定是否明确合理，如限额批复主体、限额结算方式、限额信用期限等要素是否与贸易实际相匹配；限额特别生效条件的约定是否存在歧义等。

二、承保对理赔的影响

承保对理赔的影响不仅表现在承保中的一些关于被保险人及买方的相关信息，可为日后的理赔追偿提供关键的、有价值的线索，甚至有的能够对追偿思路和方案的制定起决定性作用，直接关系到追偿效果。承保对理赔的影响，更多的还体现在限额对理赔追偿效果的正反面影响上。

（一）限额资源对于减损追偿的正向意义

实务中，保险公司的限额尤其是大限额，对有实际需求的买方来讲既有诱惑力，更有威慑力，从而对减损追偿可发挥至关重要的作用。

比如在某宗超千万美元拒收重案中[①]，出口商 A 向国外某买方 B 出运货物 1500 万美元，货物到港后，由于受当地政府补贴政策调整的影响，价格下行趋势明显。因此，B 提出大幅折价要求，否则将拒收全部滞港货物。

该案发生后，保险公司立即撤销买方项下有效信用限额，使买方 B 难以再从保险公司的其他被保险人处采购货物，同时告知买方，如不尽快付款提货，保险公司将会将其违约行为通报全球同业机构，使买方难以在全球市场继续采购。

但尽管如此，买方 B 态度仍较为消极应对，并提出多项抗辩意见。就在案件处理陷入僵局之时，经理赔与承保共同研讨，发现买方 B 背后的实际控制人为 C 集团，C 资信状况良好，目前同在该保险公司有授信额度，且后期也有旺盛的限额需求。

考虑到 C 对 B 的实际影响力，保险公司转而向 C 施压，要求其尽快出面协调买方 B 提货付款事宜，否则将冻结 C 在保险公司的新增授信需求。C 在接到这一要求后，立即敦促 B 与保险公司主动接洽谈判。经多方斡旋，最终买方 B 在支付 1400 万美元（仅给予其 100 万美元的折扣）后，提取了全部货物。

（二）限额调整对于减损追偿可能带来的负面影响

限额调整之前，要充分权衡考虑可能对理赔追偿造成的不利影响，这对于大限额调整来说更应如此。比如，当买方出现经营困难时，如果保险公司简单激进地突然撤销买方全部信用限额，则有可能导致所有出口商停止对该买方的供货，也就是说有可能切断买方货源，进而导致买方“猝死”，如此一来，保险公司的追偿也将颗粒无收。

综上所述，理赔与承保是不可分割的整体，两者应密切协同，相互配合，从而不断增强专业服务水平，提高客户满意度。

---

① 中国出口信用保险公司理赔追偿部．国际贸易与出口信用保险案例集（第二辑）［M］．北京：对外经济贸易大学出版社，2012：287.

第十一章

出运前出口信用保险

通常而言，在无特殊指明的情况下，出口信用保险在实务中常规指的是出运后出口信用保险，即保险责任的起点通常始于被保险人出运/交付货物或提供服务①，承保的是商品在出运后因买方商业风险或政治风险所导致的应收账款损失，也就是说，出口企业在出运前所面临的风险，是不在常规出口信用保险保障范围之内的。

实务中，为填补常规出口信用保险的这一承保空白，保险公司的通常做法是，在常规出口信用保险的基础上，另行针对出运前这段期间内（销售合同签订至出运日）的买方的信用风险，为出口企业附加提供支持其信用风险管理的其他增值产品，即出运前②出口信用保险（以下简称出运前保险③）。出运前保险的含义如某代表性观点所述④，“根据保险责任的起止时间，可以将信用保险分为出运前信用保险（Pre - Shipment Credit Insurance）和出运后信用保险（Post - Shipment Credit Insurance）。出运前信用保险起于贸易合同生效日，止于货物出运日，主要承保合同签字后卖方支付的产品设计、制造、运输及其他费用等成本损失。出运后信用保险起于货物出运日，止于债务清偿日，主要承保商品出运后由于政治风险和债务人商业风险造成的不能及时收回货款的风险”。

---

① 准确地讲，出运应为交付。为简便起见，下文中并不进行具体区分。即“出运”，如无特殊说明，本书中其同时等同或包含“交付”及“提供服务”之意。

② 合同买方的两大义务，通常为支付货物价款和收取货物（在《联合国国际货物销售合同公约》中，买方收货用的表述是“taking over the goods”，而非“acceptance of goods”，以避免涉及货物所有权相关问题）。对于前者风险，用常规的出运后信用保险涵盖，而后者风险，自然对应的是出运前保险。大致可说，谈及出运前，即谈及买方不履行其收取货物的风险。

③ 出运前保险（Pre - Shipment - Risk/Pre - Delivery - Risk Cover），也称信用前的保险（Pre - Credit Risk Cover），或称在制品/在产品保险（Work in Progress Cover）。

④ 中国出口信用保险公司. 出口信用保险——操作流程与案例［M］. 北京：中国海关出版社，2008：10.

第一节　出运前出口信用保险的保险利益

尽管出运前保险在整个出口信用保险的框架领域内相对更加复杂和特殊，但是就其本质来讲，出运前保险归根结底依然归属的是信用保险的范畴，故其依然遵循信用保险的保险利益和保险标的的基本框架和原理，只是在此基础上，又凸显着其不同于传统的出口信用保险的某些独有特性。

一、法理基础

合同成立后，交易双方均应按照合同约定履行自身义务，任何一方没有履行或没有完全履行合同约定的义务则构成违约。通常情况下，根据各国法律规定，除合同或法律上规定的属不可抗力的原因外，违约方均应承担违约责任，非违约方则有向违约方提出救济（补偿）的权利。具体到主要的救济方式，综观各国法律，尽管大陆法、英国法、美国法及《联合国国际货物销售合同公约》[①] 的相关规定不尽相同，但大致仍可总结概括为实际履行、解除合同和损害赔偿三类。

因相对前两类方式来讲，损害赔偿作为一种金钱救济措施，使用相对灵活，在国际贸易实务交易中，为世界各国进出口双方所广泛接受，从而成为货物销售合同最重要、最常用和最有效的违约救济形式之一[②]。损害赔偿制度的相关规定，实际上是出运前保险基本原理的法理根据，也是出运前保险合同、产品开发及实务操作的基础参照。

二、出运前保险的保险利益及标的

从广义角度理解，合同之债的概念，包含了责任。而作为责任中的一种方式，损害赔偿是债务的转换和发展，而并非另外一个新的合同之债。损害赔偿之债因债务不履行而产生，因而通常认为违约损害赔偿债务（债权）与合同本来的债权（债务）具有同一性[③]。

因此，出运前保险与常规出口信用保险一样，其保险利益同样基于合同债权关系。同理，在我国现行法律框架内，可将出运前保险的保险利益一般概括为：是出运前保险的被保险人对于出运前保险的保险标的（特定客体）之间的一种法律上承认的利益关系（债权），该种利益关系或价值关系，当信用险保险事故发生时遭受破坏，进而引起被保

① 具体可参见本书第七章第一节“国际货物买卖合同”中的相关内容。

② 实际上，损害赔偿也用于在合同订立过程中的不当行为的救济。如《中华人民共和国合同法》第四十二条规定，当事人在订立合同过程中的不当行为（如假借订立合同，恶意进行磋商；或故意隐瞒与订立合同有关的重要事实或者提供虚假情况；有其他违背诚实信用原则的行为），给对方造成损失的，应当承担损害赔偿责任。但需要特别说明的是，本书中所探讨的损害赔偿，针对的范畴仅为合同订立之后的违约救济。

③ 崔建远．债权：借鉴与发展［M］．北京：中国人民大学出版社，2014：593.

险人财产上的损害。

同理，出运前保险的保险标的与常规出口信用保险一样，广义上均是合同债权（这种合同债权应具有法律债权所应具备的全部权能，且原则上不发生履行不能的问题，也不会因为不可抗力而免除），只是在狭义上具体特殊表现为违约损害赔偿请求权。

综上所述，出运前保险是常规出口信用保险保险责任的重要延伸。出运前保险的保险利益与标的同样基于基础合同债权（而非成本或其他），这与常规出口信用保险根本是一脉相承、并无二致的。

三、出运前保险标的的特殊性与复杂性

不可忽视的是，尽管出运前保险利益与常规出口信用保险本质归一，但是，如果具体到出运前保险损害赔偿权的本身，则是相对特殊和复杂的。

（一）出运前保险标的的范围界定：成本概念的引入

实务中，出运前保险所承保的损失通常借用成本这一概念进行体现和具体核算，但其又并非涵盖会计意义上的所有成本种类（只是全部成本中的一部分）。而且，目前在全球范围内，绝大多数信用保险公司的出运前保险赔付通常仅限于成本，而并不包含利润损失[①]。

具体就成本来讲，在出口信用保险多年的业务实践中，通常可纳入出运前保险赔偿范围内的成本，也专指那些可以具体特定化到一定产品对象和数量上的成本，即通常具体化为产品的生产成本，或通常意义上的产品成本[②]（产品制造成本）。具体来讲，其涵盖以下几项：直接材料（构成产品实体的所有主要原料、材料等）、直接人工（直接从事产品制造的工人工资及福利费）、燃料和动力及制造费用（如固定资产折旧，为组织和管理车间生产发生的人工费用、管理费用等）。

比如某出运前保单[③]将成本约定为，“在货物或工程交付前，被保险人在商务合同项下按照投入进度而实际投入的工程设备、原材料成本、人力工时成本和财务费用[④]，不含承包商提供的承包商的所有设备、临时工程和材料、本保险单项下保险费。如有争议，以保险人指定的有资质的第三方认定的金额为准。”又如，另一某出运前保单条款约定，“成本，特指生产成本，指为了生产产品或提供服务而发生的成本，包括直接材料、直接人工、燃料和动力、制造费用等可清晰核算和明确界定的项目。成本的计算须符合我国现行有效的会计准则的规定，必要时，保险人和被保险人可委托事先约定的第三方进行审查和核对”。

---

① International Credit Insurance & Surety Association. A Guide To Trade Credit Insurance［M］. London：Anthem Press，2015：31.

② 此处的产品为广义上的概念，即其不仅仅指产成品，也包括提供劳务之意。

③ http：//www. circ. gov. cn/web/site0/tab5239/info4045214. htm。

④ 一般而言，财务会计中，财务费用不属生产经营成本而属筹资活动中的成本。但也有部分观点认为，借款利息和股利等财务费用，也应计入产品成本（这些观点并未在国际范围内广泛采纳）。因此，此处将财务费用列为出运前承保的范畴，可能与前述出运前保险的成本通常仅指生产成本的基本理念有所出入。

（二）损害赔偿金额核算的难题

实务中，即使出运前保险条款中对于成本的概念及范围进行了明确的约定，但若涉及成本的核算，问题及难点依然难以避免。比如，企业实际生产过程中，采取不同的成本计算方法（如品种法、分批法和分步法等），因此，成本金额核算的高低，实际最终依成本计算方法的不同而不同。又如，存货也有不同的会计计价方法（先进先出、后进先出、加权平均、移动平均法等），但无论哪种方法，都是建立在存货流向的某一种假设基础上的，因此，任何一种方法计算所得出的结果都不可能是实际发出存货价值的完全反映①。因此，保险所可能赔付的存货金额，并不能真正百分百地等同于被保险人实际所发生的成本损失。

（三）损害赔偿的举证问题

为尽量避免赔付过度及赔付不足的问题，出口企业须举证证明其遭受的损失，这一方面包括须举证其在基础交易合同项下的损失事实、因果关系、损失的程度及金额等；另一方面，还包括须举证前述损失属发生在保险合同承保范围内的事实，即需要提供相关证明材料。比如，较为严谨的出运前保险合同，通常均在其条款中进行明确界定及要求，保险公司承担赔付责任的前提是投保企业必须要提供合同，且可能更为严格地约定合同形式需为书面。比如，某出运前条款中约定，“销售合同，指被保险人与国外买方签署的书面买卖合同或有效订单”。又如，投保企业还须举证其相关成本投入的实际发生日是在保险责任生效日（确切地讲，是在买方限额生效日）之后。这实际也符合出运前保险利益的债权属性，而非成本本身。

第二节　出运前保险合同的关键条款

综合上述对出运前保险利益及标的、损害赔偿的范围、金额及举证等各方面的分析，足以得出这样的结论：相对于常规出口信用保险，出运前险种的天然属性根本上决定了该险种经营的复杂性。而这种复杂性，则首当其冲地集中体现在出运前保险合同上（主要是保单条款）。具体来讲，相对于常规出口信用保险而言，出运前保险条款的设计及约定，主要在如下三个方面更为重要及关键。

一、保险责任起始日及出运前信用期限

与常规出口信用保险相对应，通常观点认为②，出运前保险的责任生效日起于交易合同订立日（终于货物出运日）。但为避免过度赔付的风险，可能更为合宜的约定方式为：如部分保险公司，将其约定为起始于货物开始生产的日期或服务开始提供的日期

---

① 这如同前述《公约》所规定的损害赔偿的计算原则，实际无论采用哪种原则，都不可能百分百完全精确地反映出真正发生的损失金额（尤其是损失包含利润之时，更是如此），而只能力求接近。

② 虞晓燕．出运前的风险保障——短期出口信用保险的附加险［J］．上海保险，1995（3）：47－48.

（尤其是在提供服务时，更应明确约定责任起点）。当然，为满足举证标准，保险合同中同时要求“货物开始生产的日期或服务提供日期，须已在买卖双方签订的交易合同中进行了明确的约定、且投保企业能够向保险公司进行准确提供”，则更为理想。

在出运前保险责任起始日明确后，保单中则通常同时约定最长的出运前信用期限（最长承保期限），即投保人所投保的实际交易的出运前信用期限不能超过保单最长出运前期限。比如某出运前保单中约定，“出运前最长信用期限，自货物开始投入生产之日的6个月后终止，或在合同订立日期的6个月后终止，以最短时间为准”。当然，出运前信用期限并非僵化固定不变的，而是应视所承保的基础交易的具体情况而定。如在项目类合同项下，该期限也可能长达数年之久。

二、出运前保险所承保的风险种类

（一）常见出运前风险种类

在出运前风险案例中，货物无法出运或者服务无法提供通常由如下原因引起：一是货物交付前买方破产或无力偿付；二是买方单方面取消订单；三是买方已濒临破产或发生其他风险事件，因而，信用保险公司在货物交付前撤销信用限额；四是政治风险事件，如战争、暴乱及买方或卖方所在国政府的干预行为[①]，如颁布禁止货物进口禁令，而这些禁止进出口的禁令在合同签署时并不存在；五是其他不可抗力事件，如自然灾害等。

（二）排除在外的承保风险种类

需要注意的是，并非上述所有风险都可纳入出运前保险承保范围之内。通常情况下，如下风险在保单中进行特别明确排除：一是由于被保险人自身的原因导致无法按合同约定交付货物的风险；二是被保险人所在国家或政府的干预行为所导致的无法出运的风险，也是排除在绝大多数出运前保单承保风险范围之外的。

（三）差异化处理的承保风险种类

第一，关于不可抗力事件，是否可列入承保范围之内的问题。为避免与出运前保险的保险利益原则相违背，在部分国家的出运前保险合同中，承保条件相对严格，即其所承保的出运前风险种类只严格限定为货物交付前所发生的买方破产风险，而其他不可抗力事件（如因水灾、旱灾、冰灾、雪灾、地震、海啸等自然原因导致的事件）[②] 及政治风险事件等被严格排除在承保范围之外。当然，相对最为理想的是，不可抗力是否在承保风险范围之内，具体应视所承保的基础交易合同的约定而最终确定[③]。

第二，是否承保买方无正当理由随意撤销订单的风险。相对来讲，买方履约意愿的

---

① 为纠正市场失灵和改善宏观经济运行，一国政府颁布或实行的一系列法律、干预和监管行为，且不能为另一国家所质疑。但这些经济政策、法规、计划指导或行政管理措施等行为，可能会导致贸易双方交易履约受阻。

② 不可抗力，在英美法中，通常称合同落空；在大陆法中，通常称情势变迁或契约失效。

③ 不可抗力对合同债务的履行所带来的影响或阻碍大致分为：合同全部不能履行；合同部分不能履行；合同不能如期履行。相应地，合同全部不履行则无违约责任产生；如果部分不能履行，则部分合同义务的违反仍将产生违约责任；如果延期履行，则在延展期限到期后一旦违约，也仍产生违约责任。

承保风险对保险公司而言更加难以识别和控制，因此，全球各信用保险公司对于这一问题的看法，是最难以达成一致意见的。因此，实务中的具体操作大致可分为三种类型，即承保、不承保和个案处理，视情况而定（例如，承保该风险的前提条件须满足：在同一买方项下所承保的常规出口信用保险业务项下已出险且赔付金额不为零）。

三、定损核赔的方式选择

出运前保险项下，核定损失的方式大致有以实际发生的损失为准的具体法和不核定实际发生的损失而以事先约定的订单金额的固定比例为准的抽象法。

以实际发生的损失为基础进行核定的方式，在目前实务操作中基本占据主流。目前，全球大多数保险公司在出运前保险合同中，均约定损失的核定以所评估核算的实际发生的成本损失为准（传统的保成本的方式）。比如某保单中类似约定，“损失金额为被保险人在交易合同签订后至出运前这段期间内所产生的所有成本和费用。但保险人在计算损失时将扣除本保单项下的保费成本、指定减除额（如货物处理残值收益）以及被保险人已从其他渠道收回的款项”；又如某保单约定，“损失，具体由以下各项构成：原材料、半制成品、制成待运产品的直接原料费，以及被保险人在保单风险发生之前而支出的直接费用。但须扣除被保险人在赔付损失之前已回收的相关款项”；再如某保单将损失约定为直接经济损失[①]，且该损失专指完成销售合同所投入的、可核算的必要成本损失，而成本特指生产成本。

相对来讲，不核定实际损失，以订单金额的固定比例赔付的抽象计算方式简洁明了。如在保单中直接约定，一旦发生出运前风险，则以有效订单金额的20%确定出运前损失金额，之后与出运前限额相比确定赔付基数（赔付基数不超过申报金额）即可。同时约定，在赔付后，由被保险人自行处理货物，残值收益归被保险人所有，而保险公司则通常可以直接结案。

无论采用哪种方式，其须共同遵守的底线或基本原则是，核定损失不得超过有效订单金额。这个原则尤其适用于出口企业亏损经营的情形。比如，因市场竞争的加剧，不乏部分出口企业的利润空间实际压缩至出口退税，也就是说，一旦发生出运前风险，势必可能导致被保险人实际投入成本及费用超过有效订单金额。在这种情况下，根据前述基本的核损原则，如果经核算后的实际成本及费用投入损失超过申报的合同金额，则保险公司将只能按合同金额为基础核损。

第三节　出运前保险的实务运营管理

出运前保险的特殊性，并不在于其承保风险种类，而源于其承保标的的本质属性，

① 实务中，直接损失习惯意指财产的直接减少，而间接损失指违约方违约给债权方造成的失去的利益。但实际上，直接损失及间接损失在法律上并没有明确的定义，也并非科学的分类。因此，笔者并不主张在保单中出现直接损失或直接经济损失诸如此类的用词。

即损害赔偿请求权的复杂性决定了出运前保险经营的复杂性，也决定了需要保险公司更多的管理成本投入。这主要表现为：一是在保后管理环节，对保险公司的风险管控能力和水平提出了更高要求；二是定损核赔环节，注定是一个相对漫长的、烦琐复杂甚至充满争议的过程；三是追偿环节，在一定意义上意味着出运前案件几乎成为保险公司的净赔付。因此，在我国，这一险种尽管早在2007年就已推出，但基本是作为一种附加险的方式经营，且整体而言业务规模始终不大。

由于出运前保险的经营难题突出集中在保后管理及理赔追偿阶段，故为避免保后纠纷且随之影响客户体验，保险人宜重在承保之前与客户进行充分及深入的沟通，主要了解被保险人的投保意愿、交付的货物及所在行业、出运前信用期限的长短、合同金额、货物转卖的可能性等事项。在具体承保实务操作中，通常宜重点做好以下四个方面的工作。

一、承保政策仅对部分客户有条件地开放

相对而言，在出运前保险项下，保险人对被保险人可能存在的逆选择及道德风险难以有效地识别与防范，因此，在业务开展初期，保险公司原则上宜将出运前险种优先适用于核心或重要、关键客户，或限于主要生产、经营资本性货物或交易信用期限为中长期的客户①。而对中小型企业客户，则可通过设计相对特殊的承保模式或条件予以降低或控制风险。而这些特殊的承保方式，比如，可以约定承担保险责任的前提条件（如约定赔付出运前损失的前提是被保险人在同一买方项下发生出运后损失且赔付结果不为零）及降低赔偿比例（如约定赔付仅为订单金额的10%或20%，且该损失部分的限额包含在出运后保单年度最高赔偿限额之内）等。

二、对不同类型的产品及行业采取差异化的承保政策

不同类型的产品及行业、生产周期、市场行情、交易惯例及风险水平各不相同，这需要保险公司深入、详细地了解投保企业所投保商品及所在行业情况，实施差异化的承保政策。

通常而言，对于定制类产品，由于货物转卖的可能性较小或残值回收率较低，被保险人投保出运前的意愿相对强烈。因此，保险人需要详细了解投保企业交易商品是否涉及定制类产品、在被保险人业务构成中的占比情况及预付款比例等，以便综合评估承保风险（如定制类货物难以处理，甚至工厂无处存放或产生额外仓储费用，最终只能弃货或推定全损的风险高低），相应设计承保条件。

比如，对于生产周期相对较长的农产品行业（如蔬菜、水果等），为有效控制承保风险，可适当将保险责任起始点从常规的订单签订日延后至农产品入库日，或因农产品

① 在某些国外信用保险公司，出运前保险仅承保中长期（出运后的信用期限超过180天）及资本性货物的出口。当然，也有部分保险公司，出运前保险也承保短期信用保险（出运后信用期限不超过180天）、消费类货物、原材料及半成品货物。

一旦出险，其难以在不同的交易订单项下进行有效的识别和分摊，故在承保初期，保险公司也可尝试将这类产品排除在承保范围之外；另外，如价格极易波动的大宗商品（如原油及金属等）或其他单位价值较高的商品，也需采取相对较为保守的承保政策。

三、事先掌握成本构成并约定投保成本

保险公司应主要通过投保单掌握被保险人主要商品的生产流程及主要成本的构成情况，如原材料、人工及其他成本（如燃料、动力和制造费用等属于生产成本范畴内的成本）各自的占比（与销售价格）情况，并务必就承保范围向投保企业进行充分提示和说明。保险承保范围不同于《公约》所规定的完全赔偿，保险公司所承保的成本与被保险人的实际投入有所差异，也就是说，并非实际上所有的成本投入均纳入承保范围之内。因此，保险公司宜在与被保险人进行充分沟通的基础上，再行综合权衡和决定纳入投保范围的那部分成本投入。

四、出运前保险通常不是无偿提供[①]

实务中，出运前保险或者单独计费，或与出运后保险统一定价，不同的保险公司则有不同的定价方式。通常来讲，费率厘定和以下主要因素直接相关。

第一，合同签订日至回款全程期限的长短。具体来讲，分为两部分，一是与出运前交付期限（合同签订后至货物交付前的期限）的长短相关。这段期间越长，保费越高或者宜超收。当然，如前所述，这段期间的起始点，既可起始于订单签署之时（因为考虑到出运前风险和订单直接相关），也可起始于基础交易订单项下的第一次成本投入。二是与合同所约定的出运后信用期限也同样相关。因为信用期限相对较短，则卖方企业生产周期相应较短，故其可以根据买方付款周期安排和掌握生产节奏，或可有效避免在买方发生风险时，一次性将所有物料全部投产加工制造完成为产成品。例如[②]，假设某项基础交易合同项下，订单金额为1000万美元，预付款为30%，利润率为10%。信用保险合同项下，赔付比例为80%。当买方破产时，被保险人已交付500万美元货物，且另500万美元的订单余额已投入生产。在保险人对于出运后部分进行正常赔付的前提下，对于出运前部分：一种假设场景是，被保险人几乎已全部加工完成近乎产成品的状态（假设转卖残值为零），则被保险人实际成本投入损失：500万美元×90%－500万美元×30%＝300万美元；保险公司实际赔付：300万美元×80%＝240万美元；而另一种假设场景是，生产周期较短，在买方破产之时，卖方企业只有30%的物料已加工完成为产成品（在产品不计），则被保险人实际成本投入损失：500万美元×90%×30%－500万美元×30%＝－15万美元，这种情况下保险公司无须赔付。

第二，货物转卖可行性。极端情况下，如订单项下货物系买方定制或由买方设计

① International Credit Insurance & Surety Association. A Guide To Trade Credit Insurance［M］. London：Anthem Press，2015：30.

② 本案例仅为说明问题所用，因此假设了一种极其简单的理想状态，且同时涉及出运前和出运后损失。为简化起见，案例中不细项核定各项成本，而仅是大致以1－利润率＝成本率来核算成本投入，且不考虑限额因素。

（转卖可能涉及知识产权纠纷等）等情况，则货物一旦无法交付，将不容易或不可能再次转售。这是决定费率高低的重要因素之一。

第三，各种保单承保条件的不同组合。这些承保条件主要包括承保的风险类别（是否仅承保破产风险还是同时也承保买方随意撤销订单的风险）、定损核赔方式（是按实际发生成本定损还是固定比例方式）、赔付比例的高低，以及其他保单承保条件（是否与主险投保范围一致、部分投保还是统保、保单是否设置自行掌握限额、所承保的基础交易是否须满足一定的预付款安排等）。

当然，以上仅为费率厘定的主要因素，实务操作中，是需要结合其他相关因素（如产品种类、客户类型等）进行综合考量决定的。

综上所述，相比常规的信用保险（出运后），一方面，对被保险人而言，出运前出口信用保险是一种保险责任的扩展，其也能够对即将发生损失的风险起到早期预警的作用，此外还能够助力企业解决出运前融资需求，扩大融资空间，因此是一种对被保险人所提供的更高的保障承诺。另一方面，对保险公司而言，出运前信用保险有利于丰富和完善保险公司的产品体系，维护和巩固客户关系，推动业务的整体增长，更好地应对市场竞争。但同时也要认识到，出运前信用保险相对复杂和繁杂，其需要保险公司更早地介入被保险人的交易过程中；需要保险公司具有提供有效风险解决方案（如货物处理方案）的专业技术能力；还需要保险公司有更多的专业知识、投入及更高的风险管控的意愿和能力等，所有这些均对保险公司整体的经营能力和水平提出了更高要求。

第十二章

中长期出口信用保险

从广义来看，与短期出口信用保险相比，中长期出口信用保险在承保标的和承保风险种类方面并没有本质区别，即中长期出口信用保险承保标的同样是应收账款（债权），承保风险同样是商业风险及政治风险两大类型①。

从狭义来看，两者在承保的底层交易（商务合同或融资合同）方面存在较大的差异，这主要表现在中长期业务所涉及的多为资本性货物的出口及海外承包工程项目。与周期较短、成交金额不大的一般性贸易货物的出口相比，一方面，中长期交易期限长，即项目期限（或信用期限）通常长达数年或数十年，交易链条和流程也相对复杂，相应地，承保风险（损失发生的不确定性）及风险管理的难度相对更高；另一方面，中长期交易金额大，如从几千万美元到几十亿美元，单靠出口商的自有资本难以承接，相应地也更需要融资配套支持。

为了规避或降低信用风险所导致的信贷融资损失，信用保险往往成为办理中长期出口信贷融资的必要前提或主要的风险缓释措施，因此，中长期出口信用保险无论是在产品设计还是实务操作等方面，均与信贷融资密切相关②。

第一节　中长期货物出口及对外承包工程

一、中长期货物出口及对外承包工程概况

近年来，我国越来越多的企业在“走出去”过程中，扩大了高新技术产品、大型机电产品、成套设备等资本性货物的出口及积极开展对外承包工程等中长期项目。

① 海外投资保险则既可承保债权，也可承保资本金（股权）项下的损失，但在承保风险方面，则主要承保的仅为政治风险。具体可参见本书第十三章。

② 从广义上来看，中长期出口信贷不仅是一个融资的概念，同时还包含中长期出口信用保险或担保的内容。

资本性货物的出口，本质上仍属于货物出口①，是国际贸易的重要组成部分。只是相比于一般货物出口，资本性货物通常是作为企业固定资产的投入物，因此金额相对更高，生产和交易赊销期限相对更长，即通常以超过一年的中长期为主。

对外承包工程，则相对是一种新型业务，其通常指的是国内承包商通过招投标方式，与国外业主或发包商签订工程承包合同，并按合同约定条件完成工程项目。在工程承包建设过程中，不仅能够带动资本性货物的出口，承包商通常还需要为项目提供设计、制造、施工、安装、调试、培训及运行等服务。

近年来，在国际形势日趋复杂多变的情况下，我国对外承包工程仍实现了连年持续增长。据统计，2001—2017 年，我国对外承包工程业务累计签订合同额共计 2.1 万亿美元，完成营业额 1.4 万亿美元。业务发展趋势如图 12 -1 所示。

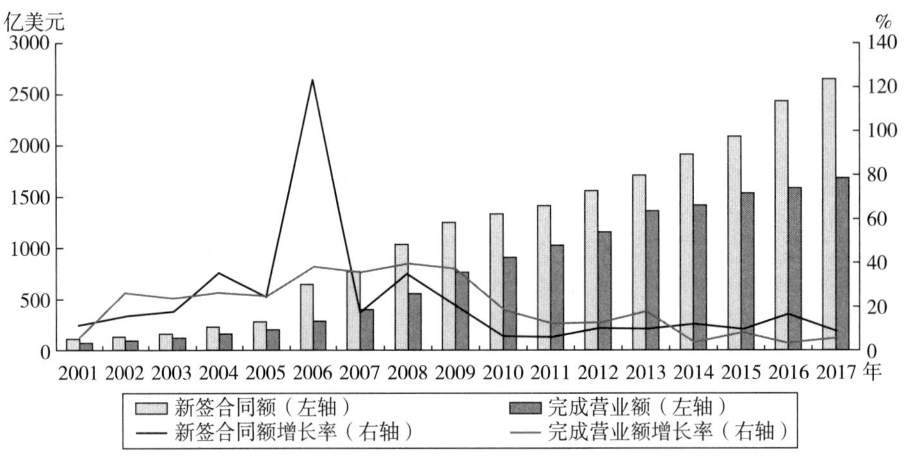

图 12 -1　2001—2017 年对外承包工程发展

资料来源：中华人民共和国商务部，中国对外承包工程商会．中国对外承包工程发展报告 2017—2018［R/OL］. http：//fec. mofcom. gov. cn/article/tzhzcj/tzhz/upload/dwcbgc2017 -2018. pdf.

单从 2017 年来看，全年新签合同额 2652. 8 亿美元，同比增长 8. 7%；完成营业额 1685. 9 亿美元，同比增长 5. 8%。在业务领域方面，则主要集中在交通运输建设、一般建筑及电力工程建设行业，这三大行业新签合同额合计占比达 67. 4%。

在积极参与国际工程建设过程中，我国企业的国际竞争力也在不断增强。根据美国《工程新闻记录》（Engineering News -Record，ENR）“全球最大 250 家国际承包商”榜单，中国上榜企业的数量连年稳中有升。2017 年，中国共有 65 家企业入围该榜单，上榜企业数量蝉联各国榜首②。其中，中国交通建设集团有限公司、中国电力建设集团有

① 大致来讲，出口贸易包括货物出口、服务出口和技术出口等。其中，货物出口通常又可细分为一般货物出口和资本性货物出口。

② 中国对外承包工程商会. 2017 年度 ENR 全球最大 250 家国际承包商中国企业获奖名单［DB/OL］. http：//www. chinca. org/CICA/info/17112416215711.

限公司、中国建筑股份有限公司、中国中铁股份有限公司、中国铁建股份有限公司、中国能源建设股份有限公司、中国机械工业集团有限公司、中国冶金科工集团有限公司、中国化学工程股份有限公司进入榜单前50强。

与此同时，适应国际工程市场项目日益大型化、复杂化的发展趋势，我国企业新签约大型项目的数量也在持续增加。2017 年，全年新签合同额 10 亿美元以上的项目达 41 个，其中前 10 大项目如表 12－1 所示。

表 12－1　　2017 年对外承包工程新签合同额前 10 大项目

序号	国别（地区）	项目名称	签约企业
1	马来西亚	东部沿海铁路一期工程设计施工总承包项目	中国交通建设股份有限公司
2	印度尼西亚	美加达卫星城项目	中国建筑集团有限公司
3	中国香港	综合废物管理设施第 1 期项目	中国港湾工程有限责任公司
4	肯尼亚	纳瓦沙至基苏木标轨铁路项目	中国路桥工程有限责任公司
5	俄罗斯联邦	阿穆尔天然气处理厂建设项目	中国石油工程建设有限公司
6	尼日利亚	蒙贝拉 3050 兆瓦水电站项目	中国水电建设集团国际工程有限公司
7	越南	沿海二期燃煤电厂项目	中国华电科工集团有限公司
8	老挝	中老铁路磨丁至万象工程	中国中铁股份有限公司
9	尼日利亚	阿布贾城铁项目	中国土木工程集团有限公司
10	约旦	阿塔拉特 2 台 277 兆瓦燃油页岩电站 EPC 项目	中国能源建设集团广东火电工程有限公司

资料来源：中华人民共和国商务部，中国对外承包工程商会．中国对外承包工程发展报告2017—2018［R/OL］. http：//fec. mofcom. gov. cn/article/tzhzcj/tzhz/upload/dwcbgc2017－2018. pdf.

具体就承包模式而言，随着国际工程承包市场的发展，各国政府和业主越来越重视承包商提供综合服务的能力。为适应这种需求变化，我国许多大型的对外承包工程企业也相继从传统的承包商（单一的建筑施工企业）转型为全产业链综合服务商，即提供包括投资、开发、融资、建设、运营和维护等全产业链服务。整体来看，EPC 工程总承包项目①，目前已发展成为我国对外承包工程企业承揽海外项目的主要业务模式②，这在石油、化工、电力等工程领域更是如此③。

二、中长期项目过程中的风险

目前，我国对外工程承包企业的主要市场集中在亚太、非洲和中东地区，这三大区域的总营业额占比在 80% 以上。2017 年，新签合同额位居前十位的国家（地区）依次

① EPC，即设计（Engineering）、采购（Procurement）、施工（Construction），是工程总承包的简称。在这种承包模式下，承包商受业主委托，承担对工程建设项目的设计、设备采购、施工直至交付使用（交钥匙）等全过程或若干阶段的承包模式。

② 刘俊颖．国际工程 EPC 项目风险管理［M］．北京：中国建筑工业出版社，2017.

③ 与此同时，随着海外投资业务与工程承包项目结合的日益紧密，BOT/PPP 等特许经营类项目也逐渐增多。在本书第十三章中将详细阐述。

为马来西亚、印度尼西亚、尼日利亚、巴基斯坦、孟加拉、肯尼亚、中国香港、安哥拉、俄罗斯联邦和埃塞俄比亚①。其中，前六位国家的签约金额均超过了100亿美元。

当然，随着业务规模的不断扩大，所涉及的国别和领域越来越广，项目时间跨度也越来越长，加之当今世界影响全球经济发展的不确定性因素也在不断增多，因此，对外承包工程企业在“走出去”的同时，势必面临诸多风险和挑战。

一个项目在建设和生产运营的全过程中面临的主要风险包括市场风险、资源风险、技术风险、工程风险、资金风险（汇率风险、利率风险等）、社会风险、业主违约风险及政治风险等②。

企业除了要对市场风险、工程风险这些传统型风险给予充分重视，为了防范交易对手违约或政治风险对工程承包项目项下的应收账款造成损失，更需要将商业违约风险和政治风险一并纳入风险考量的范畴③。

（一）商业风险

近年来，世界经济在缓慢复苏的过程中，仍然显现出不平衡和脆弱性的特点。比如，许多收入主要依靠石油、矿产等的欠发达国家财政状况依然紧张；还有部分国家的经济基本面面临较大的困境，或同时通货膨胀持续攀升，汇率大幅贬值，如阿根廷、土耳其等国近年来汇率持续或出现了断崖式下跌，这些国家的政府其国际信用评级较低，而一些进口方或项目业主尤其是国有企业业主本身受政府影响也较大，在国家财政状况不良的情况下，进口方或项目业主的信用水平更是堪忧。

因此，交易对手推迟履约或不及时偿付款项的情况时有发生。比如，2017年，中国企业在刚果（布）、赤道几内亚和安哥拉等地开展的多个工程项目均发生了严重的工程款拖欠问题④。

（二）政治风险

我国企业“走出去”的国别（地区）以新兴经济体和发展中经济体（如亚洲、非洲、拉丁美洲等）为主，还有部分是相对落后的经济体。这些经济体从整体来看，政治风险常年维持在较高的水平，这主要表现在以下方面：

第一，政治动荡、政治权力变更、法律制度更迭与政策变化等风险。比如，新政府否定前任政府签订的合同；或改变国家投资政策及提出一些不合理的规定要求；或颁布新的法律、法令或采取行政措施，暂停或取消部分已经确定或者开工的项目等。比如2014年，因国内政治势力冲突，墨西哥政府突然宣布撤销中国铁建和中国南车联合体对

---

① 中华人民共和国商务部，中国对外承包工程商会．中国对外承包工程发展报告2017—2018［R/OL］. http：//fec. mofcom. gov. cn/article/tzhzcj/tzhz/upload/dwcbgc2017－2018. pdf.

② 《投资项目可行性研究指南》编写组．投资项目可行性研究指南（试用版）［M］．北京：中国电力出版社，2002.

③ 单一的资本性货物出口，也面临相同的风险。

④ 中华人民共和国商务部，中国对外承包工程商会．中国对外承包工程发展报告2017—2018［R/OL］. http：//fec. mofcom. gov. cn/article/tzhzcj/tzhz/upload/dwcbgc2017－2018. pdf.

墨西哥高铁的中标项目（270 亿元人民币）①，给我国企业带来了较大的损失。

第二，部分国家由于当地货币贬值、外汇匮乏，外汇支付比例大幅下降，我国企业在当地实施项目的过程中，甚至面临着规定比例下的外汇部分资金也无法顺利汇出的问题。

第三，一些新兴市场和发展中经济体或地区频繁发生战乱、革命、暴动、恐怖事件等，也极大地增加了我国企业在相关国家和地区开展业务的风险。

这些政治风险，相对于商业风险，发生时间更加难以预测。而一旦发生，其带来的损失往往又是巨额的。比如，2011 年利比亚发生政局动荡，导致我国当时在利比亚承包的大型项目（共计 50 个）全部停工，涉及合同总金额约为 188 亿美元②。

总之，企业一旦“走出去”，就不可避免地暴露于政治风险中，应对政治风险是一个长期的系统性工程。

三、中长期融资需求及信贷方式

中长期资本性货物的出口及对外工程承包市场，除面临的风险相对更高之外，另一个较为明显的特点就是对信贷融资的需求更为迫切，或者说，如果没有信贷融资的介入和支持，单靠出口商/承包商的自有资金，是很难去执行项目或承担长期应收账款压力的。

对资本性货物出口而言，由于市场竞争越来越激烈，买方所要求的放账期限越来越长，赊销期限在 3～5 年已属常见（如目前汽车行业），很多还在 5 年以上，这给出口方带来较大的资金压力和收汇风险，进而产生强烈的融资需求。即使采用买方信贷的方式（卖方能够即期收回货款），进口商通常也需要出口方协调配合（安排融资谈判事宜），借助融资方式解决款项的支付问题。

就对外工程项目而言，在当今国际工程市场中，尽管也有一些现汇项目（境外业主自筹资金，这种项目已属可遇不可求），但随着竞争的日益激烈，项目业主（尤其是欠发达地区）为了缓解资金压力，解决融资困难，对项目带资承包（EPC + F）的要求日益增多，发包项目时，也常见要求带资、融资或买方信贷等条件。相应地，承包商（EPC 总承包商）除自身的技术实力之外，其资金实力、融资能力及融资方案优惠与否等，就成为争取工程项目关键的甚至决定性的竞争因素。据不完全统计，目前在整个国际工程市场上，带资承包项目（融资项目）已成为市场主流③。跨境金融对海外项目起到重要的引领和撬动作用。

对国际工程融资实践而言，承包商除自有资本金之外，主要通过不断加强与政策性银行和商业银行，以及世界银行、亚洲开发银行等国际金融机构的合作进而获取融资。比如 2018 年，我国近 200 家企业在机电商会报备了 700 余个大型成套工程项目，项目金

---

① 法媒．墨西哥撤销中国公司中标高铁项目结果［EB/OL］．（2014－11－07）．http：//finance. ifeng. com/a/20141107/13257267_0. shtml.

② 南方周末．央企百亿项目搁浅利比亚［EB/OL］．（2011－03－23）．http：//www. infzm. com/content/56729.

③ 刘俊颖，李志永．国际工程风险管理［M］．北京：中国建筑工业出版社，2013.

额约为2210亿美元。其中，约30.8%为业主自筹，61.5%依靠国内出口信贷融资[①]。

实务中，中长期项目债务融资的方式主要有以下几种：

（一）出口卖方信贷

在出口信贷发展的初期，出口卖方信贷占据主导地位。

1. 概念

顾名思义，出口卖方信贷（以下简称卖贷）即是银行（或其他贷款主体）和出口商/承包商签订借贷合同，由银行直接向出口商/承包商提供贷款，即借贷合同的借款方是卖方。

但根本上，卖方信贷实际是出口商/承包商向进口方/业主提供的一种商业信用。因卖方信贷项下所对应的商务合同，所约定的支付条件是延期付款（赊销），即卖方发货后或提供服务后并不能即期收汇。实践中，常见的方式是，进口方/业主通常首先支付一定比例的预付款（定金），而其余款项则由出口商/承包商在生产制造或建造期间从银行借入。当进口方/业主按照商务合同约定的到期付款日期（分期）偿付款项时（后），出口商/承包商再向银行进行偿还。

2. 优劣势

总体来看，出口卖方信贷的优势是融资结构相对简单、操作也比较便捷，且进口方/业主无须向银行借款，因此出口商/承包商可以在一定程度上掌握对外商务合同谈判的主动权，有利于项目尽快推进。但其劣势也较为明显，比如卖贷属于出口商的负债，且收款期较长，合同金额较大，这不仅加重了出口商/承包商的长期债务负担，其间还面临较高的收汇风险、利率风险和汇率风险等。

3. 业务类型

实践中，根据基础交易的不同类型，出口卖方信贷业务也可分为不同的种类。以目前我国受理出口卖方信贷业务最多的中国进出口银行为例，其将卖贷业务主要分为六类[②]，分别为设备出口卖方信贷、船舶出口卖方信贷、高新技术产品出口卖方信贷、一般机电产品出口卖方信贷、对外承包工程贷款、境外投资贷款。近年来，其开展的代表性的卖方信贷项目主要包括支持徐工集团工程机械设备出口、向北汽福田提供一般机电产品出口卖方信贷、向葛洲坝集团承建的赤道几内亚首都马拉博城市污水管网与污水处理厂工程提供对外承包工程贷款，以及提供对外承包工程贷款，支持云南建工集团建设赤道几内亚国家体育学院项目等。

（二）出口买方信贷

在卖方信贷的基础上，20世纪五六十年代，国际贸易中大型机电和成套设备的出口逐渐替代之前的一般性制成品（短期）的出口，相应地，出口方对中长期资金需求日益强烈。为了更好地适应市场融资需求这种变化，减轻出口方融资负担，银行开始更多地

① 高士旺.2018年，我国机电产品进出口额创历史新高［EB/OL］. http://sh.qihoo.com/pc/9d9cd3880eee0f838? cota=4&tj_url=so_rec&refer_scene=so_1&sign=360_e39369d1.

② 中国进出口银行官网，http://www.eximbank.gov.cn/tm/second/index_6.html。

介入到进出口双方的基础交易当中去，并创新性地推出出口买方信贷（以下简称买贷）这一融资模式。目前出口买方信贷已在出口信贷中占据主导地位。

1. 概念

与出口卖方信贷相对应，出口买方信贷合同的借款方是买方，即通常是出口方银行（或其他贷款主体，如第三国银行）将中长期贷款出借给境外进口商/境外业主或其所在地银行（转贷①），用于进口方支付出口商货款或总承包商的工程款。

由以上分析也可以看出，实务中，出口买方信贷主要有两种形式：一是由出口商银行直接贷款给进口商（买方）；二是出口方银行将贷款出借给进口商银行，再由进口商银行转贷给进口商。相较而言，第二种方式可简化手续、提高效率，并可降低出口国银行的风险，故在目前的业务实践中也用得最多。

2. 操作

与出口卖方信贷对应的底层商务合同（采用赊销方式）不同的是，出口买方信贷所对应的底层商务合同，其所约定的付款方式为即期付款。即借助出口买方信贷这种形式，出口商发货后可即期收汇（相当于现汇贸易），而无须承担汇率风险和进口方的信用风险。

结合底层商务合同和借贷合同的整个运作流程来看，首先，在谈判和签约环节，通常是进出口双方签订商务合同后，进口国银行和出口国银行之间签订贷款协议（贷款额度通常最高为交易金额的 85%），该贷款协议以商务合同为基础，但又具有独立性②。其次，在贷款的发放环节，通常为出口国银行向进口国银行贷款，进口国银行再向进口商或业主（境外企业、银行或境外财政部）进行转贷，而进口商则以此款项向出口商支付现汇货款。实务中，主要考虑到贷款资金的用途，实际就是用于支付出口商或总承包商的应收款项，因此为避免资金划转的周折以及贷款资金在境外业主手中被挪用等相关风险，这笔款项通常是出口国银行在审核境外借款人的提款条件成立之后，直接将款项划转至出口商或总承包商的指定账户（而不经手进口商账户），在这种放款安排中，贷款的实际借款人在境外，而实际收款人在境内，从而实现了资金的不出境受托支付③。最后，关于贷款的偿还，通常是进口商按贷款协议约定的期限，向其本地的进口国银行分期归还，然后进口国银行再分期还款给出口国银行，直至款项结清。

3. 优劣势

相对于卖方信贷，买方信贷的突出优势是，出口企业在履行商务合同义务后可即期收汇，而无须向银行借款举债，即不占用出口商的负债，同时进口商也可先取得货物或

---

① 如果买方信贷的借款人为进口方银行，则进口方银行作为转贷行，再与进口商之间签订贷款协议（转贷协议），将款项转贷给进口商。

② 实务中，贷款银行重视贷款协议的独立性，如约定，“借款方必须无条件地按本合同规定偿还贷款，并且不受商务合同项下进、出口双方任何行为的影响”。

③ 本质上，仍然是国内银行和境外借款人之间形成的债权债务关系，境内出口企业仅是该笔贷款的“收款人”，其和国内银行之间不存在借贷关系。同时，因款项根本属于出口企业在其与境外借款人基础交易项下的收汇，故可正常结汇（申报时通常可注明：使用境内银行对外提供的买方借贷）。

服务，而价款则可在较长的一段时期内延期支付①。

劣势则主要在于，借款人是在境外，而境外借款人向国内银行申请贷款的程序相对更为复杂。此外，融资结构和融资成本的不确定性也较高。

4. 基本条款

通常，买方信贷的基本条款②由主体（Parties）、定义（Definitions）、贷款（Facility）、用途（Purpose）、前提条件（Condition Precedent）、提款（Utilization）、还款（Repayment）、利息（Interest）、费用（Fee）、担保（Guarantee）、出口信用保险（Export Credit Insurance）、违约责任（Indemnities and Break Costs）、修订及豁免（Amendment and Waiver）、适用法律（Governing Law）、争议解决（Dispute Resolution），以及其他（Miscellaneous）等构成。

关于各项贷款条件，实务中主要是依据 OECD《君子协定》的要求③，并结合具体的基础贸易交易/项目进行设定。

（1）贷款。主要对贷款的金额、币种、类型、范围等进行明确。比如某银行买方贷款协议中约定："贷款总金额为××，其中，用于商务合同项下支付的金额为×××，为商务合同的×%；用于付给××的本贷款保险费的金额为××。"

如果出口国银行贷款额占商务合同金额的比例越高，则表明买方信贷越优惠。但根据《君子协定》，该比例最高为85%。也就是说，进口商至少要自筹15%的货款（预付款）。

（2）用途。出口信贷对贷款的用途进行严格限制。根据《君子协定》，买方信贷是以促进出口为目的的优惠性的政策贷款④，故通常仅可用于进口商购买贷款国（出口国）出口的资本货物、技术及劳务。也就是说，贷款是专款专用的。

比如某银行买贷协议中约定："本贷款用途是为出口商×××与进口商×××在×年×月×日签订的商务合同（合同编号：×××）融通资金，用于进口商为××项目购买设备。"

（3）提款。即规定提款的时间、程序、金额，以及银行发放贷款的有关程序安排和时效限制等。

比如某银行买贷协议中约定："借款方在收到商务合同支付条款规定的有关文件和单据，并按规定时间审核无误以后指示出口地银行将贷款直接支付给出口商。……提款期从××日开始，至××日截止……每次提款最小金额为××……每次提款发生后，由

---

① 对商业银行而言，买贷则可带来相对可观的利息收入、中间业务收入和存款收益，且其风险资本占用为零。

② 出口买方信贷贷款合同，https://wenku.baidu.com/view/797bae3283c4bb4cf7ecd1d2.html?from=search。

③ 为规范实务操作，1978年，经济合作与发展组织（OECD）制定了《关于官方支持出口信贷指导原则的协定》（*The Arrangement on Guidelines for Officially Supported Export Credits*），又称《出口信贷君子协定》（以下简称《君子协定》）。自其实施以来，《君子协定》的一些规定，如"15%预付款""贷款偿还均为分期偿还（如半年还本付息一次）""最长还款期（一般项目为10年，电站项目为12年）""最低保险费"等规定，基本已成为出口信贷领域的国际惯例。

④ 出口买方信贷通常以支持本国制造或所占成分为主，并有最低国产化比例要求，如常见约定为成套设备一般不低于70%，船舶不低于50%。

贷款方编制“提款通知书”通知借款方。“提款通知书”为本合同不可分割的部分，具有同等的法律约束力及约定“提款期结束后，对尚未发放的贷款取消贷款承诺”①。

（4）利率。约定贷款利率的取值、浮动、利息的计算方法及支付方式等。实务中，出口买方信贷的利率一般根据借款人的国别风险、贷款期限和项目情况等因素综合确定。

（5）还款。主要是规定还款的周期（每年/半年/季度/月）、时间、金额、计算方法，以及提前还款的有关事项等。《君子协定》按不同种类的标的和金额的大小，对还款期也作了规范。

5. 典型代表性的出口买方信贷项目②

比如，中国进出口银行近年来所开展的买方信贷项目主要有：哈萨克斯坦阿特劳炼油厂石油深加工项目③、大连船舶重工集团海洋工程平台项目（支持挪威 Seadril 公司在大连船舶重工集团订造自升式钻井平台）、莫桑比克马普托——卡腾贝跨海大桥项目（项目包含设计、供货、施工在内的交钥匙工程），以及太平洋重工集团 62 艘海洋工程船项目等。

（三）项目融资

无论中长期买贷还是卖贷，除了借款人资金实力，银行或信用保险通常均看重的是担保条件（尤其是主权担保）。但是在进口国（政府）难以或不愿提供担保的情况下，则很多涉及资本性货物的项目，需要通过项目融资来进行运作。

项目融资，通常主要是根据项目本身的可行性和未来投入使用后所产生的现金流（项目收益）来综合评定是否给予融资支持。简言之，是以项目未来收益为主要的还款来源，其常见用于贷款人向特定的基础建设工程、工业和公共项目提供长期贷款。

（四）融资租赁

融资租赁，即出租人（资产拥有者）将租赁物租给承租人在一定时间内（长期）使用，其中，租赁物通常由承租人选定。在租赁期内，承租人按期支付租金（租赁费）。租赁期满，出租人通常将设备作价受让给承租人所有。

（五）其他融资方式

其他融资方式包括政府对外援助贷款、中长期出口票据贴现（其中最常见的如福费

---

① 中长期买方贷款期限通常分为三个阶段，即提款期、宽限期和还款期。其中，（1）提款期，指的是全部贷款必须提完的期限，其长短通常基于工程建设施工期或生产/供货期长短（一般为 2～4 年）而定，或与之进行合理匹配。通常因提款期内，项目尚未完工，未产生经济效益，故可以允许借款人只付息不还本。贷款协议还通常约定，逾期未提部分将视为借款人主动放弃，不得再次提取。（2）宽限期从提款期结束开始，指的是在该期间内，借款人只需支付利息，暂不归还贷款本金。宽限期常见有 1 年（12 期）、2 年（24 期）、3 年（36 期）等情形。如果协议没有约定宽限期，则提款期/建设期通常可视为宽限期。（3）待宽限期结束后，进入正式的还款期。还款期内，借款人对贷款发放金额按合同约定的等额本金或等额本息方式还本付息。还款期主要视贷款金额的大小、期限的长短而定，在还款期内贷款本金可分若干次偿还，直至全部还清为止。

② 中国进出口银行官网，http：//www.eximbank.gov.cn/tm/project/index_291.html。

③ 该项目不仅可以提高哈萨克斯坦当地原油深加工程度和炼油效率，还有利于改善当地民生，促进当地经济的发展。

廷方式)、国际金融组织（如世界银行、亚投行）贷款等方式。这些政策性贷款的利率相对最为优惠，但耗时也较长，难度比较高，且融资规模一般不高。

为促进本国企业"走出去"的步伐，银行及相关金融机构也通过多种方式，不断加大融资支持力度，完善金融服务措施。但也要看到，银行在中长期项目融资放款过程中，不仅面临项目复杂、管理难度高、境外融资担保难等困境，也面临着较高的借款人（无论来自买方还是卖方）的信用违约风险和政治风险。

信用风险是商业银行信贷评估时的主要风险之一。为规避或降低信用风险所可能导致的信贷损失，银行在规定借款人申请条件时，除了对借款人资质、还款担保条件等进行要求，通常还规定，"必要时投保出口信用保险"[①]，或者"保险公司同意为贷款提供出口信用保险"，可以说，出口信用保险是办理中长期出口信贷融资的主要风险缓释措施，或者说在其中起着核心作用[②]。

从目前我国各家银行（政策性银行+商业性银行）审批通过的出口信贷项目的实践来看，绝大多数也都是基于保险公司提供中长期信用保险的前提。具体来说，对应着不同的出口信贷融资种类，配套的信用保险种类主要有出口买方信贷保险、出口卖方信贷保险、出口延付合同再融资保险及融资租赁保险等[③]。

因此，区别于传统的、单一的国际贸易融资方式，这种参与主体相对较多（进出口方、担保方、银行、官方 ECA 及商业性保险公司等)、结构较为复杂的中长期融资方式也常被称为结构性贸易融资，相应地，中长期出口信用保险也常被称为结构性信用保险（Structured Credit Insurance)。

综上所述，为有效转移资本性货物出口和海外工程项目承包过程中面临的政治风险和商业风险，同时也为撬动融资，中长期出口信用保险成为不二之选。

第二节　中长期出口信用保险概述

一、中长期出口信用保险的概念[④]

中长期出口信用保险通常指的是，以出口企业、金融机构或租赁公司为被保险人，保险公司承担因政治风险和商业风险所导致的被保险人在商务合同、贷款协议或融资租赁等协议项下应收款项损失的一种保险产品。中长期出口信用保险的信用期限通常在一

① 中国进出口银行官网，http：//www.eximbank.gov.cn/tm/Fm2/index_1169.html。

② 银行在提供出口信贷融资过程中，也应重点对中长期出口信用保险的种类、保险条款（重点如保险责任、除外责任、保险双方权利义务等事项）等进行综合评估，最大限度地保障自身权益。

③ 目前，从整体来看，保险公司提供出口买方信贷保险、银行为境外业主提供出口买方信贷的银保合作模式较为常见。

④ 中国出口信用保险公司官网，http：//www.sinosure.com.cn/ywjs/zcqckxybx/zcqckxybxjj/index.shtml。

年以上[①]。其中，期限在 1～5 年的项目，被归为中期；期限在 5 年以上的，被视为长期。

中长期出口信用保险产品多用于支持和鼓励大型成套设备、高科技、高附加值的机电产品等资本性货物的出口，以及本国企业参加国际投标、工程项目承包等项目。

二、中长期出口信用保险的产品种类

从行业来看，中长期出口信用保险的产品种类既有按风险主体进行划分的，也有按承保的融资类型进行划分（与融资模式相互匹配[②]）的。在我国，常见分类维度是后者，即依据保险承保的商务合同所采用的融资方式来划分[③]。这种分类方式的便利之处在于，投保人在明确了自身业务的融资模式之后，即可对应匹配不同的中长期出口信用保险产品。

考虑到现阶段，我国出口企业所选择的融资银行多以国内银行或本国的外资银行为主[④]，相应地，在这种融资架构下，在配套的中长期出口信用保险选择方面，多优先倾向选择的是中国出口信用保险公司（以下简称中国信保）而非国外信用保险主体。因此，本章以介绍中国信保的中长期出口信用保险产品为主。

目前，中长期出口信用保险的产品种类主要有[⑤]：出口卖方信贷保险、出口买方信贷保险、出口延付合同再融资保险，以及海外融资租赁保险等[⑥]。

（一）出口卖方信贷保险

通常情况下，如出口企业或工程承包商采用的融资模式是出口卖方信贷，则相应地，企业需要投保的险种为出口卖方信贷保险。

在出口卖方信贷保险险种项下，投保人和被保险人都是国内出口企业（或 EPC 总承包商），承保标的为商务合同项下应收款项。当境外进口商/业主因政治风险或商业风险，未能按照商务合同约定的期限付款，且担保人也未能按照担保协议履行担保义务时，保险公司负责赔偿。

出口卖方信贷保险险种的赔偿比例通常约定为 90%。具体在赔款支付操作方面，如商务合同项下涉及融资，则出口商通常将赔款支付对象指定为融资银行，即通过保单项下赔款权益转让的方式，将赔款受益人指定为银行（类似于短期出口信用保险项下常见的赔款转让的形式）。

---

① 当然也有将信用期限为两年以上项目划分为中长期的方式。

② 按国际行业惯例，ECA 通常将中长期承保风险按债务人/担保人类型划分为：主权风险（借款人/担保人一般为财政部和中央银行，代表着国家信用）、公共部门风险（借款人/担保人为非主权公共机构或国有控股银行、企业）、银行风险（借款人/担保人为商业性银行）、公司风险（借款人/担保人为非国有控股企业），以及项目融资风险（依赖项目未来现金流作为还款来源）五大类。近年来，按承保业务保额占比高低排名，大致依次为公司风险（约占四成）、公共部门风险、主权风险、银行风险（一成以内）、项目融资风险。

③ 相应地，保险市场也习惯于将中长期信用保险分为银行客户和对非银行客户两种类型。

④ 尽管也在积极探索向国际商业保险公司投保中长期信用保险。

⑤ 主要参照：http://www.sinosure.com.cn/ywjs/zcqckxybx/zcqckxybxjj/index.shtml。

⑥ 因海外投资大都兼有设备、资本、技术和管理等生产要素为一体的跨国移动，且时间跨度短则 3～5 年，长则 20～30 年，故海外投资保险也常见于被归类为中长期出口信用保险的范畴之内。

简言之，出口卖方信贷保险承保的是因政治风险和商业风险所导致的出口企业/承包商不能按期、足额收回商务合同项下应收款项的损失。流程如图 12－2 所示。

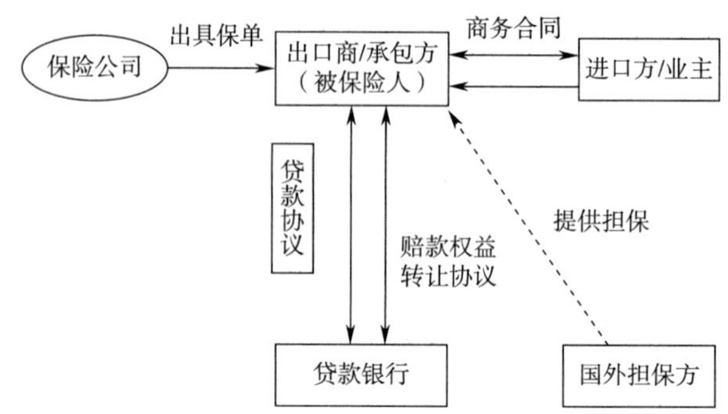

图 12－2　出口卖方信贷保险承保流程

（二）出口买方信贷保险

通常情况下，如出口企业或工程承包商采用的融资模式是出口买方信贷，则相应地，企业需要投保的险种为出口买方信贷保险。

在出口买方信贷保险险种项下，承保标的为“出口买方信贷协议”项下的本金和利息。具体来讲，当境外借款人（买方或业主）未按贷款协议按期还本付息，且担保人也未能按照担保协议履行担保义务时，保险公司负责赔偿。赔付比例上限通常为本息的 95%①。

出口买方信贷保险险种的被保险人为提供买方信贷的融资放款银行，保险赔款将直接支付至融资银行账户，故该险种可为融资银行提供最为直接的保障。而投保人（交纳保费的人），在保险实务中，则既可以约定为出口商（EPC 总承包商），也可以约定为融资银行。

简言之，出口买方信贷保险承保的是因政治风险和商业风险导致贷款银行不能按期、足额收回贷款本息的损失。流程如图 12－3 所示。

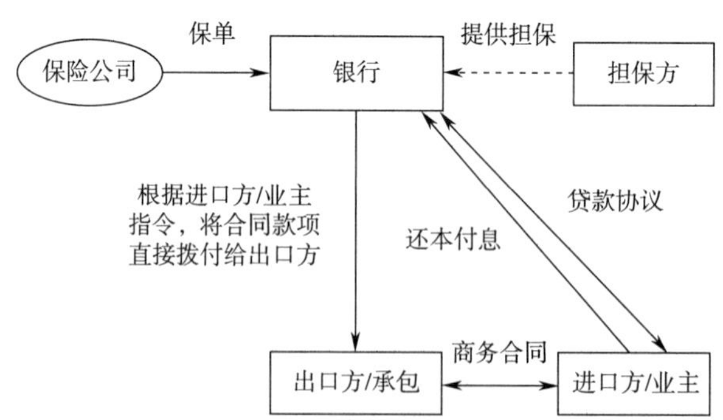

图 12－3　出口买方信贷保险承保流程

① 政治风险和商业风险可同时为 95%，俗称“双 95”。

综上所述，出口卖方信贷保险和出口买方信贷保险的主要区别，如表 12 -2 所示。

表 12 -2　　出口卖方信贷保险和出口买方信贷保险的主要区别

要素	出口卖方信贷保险	出口买方信贷保险
商务合同付款方式	延期付款（赊销）	即期付款
被保险人	出口商	贷款银行
保险标的	商务合同	贷款协议
赔偿比例（最高）	90%	95%
保险金额（保费计算基础）	应收款项（可含利息）①，不包含逾期利息和罚息	贷款本金与利息之和

如前所述，目前在中长期业务实践中，“出口买方信贷 + 出口买方信贷保险”的银保组合相对更为常见。近十年来，该险种也几乎没有发生过国内保险公司引用除外责任条款而进行拒赔的案例，相应地，在银行界，“双 95”出口买方信贷项目也是公认的较为（或最为）优质的出口信贷资产。

（三）出口延付合同再融资保险

1. 概念

在了解出口延付合同再融资保险（以下简称再融资保险）之前，需要先了解其承保的底层合同及融资安排。

对于约定为延期付款（赊销）的商务合同，为解决资金压力，出口企业/承包商通常采用出口卖方信贷方式进行融资，但是，当出口商在商务合同项下的义务已经无瑕疵履约完毕②，且债权可体现为完整的、无瑕疵的可转让的应收账款之后，出口企业则可进一步考虑将该应收账款，无追索权地卖断至金融机构，从而实现提前收汇，不再占用自身的资产负债表，同时也规避了原本在未来数年或数十年都要面临的汇率、利率和买方违约等风险。

所谓再融资保险，就是在银行等金融机构无追索权地买断出口商（承包商）商务合同项下的中长期应收账款之后③，保险公司向银行等金融机构提供的用于保障其资金安全的保险。也就是说，在再融资保险项下，被保险人是银行等金融机构，投保人则一般是融资银行，也可以是出口商。

再融资保险所承保的底层合同和出口卖方信贷保险相同（都是出口延付商务合同），而再融资保险项下的被保险人，则与出口买方信贷相同，即都是银行或其他金融机构（基本等同于出口买贷保险）。但从承保风险来看，再融资保险和出口卖方信贷保险没有区别，承保的仍然是债务人（买方或业主）或担保人因政治或商业事件，不履行商务合同项下付款义务的风险。这是因为再融资保险，本身就是从出口卖方信贷的基础上转化而来的。流程如图 12 -4 所示。

---

① 卖贷保险的保险金额所涵盖的范围，具体可参见本章第四节中的理赔案例。

② 具体指货物已交付完成，或工程已阶段性或全部完工并获得业主颁发的验收证书等。

③ 融资银行成为商务合同项下真正的债权人。原商务合同项下的担保权益，承包人也应征得业主及担保人的同意，将之转让给融资银行。

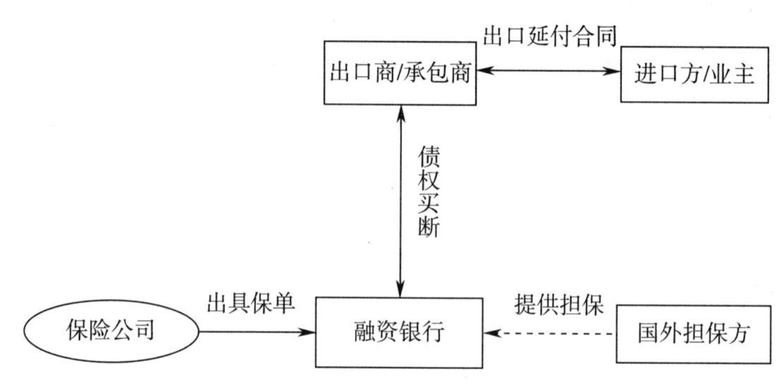

图 12-4　再融资保险承保流程

2. 案例[①]

我国某对外承包工程企业 A 公司，在老挝建设 M 项目，业主为老挝某国有公司 B，担保方为老挝财政部。A 与 B 签订的延付商务合同中约定项目合同金额为 1.5 亿美元，预付款（现金支付）比例为 15%，项目建设期[②]为 48 个月，延付期为 120 个月[③]。

（1）项目在建设期内的融资及保险安排。对于该项目，中国信保为 A 公司出具了出口卖方信贷保险保单，保险金额为 1.8 亿美元（1.5 亿美元的 85% 和各期利息之和），赔付比例为 90%。之后，A 公司获得了我国某银行 C 提供的出口卖方信贷融资。

（2）项目完工后的融资及保险安排。项目开工后 48 个月内，A 公司如约完成了项目建设期内的相关工作，并拿到了业主颁发的完工证明/最终验收证书 FAC（Final Acceptance Certificate）[④]，这也就意味着 A 公司已无瑕疵地履行了商务合同项下义务，其对 B 公司的债权已体现为完整的可转让的应收账款。

此后，为了尽早将应收账款回收为即期现金，进一步规避在未来 120 个月（延付期）内所面临的利率、汇率风险及买方违约风险，也为了尽快释放之前在出口卖方信贷项下向银行所提供的反担保，改善资产负债结构，经过数轮沟通，A 公司最终将高达上亿美元的应收账款卖断给之前为该项目提供出口卖方信贷的银行 C（等同于实现了卖贷融资的买贷化）。

紧随其后，C 银行就该中长期应收账款投保了再融资保险。该险种项下，保险公司将赔偿比例提高到 95%，即该保单项下的最高赔偿金额为 1.71 亿美元（1.8 亿美元 × 95%），高于在出口卖贷保险项下的最高赔偿金额 1.62 亿美元（1.8 亿美元 ×90%）。

（3）操作注意事项。为了确保将出口卖贷保险顺利转化为再融资保险，企业可在与银行所签订的卖贷协议中，即约定未来在取得验收证书（PAC 或 FAC）之后，可将卖贷

① 张赢．出口延付合同再融资保险应用解析［J］．中国外汇，2018（20）：21-23.

② 建设期，即指的是项目完工前或货物交付前的一段期间，也可被视为出运前阶段。

③ 通常，建设期如期完工之后，即进入延付期。延付期内，进口方/业主应按期履行付款义务。

④ 初步验收证书/初验证书（Provisional Acceptance Certificate，PAC），通常指工程项目在阶段性完成（非最终完成）并通过业主验收通过后签发的证书。项目全部已完工，则业主签发完工证明/最终验收证书（Final Acceptance Certificate，FAC）。FAC 是证明出口方无瑕疵完全履行商务合同义务的重要标志。

保险转为再融资保险，以便就权益的转让提前与银行达成一致。

（四）海外融资租赁保险

海外融资租赁保险，主要承保的是出租人或为出租人提供融资的金融机构，因东道国政治风险或海外承租人商业风险导致的租金无法回收的损失。

具体来讲，按照被保险人主体的不同，海外融资租赁保险主要分为以下两种类型。

1. 租赁合同项下的出租人（国内租赁公司）作为被保险人

在这种方式下，承保的风险为境外承租人未能按照租赁合同的约定支付租金的风险，直接保障的是出租人的应收账款安全。

2. 融资银行作为被保险人

融资银行作为被保险人保障的是融资银行的应收账款安全。这在实务中可能又包括以下两种方式：

（1）租赁合同项下的出租人和融资银行之间签订的是常见的贷款协议，即银行将贷款拨付/提供给出租人（出租人可能再将该款项用于向租赁物的供应商支付货款），而承租人按照租赁合同的约定定期向出租人支付租金。也就是说，在这种方式下，承租人和融资银行之间不产生任何法律关系。

（2）租赁合同项下的出租人和融资银行之间签订的是租金买断协议，即租赁合同项下的出租人将应收租金卖断给融资银行，相应地，融资银行将款项直接拨付给租赁物供应商；同时，租赁合同项下的承租人将租金定期支付给融资银行。

承保实务中，海外融资租赁保险险种通常要求租赁物需为本国出口且在境外适用，常见的如船舶、飞机、交通工具、成套设备（如电信设备）等还款来源具有一定稳定性的或有担保支持的融资租赁项目。对于被保险人为非金融机构的租赁保单，最高赔偿比例通常约定为90%。而对于被保险人为金融机构（含金融租赁公司）的保单，最高赔偿比例可提高为95%。

三、中长期出口信用保险的发展

（一）起源与发展

中长期出口信用保险的产生，晚于短期出口信用保险。20世纪20年代，英国出口信用担保局（ECGD）以短期出口信用保险起家，到30年代开始涉足中长期业务领域，后又于60年代首创推出了出口买方信贷①。

第二次世界大战后，中长期出口信用保险迎来了历史发展机遇②。主要原因是当时在银行融资领域，为了更好地推动本国资本性货物（主要是技术含量较高的机电产品和成套设备）的出口，适应市场融资需求的变化，银行更多地介入进出口双方基础交易中。在卖方信贷的基础上，银行推出更多的期限较长、金额较大的创新型金融产品，如买方信贷、福费廷等。相应地，在保险领域，ECGD在20世纪60年代即创新开发了出

① 具体可参见本书第三章第二节。

② 对海外投资保险而言更是如此。具体可参见本书第十三章。

口买方信贷保险并取得了较大成功，之后被其他各国的信用保险主体竞相效仿。

（二）市场主体

从全球范围来看，经营中长期出口信用保险的主体可大致分为以下三类：

一是官方支持的出口信用保险机构（Export Credit Agency，ECA），这些ECA机构大多数是伯尔尼协会的会员；二是国际多边投资担保机构，主要如世界银行附属的多边投资担保机构MIGA（Multilateral Investment Guarantee Agency）、亚洲开发银行（Asian Development Bank，ADB），以及一些地区性的机构，如伊斯兰开发银行（Islamic Development Bank，IDB）、欧洲复兴开发银行（European Bank for Reconstruction and Development，EBRD）等；三是一些跨国的商业性保险公司，其中较为知名的有苏黎世金融服务集团（Zurich）、Chartis保险集团、美国安达保险集团（ACE）、Sovereign、Aspen、美国丘博保险（Chubb）等[①]。

总体来讲，由于承保风险的特殊性，中长期出口信用保险从产生之日起，就具有鲜明的政府政策性支持背景。尽管出口信用保险在发展历程中，也经历了多次沿革变迁，但单就中长期出口信用保险而言，目前官方ECA承保的市场市场份额占比仍然远高于商业性保险公司和其他多边国际金融担保机构。

（三）全球市场概况

与短期出口信用保险相比，中长期出口信用保险所承保的底层交易通常为资本性货物贸易及相关服务等，涉及金额较高、期限较长，加之承保风险相对更为特殊，故承保方式也是按项目逐个承保而非统保。整体来看，中长期出口信用保险更是呈现出经营高度专业化的特点，属于明显的卖方市场。

从全球范围来看，据伯尔尼协会统计[②]，2017年全球信用保险全年承保总额为2.3万亿美元[③]（同比增长27%），其中，中长期出口信用保险承保额为1401亿美元（同比增长5.9%）[④]。

图12－5为2008—2017年全球信用保险市场规模和增长趋势图。从图中可以看出，中长期出口信用保险历年业务规模相对稳定但发展缓慢。

（四）我国中长期出口信用保险发展的历史沿革

我国中长期出口信用保险发展可大致分为以下三个阶段。

第一阶段（1993—1994年）：1980—1994年，我国的出口信贷业务（主要是出口卖方信贷和出口买方信贷）由中国银行负责办理。其中，出口买方信贷业务始于1992年，当年，为支持成套设备等资本性货物的出口，中国人民银行批准中国银行推出买方信贷

---

① 从全球范围来看，经营中长期出口信用保险和海外投资保险的市场主体大致相同。因此，中长期出口信用保险和海外投资商业保险市场，统称为SC & PRI（Structured Credit and Political Risk Insurance Market）。关于市场主体更为详细的介绍，可参见本书第十三章。

② Berne Union 2017 Statistics，https：//www.berneunion.org/DataReports。

③ 信用保险承保金额是短期信用保险、中长期信用保险和海外投资保险三项之和。

④ 短期信用保险承保金额为2.09万亿美元（同比增长26.7%），海外投资保险承保额为990亿美元（同比降低12.6%）。

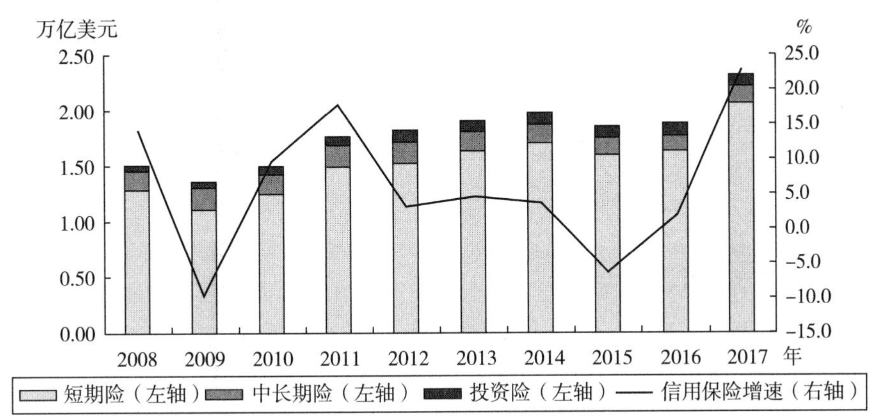

图 12－5　2008—2017 年全球信用保险市场规模和增长趋势

业务，并明确贷款项下的贸易合同必须按照中国人民保险公司有关规定办理出口信用保险，且贷款协议必须在办妥出口信用保险后方可生效①。相应地，作为买方信贷业务的配套措施，1993 年，中国人民保险公司开始承保中长期出口信用保险业务，当年实现承保规模为 1 亿多美元。

第二阶段（1994—2001 年）：1994 年，中国进出口银行成立，其在办理出口信贷业务的同时，也具有办理出口信用保险的职能。从成立之初至 2001 年，中国进出口银行共计承保 69 个中长期项目，承保金额达 20. 69 亿美元。而同期内，中国人民保险公司也陆续开办出口买方信贷保险、出口卖方信贷保险及海外投资保险，搭建起了相对完善的中长期出口信用保险的业务框架体系。截至 2001 年 9 月，中国人民保险公司共计承保 123 个中长期项目，承保金额达 25. 25 亿美元。

第三阶段（2001 年至今）：中长期出口信用保险由中国信保独家经营。2017 年，中国信保中长期出口信用保险承保金额为 238. 6 亿美元，同比增长 7%。同年，在伯尔尼协会中长期出口信用保险业务中的占比为 17%。2018 年，中国信保中长期出口信用保险新增承保金额为 233. 2 亿美元，覆盖 42 个国家（地区），项目主要分布在电力、制造、交通运输和建筑等领域。②

第三节　中长期出口信用保险产品释义

从全球范围来看，无论是 ECA 机构、商业保险公司还是多边投资担保机构，虽然各主体的中长期出口信用保险的产品名称可能并不完全相同，但是在承保风险和承保责任

① 《中国银行出口买方信贷试行办法》（银复〔1992〕318 号，《关于中国银行出口买方信贷试行办法的批复》），1992 年 8 月 14 日发布施行，http：//www. doc88. com/p－3932262010099. html。

② 《中国出口信用保险公司 2018 年度报告》，http：//www. sinosure. com. cn/images/xwzx/ndbd/2019/08/27/57A3F560967E4067210EB4BAA2AD33D6. pdf。

等方面，实则大同小异。具体来讲，相同之处主要在于承保的风险类型通常都包含了政治风险和商业风险，差异之处则主要体现在不同主体对风险的界定方面会有所不同。如有的保险主体对政治风险的界定，除包含征收、汇兑限制、战争等常见政治风险情形之外，可能还能够根据业务需求灵活扩展到其他的政治风险类型。

为了对中长期出口信用保险产品有更为深入的了解，本节主要以中国信保的中长期出口买方信贷保险条款①为例，具体展开阐释。

一、保险主体和保险标的

条款首先开宗明义将产品的适用范围约定为，“本保险条款适用于银行或其他金融机构为中国的出口贸易以出口买方信贷形式提供的贷款，其信贷期限在一年以上”。

（一）保险主体

出口买方信贷保险的被保险人为银行或其他金融机构，实务中具体为本国金融机构和符合条件的外国金融机构。

（二）保险客体

出口买方信贷保险的保险标的为贷款。

二、保险责任

（一）损因

比如某一条款中约定，“对被保险人按贷款协议的规定履行了义务后，由于下列事件导致借款人未履行其在贷款协议项下的还本付息义务且担保人未履行其在担保合同项下的担保义务而引起的直接损失，保险人根据保险单的规定，承担赔偿责任：一、借款人拖欠贷款协议项下应付的本金或利息；二、借款人所在国家（或地区）政府或其在贷款协议项下还款必须经过的第三国（或地区）政府颁布法律、法令、命令、条例或采取行政措施，禁止或限制借款人以贷款协议约定的货币或其他可自由兑换的货币向被保险人偿还贷款；三、借款人所在国家（或地区）政府或其在贷款协议项下还款必须经过的第三国（或地区）政府颁布延期付款令；四、借款人所在国家（或地区）发生战争、革命、暴乱；五、借款人所在国家（或地区）发生恐怖主义行动和与之相关的破坏活动；六、保险人认定的其他政治事件。”

就以上约定，应主要注意的是：

第一，承保的风险范围包括商业风险（如条款第二条第一款，“借款人拖欠贷款协议项下应付的本金或利息”）和政治风险（如条款第二条第二款至第六款）。在承保实务中，如被保险人有特殊要求，保险公司也可单独承保政治风险。

第二，关于担保。如条款中约定，直接损失不仅因借款人未履行其在贷款协议项下的还本付息义务，而且必须满足且担保人也未履行其在担保合同项下的担保义务。其

① 出口买方信贷保险条款，2018 年 7 月 2 日。https：//wenku. baidu. com/view/53e4a7b384868762caaed5dc。. html？from = search。

中，担保人在出口买方信贷保险项下，通常指的是与贷款人签订独立担保合同或单方出具独立保函，保证在借款人不履行贷款协议项下的还款义务时承担连带责任的第三方。根据该条款约定，在项目存在担保的情况下，被保险人应先向担保人主张权利，如担保人未能履行担保义务，方可视为保单约定的损因成立。

实际上，中长期项目无论是买方信贷或是卖方信贷还是再融资，在银行贷款和保险项下通常有第三方担保（能够全时段覆盖贷款本息且见索即付）或抵（质）押等结构性安排（对还款提供保障）。实务中，根据担保条件不同，通常可分为主权担保项目（某国财政部作为借款人）、财政担保（某国财政部作为担保人）、银行担保和企业担保项目（如企业为出口信贷融资协议提供法人保证，或房产抵押等担保措施）。看重担保，这也是中长期业务的一个较为明显的特征[①]。

（二）责任范围

如条款约定，出口买方信贷保险的保险金额不仅包含贷款协议中约定的贷款本金，还包含借款人未按贷款协议规定支付的利息，但同时约定，保险金额不包括赔款等待期内所产生的利息和罚息。这在再融资保险项下也是如此。

三、除外责任

出口买方信贷保险承保标的为贷款协议项下的贷款，因此相对来讲，该险种的除外责任较少，如条款中将除外责任的情形仅约定了两种，即被保险人违反保险单或贷款协议的规定，或因被保险人的过错致使保险单或贷款协议部分或全部无效。

而相比之下，出口卖方信贷保险承保的底层合同为商务合同，而被保险人（出口商/承包商）在商务合同项下的义务履行情况，可能会受到来自不同方面的各种因素的影响，因此，出口卖方信贷保险中的除外责任较多[②]（可能多达十项），主要包括被保险人违反商务合同规定或违反有关法律、法规引起的损失，汇率变更引起的损失，在商务合同履行过程中属于货物运输保险或其他财产及责任保险范围内的损失，以及风险发生后被保险人继续履行合同引起的损失等。

四、保险费

同其他信用保险产品类似，买方信贷保险保险费的计算也以保险金额为计费基础。

关于保险费的收取，条款中通常约定，“一次性缴付全部保险费”，“但双方另有约定的除外”。

五、被保险人义务

遵循保险基本原理，买方信贷保险的被保险人义务主要包括如实告知、及时通知及

① 相对来讲，海外投资保险并未对担保条件进行严格要求。但同时，海外投资保险的保障范围相对更窄（主要承保的是政治风险）。

② 张赢．出口延付合同再融资保险应用解析［J］．中国外汇，2018（20）：22.

保证义务三大方面。

（一）如实告知义务

如条款约定，“被保险人向保险人提供的任何项目信息，均是准确和真实的，没有保留、遗漏、隐瞒和误报实质性内容”。

（二）及时通知义务①

通知事项，主要包括以下两个方面。

1. 承保标的（贷款协议）的执行情况

比如出口买方信贷条款约定，“无论保险单其他条款如何规定，被保险人应及时向保险人书面通报如下情况，并提供相关文件：一、贷款协议项下的贷款全部提完后或提款期结束后，经被保险人和借款人确认的还本付息表；二、被保险人须按保险人规定的格式，在提款或应付款日后的10日内，向保险人书面报告如下情况，主要包括：1. 已借记的贷款总额；2. 最新贷款借记的日期、金额、相应的到期日和使用的利率；3. 贷款本金和利息总额以及所使用的利率；4. 已收回的贷款本金和利息；5. 逾期的贷款本金和利息；6. 贷款余额”。

2. 风险异动情况

比如出口买方信贷条款约定，被保险人应及时通报可能引起保险单项下保险责任的事件、任何影响被保险人在贷款协议项下实现担保权益的事件，以及贷款协议项下发生的任何违约行为。

（三）保证义务

1. 保证作为的义务

比如条款约定，被保险人在任何情况下应做到“认真审查与贷款协议相关的商务合同及文件和单证，如发现有可能影响或妨碍贷款协议正常执行的情况，应及时主动纠正，并将有关情况及处理结果及时通知保险人”“及时、充分地行使贷款协议赋予被保险人的各项权利，采取必要措施，避免或减少损失，不得因有本保险而放弃应有的审慎态度和工作责任心”“及时通知并督促借款人偿还到期贷款本金和支付利息”。

其中，条款中约定的各项义务，主要指的是融资银行在贷款协议提款期和还款期，应做到的各项协议执行、跟踪和沟通工作。

2. 保证不为的义务

比如条款约定，被保险人保证“未经保险人书面同意，不对贷款协议或与贷款协议相关的担保合同做任何形式的变更和修改”“未经保险人书面同意，不以任何方式转让、抵押、质押或以其他任何方式处置其在保险单、贷款协议及相关协议或文件项下的权益”等。

实务中，如被保险人需对贷款协议或担保协议进行修改或变更（如变更贷款金额、期限、合同主体等），应事先取得保险公司的书面同意。

对于条款所约定的被保险人以上各项义务，如被保险人未能履行，条款约定，“保

① 对应保险公司的保后管理阶段。

险人有权拒绝承担赔偿责任”。

六、理赔与追偿

与短期出口信用保险类似，中长期出口信用保险的理赔仍分为可能损失、索赔、定损核赔及赔后追偿等环节。

（一）可能损失通知

出口买方信贷保险项下，条款约定被保险人提交可能损失的时限为，损因事件已经发生且贷款协议项下的实际损失已经发生的30日内，提交可损后，被保险人仍应继续按贷款协议及担保合同的有关规定，采取一切必要措施，积极向借款人及担保人主张债权及相关权益。

（二）索赔

出口买方信贷保险项下，条款约定，被保险人在提交可能损失通知书后可向保险人索赔。

索赔时限最迟应在相应的应付款日后12个月内，否则，视为被保险人放弃其在保险单项下的索赔权利。

索赔时，应提供全部损失证明文件。实务中，主要索赔材料有：索赔申请报告、贷款协议、放款证明文件、催收函，以及其他与债务有关的往来函电等。这些索赔单证的完整齐全，将直接影响保险公司理赔的速度。

（三）定损核赔

关于保险人赔付时间，条款约定，“不晚于下列日期后到者：（1）赔款等待期满后30日；（2）收到正式索赔申请和全部证明文件后30日”。

关于赔款等待期，条款约定，“为应付款日起90日，对于连续的、相同的损因导致的损失，赔款等待期为零日”。

关于赔偿金额，条款约定，“累计赔偿金额不超过保险单明细表中列明的最高赔偿限额，履行赔偿责任时，保险人有权选择一次性赔付或按贷款协议规定的还款计划进行赔付”。

其中一次性赔付的情形，实务中主要如：借款人破产；相同的损因可以预见得到将持续下去等。但如保险公司选择一次性赔付，条款通常约定，“赔偿金额将不包括未到期利息”①。

（四）赔后追偿和追偿款的分配

同其他信用保险险种，买方信贷保险条款约定，保险人在赔付后即获得贷款协议项下被保险人权益的代位求偿权。但被保险人仍应积极配合保险人，并根据保险人的指示和要求，继续向借款人追偿欠款，以及提供实施追偿所需的一切相关文件和便利。

对于赔后追偿款，如果贷款协议项下的借款人或担保人将之支付至被保险人（银行）账户，被保险人必须及时转付给保险人。此外，追偿款和追偿费用也将按权益比例

① 出口卖方信贷条款也是如此。

在保险人与被保险人之间进行分摊。

第四节　实务操作

中长期出口信用保险的实务操作，在遵循保险常规流程的同时，实际也是和商务合同及相关贷款协议的签订和执行的进度密切相关。概括来讲，业务环节主要包括询保、承保、保后管理及理赔追偿等阶段①。

一、询保

通常来讲，出口企业在商务合同正式签署之前向保险公司询保，即进出口双方有初步合作意向后，出口企业即可填写中长期出口信用保险“询保单”，同时提供项目相关背景材料，向保险公司申请出具兴趣函或意向书。

实务中，根据险种不同，“询保单”② 有“出口卖方信贷保险询保单”和“出口买方信贷保险询保单”等。其中，“出口买方信贷保险询保单”又具体细分为贷款银行作为申请人和出口商作为申请人两种。

以“出口买方信贷保险询保单”（出口商作为申请人）③ 为例，其通常包含的事项如下。

（一）投保人概况

投保人概况主要包括投保人公司名称、注册地址、法人代表姓名及职务、何时取得项目的投/议标、联系人、电话等。

（二）境外业主（进口方）情况

境外业主（进口方）情况主要包括业主（进口方）名称、地址、电话、法人代表、业主（进口方）近三年的经营、资产和信用评级情况及历史违约情况等。

（三）项目概况

项目概况主要包括项目名称、项目总金额、所在国家或地区（如果是船舶项目，可具体填写船东所在国、船旗国、船舶公司的注册地等）、政府是否立项及哪个部门立项、预计公布投/议标结果的时间、中国成分/当地成分/第三国成分、项目细节如交货期、质保期各是多长时间等。

（四）融资概况及信贷条件

一是贷款银行概况，如名称、地址、SWIFT 代码等；二是境外借款人概况，如名称、注册地址、法定代表人、借款人经营、资产和信用情况等；三是境外担保人概况，

---

① 对于银行的出口信贷业务来讲，通常包括贷款申请、银行贷前调查、贷中审查（完成授信审批并签署融资协议，最终实现信贷投放）和贷后管理（主要包括对贷款执行情况的检查和项目的贷后检查等）等环节。主要参照：唐若昕．出口信用保险实务［M］．北京：中国商务出版社，2004：112－118.

② 一份“询保单”，通常可同时适用于向保险公司申请兴趣函或意向书。

③ 出口买方信贷保险询保单（出口商作为申请人），http：//www.docin.com/p－287487444.html。

如名称、出具担保的方式、资质状况等；四是信贷条件，如预付款比例、贷款比例或金额、拟定贷款期限如宽限期、还款期各是多少个月等。

（五）商务合同概况

商务合同概况主要包括合同预计签订时间、（预计）设计期/生产期/出运期、安装/调试/建设期、最后验收日期、合同付款条件、合同适用法律、争议仲裁机构名称及地点等。

（六）国内供货情况

国内供货情况主要包括设计单位、国内主要供货厂家、出口商品国有化程度、非国有化部分供货情况、出口商品或技术在国内运行情况、出口商品或技术出口历史及运行情况等。

（七）项目分析

项目分析主要包括：（1）项目可行性分析概要，如技术安全性、未来市场预测、类似项目经验、环保标准适用情况、进口国立项审批情况、进口国政府的行业政策等。如果是 BOT 项目，则需附上长期销售合同、燃料供应合同、特许权合同及其他相关合同。（2）经济效益分析概要，如内部收益率、投资回收期、换汇成本、经济效益预测等。

（八）对保险的需求

对保险的需求主要包括申请承保的风险、申请承保的期限（提款期、宽限期、还款期限等）、保险费支付方式（一次性还是分期及保险费融资比例）等。

二、项目承保

中长期项目承保环节主要包括兴趣函、承保意向书、正式承保出单等阶段。其中，兴趣函和承保意向书实际属项目预审阶段。

（一）兴趣函

在海外商务谈判阶段，出口企业为了更具有竞争力，可能需要保险公司出具兴趣函。

对于出口企业提出的该项申请，保险公司首先需要审核其是否符合基本的承保原则和受理条件。这些基本的受理条件[①]主要包括[②]：

（1）出口商/投保人或被保险人，是否具备相关资质和项目经验。

（2）项目合规性和可行性：如出口项目是否符合双方国家的法律、法规，且不损害我国的利益。

（3）交易条件是否符合相关规定。主要包括：一是出口标的及国有化比例/中国成分（如机电产品、成套设备通常不低于 70%）；二是预付款比例（机电产品、成套设备

① 保险公司这些主要的受理条件（如申请人资质、合同金额、预付款比例、项目期限等）和融资银行受理贷款申请的基本条件基本一致。

② 中国出口信用保险公司．出口信用保险——操作流程与案例［M］．北京：中国海关出版社，2008：136－137.

的预付款比例一般不低于合同金额的15%)①；三是信用期限（还款期或延付期)，一般不超过10年，原则上最长不超过15年②。

(4)投保金额：投保金额是否不超过保险公司在进口国项下的国家限额或余额③；投保金额是否满足保险公司所要求的最低金额。

(5)投保的风险类型：拟投保的国别政治风险类型是否属保险公司可接受范畴。

(6)进口国政治经济情况是否基本稳定，两国间是否建立正常外交关系，以及进口国、进口方（业主）在保险公司项下是否有逾期拖欠款项等。

综上所述，保险公司经审查同意后可出具兴趣函④，但该兴趣函并不是正式的保险合同文件，对保险人不具有任何法律约束力。其作用仅用于支持出口企业竞标，即出口企业可以此继续项目谈判，签订商务合同。

(二)承保意向书

如果项目推进得比较理想，企业需要进一步向保险公司申请出具承保意向书。通常情况下，意向书是项目最终承保的前提和必备程序⑤，同时也主要用于支持投保人进行融资谈判。比如，大多数融资银行在审贷条件中均规定，“在信用保险公司出具承保意向函的前提下，银行可出具贷款兴趣函或意向函”，或者要求“信用保险公司出具的承保意向函，是办理出口买方信贷需要的申请材料之一”。而实务中，通常也是在保险公司出具意向书之后，项目相关融资银行才凭借意向书，正式开启内部审贷会的评估程序及正式签订贷款协议。

尽管意向书也并非正式生效的保险合同（因此对保险人同样不具有约束力)，但其基本包含了保险公司较为明确的承保意向和各项核心的承保条件，故意向书的内容较兴趣函更为丰富具体，其基本涵盖了保险公司将来出具的正式的保险单中的各项条件⑥。因此，保险公司在出具意向书之前，对于符合受理条件的项目，需要审慎进行尽职调查和审核评估。

1. 项目审核评估

一是在适保性方面，重点审核项目是否符合保险公司的基本承保原则和条件，如出口项目经济效益是否较好；项目对环境影响的程度、债务人和还款担保人的资信，保险公司是否可接受，以及贷款协议和商务合同利率水平是否合理等。

---

① 对于对外工程承包贷款申请条件中的预付款比例，如某银行规定，“预付款比例一般不低于15%。对预付款比例达不到上述要求的，应根据项目业主或付款人信誉、借款人履约能力、担保方式等具体情况作出分析和判断”。参照：中国进出口银行官网，http://www.eximbank.gov.cn/tm/Fm2/index_1167.html。

② 海外投资保险可以根据投资人的要求，通常最长可达30年。具体可见第十三章。

③ 中长期国别额度，需综合考虑一国政治、经济、外汇及历史偿付情况，因此保险额度管理相对严格。

④ 相应地，在银行的贷前调查阶段，银行也可应客户申请，出具融资兴趣函，但该兴趣函同样不代表银行提供了贷款承诺。

⑤ 罗熹. 信用保险词典（第一版）[M]. 北京：中国金融出版社，2015：466-467.

⑥ 根据《关于大型出口信贷及出口信用保险项目的报批程序（修订稿)》（商贸发〔2018〕15号)，对于“由有关金融机构或企业提供信贷，并向我国保险机构投保出口信用险，且承保金额在3亿美元以上（含3亿美元）的大型成套设备出口项目及对外承包工程项目”，“银行、保险机构并未出具承贷和承保意向书的，企业不得擅自对外投标和签订合同”。

二是对项目进行全面风险审核评估。重点围绕项目概况、项目合规性、可行性、出口商/承包商调查、进口方（业主）资信、项目期限（直接影响风险评估的准确性）、融资结构、东道国政治风险等方面展开。其中，融资结构通常对后期能否实施追偿以及追偿效果将起到决定性作用，因此，对融资结构的完整性以及可操作性的评估通常尤为重要。此外，一国的政治体制、经济发展水平、外汇储备、外汇管理体制、法律体制和主权信用等因素，对中长期项目的进口方/业主的偿还能力以及后续追偿有直接影响，这些因素也是风险评估的重中之重①。

2. 承保意向书的主要内容

对于商务合同基本条件已经明确、合同文本已基本订立，且符合保险公司适保条件和承保政策的项目，如保险公司经内部审批通过，则可以出具承保意向书。

承保意向书的主要内容包括：经初步测算的保险费率，以及承保意向书出具的前提条件。就这些前提条件，则具体包含拟承保项目的进口方/业主、借款人、合同金额、预付款、信用期限（宽限期、还款期）、中国商品和服务占合同金额比例、担保方等。

出具承保意向书，标志着保险人与投保申请人（出口方）共同控制风险的开始。投保企业应及时向保险人告知项目后续具体进展，保险人也将视具体情况直接或间接参与到项目的考察和商务谈判中②。

3. 意向书有效期

承保意向书有效期通常为六个月，但到期通常也可申请展期。

4. 现行审批机制（自行审批或上报财政部/国务院审批）

中国信保中长期项目现行的审批机制，分为承保意向备案和承保方案审批③。

（1）承保意向备案

对于保险人预审合格的项目，保险人出具承保意向书（银行出具承贷意向书/方案），承保意向书无论项目合同金额大小，一律报财政部备案。

（2）承保方案审批

根据《关于大型出口信贷及出口信用保险项目的报批程序（修订稿）》（商贸发〔2018〕15号）④，如承保金额在3亿美元以上（含3亿美元）的大型成套设备出口项目及对外承包工程项目，企业须在中标之后，将项目报送商务部，之后商务部在收到银行承贷方案、保险机构承保方案及银行融资申请报告后，会同外交部、财政部等部门共同研究，形成一致意见，将项目上报国务院审批。项目经国务院批准后，按部门职责分工，商务部通知相关地方商务主管部门或中央管理企业及银行，财政部通知保险机构，

① 相应地，融资银行为了保证贷款的安全，同样需要进行必要的贷前调查。前述这些事项也同时为银行贷前调查的要点。

② 融资银行也需如此。即当商务谈判进入到具体阶段，商务合同、贷款协议及保险谈判三方需同步进行，相辅相成，互相衔接。尤其是融资银行的贷中审查审批应与保险公司的保险审批工作保持一致。

③ 国务院发展研究中心宏观部，中国出口信用保险公司联合课题组. 中国出口信用保险公司政策性职能履行评估报告 2012—2014［M］. 北京：中国商务出版社，2017：84.

④ 中华人民共和国商务部对外贸易司（国家机电产品进出口办公室），http：//wms. mofcom. gov. cn/article/zcfb/ax/201803/20180302719149. shtml。

由银行和保险机构正式办理信贷和保险手续。

对于承保金额在3亿美元以下的其他出口信贷及出口信用保险项目报批程序，按现行有关规定执行，视承保金额的大小，以及是否超国家限额等，或由保险公司自行审批（出单后报财政部备案），或经财政部负责上报国务院审批（财政部自收到国务院批复之日起15个工作日内，发文通知中国信保[①]）。

（三）正式承保出单

以上实际也是保险公司对投保企业的申请进行预审的阶段。在预审之后，方才进入正式的承保出单阶段，主要包括投保、风险评估和审核、签发保险单、交纳保费等环节。

1. 投保

在商务合同项下，进出口双方继续进行贸易谈判并签订商务合同，之后借款人（出口方或进口方）向银行提出正式的书面申请，银行则通常以商务合同为依据，经过调查审批，最终将与借款人正式签订贷款协议（借款人名称、商品品名与数量、合同价格与借款金额、借款期限、还款来源与方式及担保方式等事项）。

在保险项下，对于这些条件成熟的项目（如商务合同已经签署或贷款银行已经原则同意为商务合同提供出口信贷等），有投保意向的出口企业可填写“投保单”，并提供与项目有关的资料（如商务合同、可行性分析报告、借款人/还款担保人财务报告、担保文件等），正式向保险公司提出投保申请。

关于“投保单”所包含的事项，如以“出口买方信贷保险投保单（出口商为申请人）”[②] 为例，其主要含六大方面：投保人情况、贷款人情况、借款人情况（主要如其资信情况或最近3年财务报告等）、还款担保情况（如担保人的财务状况、外汇收支、对外担保权限、有无逾期欠款记录、与贷款人有无发生过业务纠纷等）、出口项目情况（主要如项目名称、合同金额、支付条件、项目工作范围、项目各方情况、项目预计执行情况、项目可行性分析以及投保时的进展阶段等）、信贷条件（如贷款协议生效条件、贷款币种及金额、贷款期限、利率、提款前提条件、预计用款计划、投保利息金额等）。

如条款中约定，“投保单”作为保险合同的重要组成部分，投保人（出口企业/融资银行）应确保其告知的相关内容真实、准确和完整。

2. 风险评估和审核

保险人在收到投保人提交的投保单及其他必要材料后，对项目的具体情况和风险状况作进一步评估和审核，确定关键承保条件，再按相关规定及程序进行报批。

3. 签发保险单（保险合同）

在商务合同和贷款协议正式签订且保险人确认项目风险可以接受的情况下，保险公司出具中长期出口信用保险合同，保险合同主要包括投保单、被保险人声明、保单条

---

① 《出口信用保险相关业务事项审批服务指南》，http：//spgk. scopsr. gov. cn/bmspx/showXm/10/5554。

② 出口买方信贷投保单，https：//wenku. baidu. com/view/d0e38b754a35eefdc8d376eeaeaad1f3469311d3. html?from = search。

款、保险单等文件。

以出口买方信贷保险为例，其保险单明细表中，主要承保条件和设定原则如下：

（1）被保险人名称、注册地址、电话等；

（2）投保人名称、注册地址、电话、投保日期等；

（3）贷款协议摘要：如贷款协议名称及编号、贷款协议签署日期、贷款协议生效条件、贷款期限（提款期、宽限期、还款期）、贷款利率、贷款金额等；

（4）借款人及还款担保情况；

（5）出口项目摘要：主要如商务合同名称、项目所在地、出口商、进口商、合同金额、支付方式、国产化率（%）[①] 等；

（6）保险金额：如前所述，买方信贷保险的保险金额通常参照投保单中填写的投保金额，以贷款本金和利息之和为限（通常融资银行需提供贷款本息测算表）；

（7）赔偿比例、赔款等待期、最高赔偿限额等，其中，出口买方信贷保险赔偿比例通常约定为95%（对于风险较高或特殊的项目，则适当下调赔偿比例），而最高赔偿限额，即通常为“保险金额×赔偿比例”；

（8）特殊约定：主要是对项目执行、保险责任承担及违约后果等方面的特殊规定，如对项目担保、项目后续执行、项目风险承担等方面设定特殊约定；

（9）保险期间（信用期限）：通常与银行提供出口信贷的期限相同，目前通常最长为15年；

（10）保险费率：实务中，确定保险费率的基本因素，通常主要有进口国的风险类别、宽限期和还款期长短、借款人和担保人的信用资质及其他辅助担保条件等。

以下以一个EPC买方信贷为例，其主要承保条件如表12－3所示。

表12－3　　EPC买方信贷承保条件

保单要素	承保条件
项目业主	东道国A公司
项目承建类型	EPC
EPC总承包商	中国B公司，采用中国设备和技术
项目建设工期	36个月
贷款银行	中国××银行（如中国国家开发银行CDB，其贷款根据项目工程进度，直接向中国B公司付款）
借款人	东道国A公司
担保方	东道国C
银行贷款	如10亿美元（CDB针对EPC合同金额提供85%的买方信贷，贷款期为15年，内含宽限期36个月）

① 目前，保险项下要求国产化率通常不得低于35%，以充分带动产品、设备及劳务“走出去”。相应地，如出口买方信贷项下的款项也可直接支付至“国内”的出口商或总承包商。

续表

保单要素	承保条件
信用保险方式	出口买方信贷保险（保单约定，中国企业B在收到A公司支付的15%的预付款后，方满足保险合同生效条件；保险期限15年，初始保险期限3年）
被保险人	中国××银行（如中国国家开发银行CDB）
赔偿比例	95%
最高赔偿限额	USD×××
等待期	90天
费率	N/A
交费期限	保险费通知书收到之日起15个工作日内一次性交纳

4. 交纳保费

原则上，根据保险合同的约定，投保人应一次性交纳中长期保险费①。当然特殊情况下，如保险费超过一定金额（如600万美元），为减轻保费交纳压力，投保人也可申请申请分期交纳。或者也有的如保费超过一定金额（如1000万美元），借款人也可向融资银行申请保费融资。

保险公司在收到保险费后，出具“保险单生效通知书”，保险责任正式开始②。

三、项目保后管理

保单签发并生效后，则进入项目保后管理阶段（银行则进入贷款管理阶段③）。出口信贷信用期限较长，保后管理是中长期项目险的工作重点。在这一阶段，主要任务是对承保项目有关的商务合同、贷款协议、担保文件和保单的落实、执行等情况进行日常保后管理和风险跟踪。

（一）日常保后管理

日常保后管理具体包括执行跟踪、批单出具等工作。

1. 执行跟踪

承保时，通常商务合同或贷款协议尚未执行，而在之后项目数年甚至十几年的执行过程中，各种风险情况可能发生变化。保后管理可及时跟踪项目的执行情况，确保承保条件落实，在可承受风险范围之内，根据保险标的变化相应调整保险条件，防止项目风险的发生，或在风险发生时采取措施控制风险的进一步扩大。

（1）出口卖方信贷保险。具体工作主要有建立项目管理台账，跟踪商务合同、贷款

① 国际性商业保险公司常见采用的是保费年度分期的收取办法，即按照年末风险敞口或贷款余额乘以费率计算应收保费，保险项下总保费是保险期间内各年度保险费累计之和。

② 当然，在出口买方信贷信用保险项下，根据条款约定，保险责任的生效还应同时满足贷款协议生效及“保险人收到出口商正式签署的出口买方信贷保险承诺书”。也就是说，即使被保险人交纳了保费，但如贷款协议未生效（或商务合同未生效），则保险公司不承担保险责任。

③ 主要包括对贷款执行情况进行检查和项目的贷后检查。其间，银行需和保险公司密切沟通，避免出现因银行在保险合同及相关合同项下义务履约瑕疵进而影响保险权益的情况。

协议、担保合同和保单等的执行情况，具体包括货物出运、工程进展、担保条件的落实情况、国产化比例变更、应收账款转让、进入还款期内的收汇情况等事项；同时督促被保险人按要求定期提交相关材料，如项目执行报告、完工证明文件及收汇证明文件等。

（2）出口买方信贷保险[①]。在放款期间，保后管理工作事项主要有，一是与银行沟通落实放款条件。具体如明确银行放款账户（特别是在发票载明的收款账户与商务合同或借款人指定账户不一致时，应征求保险公司意见）、跟踪落实担保条件、督促银行了解并报告商务合同执行情况、跟踪借款人及担保方资信状况；二是跟踪银行放款情况，督促银行定期报送买方信贷提/还款情况；三是如贷款协议条件进行变更（如借款主体变更或因工期延误导致提款期延长），保险公司应审慎评估风险，并作出判断；四是监管国产化比例的执行情况。在项目执行过程中，如国产化比例较投保时有所变动（通常是比例降低），则原则上应通知并征求保险人意见。

另外，在还款期间，保险公司主要是跟踪被保险人的收款进展情况，如到期足额回款，则提示被保险人申请终止保单。

2. 批单出具

保单在生效期内，商务合同或贷款协议或保单其他事项等都有可能发生变更，应被保险人申请，保险人经审核评估后，可出具批单对原保险单条件进行修改。

出具批单的常见情形包括被保险人、投保人与借款人的名称、地址、联系方式发生变更；原商务合同主体、金额变更（导致保险金额变化）；贷款协议金额、借款人主体、担保条件、提款金额、提款期、还款期等发生变化。

（二）风险异动及处理

风险跟踪方面的主要工作包括对进口国政治经济状况、借款人及担保人资信情况、出口商收汇情况等进行积极跟踪；对可能引发保险责任范围的风险与被保险人共同采取措施及时应对。

四、理赔追偿

如条款中约定，中长期出口信用保险理赔追偿流程，也可分为三大环节：首先，赔前调查减损（通常还涉及担保，应先主张担保权益），在这方面，ECA 机构通常对进口方/业主有一定的谈判能力和震慑力；其次，根据损因调查结果，审核被保险人在保单项下和商务合同/贷款协议项下的义务履行的情况，综合判定保险责任（相对来讲，中长期理赔案件在责任判定方面通常较为清晰）；最后，实施赔后追偿。

关于理赔追偿应遵循的基本原则、要求、处理方式及时限等事项，在条款中均明确予以约定，此处不再赘述。为便于读者有一个更为直观的理解，以下以某宗较为典型的出口卖方信贷的理赔案件为例，来大致概览中长期项目从承保到理赔处理的全过程。

---

① 如在买方信贷协议项下，则进入贷款的结算、贷款的使用和回收阶段。大致程序：出口商按商务合同的约定履行了相关的义务（用款的前提条件得到满足），之后根据商务合同的约定与借款人办理结算，借款人在收到并接受单据后将向贷款银行发出付款指示（从贷款银行提款），贷款银行据此直接向出口商支付货款。在贷款提用完毕或在贷款协议规定的用款期满后，借款人将定期向贷款银行还本付息。

【案例】

出口卖方信贷理赔案例

一、项目概况

我国某工程公司 A 于 2007 年开始对 M 国某电厂扩建项目进行谈判和跟踪，后于 2008 年 5 月正式签署了 EPC 总承包合同。

该 EPC 合同的主要内容为，A 公司为扩建两台燃油机组出运相关设备，以及为项目提供设计、制造、施工、安装、调试、培训及运行等服务。该商务合同金额总计 3.5 亿美元，付款条件为 10% 预付款（3500 万美元），5% 按工程进度付款（1750 万美元），其余 85%（2.975 亿美元）由 A 公司提供出口卖方信贷。

出口卖方信贷的信用期限为 144 个月（其中建设期/工期为 36 个月，还款期为 108 个月），延付利率为 ×%。延期付款部分（还款期）自第 37 个月开始，在 108 个月（9 年）内共计分为 19 次支付本金（等额）及相应利息（即每半年还本付息一次），利息合计为 I 美元。

该项目由 M 国财政部提供还款担保。2008 年 7 月，业主提交了该项目的还款主权担保，2009 年 9 月 1 日，业主支付了预付款，2009 年 11 月 1 日项目正式生效。根据商务合同约定，工期 36 个月后，业主应于 2012 年 12 月 1 日支付第一笔延付款项。

项目总计应收款为 3.5 亿美元 +19 期利息之和（F = 3.5 亿美元 + I）[①]，具体构成明细如表所示。

表　付款日期、内容及金额明细

序号	付款日期	付款内容	付款金额（美元）		
			本金	利息	本息合计
1	01/09/2009	预付款	3500 万	0	3500 万
2	01/11/2012	进度款	1750 万	0	1750 万
3	01/12/2012	第 1 笔递延还款[②]	P[③]	I_1	F_1
4	01/06/2013	第 2 笔递延还款	P	I_2	F_2
5	01/12/2013	第 3 笔递延还款	P	I_3	F_3
6	01/06/2014	第 4 笔递延还款	P	I_4	F_4
7	01/12/2014	第 5 笔递延还款	P	I_5	F_5
8	01/06/2015	第 6 笔递延还款	P	I_6	F_6
9	01/12/2015	第 7 笔递延还款	P	I_7	F_7
10	01/06/2016	第 8 笔递延还款	P	I_8	F_8
11	01/12/2016	第 9 笔递延还款	P	I_9	F_9

① 此处未包含业主应承担的保险费部分。

② 19 笔递延还款中，各期本金相同，各期利息递减。

③ P = 2.975 亿美元 ÷ 19。

续表

序号	付款日期	付款内容	付款金额（美元）		
			本金	利息	本息合计
12	01/06/2017	第10笔递延还款	P	I_{10}	F_{10}
13	01/12/2017	第11笔递延还款	P	I_{11}	F_{11}
14	01/06/2018	第12笔递延还款	P	I_{12}	F_{12}
15	01/12/2018	第13笔递延还款	P	I_{13}	F_{13}
16	01/06/2019	第14笔递延还款	P	I_{14}	F_{14}
17	01/12/2019	第15笔递延还款	P	I_{15}	F_{15}
18	01/06/2020	第16笔递延还款	P	I_{16}	F_{16}
19	01/12/2020	第17笔递延还款	P	I_{17}	F_{17}
20	01/06/2021	第18笔递延还款	P	I_{18}	F_{18}
21	01/12/2021	第19笔递延还款	P	I_{19}	F_{19}
总计应收账款			3.5亿	I	F＝3.5亿＋I

二、投保及保单承保概况

在收到预付款当日，即2009年9月1日，A公司向保险公司投保了出口卖方信贷保险。2010年2月1日，保险公司签发保单。

在出口卖方信贷保险项下，承保范围为延付本金（EPC合同金额的85%，即2.975亿美元）以及共计19期的延付利息之和，即保险金额为2.975亿美元＋I①，保单约定赔偿比例为90%，保单最高赔偿限额为（2.975亿美元＋I）×90%。保单终止日期为2022年5月1日。

保单约定保险费由投保人A公司支付，但实践中，经A和业主协商，业主也分担了部分保险费。

三、项目执行进展

本项目自2009年11月1日正式生效后，执行顺利。

四、理赔处理

（一）首次报损及索赔

根据商务合同的约定，第1笔款项 F_1（$P+I_1$）的应付款日为2012年12月1日。但到期日后业主发生拖欠，被保险人A遂在保单约定期限内向保险公司通报可能损失，之后，备齐索赔材料申请索赔。保险公司在收齐材料以后立即展开了定损核赔的工作。

由于该项目属于工程承包，保险公司的定损核赔工作主要是围绕A公司在商务合同项下的义务履行情况，以及业主对债务的确认情况两大方面展开。

① 实际高于商务合同金额3.5亿美元。

一方面，从A公司义务履行情况来看，保险公司全面审核了案件项下货物出运的相关单据（发票、提单、报关单等）、A公司工程施工情况的相关单据（如A所提供的与国内外多家分包商签订的技术服务、设计、土建安装等分包合同以及海陆运输等合同）、国产化比例情况（A所提供了原产地复印件，证明大部分货物都从国内出口，土建安装等施工合同也是与国内施工单位签订，国产化比例超过80%，符合承保条件）；另一方面，从债务确认情况来看，该笔款项已纳入保险公司和M国签署的重组协议，且索赔金额与纳入重组协议的金额一致，可以证明业主方已确认该笔债务。

综上所述，保单项下单据完备，被保险人义务履行无瑕疵，且索赔款项已纳入保险公司与M国签署的重组协议，故该项目拖欠损因成立，根据保单约定，属保险公司保险责任。

该案项下，保险公司核定损失金额为第一期递延还款的本息之和（F_1）。按保单约定的赔偿比例90%进行赔付，故赔款金额$=F_1\times90\%$。

同时，保险公司按规定要求被保险人A将相关赔款权益进行了转让，以便保险公司在赔付以后，按照与M国财政部签署的重组协议进行追偿。

（二）第二次报损及索赔

之后，业主方如期陆续偿付了第2笔款项（2013年6月1日到期）及第3笔款项（2013年12月1日到期），A公司均确认收讫。

2014年3月，业主分两次向A公司分别颁发了两台机组的临时验收证书（PAC），项目进入为期一年的质保期①。但之后，第4笔（2014年6月1日到期）及第5笔（2014年12月1日到期）款项全部发生逾期。因此，2015年3月，被保险人A向保险公司提交了新一期（第2期）的索赔申请及相关单据（如PAC证书），索赔金额为商务合同项下的第4笔及第5笔逾期款项（F_4+F_5）②。

如保险人经审理后认为，被保险人在第二期索赔项下单证齐全、致损原因为保单约定的进口方拖欠，则保险公司启动第二次赔付，核算赔付金额为（F_4+F_5）$\times90\%$。

因本项目项下保险公司首次已赔付$F_1\times90\%$，故保单项下最高赔偿限额余额为（2.975亿美元$+$I）$\times90\%-$（$F_1\times90\%$）。而（F_4+F_5）$\times90\%$并未超过最高赔偿限额余额，故保险可按（F_4+F_5）$\times90\%$进行第二次赔付。

同时，保险公司按规定要求被保险人A将相关赔款权益进行了转让，并在赔付以后，按照与M国财政部签署的重组协议继续进行追偿。

① 2015年3月，质保期结束，业主向A公司颁发了最终验收证书（FAC）。

② 当然在实务中，业主还可能在每期项下支付部分款项，则被保险人在提交索赔时应扣除已收汇金额。

第十三章

海外投资保险

随着生产力的不断提高，国际分工日趋深化。传统的商品输出、输入这种相对简单的国际贸易或分工模式，逐渐不能完全适应现代化大生产的需要。当今世界经济中，日益形成了一种跨国生产、投资与经营的模式。相应地，在传统的商业信用、银行信用等信用形式的基础上，信用也开始延展和上升到国际信用的层面。

如本书在第一章中所提到的，国际信用，通常指的是国与国之间的政府、银行及其他自然人或法人之间相互提供的信用，其主要对应和体现的是国与国之间资本的流动和转移（区别于国际贸易中的货物或服务的流动和转移），经济目的主要为获得相对更高的资本利润率或稀缺的生产要素。在国际收支核算中，资本的输出、输入通常归属于资本项目（区别于国际收支中的经常项目）。

具体就这种资本流动（国际信用）的方式来看，又大致包括国外商业性借贷和海外直接投资两种。其中，国外商业性借贷（foreign commercial loan），通常指的是单纯的国际资本流动（或称对外间接投资），具体如出口信贷①、银行/政府/国际金融机构贷款、债券发行及租赁等以金融资产方式进行的投资形式。而海外直接投资（外商直接投资，Foreign Direct Investment，FDI），则是一种相对更高级别的资本流动形式，通常指的是一国企业将资本直接投资于另一国的企业，享有东道国企业的所有权、经营权或相关权益。该种资本回报主要依赖项目的产出、收益或利润。

如若微观聚焦到单一企业的角度来讲，又有学者将企业跨国经营的发展阶段，大致分为商品贸易、服务合约、直接投资和战略联盟这四个阶段或四种模式。其中，在第一阶段商品贸易阶段，企业通常是以简单的商品出口的国际贸易为主，贸易交易周期相对较短；到第二阶段服务合约模式中，企业在出口商品的同时，通常还对外提供相关服务，比如在开展对外承包工程或提供成套设备的同时，企业需提供建设、安装及调试等服务。这种模式项下，服务期限相对拉长，交易金额相对提高，相应地，部分项目也需要信贷融资的支持。再进一步，如企业发展到第三阶段，就是直接投资模

① 出口信用，通常指官方及私营的出口信用机构，通过直接或间接地向本国出口商提供资金融通及保险服务，使国外交易买方/对手推迟付款期，以推动本国商品出口及对外投资。出口信贷（Export Credit）、出口信用保险（Export Credit Insurance）和出口信用担保（Export Credit Guarantee）是出口信用的三种主要方式。

式，即企业直接将资金、技术等投资到东道国并运营项目。在这一投资周期中，项目运营期限将更长，如有的长达 20 年或更久。最后发展到第四阶段，即战略联盟模式。如在全球资源配置的前提下，企业特别是大型跨国企业为寻求更大的发展，开展各种跨国并购交易。

综上所述，企业的跨国经营是从初级向高级不断发展演化的，但与此同时，伴随着交易（投资）金额的不断提高以及时间跨度的不断延长（尤其是到了直接投资和战略联盟阶段），相对来讲，企业所面临的各种商业风险和政治风险必然也更高。

海外投资保险，主要承保的就是企业在对外投资过程中所面临的政治风险，其作为规避海外投资政治风险的一种强有力的金融工具①，自在国外诞生之日（约 1948 年）起，为全球对外直接投资的发展作出了重要贡献。而在我国也不乏众多企业，在短期和中长期出口信用保险及海外投资保险的支持和庇护下，从无到有，从小到大，逐步经历了从简单的商品出口到服务贸易阶段，直至成功实现跨国投资建厂的飞跃。

第一节　海外投资与海外投资保险

一、海外投资概述

（一）什么是海外投资

关于海外投资，在实务中常见使用多种表述名称，如对外投资、对外直接投资、境外投资、境外直接投资及海外投资②等。

关于海外投资的概念界定，比较有典型代表性的是我国《企业境外投资管理办法》（中华人民共和国国家发展和改革委员会令 2018 年第 11 号）③ 中，将其规定为：

本办法所称境外投资，是指中华人民共和国境内企业（以下简称投资主体）直接或通过其控制的境外企业，以投入资产、权益或提供融资、担保等方式，获得境外所有权、控制权、经营管理权及其他相关权益的投资活动。

前款所称投资活动，主要包括但不限于下列情形：

“（一）获得境外土地所有权、使用权等权益；（二）获得境外自然资源勘探、开发特许权等权益；（三）获得境外基础设施所有权、经营管理权等权益；（四）获得境外企业或资产所有权、经营管理权等权益；（五）新建或改扩建境外固定资产；（六）新建境外企业或向既有境外企业增加投资；（七）新设或参股境外股权投资基金；（八）通过协议、信托等方式控制境外企业或资产。”

---

① 简单地讲，海外投资保险主要支持对外投资（资本项目、资本的输出），而中长期出口信用保险主要支持的是出口（属经常项目，如货物和服务的输出）。

② 我国企业“走出去”活动大都针对的是对外直接投资部分，因此如无特殊说明，本章讨论的也主要为对外直接投资（非间接投资）。

③ 中华人民共和国国家发展和改革委员会，http：//www. ndrc. gov. cn/gzdt/201712/t20171226_871563. html。

“本办法所称企业，包括各种类型的非金融企业和金融企业。本办法所称控制，是指直接或间接拥有企业半数以上表决权，或虽不拥有半数以上表决权，但能够支配企业的经营、财务、人事、技术等重要事项。”

（二）全球对外投资概况

根据联合国贸发会议（UNCTAD）《2019 年世界投资报告》[①]显示，2018 年全球外国直接投资（FDI）流量连续第三年下滑，同比下降 13%，降至 1.3 万亿美元（主要诱因是美国 2017 年底实行税改导致跨国公司利润回流）。

1. 全球对外直接投资流入（吸引外资）

2018 年，一是流入发达经济体的外国直接投资达到 2004 年以来的新低，同比减少 27%，降至 5570 亿美元。其中，美国 FDI 流入量为 2520 亿美元，这一金额虽然同比下降了 9%，但仍居全球首位，是外国直接投资的最大接受国。二是流入发展中经济体的 FDI 保持平稳，增长 2%，全年为 7060 亿美元。其中，亚洲是吸引外资最多的地区，全年 FDI 流入达到 5120 亿美元（其中，中国吸收的外资总额为 1390 亿美元，位居全球第二，仅次于美国）；拉丁美洲和加勒比地区的 FDI 流入达到 1470 亿美元，同比减少 6%；流入非洲的 FDI 为 460 亿美元，同比增加了 11%。三是流入东南欧和独立国家联合体（独联体）转型期经济体的 FDI 为 340 亿美元，同比下降 28%。

2. 对外投资来源国（FDI 流出）

2018 年，FDI 流出呈现差异化发展态势。其中，美国跨国企业大规模汇回资金以致全年 FDI 流出量大幅下降，最终导致美国在 2018 年全球 FDI 流出量从前 20 名经济体名单中消失（2017 年，美国对外投资达 3420 亿美元，是全球最大的对外投资国）。整体来看，发达经济体对外直接投资减少了 40%，降低至 5580 亿美元，占全球对外直接投资流出量的比重下降至 55%，创历史新低。

从对外投资规模国别排名来看，日本在 2018 年成为全球最大的对外投资国，全年 FDI 流出量为 1430 亿美元（中国、印度和韩国是日本 FDI 主要的接收国），其次为中国，全年为 1300 亿美元。法国对外投资额达 1020 亿美元，排名位居全球第三。

（三）我国对外直接投资发展历程

我国境外投资约开始于改革开放初期，但由于当时外汇资金短缺，国际收支平衡压力较大，且投资主体较为单一（主要是国有企业），因此境外投资形式较为简单（主要是设立贸易公司或者窗口公司），规模较小。改革开放 40 多年来，我国境外投资不断发展壮大，尤其是自 2000 年以来，我国境外投资呈现出高速发展的态势。表 13－1 为我国近年来对外直接投资金额及全球排名列表。

---

① United Nations Conference of Trade and Development. 世界投资报告 2019［R/OL］. https：//unctad.org/en/PublicationsLibrary/wir2019_overview_ch.pdf，2019.

表 13－1　　2002—2018 年中国对外直接投资情况　　单位：亿美元

年份	流量		存量	
	金额	全球排名	金额	全球排名
2002	27.0	26	299.0	25
2003	28.5	21	332.0	25
2004	55.0	20	448.0	27
2005	122.6	17	572.0	24
2006	211.6	13	906.3	23
2007	265.1	17	1179.1	22
2008	559.1	12	1839.7	18
2009	565.3	5	2457.5	16
2010	688.1	5	3172.1	17
2011	746.5	6	4247.8	13
2012	878.0	3	5319.4	13
2013	1078.4	3	6604.8	11
2014	1231.2	3	8826.4	8
2015	1456.7	2	10978.6	8
2016	1961.5	2	13573.9	6
2017	1582.9	3	18090.4	2
2018	1430.4	2	19822.7	3

注：2002—2005 年数据为中国对外非金融类直接投资数据，2006—2018 年为全行业（金融类＋非金融类）对外直接投资数据。

资料来源：商务部网站，《2018 年度中国对外直接投资统计公报》①。

从表 13－1 中可以看出，自 2002 年以来，我国对外投资除 2017 年和 2018 年之外，逐年均大幅提升，其中 2016 年的投资额更是迅猛增长②。2018 年，我国对外投资规模有所下降，结构和质量进一步优化。全年对外直接投资 1430.4 亿美元（其中，对外非金融类直接投资额为 1213.2 亿美元），全球排名第二位，占全球对外直接投资份额由上年的 11.1% 上升至 14.1%，创历史新高。此外，单从 2018 年来看，我国对外直接投资还明显呈现出以下特点③。

第一，对外投资并购领域广泛，行业结构持续优化。2018 年我国对外投资并购共计 433 起，涉及交易总额 742.3 亿美元。其中，直接投资④ 310.9 亿美元，境外融资 431.4 亿美元（占并购总额的 58.1%）。从并购涉及行业来看，对外制造业、采矿业、电力/热力/燃气、交通、水利等基础设施领域并购活跃。

① 中华人民共和国商务部，历年对外直接投资统计公报，http：//hzs.mofcom.gov.cn/article/date/201512/20151201223578.shtml。

② 这实际不排除房地产、影城、酒店、娱乐业、体育俱乐部等领域的一些非常规对外投资，以及一些大额非主业投资、"母小子大""快设快出"等类型的对外投资。

③ 中华人民共和国商务部、国家统计局、国家外汇管理局联合发布《2018 年度中国对外直接投资统计公报》。http：//hzs.mofcom.gov.cn/article/date/201512/20151201223578.shtml。

④ 即境内出资，指境内投资者或其境外企业收购项目的款项来源于境内投资者的自有资金、境内银行贷款（不含境内投资者担保的境外贷款）。

第二，从对外投资的流量构成来看，2018 年新增股权投资 704 亿美元，占流量总额的近五成（为 49.2%）；债务工具投资（仅涉及对外非金融类企业）为 301.1 亿美元，占流量总额的 21.1%；境外企业超七成盈利或持平，当年收益再投资 425.3 亿美元，占同期我国对外直接投资流量的近三成（为 29.7%）。[①]

二、海外投资中的风险

企业在海外投资快速增长的同时，面临的海外投资环境和投资风险也日益复杂，如何准确识别和有效管控风险是企业高度关注的课题。

（一）海外投资面临的各种风险

2012 年，商务部发布了《境外中资企业机构和人员安全管理指南》[②]，该指南指出，我国企业在境外经营过程中所遇到的风险主要包括政治风险、经济风险（东道国宏观经济形势变化给企业带来经济损失的风险，如通货膨胀风险、主权风险、外汇风险、利率风险、流动性风险等）、自然灾害风险、医疗卫生风险、恐怖活动风险、社会治安风险，以及境外发生的可能对境外中资企业和人员造成危害或形成潜在威胁的其他各类风险。

以上各类风险，基本涵盖了企业在境外投资过程中所面临的且发生频率相对较高的主要风险。如果按照风险性质来进一步划分，这些风险又大致可划分为自然灾害风险、商业风险和政治风险（非市场风险）三大类别。其中，商业风险主要是指企业在对外投资建设生产过程中，由于供产销各个环节不确定性因素的影响给企业带来的经营性风险（如市场变化风险、企业财务风险、营运风险、汇率风险、技术风险和法律风险等）。通常来讲，商业风险在宏观层面与一国的经济环境、金融体系、财政收支、国际收支、主权债务和双边经贸等因素相关，而在中微观层面则与东道国税收体系、投资便利性、基础设施、项目建设运营等直接关联。这些均可简单总结为海外投资过程中商业风险在很大程度上为政治风险所左右，同政治风险密切相关。

（二）海外投资过程中的政治风险

政治风险是国家风险评价的重要组成部分，通常指的是因东道国的政治变革或政治变动，导致国际经营活动中断或不连续、蒙受损失的可能性。从产生原因来看，政治风险本质上与投资所在国的政治环境、经济环境、社会环境、文化习俗、法律环境、国际关系、宗教信仰、恐怖活动相关，是投资企业难以（或无法）控制的风险。

在海外投资过程中，企业面临的政治风险，又常见分为征收、汇兑限制、战争及政治暴乱，以及政府违约等表现形式。而这些不同表现形式的政治风险，在不同国别地区、不同时期、不同项目类型又表现出较为明显的差异和特点。比如，就国有化（征收）风险来讲，其突出表现在 20 世纪 90 年代的拉美地区。当时在国际石油价格不断走高的背景下，拉美一些国家如委内瑞拉、玻利维亚、厄瓜多尔等国政府纷纷宣布对本国能源实行国有化。

① 2016 年，对外直接投资流量中的近六成投资形成了境外企业股权，债务工具规模创历史高点。具体来看，新增股权投资 1141.3 亿美元，同比增长 18%，占当年流量的 58.2%；债务工具投资 513.6 亿美元，是上年的 4.6 倍，占 26.2%；收益再投资 306.6 亿美元，占 15.6%。

② http://images.mofcom.gov.cn/hzs/accessory/201202/1328837864715.pdf。

又如，就战争及政治暴乱来看，近年来，全球一些热点地区，如中东、阿富汗、中亚（如乌克兰危机）、中南美洲及受北非阿拉伯之春波及的周边诸国等，动乱和冲突不断。

在世界多极化、国际经济一体化的今天，随着国际地缘政治、文化构成、宗教信仰、外资政策法规等政治和社会因素的日趋复杂多变，政治风险逐渐成为企业海外投资过程中相对最大、最难以预测的风险之一。

综上所述，无论是商业风险、自然灾害风险还是政治风险，就实践层面而言，因境外投资项目所涉及的合同通常较多，合同关系较为复杂，且各主要合同之间相互联动，因此，一个合同下因风险的发生而导致重大违约，都可能引起其他主要合同的连锁违约，进而导致项目运作发生系统性风险。以相对常见的"参股投资＋EPC"境外工程项目为例，其不仅包括 EPC 总承包合同，还包括项目开发协议、土地协议、投融资协议、担保协议、供应协议和运营维护协议等，如 EPC 承包合同项下发生重大违约、项目建设失败将导致项目公司/投资人对东道国政府、融资方、土地出租人和长期原料供应商等参与方的连锁违约，并可能导致承包商向上述各方承担间接赔偿责任。

三、我国现行海外直接投资政策与监管①

近年来，我国企业境外投资的规模和效益显著提升，但同时也面临诸多风险和挑战。为推动境外投资持续、有序和健康发展，有效防范各类风险，我国对企业境外投资和资本项目实行相对较为严格的管理制度（审核/备案是我国企业"走出去"的第一步）。

（一）对外投资政策导向

2017 年 8 月 18 日，国务院办公厅转发国家发展改革委、商务部、人民银行、外交部《关于进一步引导和规范境外投资方向指导意见》（国办发〔2017〕74 号，以下简称 74 号文）②，进一步明确了我国对于境外投资的监管态度和方向。

74 号文以清单方式，将我国企业境外投资分为鼓励类、限制类和禁止类三大类。具体内容如表 13－2 所示。

表 13－2　我国企业境外投资分类及主要情形

分类	主要情形
鼓励类境外投资	1. 重点推进有利于"一带一路"建设和周边基础设施互联互通的基础设施境外投资 2. 稳步开展带动优势产能、优质装备和技术标准输出的境外投资 3. 加强与境外高新技术和先进制造业企业的投资合作，鼓励在境外设立研发中心 4. 在审慎评估经济效益的基础上稳妥参与境外油气、矿产等能源资源勘探和开发 5. 着力扩大农业对外合作，开展农、林、牧、副、渔等领域互利共赢的投资合作 6. 有序推进商贸、文化、物流等服务领域境外投资，支持符合条件的金融机构在境外建立分支机构和服务网络，依法合规开展业务

① 从广义上讲，海外投资监管框架包括对境外直接投资、境外放款、内保外贷等模式的监管。限于本章篇幅及主题考虑，此处介绍的主要是狭义的、针对境内机构海外直接投资的现行监管体系。

② http://www.gov.cn/zhengce/content/2017－08/18/content_5218665.htm。

续表

分类	主要情形
限制类境外投资：限制境内企业开展与国家和平发展外交方针、互利共赢开放战略以及宏观调控政策不符的境外投资	1. 赴与我国未建交、发生战乱或者我国缔结的双多边条约或协议规定需要限制的敏感国家和地区开展境外投资 2. 房地产、酒店、影城、娱乐业、体育俱乐部等境外投资 3. 在境外设立无具体实业项目的股权投资基金或投资平台 4. 使用不符合投资目的国技术标准要求的落后生产设备开展境外投资 5. 不符合投资目的国环保、能耗、安全标准的境外投资，其中，前三类须经境外投资主管部门核准
禁止类境外投资：禁止境内企业参与危害或可能危害国家利益和国家安全等的境外投资	1. 涉及未经国家批准的军事工业核心技术和产品输出的境外投资 2. 运用我国禁止出口的技术、工艺、产品的境外投资 3. 赌博业、色情业等境外投资 4. 我国缔结或参加的国际条约规定禁止的境外投资 5. 其他危害或可能危害国家利益和国家安全的境外投资

由以上分析可以看出，与之前相比，我国现行境外投资监管体系逐步优化和完善，更加符合国际惯例和交易实践的需求，同时，在投资领域方面也倾向于引导企业更为理性地进行投资。

（二）现行对外投资监管框架体系

整体来看，我国现行对外直接投资的监管框架，可大致分为国家发展和改革委员会（及其地方各级分支机构，以下统称发改部门）、商务部（及其地方各级分支机构，以下统称商务部门）/主管金融监管部门及外汇管理部门三条主要的监管线。

1. 发改部门监管

现行主要依据为国家发展和改革委员会于2017年12月26日公布的《企业境外投资管理办法》[①]（中华人民共和国国家发展和改革委员会令第11号，以下简称11号令，2018年3月1日施行），重点规定了以下内容：

（1）投资主体。根据11号令，境内企业（投资主体）开展境外投资均须向发改部门履行核准/备案手续，报告有关信息，并配合监督检查。其中，境内企业不仅包括各种类型的境内非金融企业，还包括各种类型的拟开展境外投资的金融机构[②]。对于上述投资主体来讲，项目只有在获得发改委核准或备案后，才能后续办理外汇、银行贷款、海关、出入境及税收等相关手续[③]。

（2）敏感国家、地区及行业。11号令将项目类型分为敏感项目和非敏感项目。其中，敏感国家和地区为以下四种情形：一是与我国未建交的国家和地区；二是发生战

① http：//www. ndrc. gov. cn/gzdt/201712/W020171226342507849082. pdf。

② 商务部门和金融监管部门对境内金融机构和非金融机构开展境外投资则实施分别管理。

③ 相比发展改革委于2014年公布的、目前已被取代的《境外投资项目核准和备案管理办法》（国家发展和改革委员会令第9号，即9号令），11号令的监管对象范围有所扩大，并首次将境内企业设在境外的主体及境内自然人通过其控制的境外企业或港澳台企业对境外的投资行为纳入监管范围。

争、内乱的国家和地区；三是根据我国缔结或参加国际条约、协定等，需要限制企业对其投资的国家和地区；四是其他敏感国家和地区。关于敏感行业，国家发展改革委于2018年1月31日发布的《境外投资敏感行业目录（2018年版）》（发改外资〔2018〕251号）①，将以下行业列为境外投资敏感行业：一是武器装备的研制生产维修；二是跨境水资源开发利用；三是新闻传媒；四是根据74号文，需要限制企业境外投资的行业（主要包括房地产、酒店、影城、娱乐业、体育俱乐部及在境外设立无具体实业项目的股权投资基金或投资平台）。

（3）采取核准和备案两种监管方式。具体核准和备案权限如表13－3所示。

表13－3　　核准和备案权限情况

项目类型	核准或备案
投资主体直接或通过其控制的境外企业开展的敏感类项目（包括涉及敏感国家、地区及敏感行业的项目）	不区分投资主体企业性质及投资金额，一律报国家发展改革委核准
投资主体直接开展的非敏感类项目②	投资主体是中央企业（含中央管理金融企业、国务院或国务院所属机构直接管理的企业）的：报国家发展改革委备案
	投资主体是地方企业的：（1）投资额≥3亿美元③，报国家发展改革委备案；（2）投资额<3亿美元，报省级政府发展改革部门

2. 商务部门/主管金融监管部门监管

区别于发改部门这种不分投资主体是否为金融机构均纳入监管的模式，商务部门/主管金融监管部门这条监管线，则以境内投资主体是否为金融机构来进行区分。也就是说，投资主体是非金融机构，则向商务部门报批或备案；投资主体是金融机构，则由其主管金融监管部门进行管理。

其中，对于非金融机构开展的境外投资，现行主要依据是商务部2014年9月6日发布的《境外投资管理办法》（商务部令2014年第3号）④。该办法第六条规定："商务部和省级商务主管部门按照企业境外投资的不同情形，分别实行核准和备案管理⑤。企业境外投资涉及敏感国家和地区、敏感行业的，实行核准管理。企业其他情形的境外投

① http://www.ndrc.gov.cn/zcfb/zcfbtz/201802/t20180211_877272.html。

② 并不包括投资主体间接开展的非敏感类项目。

③ 中方投资额3亿美元这条基准线，在境外投资的其他监管制度中也常见如此规定。比如《关于大型出口信贷及出口信用保险项目的报批程序（修订稿）》（商贸发〔2018〕15号），将大型成套设备出口项目及对外承包工程项目的金额设定为3亿美元以上（含3亿美元）。

④ http://www.mofcom.gov.cn/article/b/c/201409/20140900723361.shtml。

⑤ 2017年全年，商务部和省级商务主管部门共备案和核准了境外投资企业6172家，其中备案6122家，核准50家。

资，实行备案管理。”[①]

3. 外汇管理部门监管

外汇管理部门及相关银行进行境外投资外汇登记和管理，其主要依据是国家外汇管理局制定的相关外汇管理政策及业务操作指引[②]。比如，国家外汇管理局于2014年7月14日发布的《国家外汇管理局关于境内居民通过特殊目的公司境外投融资及返程投资外汇管理有关问题的通知》（汇发〔2014〕37号，以下简称37号文）。2015年2月13日，国家外汇管理局发布《国家外汇管理局关于进一步简化和改进直接投资外汇管理政策的通知》（汇发〔2015〕13号），取消了企业境外直接投资的外汇登记核准行政审批，而改为“银行办理、外管监督”的模式，即由银行直接审核办理境外直接投资项下外汇登记，外汇管理部门则通过银行对境外直接投资外汇登记实施间接监管。

综上所述，我国目前对于境外投资的监管体系为多部门多线监管，这种监管框架下，因各部门互相独立，缺少协调机制，故可能存在一定的监管漏洞。为进一步加强对外投资备案（核准）报告管理工作，建立健全部门间信息统一归集和共享机制，2018年1月25日，商务部、人民银行、国务院国资委、银监会、证监会、保监会及国家外汇管理局联合发布了《对外投资备案（核准）报告暂行办法》（商合发〔2018〕24号，以下简称《暂行办法》）。《暂行办法》分别从境外投资的备案和核准、定期报告、监管、事后举措等方面作出了明确规定，建立了“管理分级分类、信息统一归口、违规联合惩戒”的对外投资管理模式。

（三）境外投资申报及审核流程

从投资人角度来讲，根据我国现行境外直接投资监管框架和制度规定，境内投资主体只要开展境外投资，无论通过何种方式，都应按照境外投资项目核准的有关规定，分别向相关部门履行相应的行政许可手续。

1. 申报流程

总体来看，可大致将境外直接投资的审批流程及重点梳理如下（见图13－1）。

简单来说，在我国现行法律法规体系下，境内机构开展境外直接投资主要须向发展改革委（包括国家发展和改革委员会及省级地方发展和改革委员会）申请立项，发展改革委根据项目类型和金额对企业境外投资进行审核（如前所述），同时，还要向商务部（包括商务部和省级地方商务主管机关）/主管金融监管部门申报。

在获得以上两部门核准/备案后[③]，境内投资主体（包括金融机构和非金融机构）还需要根据国家外汇主管部门（包括国家外汇管理局和省级地方外汇主管部门）的规定和要求，在银行办理境外直接投资外汇登记及对外购付汇手续，以最终完成出资。

---

① 商务部目前也表示，后续将着力于修订《境外投资管理办法》，并会同有关部门继续推进境外投资条例制定工作。

② 国家外汇管理局，http：//www.safe.gov.cn/safe/2018/0731/9761.html。

③ 具体如国家/省发改委出具境外投资项目“备案通知书”，商务部/厅颁发“企业境外投资证书”等。这些资质证书也是相关融资银行和保险机构审核项目背景真实性和政策合规性的重要依据。

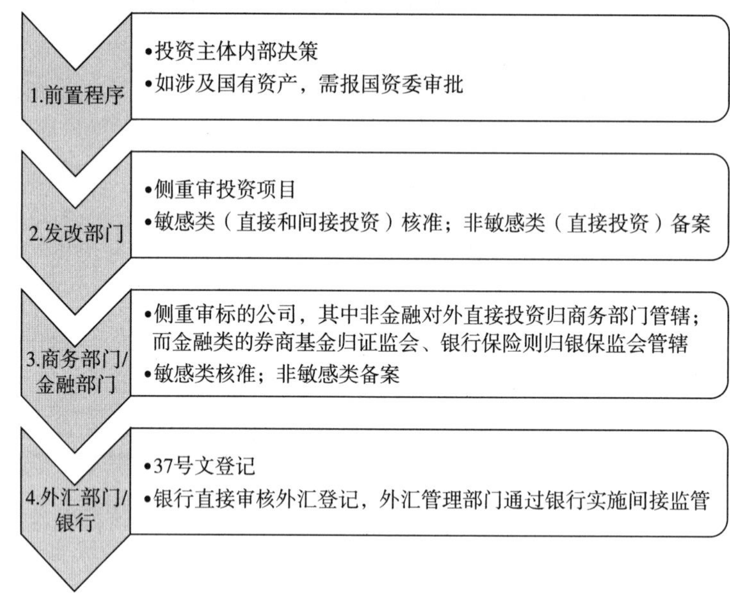

图 13－1　境外直接投资的审批流程

2. 涉及国有资产境外投资报批的前置程序

若境内投资主体开展境外投资涉及国有资产，还受国务院国有资产监督管理委员会（以下简称国资委）的监管。其中，对于中央企业从事境外投资，国资委主要依据 2017 年 1 月 7 日公布（公布之日施行）的《中央企业境外投资监督管理办法》（国有资产监督管理委员会令第 35 号）① 进行监管。值得注意的是，为加强境外投资风险管理，该管理办法第二十七条规定："中央企业应当根据自身风险承受能力，充分利用政策性出口信用保险和商业保险，将保险嵌入企业风险管理机制，按照国际通行规则实施联合保险和再保险，减少风险发生时所带来的损失。"这也是国资委在中央企业境外投资监管办法中首次明确作出应充分利用信用保险的规定。

四、海外投资保险

如上所述，海外投资大多金额较高，期限长、风险因素较多，报批与监管规定也相对严格。

企业在"走出去"的过程中，其所面临的风险随着企业经营性质和外部环境的改变在不断发生变化。典型如在工程承包领域，近年来逐渐兴起的"EPC + 对外投资"模式，承包商在转型的同时成为项目投资股东，也意味着对整个项目的进程和风险负责。而现阶段，毋庸讳言，不少境内投资主体受境外投资行业经验欠缺、对海外投资的游戏规则（如东道国相关产品政策、法律、税收、环保）了解有限，以及风险管控

① 国务院国有资产监督管理委员会，http：//www. sasac. gov. cn/n2588035/n2588320/n2588335/c4258448/content. html。

能力不足等诸多因素的限制，在预防和管控境外投资风险方面面临巨大的新的挑战，其在传统工程承包项目下的风险管理意识、理念和防控措施与手段已不能完全满足当今发展的需要。

为此，投资主体需积极主动转变风险防控思路和方式，不断提升对项目的总体管理、协调和驾驭能力。同时，对于那些不再宜也不能够通过企业自身风险管理手段和商业合同去缓释和控制的风险，尤其是政治风险，企业更需要在保险方面作出必要的安排。这种保险安排也是长期以来国际上通行的一贯做法。

（一）概念

海外投资保险，是规避、抵御和管理海外投资政治风险的强有力的金融工具之一，其和传统的短期与中长期出口信用保险不同，海外投资保险所承保的风险通常限为政治风险（而非商业风险），因此也常被称为政治风险保险。①

具体来讲，海外投资保险主要是为投资主体的海外投资活动提供政治风险保障，即当因投资所在国发生征收、汇兑限制、战争及政治暴乱，以及政府违约等风险进而造成投资经济损失时，海外投资保险按保单约定进行赔偿，以此支持和鼓励本国投资者积极开拓海外市场，达到促进经济发展的目的。

当然，以上也仅是一个狭义上的定义。因为随着海外投资保险市场的不断发展，新的承保主体、承保理念、承保方式、承保技术等不断涌现，政治风险②和政治风险保险③的内涵也都是在不断丰富和演变的。

（二）分类

海外投资保险可主要分为两大类，即股权保单和债权保单两种。股权保单适用于海外股权类投资项目，而债权保单主要适用于海外债权类投资项目，具体包括对海外项目公司的股东贷款和融资贷款。因此，根据投资人的性质不同，债权保单又可进一步分为企业（股东）债权④和银行（金融机构）债权⑤两种。

以我国为例，目前海外投资保险产品主要有三款，即海外投资（股权）保险、海外投资（债权）保险（股东适用）、海外投资（债权）保险（金融机构适用）。这三款产品的主要区别如表 13 -4 所示。

---

① 唐若昕. 出口信用保险实务［M］. 北京：中国商务出版社，2004：151.

② 通常认为，政治风险、主权风险、社会风险、宗教风险、文化风险等都属于特定层面的国家事件，属于国家风险的范畴。而国家风险，如从企业的视角来看，则通常指因遭受东道国特定层面事件的影响，而使企业在跨国经营活动中导致损失的可能性。其中，特定层面事件主要包括战争、暴乱、征收、汇兑限制、宗教冲突、政权更迭等事件，这些事件与该国主权、政治、经济、宗教、社会等息息相关。

③ 目前，国际保险行业内的政治风险保险（Political Risk Insurance，PRI），主要对应的是我国的海外投资保险。但在保险实务中，政治风险保险的范畴，除海外投资保险之外，实际还包括部分财产险类的政治风险保险业务，该财产险类业务所承担的是因政治风险（恐怖袭击、国内政治动荡、叛乱、战争、征收等）所导致的财产和经营中断的损失。而主要出于本章主题考虑，下文如无特殊说明，则并不将海外投资保险和政治风险保险做明显区分。

④ 具体指股东贷款项下形成的企业债权（本金 + 利息）。

⑤ 金融机构贷款项下形成的金融机构债权（本金 + 利息）。

表 13－4　　　　　　　　　海外投资保险产品类型及主要区别

保险类型		被保险人	保险标的	承保风险
股权保单	海外投资（股权①）保险	本国投资者	投资者投入的资本及收益（承担投资项下股东权益损失）	汇兑限制、征收、战争及政治暴乱、政府违约、经营中断（5项）
债权保单	海外投资（债权）保险（股东适用）	本国投资者	企业债权，即股东贷款项下的本金和利息	汇兑限制、征收、战争及政治暴乱、政府违约（4项）
	海外投资（债权）保险（金融机构适用）	银行等金融机构	银行债权，即金融机构贷款项下的本金和利息（承保融资贷款）	

当然在实务中，以上三种保险产品在同一个项目中也可综合使用。

（三）海外投资保险的功能作用

海外投资保险在鼓励投资者向发展中国家投资，防范风险及撬动融资等方面发挥着积极作用。

1. 风险管理与损失补偿

一方面，海外投资保险为投资者因遭受政治风险而产生的投资损失提供经济补偿，维护投资者和融资银行权益，避免因投融资损失而导致的财务危机或坏账。

另一方面，海外投资保险的作用，不仅在于事后补偿，其更突出地表现在防患于未然。具体来说，由于保险主体对投资项目的介入和参与，可以在某种程度上有效规避政治风险的发生。这些保险主体，多以政府为依托，可以通过承保项目对东道国施加一定的影响，从而降低政治风险（典型如征收或政府违约风险）的出现。此外，这些保险主体之间以及与相关政府部门、国际资信调查和评估机构建立或保持密切的联系，及时获取各国政治经济最新动态和投资环境状况，凭借丰富的项目承保经验和先进的承保技术，也可为投资者提供大量的投融资、尽职调查及项目建造运营方面的专业意见，这些都可以在很大程度上帮助投资者提升风险管理水平，提高项目抵御风险的能力。

2. 撬动融资

海外投资期限长、风险高、融资难度大是投资主体在“走出去”过程中面临的普遍问题。海外投资保险通过承保政治风险，能够为投资者提供融资便利，同时也可帮助投资者获得较为优惠的信贷支持。

简单来讲，如果企业的海外投资项目获得了海外投资保险承保，则其在申请银行融资贷款时，银行将通常予以重点支持，或是提高贷款额度或是在一定程度上放松贷款条件，从而企业更易获得银行信贷支持②。

① 股权类投资包括货币、实物、技术或知识产权等出资方式的股本投资。

② 不少银行在其境外投资贷款业务的申请条件中，均规定在银行认为必要时投保海外投资保险。读者如感兴趣，可进一步参照如中国进出口银行官网，http://www.eximbank.gov.cn/tm/Fm2/index_1168.html。

具体就投资保险项下的银行融资模式来看，对应着前述三种主要的海外投资保险类型，银行融资也主要有以下三种模式。

（1）海外投资（股权）保险项下的银行融资。在这种模式项下，银行在本国投资主体（被保险人）自有资金到位的前提下，为其提供所需的银行融资，解决投资主体在境外项目的资金需求。简言之，在投资主体投保了海外投资（股权）保险的前提下，银行凭借对投资主体的了解评估，直接向境内投资主体提供授信（借款人非境外项目公司）。

（2）海外投资（债权）保险（股东适用）项下的银行融资。这种模式同样是在海外投资保险为投资主体作为股东贷款项下的本金和利息提供保障的前提下，金融机构进而为投资者提供融资（借款人非境外项目公司），以满足其海外投资项目的资金需求。

（3）海外投资（债权）保险（金融机构适用）项下的银行融资。与以上两种模式的不同之处主要在于，一是海外投资（债权）保险（金融机构适用）实际为一款银行保单，即以银行等金融机构作为被保险人，所承保的底层基础合同是银行贷款协议，因此对金融机构的保障相对更为直接（其他两种保险都属企业保单，即被保险人是投资主体）。二是该保单项下的银行融资，其银行贷款对象通常为境外项目公司，这也与基于前述两款企业保单项下，银行贷款对象主要是境内企业有所区别。目前，海外投资（债权）保险（金融机构适用）是我国投资主体开展境外投资项目，获取银行融资的主要险种。

3. 市场开拓

在海外投资保险保障的基础上，配合保险公司所提供的专业化的投融资风险管理服务，投资者可以更有信心地投资于海外项目，有效带动对海外市场尤其如在新兴市场的对外直接投资规模。时至今日，海外投资保险已成为各国用于促进和保护境外投资的通行做法，在海外投资活动中发挥着极其重要的作用。

第二节 海外投资保险发展概述

一、海外投资保险发展历程

（一）发展变迁的几个阶段

1. 第一阶段，萌芽和创立阶段

根据相关史料记载，大约在 17 世纪，伦敦劳合社就开始对战争及类似政治风险提供保险保障，这或许可以看作海外投资保险的最初萌芽。但直到第二次世界大战后，海外投资保险制度才真正创立起来。

1948 年，美国开始实施“欧洲复兴计划”（马歇尔计划），对被战争破坏的西欧各国进行经济援助并协助重建。为配合欧洲复兴计划的实施，促进和保障本国投资者在欧洲的投资，美国正式创设了海外投资保险制度。

2. 第二阶段，20 世纪七八十年代，海外投资保险在全球范围内经历了第一次显著

发展（但以官方机构为主）

20 世纪六七十年代，众多非洲、拉美原殖民地国家掀起独立浪潮，新政府就任后纷纷宣布没收（或征收）在本国的外资企业，从而使外国投资者遭受了巨大损失，这一时期成为全球征收风险的高发期。

现代意义上承保政治风险（主要是承保政府征收风险）的海外投资保险，同期真正开始。到 20 世纪 70 年代，海外投资保险经历了第一次飞跃发展。为继续鼓励和支持本国企业的海外投资，1971 年，美国海外私人投资公司（Overseas Private Investment Corporation，OPIC）成立，其作为美国政府下设的一个独立的公司实体，经营范围从最初的仅限于马歇尔计划下的项目，到之后扩展到对发展中国家开展的投资[①]；1974 年，美国国际集团（AIG）也开始提供期限相对较长的综合政治风险保险（Comprehensive Political Risk）；紧随其后，一些 OECD 成员国，如日本、法国、德国、荷兰、瑞士、比利时、加拿大、澳大利亚、英国等国家也相继效仿美国，开始通过官方出口信用保险机构或其他机构提供海外投资保险。

不仅发达国家如此，到 20 世纪七八十年代，一些发展中国家与地区也开始为本国的海外投资者提供政治风险保险。由此，海外投资保险制度在各国得以广泛建立[②]。

3. 第三阶段，20 世纪 90 年代后，商业保险主体进入海外投资保险市场，业务快速发展

进入 20 世纪 90 年代，美苏争霸结束，全球经济迅猛增长，跨国直接投资也开始活跃。就行业来看，当时的对外直接投资主要活跃和集中在一些国际化程度较高的领域（如石油、采矿、化工、汽车等）。此外，传统上由政府主导运营的一些行业（如基础设施、能源、电信等）也开始引入国际私人资本。但与此同时，这些吸引外商投资的新兴市场和国家又普遍存在政局不稳、投资环境不健全、投资风险较高的问题。为有效转移海外投资过程中的政治风险，投资主体对海外投资保险的需求大大增加。而因当时官方保险机构承保能力相对有限，进而部分商业性保险主体开始介入海外投资保险市场。

1990 年，世界银行下属的多边投资担保机构（Multilateral Investment Guarantee Agency，MIGA）[③] 开始提供官方机构的海外投资保险。1996 年，美国国际集团（AIG）宣布扩大政治风险的承保范围，并将保险期限从之前的严格限制在 3 年以内延长到 7 年[④]甚至更长，以及提高单个项目承保金额上限。

在美国国际集团（AIG）的带动下，20 世纪 90 年代后，其他多家商业保险公司也开始进军海外投资保险市场（如 Sovereign、Zurich、Chubb），随着商业保险主体的增多，海外投资保险单一项目的承保金额越来越高，承保期限也从 3 年延长到 7 年甚至长达 10 年以上，并且不仅承保债务人是政府的业务（政府违约），也普遍可承保私人企业的风

---

① 本节随后将对 OPIC 进行专门介绍。

② 罗熹．信用保险词典（第一版）[M]．北京：中国金融出版社，2015：367.

③ 准确来说，MIGA 是一家担保机构。

④ 或许是沿袭着这一行业惯例，3 年、7 年、10 年仍然是现今国际商业性保险机构承保期限的几个重要的分水岭。比如，对于 7 年以上的海外投资或海外承保工程项目，绝大多数国际商业保险机构对之承保难度明显提高。

险，或纷纷采取其他相对更为宽松的承保政策。

（二）国际上主要的海外投资保险/担保机构

按所有制形式不同，全球海外投资保险/担保机构可大致划分为官方（公共）保险/担保机构和私营保险机构两大类。一项调查统计[①]显示，2016 年，全球有 90 多家官方和私人保险机构承保政治风险保险，其中包括伯尔尼协会中的 50 家成员、隶属伦敦劳埃德集团的 27 家独立机构及 20 余家商业（私营）保险机构。

1. 官方信用保险/担保机构

（1）官方信用保险机构。通常官方保险机构承保的业务种类比较全面（根据伯尔尼协会分类，通常为短期出口信用险 + 中长期出口信用险 + 海外投资保险三大类）。具体来看，官方保险机构主要有两种经营模式：一种是官方（政策性）海外投资保险机构，另一种是政府授权商业机构代理经营海外投资保险业务，但项目审批决策权归属于国家专门机构。

（2）国际多边投资担保机构。为鼓励外国投资，补充非商业性风险保险方面的不足，还有一些多边投资担保机构，具体如下：

一是世界银行附属的多边投资担保机构 MIGA（Multilateral Investment Guarantee Agency）。MIGA 是根据 1985 年世界银行年会上通过的《建立多边投资担保机构公约》（《汉城公约》）应运而生的，于 1988 年正式成立[②]。我国于 1988 年 4 月 28 日签署了《建立多边投资担保机构公约》，成为 MIGA 创始成员国之一。目前 MIGA 有 180 个成员国。MIGA 的基本职能是，为其成员国投资者在另一发展中国家成员国境内的投资提供政治风险（通常不含商业风险）担保[③]，担保（保险）期限可长达 15 年，最长可达二三十年（以匹配融资贷款期限）。MIGA 风险承受能力强，对项目所在国影响力大，通常由 MIGA 承保的项目对有关国家有一定的政治压力和约束力，因此对外资在东道国可能遇到的政治风险能够起到多重预防和制约的效果，故 MIGA 担保（承保）的项目出险率较低[④]。这个优势，也是各国 ECA 机构和国际商业信用保险公司所无法比拟的。传统上，MIGA 以承保海外投资类项目为主，但近年来，在满足一些特定条件的前提下，MIGA 也考虑承保一些 EPC 工程项目和买方信贷项目。

二是亚洲开发银行（Asian Development Bank，ADB，以下简称亚行）。亚行于 1966 年成立，总部设在菲律宾首都马尼拉。目前，亚行政治风险担保范围已扩展到 BOT 项目模式上，通常担保期限可长达 15 年。

三是其他一些地区性的开发性金融机构。比如，欧洲复兴开发银行（European Bank

---

① https：//www. opic. gov。

② 我国出口信用保险制度，也于同年正式建立。

③ 具体包括汇兑限制、征用、战争、合同违约及不履行付款义务（Transfer Restriction，Expropriation，War and Civil Disturbance，Breach of Contract，and Non – honoring of Financial Obligations）。

④ MIGA 风险评估制度有明显的特点和优势，其所担保/承保的合同须经东道国政府批准，也就是说事先已经为东道国政府了解和认同，此外在纠纷调解解决和代位追偿等关键环节，MIGA 也具有明显优势。通过代位求偿机制为投资争端解决提供了非政治化的解决方式。

for Reconstruction and Development，EBRD）、伊斯兰开发银行（Islamic Development Bank，IDB）、非洲开发银行（African Development Bank，ADB）及其附属的亚洲开发基金（African Development Fund，ADF）和加勒比开发银行（Caribbean Development Bank，CDB）等，这些机构服务于所属成员国，为成员国基本建设、产业机构升级等项目提供金融支持。

2. 商业（私营）保险机构

从全球来看，在政治风险保险市场（PRI）中，占主导地位的商业性保险机构并不是信用保险领域常见的国外三大家（EH、Atradius、Coface[①]），而是另外20多家商业保险机构（多为跨国集团），其中较有代表性的包括苏黎世金融服务集团（Zurich）、Chartis保险集团、美国安达保险集团（ACE）、Sovereign、Aspen、美国丘博保险（Chubb）、汉诺威再保险（Hannover Re）、澳洲昆士兰保险集团（QBE）等。

此外，劳合社（Lloy's of London）也是全球政治风险保险市场的积极参与者[②]。

这些商业性保险机构所承保的业务通常按项目方式逐笔进行承保，当然与此同时也会承保少量的短期信用险业务，但在客户选择方面通常侧重于银行或大企业客户，并常见以保单项下总损失超赔方式进行承保。

综上所述，海外投资保险发展至今，官方和商业保险机构两者在承保动机、承保能力和技术等方面各有侧重。但近年来，随着海外投资机会的激增，投资主体对海外投资保险的需求也相应增加，尤其是在对大额项目政治风险的承保上，为提高整体承保比例（或降低信用保险机构的风险敞口），投资主体也倾向需要官方和商业保险机构进行联合承保，这进一步促进了官方和商业保险机构之间的合作[③]。

在诸多官方和私营海外投资保险机构中，美国海外私人投资公司OPIC在行业内一直扮演着先驱者和开拓者的角色（尽管在2018年，OPIC进入了重组的历史拐点），其在政治风险保险领域的贡献无法忽略。

（三）美国OPIC的发展及重组变迁

1971年，主要因美元危机与美国经济危机的频繁爆发，尼克松政府宣告结束已运行了近30年的布雷顿森林体系（第二次世界大战后以美元为中心的国际货币体系）。同年，美国开发性金融机构[④] OPIC悄然成立。该机构的主要宗旨是保障美国私人部门对外

---

① 这三家商业性信用保险机构尽管也有专门的团队负责政治风险保险的承保，但从整体业务结构来看，还是以短期信用保险为主，即承保的主要是非资本性货物的国际贸易交易，期限通常不超过两年，且以统保（whole turnover）方式承保为主。

② 对于中长期政治风险保险市场，自2012年以来，新加坡已基本可与传统上全球最大的保险市场英国伦敦并驾齐驱，之后才是纽约、百慕大等保险市场。

③ 比如，某南非业主在莫桑比克某天然气项目中，由世界银行、MIGA、南非出口信用保险公司（Export Credit Insurance Corporation of South Africa）联合承保政治风险。一旦发生索赔，则按照风险类型和承保比例进行分摊。资料来源：中华人民共和国商务部．中国对外投资合作发展报告（2017年）［R/OL］．http：//fec. mofcom. gov. cn/article/tzhzcj/tzhz/，2017：235.

④ 分别以贸易促进和投资促进为独立目标，可将美国的开发性金融机构大致划分为两类。一是美国进出口银行，其办理与贸易相关的出口信用保险、出口信贷等业务；二是如OPIC，主要提供对外投资保险、对外投资融资等服务。

投资利益（特别是在新兴市场国家的投资），促进新兴市场国家可持续的经济增长，以及促进美国对外政策和国家安全优先战略。

1. OPIC 的主营业务[①]

OPIC 作为以促进海外投资为主要职能的开发性金融机构，其主要提供承保征收、汇兑限制、战争和违约风险等政治风险为主的海外投资保险。

在承保政治风险保险的同时，OPIC 也在不断外延其功能职能。比如，为了应对政治风险保险行业出现的新变化，OPIC 推出了主权担保违约风险保险（Non – honor of a Sovereign Guarantee，NHSG），用于保障政府不履行其向银行贷款和债券融资提供的担保项下义务的风险。2003 年，OPIC 首次用该产品承保了菲律宾政府为菲律宾国家电力公司（Napocor）债券发行所提供的主权担保风险。

又如，在对外投融资方面，OPIC 主要通过创新型金融中介计划（Innovation Financial Intermediaries Program，IFIP）、小微金融、小型商业贷款等方式满足企业和金融机构的资金需求。此外，OPIC 也不断加强与商业保险机构的密切合作，通过多种方式，激励和引导商业保险机构和投资者共同参与复杂项目，促进政治保险市场的不断发展。

2. OPIC 业绩

2017 年，OPIC 新增责任金额 38 亿美元，新增项目个数 111 个[②]，全球投资规模达到 232 亿美元，涉及医疗服务、教育、基础设施、住房、信息技术、电信、金融服务及农业等诸多领域，（长期）保险和融资服务共计覆盖 90 个发展中国家。

在费率定价方面，OPIC 秉承市场化原则。2017 年，OPIC 业务收入达 2. 62 亿美元（归美国财政部），是连续第 40 个财年盈利，其 271 名员工，人均对美国财政部的贡献超过 96. 5 万美元。在过去的 40 年里，OPIC 所累计减少的财政赤字共计 86 亿美元。

在理赔追偿方面，OPIC 保持着良好的赔付声誉，而在赔后追偿方面更是具有突出优势，其近年来的平均追偿率高达 90%。这充分保证了 OPIC 在业务前端能够更加积极审慎地开拓市场，从而为美国投资者和金融机构海外（主要是在发展中国家）投资提供广阔的商业机会。

3. OPIC 的重组变迁

近年来，美国国内对于开发性金融机构的认可度在不断提升，与此同时也有部分观点认为，OPIC 需要现代化（或改革重组），以跟上部分国家在非洲乃至全球日益增长的投资步伐。

在此背景下，2018 年 10 月 5 日，美国总统特朗普签署《有效利用投资引领开发法案》（*Better Utilization of Investments Leading to Development Act*，以下简称 BUILD 法案），该法案提出建立一个全新的开发性金融机构，即国际开发金融公司（International

① https：//www. opic. gov。

② https：//www. opic. gov/press – releases/2017/opic – announces – 38 – billion – new – commitments – fiscal – year – 2017。

Development Finance Corporation，IDFC）。IDFC 在很大程度上继承 OPIC 的发展思路和理念[①]，同时，也扩展了 OPIC 的原有职能（如 IDFC 可以股权投资或基金出资的方式，支持美国投资者的境外项目），使该公司的开发性金融战略性地位不断加强。

BUILD 法案签署后，OPIC 进入约 4 个月的过渡期。自 2019 年起，OPIC 将正式画上完满的休止符。

二、海外投资保险全球市场概况[②]

长期以来，政治风险保险承保的债务投资（企业贷款 + 金融机构融资贷款）增长趋势明显，而传统股权投资的业务增速则较低。但无论如何，海外投资保险发展到今天，其为全球海外投资的发展作出了重要贡献。根据伯尔尼协会统计数据，近年来的承保及理赔概况如下。

（一）承保概况

1. 承保规模有所下降

整体来看，2008 年国际金融危机后，全球海外投资保险历年的承保额，基本保持着波动中小幅上涨的整体态势。但自 2017 年以来，受各种因素的影响，海外投资保险承保金额呈现明显下滑态势。2018 年，在全球出口信用保险整体规模上涨的情况下，海外投资保险的承保额却逆势下降至 879.9 亿美元，降幅达到 11.1%，同时在整个信用保险行业的占比也降到历史新低，仅为 3.6%（与 2009 年持平）[③]。具体如表 13－5 所示。

表 13－5　2008—2018 年海外投资保险历年承保金额

年份	2008	2009	2010	2011	2012	2013	2014	2015	2016	2017	2018
承保金额（亿美元）	585.9	491.5	653.5	750.4	1001.3	993.1	991.4	937.7	1133.4	990.0	879.9
增长率（%）	10.4	－16.1	32.9	14.8	33.4	－0.8	－0.2	－5.4	20.9	－12.6	－11.1

2. 所承保的投资目的国较为集中

近年来，全球海外投资保险所承保的投资目的国，主要集中在哈萨克斯坦（自 2013 年至 2016 年连续四年排名首位）、印度尼西亚、中国、美国、巴西、印度、越南、土耳其、俄罗斯、乌兹别克斯坦等经济体。2018 年基本也延续着这一态势。

3. 渗透率（投资保险保额/FDI）不高

一方面，相对于短期业务来讲，海外投资保险整体渗透率较低，即使在历史最高值时的 2014 年，其渗透率也只有 7.8%。另一方面，从 2008 年国际金融危机以来，投资

① 美国私人部门在对外投资中占主导作用。开发性金融机构在对项目的甄选上，注重的是对新兴市场国家发展的促进和提升，通过发挥杠杆作用，催化和引导美国私人投资在全球区域的布局，注重“开发性”职能效果。

② 该部分内容及业务数据，如无特殊说明，均主要来源于：中国出口信用保险公司．国家风险分析报告 2018[M]．北京：中国金融出版社，2018：30－35.

③ 从投资保险在整个信用保险行业中的占比情况来看，除最高为 6%（2016 年）及最低 3.6%（2009 年及 2018 年）之外，其他年份大都徘徊在 4%～5% 的水平。

保险渗透率逐年呈现波浪式上升的态势。2018 年，在全球 FDI 大幅下降的情况下，投资保险渗透率上升至 6.8%。

（二）赔付概况

1. 近十年赔付金额

2009 年之前，全球海外投资保险每年的赔付金额还都未超过 1 亿美元，但在国际金融危机后，即从 2010 年开始，历年赔付金额呈明显增加态势，2017 年赔付金额更是达到近十年来新高，全年支出赔款 5.346 亿美元，同比增长 76%，2018 年赔付金额持续保持高位，全年赔付 5.258 亿美元（见表 13－6）。

表 13－6　　2008—2018 年海外投资保险历年赔付金额①

年份	2008	2009	2010	2011	2012	2013	2014	2015	2016	2017	2018
赔付金额（百万美元）	81.4	24.2	195.5	179.2	125.2	146.6	238.6	150.0	303.2	534.6	525.8

2. 不同风险类型的赔付概况

汇兑限制、征收、战争和政治暴乱、政府违约等风险是全球投资保险承保的主要风险。近年来，除 2016 年以外，战争和政治暴乱为投资保险的第一大损因（主要为利比亚政治暴力事件所致），整体赔付金额占赔付总额的六成以上，2017 年因战争和政治暴乱所支出的赔付更是为历史新高，达 1.77 亿美元，超过前 4 年该损因赔付的总和。2018 年，因战争和政治暴乱赔付尽管同比有所下降，但仍高达 1.56 亿美元。

3. 不同国别赔付情况

依据伯尔尼协会统计，2014—2018 年，投资保险的赔付国别绝大多数为发展中国家和转型国家，且赔付额排名前十的国家（或地区）累计的赔款总金额，每年占全部海外投资保险赔款总金额的比例基本在 80%～90%。

2018 年，前十大赔付国别合计赔款金额为 4.53 亿美元，其中与 2017 年相同的是，排名前两位的依然是利比亚（1.499 亿美元）和巴西（8155 万美元），其他赔付国别依次是新加坡（7070 万美元）、埃塞俄比亚（3893 万美元）、加纳（3618 万美元）、阿塞拜疆（1918 万美元）、加蓬（1843 万美元）、中国（1516 万美元）、俄罗斯（1135 万美元）、刚果（布）（1130 万美元）。

三、我国海外投资保险发展的历史沿革

（一）历史沿革②

我国海外投资保险大约开始于 1997 年，当时由中国人民保险公司（出口信用保险部）和中国进出口银行（保险部）承办，到 2001 年，两家主体共计承保 3 个海外投资保险项目。

2001 年中国信保成立后，在中长期承保部设立了海外投资保险处，之后为进一步促

① 中国出口信用保险公司. 国家风险分析报告 2019［M］. 北京：中国金融出版社，2019：60.

② 唐若昕. 出口信用保险实务［M］. 北京：中国商务出版社，2004：155.

进海外投资保险的发展，于2004年成立了专门的投资保险部。

从国家政策层面来看，近年来出台了要求加快发展海外投资保险的多份相关文件。比如2014年8月，国务院发布《国务院关于加快发展现代保险服务业的若干意见》（新“国十条”），其中明确提出要加大保险业支持企业“走出去”的力度，加快发展境外投资保险，以能源矿产、基础设施、高新技术和先进制造业、农业、林业等为重点支持领域，创新保险品种，扩大承保范围。

目前，我国的海外投资保险仍由中国信保独家经营。

（二）业务概况①

从整体业务数据来看，2018年，中国信保海外投资保险承保项目共计663个，承保总金额为579.5亿美元，同比增长19.3%。其中，就新增项目来讲，2018年新增承保项目188个，涉及承保金额148.3亿美元，增幅达78%。

就新增投保项目的规模结构来看，与往年相比，单一项目金额不断提高。在新增的188个项目中，承保金额在1亿美元以上的单一大项目的个数占比共计14.9%，中等规模项目（承保额在1000万美元至1亿美元）占比为45.8%，小规模项目（承保额1000万美元以下）个数占比为39.4%。

从新承保项目国别分布来看，新增的188个项目，共计分布在51个国家和地区。其中，亚洲项目90个，占比近50%，投资合同金额占比超5成；非洲地区项目28个，投资合同金额占比约24.5%。此外，承保的欧洲项目共计37个，投资合同金额占比约为5.7%。

从新增承保项目（188个）行业分布情况来看，依然呈现出高度集中化的特征，即主要集中在制造业（90个）、采矿业（25个）、建筑业（19个）和电力（16个）等行业。这也与我国企业对外投资的行业分布基本一致。

综上所述，经过20多年的发展，我国海外投资保险从承保规模来看，也已位居全球行业前列。

第三节　海外投资保险产品

本节主要是从微观技术层面，具体阐述海外投资保险的条款、产品、流程操作及经营管理。实务中，尽管全球各保险主体（官方和商业）在部分产品和技术等方面所秉承的观点、原则不一，但就行业整体来讲，历经多年的发展也逐渐形成一些行业共识及大多数保险主体所认同和遵循的基本原则。本节主要介绍的即业内目前通行的普遍实践。

海外投资保险尽管相对特殊，但其仍归属于财产保险范畴，也因此仍遵循保险利益、诚实信用、风险共担及损失补偿等保险的基本原则。而这些基本原则，也处处体现

① 中国出口信用保险公司．国家风险分析报告2019［M］．北京：中国金融出版社，2019：62.

在海外投资保险的产品构成与条款约定等各方面。

为了对条款约定有更深入的理解，本节内容主要以中国信保海外投资保险产品[①]为例，对其主要条款约定和部分实务进行重点阐述。而对于国外海外投资保单的异同之处，则在必要时予以特别指出。

一、适用范围

条款开宗明义约定产品的适用范围，实际约定的主要是保险标的，即符合什么基本条件的投资项目方可纳入承保范围（承保门槛）。具体包含以下三个方面。

（一）适保投资主体

对于不同险种的被保险人，条款中通常进行如下约定。

第一，海外投资（债权）保险（股东适用），其适保主体主要包括两类：

（1）在中国境内（不含港、澳、台地区）注册成立的非金融机构法人（主要为企业法人）。如本章第一节中所述，这些境内的法人机构，其开展境外投资时受我国相关法律法规的管辖约束。

（2）在中国境外（含港、澳、台地区）注册成立的非金融机构法人，但其实际控制权由中资法人掌握。比如，为利用离岸金融中心在税收等方面的优惠政策，某中央企业A在某离岸金融中心全资设立B公司，由B公司作为直接投资者投资于在某国某项目。该案例中，虽然B公司为境外注册的企业，但其控制权由中资企业掌握，因此，可以作为被保险人。

第二，海外投资（债权）保险（金融机构适用），其被保险人为金融机构，但对于金融机构所在国并无限制，即符合相关规定条件的境内外金融机构都可成为被保险人。

第三，海外投资（股权）保险，适保主体基本同海外投资（债权）保险单（股东适用）。

总之，无论何种保险产品，适保主体通常一是限于法人，而非自然人和非法人组织；二是适保主体所在地可在境内也可在境外，只要保险标的符合中国利益[②]。

（二）适保投资方式

债权类保单：承保是主要限于债权方式进行的投资，目前主要为金融机构债权和股东（投资主体）债权，常见方式是境内外金融机构提供的各种形式的融资贷款，以及股东（投资主体）提供给项目公司的贷款（股东贷款）。

---

① 参考文献为公开资料：中国出口信用保险公司海外投资保险条款，中国出口信用保险公司资信评估中心．中国企业境外投资和对外承包工程风险管控及案例分析［M］．北京：中国经济出版社，2015；栗亮，陈华清．跨国投资风险控制与政治风险保险［M］．北京：中国经济出版社，2018。主要考虑受篇幅所限，下文不再逐一脚注出处。

② 通常情况下，是否具有中国利益，或利益占比是我国海外投资保险业务所关注的重点。但对于大多数国外商业性保险机构来讲，则通常并不如此要求。

股权类保单：承保股权投资及收益，投资方式包括货币、实物[①]、技术或知识产权[②]等方式的股权投资。

（三）适保投资项目

投保中国信保海外投资保险的投资项目，应符合我国外交、外经贸、产业、财政及金融政策，以及须符合投资项目各方所在国的法律和政策规定，并获得与投资项目相关的必要批准许可。

实务中，我国保险机构所承保的投资项目类型，基本与我国对外投资政策导向[③]保持一致，也分鼓励类（支持类）、限制类和禁止类（暂行受理）等。比如，对于我国缔结或参加的国际条约规定禁止的境外投资，或东道国已发生大规模战争、骚乱或暴动事件或已发生领土争议、种族冲突等情形，在风险事件未消除之前，通常原则上都是暂停承保的。

二、保险责任/承保风险

关于保险责任，条款通常约定：在保险责任期内，因所承保的政治风险（类别）对被保险贷款[④]或被保险投资[⑤]造成损失，且损失在等待期内持续存在，则保险人按照保单规定承担赔偿责任。

就保单所能够承保的政治风险（类别）或承保风险范围，条款中进一步进行明确约定[⑥]。但需注意的是，全球范围内各家保险主体（官方＋商业）所承保的政治风险类型，并不完全相同[⑦]，也可以说，一家保险主体所承保的某种政治风险，可能另一家保险主体并不承保。

此处主要还是以中国信保海外投资保险条款为例，概况来讲，其承保风险包括基本政治风险（汇兑限制、征收、战争及政治暴乱）及附加险（东道国政府违约以及股权保单项下还包含经营中断[⑧]）。其中，三项基本风险，在保险实务中，投保人通常可以进行选择，而附加险则是投保人在投保了基本风险后，方可选择投保。以上风险类型如图13－2所示。

（一）汇兑限制

1. 条款中的定义

东道国通常由于国际收支困难而实行外汇管制。简单来讲，汇兑限制风险，条款约

① 如机器设备、土地、厂房等实物资产。

② 如商标、专利、管理技术等无形资产。

③ 具体见本章第一节中所引用的《关于进一步引导和规范境外投资方向指导意见》（国办发〔2017〕74号）。

④ 对应债权保险条款。

⑤ 对应股权保险条款。

⑥ 承保风险是海外投资保险条款的核心内容之一，另一关键内容是关于损失计算的相关约定。

⑦ 保单也不可能承保全球范围内全部的政治风险。因如前所述，政治风险的内涵和外延在实践中是不断丰富和发展的。也就是说，保险是有选择性的承保部分政治风险，因此条款中对承保的政治风险定义和类型作出明确约定显得尤为关键。

⑧ 为合理合规判定东道国政府究竟在哪些层面与其承诺发生了背离，条款约定理赔时需要仲裁结果作佐证。

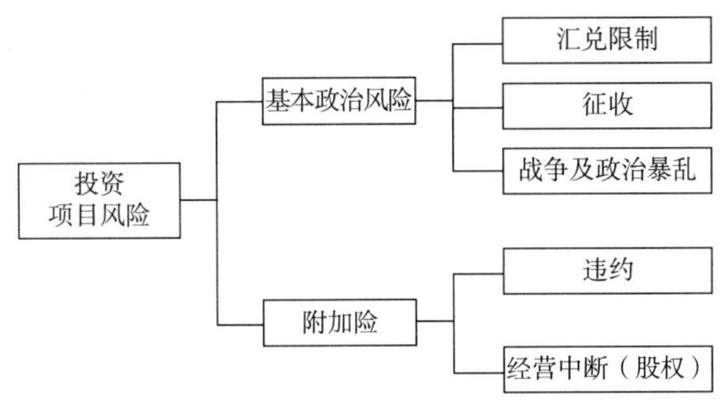

图 13－2　投资项目风险类型

定包括东道国政府或代表东道国政府从事外汇交易管理的机构所采取的下列三种行为之一：

（1）汇出的风险，如条款约定，“禁止或限制被保险人或项目企业将已兑换货币汇出东道国”；

（2）兑换的风险，如条款约定，“禁止或限制被保险人或项目企业将当地货币兑换成保单货币或任何可自由兑换的货币”，即东道国阻碍、限制投资者换汇自由；

（3）向被保险人或项目企业实行歧视性汇率，主要指的是，抬高换汇成本，使投资者以高于市场汇率的价格将当地货币兑换为投资货币或汇出东道国。

就对汇兑限制风险的界定范围来看，全球各保险主体可谓大同小异，即除普遍均约定汇、兑的禁止和限制之外，还可能约定其他相关情形。如 MIGA 对汇兑限制（Currency Inconvertibility and Exchange Transfer Risk，CI/ET）的定义中，还包括消极的不作为，如东道国政府未能在合理的时间内对投保人提出的汇兑申请作出回复。

海外投资实践中，我国企业常见在拉美、非洲等地遭遇汇兑限制的风险。而对于一些汇兑限制风险已严重高企的国别（如当前的阿根廷、伊朗、津巴布韦等 D 类或 E 类国别），保险机构通常会审慎受理相关项目。

2. 损失金额

损失金额是因汇兑限制风险造成的保单项下的损失金额。

（1）债权保单项下，指的是不能兑换的用于偿还应还款的、与当地货币等值的保单货币金额，或不能汇出的用于偿还应还款的、与当地货币等值的保单货币金额。

（2）股权保单项下，则指不能兑换的用于偿还应还款的、与当地货币等值的保单货币金额中被保险人份额，或不能汇出的用于偿还应还款的、与当地货币等值的保单货币金额中被保险人份额。其中，关于被保险人份额的理解，因通常中国信保股权保单所承保的仅为我国投资主体的海外股权投资份额部分，故赔付时也相应只能针对承保范围内的损失。举例来说，假设我国企业 A 在越南某项目公司股权占比为 70%，越南当地某公司 B 股权占比为 30%，则即使 A 企业申请将 B 公司的份额也一并投保（这种投保申请在实务中比较常见），但中国信保实际能够接受承保的部分通常也限于我国 A 企业的投资份额，即70%[①]。

（二）征收

中石油在厄瓜多尔的遭遇是最为典型的一个征收风险案例。2005年，中石油和中石化联合出资14.2亿美元，收购加拿大恩卡纳集团的安第斯石油公司。该公司在厄瓜多尔拥有5个石油区块的资产和开发权，石油产量居南美地区第5位，是厄瓜多尔最大的外资企业。但2007年10月，厄瓜多尔突然以总统令形式宣布，征收高额特别收益金，将外国石油公司额外收入中的99%收归国家所有，从而使我国企业投资损失惨重。[②]

1. 定义

（1）条款约定

关于征收，信保条款（股权+债权）中约定，“东道国政府采取国有化、没收、征用或未经适当法律程序的方式和措施，剥夺了投资者对所投资项目的所有权或经营权，或剥夺了投资者对所投资项目资金或资产（包括应收账款）的使用权或控制权，且东道国政府对上述征收行为未给予及时、足额和有效的补偿”。

同时，为了进一步框定征收范畴，信保条款从反面明确何种行为不视为保单约定的征收。这些行为主要包括：如东道国政府“为规范经济活动、确保公共安全、增加收入或者保护环境而采取的善意、非歧视性的普遍措施，并就上述行为给予了及时、有效的补偿”，或如“向被保险人或项目企业收取的非歧视性的税费、罚款、罚金或有关费用”；还有如“东道国政府根据该国有关破产法律的规定，依法执行对项目企业的破产清算及其他处置行为”。

（2）国外保单约定概况

从全球范围来看，相关保险主体可保的征收风险，则更加细化了风险类型，如条款中具体列明包括没收、征用、国有化和剥夺（Confiscation，Expropriation，Nationalization，Deprivation，CEND），其衍生形式包括强迫放弃、选择性歧视、强夺（Additional Extensions Include：Forced Abandonment，FA；Selective Discrimination，SD；Forced Divestiture，FD）。

MIGA规定，其担保的征收风险，不仅包括直接国有化[③]，还包括投资东道国所采取的各种间接国有化（蚕食）措施，如妨碍作为股东或债权人的投资者行使基本权利；或妨碍投资项目的建设和经营，以及妨碍投资者对其财产主要部分行使有效的控制权、使用权和处置权等。

2. 损失金额

（1）债权保单项下，指的是贷款协议项下的到期未偿还金额。

（2）股权保单项下，指的是被征收资金金额中的被保险人份额。

---

① 关于对被保险人份额的理解，同样适用于股权保单项下的其他政治风险类别。下文不再赘述。

② 国际商报．投资拉美政治风险不容忽视［EB/OL］．（2011－07－25）．http：//news.66wz.com/system/2011/07/25/102620554.shtml.

③ 如东道国政府颁布法令或采取行政措施，以及因懈怠行为，实际上剥夺了投资人对投资项目的所有权或控制权，或投资人应从该投资项目中获得的收益。但不包含政府为管理本国经济而采取的普遍适用的、非歧视性措施。

（三）战争及政治暴乱（Political Violence，PV）

1. 定义

条款约定，“东道国政府参与的任何战争或东道国国内发生的革命、内战、叛乱、恐怖活动及政治暴乱（不包括民众为获得就业、就学或为达到其他非政治目的而采取的行动），直接且决定性地造成投资者资产（不包括贵重金属、珠宝、艺术品、现金或文件）毁损或灭失，或由于战争原因导致投资项目无法正常经营，进而直接且决定性地导致项目企业不能偿还应还款①，或项目企业永久无法经营②（指完全丧失经营能力，且无法恢复经营）”。

需要注意的是，由于战争及政治暴乱风险不受东道国政府控制，因此保险或担保机构在向投保者赔付后，一般不向或难以向东道国进行索赔。

2. 损失金额

（1）债权保单项下，指的是贷款协议项下的到期未偿还金额。

（2）股权保单项下，其中资产损毁或灭失情形下的损失金额为，毁损或灭失的资产价值中的被保险人份额，而无法经营情形下的损失金额，条款中通常约定为损失日期前一日项目企业所有者权益账面价值中的被保险人份额。

（四）违约

1. 背景

在传统简单的海外直接投资模式中，东道国政府往往并不直接参与项目，但主要随着新型的带资承包方式（如特许权协议 BOT 项目）的出现，私人企业组成项目公司（SPV）参与到资本技术密集的基础设施建设项目中，这些项目公司通常需要与东道国政府或其国有公司签订协议，在这些协议中，东道国政府是作为项目的最终用户或供应商，甚至是股东出现。而其一旦违约，则损失巨大。例如，2015 年 2 月，柬埔寨政府换届，新政府宣布暂停中国水利水电建设集团在此前获准的总额为 4 亿美元的水力发电项目③。因此，为避免因东道国政府或其国有公司在这些协议项下出现履约风险进而导致损失（这种风险通常并不属于征收风险），承保风险中还包括了政府违约类政治风险。

政府违约风险是对传统上所承保政治风险种类的延伸和扩展，其在很大程度上弥补了海外投资保险不承保商业风险的缺憾。目前，国际上大多数 ECA 机构及商业保险公司都可承保政府违约风险。这种风险具体包括：（1）取消合约（Contract Frustration，CF）；（2）取消特许权/执照/租约（Concession/License/Lease Cancellation）；（3）中央政府/地方政府/担保人拒绝付款（Non－payment by Sovereign Buyers/Sub－Sovereign/Guarantors）；（4）拒绝执行仲裁令/不承认法庭判决（Arbitration Award Default，AAD /Denial of Justice）；等等。

---

① 对应债权保单。

② 对应股权保单。

③ 刘辉群，邹赫．中国电力工业对外直接投资风险与防范［J］．海外投资与出口信贷，2016（6）：36－41.

在承保方式上，通常或是单独承保这种风险，或是以附加险的方式进行承保，但定损核赔的前提都是要有仲裁结果为佐证，赔付金额依仲裁结果和保单事先约定的金额而定[①]。

2. 定义

中国信保条款中约定的违约主体，特指的是东道国政府或经保险人认可的其他主体（通常为受政府控制的主体，如国有控股企业），其违约行为为违反或不履行与项目企业就投资项目签署的有关具有法律约束力的协议和合同，进而导致项目企业不能偿还应还款。

同时，除非保险人书面同意，条款还规定了违约需满足的条件为：被保险人或项目企业已经获得有管辖权的法院或仲裁机构就上述所涉事宜作出的对东道国政府或经保险人认可的其他主体不利的裁决，且裁决书中规定了具体赔偿金额。也就是说，根据该条款约定，除非保险人书面同意，违约风险定损核赔的前提条件是须获得规定了具体赔偿金额的仲裁裁决。

3. 损失金额

（1）债权保单项下，通常约定为贷款协议项下的到期未偿还金额，但累计不超过裁决书中规定的被保险人或项目企业应获得的赔偿金额。

（2）股权保单项下，通常约定为裁决书中规定赔偿金额中的被保险人份额，或保险人认定的金额中的被保险人的份额。

（五）经营中断（Business Interruption，BI）

经营中断通常是指股权投资保险项下，因战争及政治暴乱导致投资项目建设、经营的临时性完全中断。从全球来看，大多数保险主体均是通过附加险的方式承保这一风险。

1. 定义

条款中对经营中断，约定为“由于本条款前述战争及政治暴乱造成投资项目资产毁损或灭失，或导致人员撤离，进而导致投资项目的建设及/或经营的临时性完全中断。”

2. 损失金额

条款通常约定为三部分之和，即经营中断责任期间的经营收益损失、必须发生的合理的常规费用，以及减损费用。但经营中断通常为股权投资保险项下，因此损失金额的核定为以上三部分之和中的被保险人份额。

实务中，对于经营中断的损失金额核定，保险公司通常是根据投资所在国战争发生情况、同区域内其他企业的经营或中断情况，以及我国政府相关部门及驻外使领馆的信息等，进行综合判断核定。

三、除外责任

除外责任方面的约定，具体如下：

---

① 当然，也不排除有些保险机构在特殊情况下放弃仲裁要求。

第一，汇率方面，尽管如前所述，东道国向被保险人或项目企业实行歧视性汇率属于保单所承保的汇兑限制风险范畴，但是对于汇率波动、货币贬值造成的损失，则不属于承保责任之列。

第二，非合法有效性债权/股权。比如，被保险人或项目企业危害或违反中华人民共和国法律、国家利益、公共利益的行为，或被保险人或项目企业违反东道国法律的行为。

第三，被保险人或项目企业自身原因导致的损失。如条款约定，“项目企业或被保险人未能在保单生效日前或保单有效期内获得与投资项目有关的批准和许可所导致的损失，但由承保风险直接引起的除外”。

第四，不在保险责任期间发生的风险。

第五，被保险人未履行相关义务，则保险人有权终止保单并拒绝承担保险责任。具体如下：

（1）被保险人的如实告知义务。

（2）被保险人在保险期限内的保证义务。具体如下：

① 保证对某种事项的不作为。如条款中约定，未经保险人事先书面同意，被保险人不得对被保险投资的有关合同协议做任何实质性的变更或修改；不得以任何方式转让、抵押、质押或以其他任何方式处置本保单项下的权利和权益；不得在投资项目执行期间，采取任何行为或措施损害保险人在本保单项下的权利和权益。实务中，就曾发生过这样的理赔案例。我国某国有企业与某民营企业共同投资了某境外项目公司，在项目实施过程中，民营企业以可转换债等方式完全退出了其在项目公司中的股权，但并未将这一情况通知保险人并取得保险人事先同意（也未通知融资银行）。恰巧在此期间，该项目所在国发生政治暴乱，对于这种情形，根据条款前述约定，保险人有权拒绝赔偿。

② 保证（承诺）对某种事项的作为。条款中所列举的这些事项，主要包括被保险人和项目企业在保单有效期内，始终遵守东道国政府的有关法律、法规，按保单约定日期，定期向保险人提供被保险项目企业的主要财务报表及保险人合理要求的与被保险投资有关的其他信息资料，及时向保险人书面通报被保险项目和被保险投资的执行情况，以及在保单约定的风险事件发生之后，及时书面通报保险人，并采取所有可能的措施（包括但不限于行政、司法和仲裁或者其他救济），以避免或者减少损失①。

综上所述，为最大限度地保障和实现自身保单权益，投保人/被保险人（投资主体或融资银行）需要全面熟知条款中关于除外责任的相关约定，严格履行保单约定的相关义务，加强对项目企业的保后/贷后管理，以避免拒赔事件的发生。

四、保险费

（一）保险费的支付期限

根据常规操作流程，通常保险人在出具保险单后，发出保险费通知书。条款中对于

① 这些约定，也对应着保险公司保后管理的主要工作事项。

保险费支付期限进行了明确约定，“投保人或被保险人应在收到保险费通知书之日起30日内全额支付保险费”，“如果投保人或被保险人未能在规定期限内全额交纳保险费，保险人有权拒收保险费并终止保单”。

鉴于海外投资保险为多年期保单，保险费也一般采用按年分期交纳的方式。但对于有特殊需求的保险项目，保险费也可趸交。

（二）保险费支付与保险责任的承担

在我国现行海外投资保险债权和股权保单条款中，均明确了保险费支付与保险责任之间的关系是，支付保险费是保险人承担保险责任的前提。①

五、理赔

同短期出口保险与中长期出口信用保险相似，海外投资保险的理赔同样分为可能损失、索赔、定损核赔三个阶段，但区别之处主要在于对相关操作环节时限、单证的要求及损失内容的核定等方面。

（一）可能损失

条款主要规定了被保险人（投资主体或融资银行）向保险人通知可能损失的时限，以及未及时通知的后果。

比如条款约定，“在得知本保单列明的损失已经发生时，被保险人应于损失发生之日起30日内，按保险人规定的格式向保险人报送可能损失通知书。对于隐瞒不报或迟延通知所造成的额外损失，保险人不负赔偿责任”。

（二）索赔

条款主要约定了被保险人（投资主体或融资银行）向保险人提交索赔的时限，以及未按约定提交索赔的后果。

比如条款约定，“在提交可损通知后，被保险人应自保单所列损失之日起12个月内，向保险人书面提出索赔。超过上述期限，视为被保险人放弃其在本保单项下的索赔权”。

（三）定损核赔

在一定程度上可以说，保险人对于海外投资保险理赔案件的定损核赔工作，整体相较于传统的中长期出口信用险种更为复杂和烦琐。具体表现如下：

1. 损因界定

在定损核赔时需严格区分损因是政治风险（三项基本险和违约及经营中断两项附加险），还是因为商业风险导致。

实务中，因不同政治风险种类对应赔付比例可能并不相同，故应严格区分和确定案件政治风险类型。而如前所述，如果被保险人以违约风险报损和索赔，则根据条款约

---

① 就整个保险行业来看，关于保险费交纳和保险责任的承担问题，我国《保险法》第十四条规定：“保险合同成立后，投保人按照约定交付保险费，保险人按照约定的时间开始承担保险责任。”可以看出，保险费的交付并非合同成立的要件，而是保险合同成立后应履行的义务之一。就具体险种而言，保险费交纳与否是否影响保险责任以及如何影响，应以具体险种的保险条款的相关约定为准。

定，除非保险人书面同意，原则上应先通过仲裁判断是否发生违约及违约的具体情况、具体赔偿金额，再按照仲裁结果定损理赔。

2. 核定损失金额

（1）损失金额核算。债权保单项下，保险人计算损失金额的基础，或者说保险人的赔偿责任限于项目企业的应还账款。

股权保单项下，损失核定相对复杂。一是要视在承保环节，投保人是仅投保的股本投入，还是股本投入加收益之和，如果为前者，则赔偿责任将不包含收益损失部分。二是关于损失金额的调整。因境外项目公司的财务报表通常按投资所在国的会计准则所制作，但投资所在国会计准则可能与我国存在差异，也就是说，按投资所在国会计准则核定的损失金额有可能明显偏高。为公平合理起见，条款中约定了救济手段，即约定，“如保险人认为该损失金额显失公允，保险人有权委托第三方审计机构依据国际会计准则对项目企业进行审计并对损失金额进行调整”。

（2）扣除款项。无论是债权还是股权保险合同，条款通常约定，在损失金额核定时应扣除被保险人、项目企业或其关联方或被保险人代理人从其他渠道得到的补偿、赔偿或其他形式的收益等。

3. 保险人计算赔偿金额

无论是债权还是股权保险合同，保险人的实际赔偿金额 =（损失金额 - 应扣除款项）×赔偿比例。其中，赔偿比例根据保险合同约定，通常最高不超过95%（严格遵循风险分担原则）。

条款同时约定，保单有效期内，累计赔偿金额不超过保单的最高赔偿限额。

六、权益转让和追偿

（一）权益转让

条款中明确约定，“被保险人进行权利、权益转让是保险人支付赔款的前提”[①]。

对于债权保单，被保险人需向保险人转让的权益主要是与被保险项下的贷款相关的权利或权益；而对于股权保单，被保险人需向保险人转让的权益主要指的是被保险人对项目企业享有的股权或权益。

（二）追偿

关于追偿，条款主要约定了如下两个方面的事项：

1. 被保险人的协助义务

与其他保险险种基本相同，海外投资保险条款通常约定，无论保单或保险责任是否已经终止，在追偿阶段，被保险人都应积极配合保险人进行追偿，且在追偿过程中，须给予保险人一切必要的协助，并根据保险人的指示和要求配合保险人追偿。

---

① 但经营中断风险类型的案件，保险人支付赔款的前提并无须进行权益转让。这主要是因为，战争导致的经营中断风险，核定的损失金额通常是经营中断期间内的经营收益、常规费用和减损费用。而通常情况下，这些损失并不涉及权益转让。

2. 追回款和追偿费用的处理和分摊

对于追偿费用①及赔后追偿款，基本的处理原则通常均为按保单约定的赔偿比例，在保险双方之间进行分摊。

第四节　实务操作与典型案例

实务中，从投保人角度来看，其投保海外投资保险的流程大致也分为提出投保申请、保险公司审核、签订保险合同、支付保险费与出险后索赔及获得赔款等环节。从保险公司角度来看，相应为承保、保后管理、理赔追偿等环节。其中，承保环节又具体包含业务接洽、出具兴趣函（意向书）、出具保险单等；而保后管理环节，具体包含保单续转、保单中止、出具批单、风险跟踪、保单终止等；理赔追偿环节也同样包括可损处理、定损核赔，以及权益转让及赔后追偿等。

综上所述，单纯从流程角度来讲，海外投资保险的实务操作步骤似乎和常规的短期出口信用保险并无本质上的区别，整体而言，两者的差异主要是海外投资保险所承保的基础标的②和风险相对更为复杂。对于投资保险所承保的底层海外投资项目，其一个完整的投资链条，通常包括事前若干轮的沟通谈判、尽职调查和各种相关法律文件的落实。截至交易完成时，可能长达数月甚至数年。因此，对保险人而言，其需要投入大量人力、物力参与到项目建议、项目运营、融资谈判、风险评估及处理、保后跟踪、索赔理赔及赔后追偿的过程中。

为了更为直观地介绍海外投资保险的实务操作，本节拟以某境内企业的海外电站项目的运营及投保的大致经过作为引言开篇，之后重点从信用保险公司的角度，介绍其业务流程、项目评估审核、理赔等相关方面的内容。

一、某境内电力工程公司投资越南燃煤电厂 BOT 项目③

我国某电力工程公司（以下简称 C 公司）投资控股越南海阳某燃煤电厂 BOT 项目，实际也是一个较为典型的海外投资 + EPC 总承包项目④。为全方位展示该 BOT 项目开展

---

① 根据条款约定，追偿费用须为被保险人根据保险人的指示采取追偿措施而发生的合理费用。

② 投资和贸易、资本项目和经常项目的区别。

③ BOT（Build - Operate - Transfer），即建设—运营—移交。通常首先由项目发起人与东道国政府或所属机构签订特许权协议，项目发起人以此为基础安排融资、开发建设项目，并在特许权期间经营项目获得利润。运营期结束后，按协议约定将项目的所有权和经营权转让给东道国政府机构，因此，通常又简称为特许权协议项目（实际是一种相对新型的带资承包方式）。BOT 项目大多是资本技术密集的基础设施建设项目，规模较大，建设周期较长，涉及利益主体较多。实践中，在 BOT 基础上也发展出多种方式，如 BOOT（建设—拥有—运营—移交）、BOOST（建设—拥有—运营—补贴—移交）、BLT（建设—租赁—移交）等，虽然名称不同，但实际结构与 BOT 无本质区别。

④ 近年来，“海外投资 + EPC”模式，即承包商从投融资角度深度参与工程项目，成为当今国际工程领域发展的主要趋势。

的整个过程，本案例将系统介绍项目背景、政府审批、投融资及保险安排措施。

（一）项目背景①

该BOT项目位于越南海阳省，建设规模为两台600MW燃煤机组，为海阳省及河内输送电力。项目投资总金额为18.685亿美元②。

2008年，马来西亚J公司获得该项目的开发经营权。之后经过近三年的谈判，2011年6月，J公司和越南工贸部签署了BOT合同，约定项目建设期为54个月，特许经营期为25年，期满后移交越南政府。此外，与相关方签署的协议主要还有4份，分别是与越南煤炭公司签订了“购煤协议”（25年）；与越南电力公司签订了“购电协议”（PPA③，25年期，由越南电力公司收购海阳电厂所发全部电量，煤价与电价保持联动）；与海阳省人民委员会签订了“土地租赁协议”，以及与越南政府签订了“担保与承诺协议”（根据该协议，越南政府保证对越南煤炭公司和越南电力公司的付款义务，且项目收益可以100%转换为美元转入到投资方的国外账户）。

（二）将投资项目上报政府审批④

就该BOT项目而言，中方C公司拟作为控股方，在经公司内部审核通过并获母公司同意后，根据国家对外投资监管的相关规定，开始分别上报国家相关部门进行备案审批。其备案审批的流程具体如下：

一是报国资委备案。因C公司属于中央企业，故其首先向国资委备案⑤。主要考虑到该越南电厂项目属C公司主业投资，且风险可控，故国资委准予备案。

二是报国家发展改革委备案/核准。C公司在准备上报材料的初期，根据当时《境外投资项目核准和备案管理办法》（国家发展和改革委员会令第9号）⑥，因中方出资额拟超过10亿美元，故属于核准项目类型，但之后在2014年12月，国家发展改革委制定《国家发展改革委关于修改〈境外投资项目核准和备案管理办法〉和〈外商投资项目核准和备案管理办法〉有关条款的决定》（第20号）⑦，根据新的办法，C公司在2015年4月，向国家发展改革委提交了备案申请，并于2015年6月获得国家发展改革委颁发的项目备案通知书，有效期为两年。

三是报商务部备案。2015年4月，C公司同时向商务部进行备案申请，主要环节如登录商务部投资管理系统进行网上填报，以及上报加盖企业公章的纸质备案申请文件等，之后顺利获得了境外投资证书。

在获得以上相关部门备案通过后，2015年7月，C公司和越南正式签署了合作投资

① 闫茂春．BOT项目风险防范［J］．国际工程与劳务，2017（2）：62－64．

② http：//www. mofcom. gov. cn/article/i/jyjl/j/201603/20160301285519. shtml。

③ Power Purchase Agreement（PPA），是电力项目融资担保安排的重点，用于约定将电力项目产出的电力出售给当地或国家电力机构。协议主要内容通常都包括定价公式、购电最低数量、购电时间范围等。

④ 闫茂春．海外投资政府审批流程［J］．国际工程与劳务，2017（4）：62－63．

⑤ 根据现行相关规定，仅境外非主业投资项目，属核准类型。

⑥ 如本章第一节中所述，该9号令目前已被《企业境外投资管理办法》（国家发展改革委11号令，2018年3月1日施行）取代。

⑦ http：//www. gov. cn/foot/site1/20140411/a41f7268496414b1a38701. pdf。

协议（历经一年多的谈判），该 BOT 项目，C 公司出资 70% 并承担 EPC 工程建设，马来西亚 J 公司参股 30%。

（三）C 公司的融资及海外投资保险措施安排

根据合作投资协议的约定，中方 C 公司全部出资额[①]中，需贷款部分约为 14 亿美元。因贷款总金额较高，项目投资回收期长，为提高审批成功率，C 公司选择了分别向国内进出口银行、工商银行及建设银行组成银团进行融资的方式。

与此同时，为了满足银行要求审贷人投保海外投资保险作为融资放款的前提条件，C 公司也在与中国信保密切接洽。在具体投保险种的选择方面，实际上 C 公司既可按 EPC 项目投保中长期买方信贷保险，也可从投资的角度选择投保海外投资保险（因 C 公司既承担 EPC 总承包建设，同时又是项目的控股投资方）。经过综合权衡考量，C 公司最终选择了海外投资保险，且投保了海外投资险的债权险（金融机构适用）和股权险两个险种[②]。

在投保申请材料方面，C 公司主要提交了国家发展改革委备案回执、签署的 EPC 合同和项目相关的其他协议文件、融资计划以及项目可行性研究报告（项目概况、经济价值、社会价值、风险分析及管控措施等）等。

在保险公司方面，经深度评估投资主体优势、对东道国贡献度、市场环境、行业管理、国别政治风险及具体承保风险等因素，在通过了公司内部风险审核后，将该承保项目报至财政部审批。经财政部审批同意后，保险公司正式出具了保险单。其中海外投资（债权）保险，保险期限为 15 年（11 年 +4 年宽限期），而海外投资（股权）保险，保险期限为整个运营期即 25 年。以下以债权保单为例，其主要承保条件如表 13 –7 所示。

表 13 –7　　保单主要承保条件

保单要素	承保条件
被保险人	中国××银行（贷款行）
业务行业	电力
项目/投资	25 年，电站营运
地点	越南海阳
银行贷款	××亿美元
保单形式	中国信保海外投资（债权）保单
保险责任	汇兑限制、征收、战争及政治暴乱、政府违约

① 债务融资占 75%，余下 25% 为 C 公司自有资金出资。

② 实务中，对于这种既有境外投资行为，又有工程承包行为的 EPC 总承包合同项目，也有的出口企业在融资选择方面，分别就海外投资项下的融资和设备出口项下的融资（买方信贷），选择在不同的银行进行融资。在险种选择方面，也有的采取了其他灵活方式，比如，针对境外总投资的基建部分，投保海外投资保险；而针对设备出口部分，则投保出口买方信贷保险。对于这两个险种的区别，如之前章节中所述，出口买方信贷保险，通常对担保条件有严格要求（如要求主权担保/财政担保/银行担保或企业担保），而海外投资保险并未对担保条件进行严格要求。但与此同时，出口买方信贷承保风险（政治风险 + 商业风险）相比海外投资保险（通常仅保政治风险）范围更广。

续表

保单要素	承保条件
赔偿比例	（汇兑限制、征收、战争及政治暴乱）95%；政府违约90%
最高保险金额	××亿美元
最高赔偿限额	××亿美元
免赔额：	USD××× （each and every loss）
保险期限	15年
初始保险期限	54个月
费率	N/A

保单出具后，2015年9月，C公司分别与三家国内银行顺利签署贷款协议。2016年3月底，该BOT项目在越南举行奠基仪式。4月，银行首笔贷款发放到位（直接放款至境外公司），顺利实现融资关闭[①]。

二、项目审核评估与承保

对于企业的询保或投保申请，保险公司业务办理通常包含三个步骤：一是出具兴趣函，主要用于帮助投资企业海外竞标（但这个步骤并不是必经流程）；二是出具承保意向书，以确定关键承保条件（通常，该阶段是最终正式承保的必备程序）；三是承保出单，保险公司正式出具保险单。

（一）企业询保与项目立项

项目立项可谓是海外投资保险项目的起点，在这一阶段客户就某一项目向保险公司询保，并按要求填写海外投资债权（或股权）保险询保单，并提供项目背景材料，以此向保险公司申请出具兴趣函或意向书。

询保单上需要投保人填写的主要内容如下[②]：

一是申请人情况。具体包括名称、经营范围、法定代表人、联系方式、股权结构等信息，以及申请人是否有海外投资经验等。

二是项目企业情况。具体包括项目企业名称、注册地址、注册资本、注册日期、经营范围、经营期限、股权分布等。

三是拟投资项目情况。具体包括项目总金额、项目投资形式（股权、股东贷款、银行贷款等各自的金额，以及占投资总额的比例）、项目资金来源（自有资金、贷款还是其他）、项目出资方式（现金、机械设备以及其他方式，每种出资方式中的中国成分及比例）、申请人贷款金额、项目计划首次投资日期、投资进度计划、投资回收计划、项目建设期限/运营期限、是否获得东道国和中国政府相关批准文件、项目对所在国和东

---

① 通常指银行或其他金融机构的有关事项均已完成，同时满足融资协议项下首次提款的全部前提条件，即信贷资金具备了提款条件。

② 中国信保《海外投资（债权）保险询保单》，https：//wenku. baidu. com/view/ecad4caa1ed9ad51f11df26d. html。

道国的影响，以及项目对所在地环境有无不利影响等。

四是融资情况，主要包括贷款人、借款人、融资方式、融资金额、还款期限、贷款担保情况等。

五是保险需求，主要包括拟投保的风险、保险范围（是本金，还是本金和利息）、要求投保的保险期限、最高保险金额（其中本金和利息各为多少）。

六是其他需要说明的情况。

对于投保人提交的上述信息，中国信保通过公司内部信息平台，为客户提供咨询服务（如国别风险信息、风险提示和相关核保政策等），同时将在业务系统中予以录入并生成项目档案。

（二）出具兴趣函①

中国信保收到询保申请后，将对项目的适保条件和适保范围进行审查，并按照公司内部审核程序进行审批。

兴趣函，通常是保险人在拟投保项目尚处于招投标阶段时出具的单证。这主要是境外进口方由于支付能力有限或延长账期等原因，通常可能需要竞标人提供银行和保险在内的融资条件作为合作条件，因此，保险公司所出具的兴趣函，能够表明保险人“有兴趣”对拟投保项目提供保险支持，从而帮助出口企业在海外竞标时更具有竞争力。

但因为在招投标阶段时，项目正式的商务合同尚未签署，因此，项目的关键合同条件如项目金额、期限等都尚未确定，故此时所出具的兴趣函，内容较为简单，通常仅包含申请人名称、项目名称、拟承保项目总金额、拟承保风险（征收、汇兑限制、战争、违约）、拟承保保险期限，以及承保先决条件（如要求与该项目相关的所有必要审批手续须齐备、合法）等项目。

需要注意的是，兴趣函并不是投保的必须步骤和阶段，且该文件对保险人并不具有法律约束力，保险公司最终是否承保，取决于保险公司后续对项目风险综合评估的结果。

（三）项目评估与承保意向书的出具②

如果项目推进得比较理想，客户需要进一步向中国信保申请出具意向书。通常情况下，意向书是项目最终承保的前提和必备程序③，同时也主要用于支持投保人融资谈判④。

尽管意向书并非正式生效的保险合同（因此对保险人同样不具有约束力），但其基本包含了保险公司较为明确的承保意向和各项核心的承保条件，故内容较兴趣函更为丰

---

① 罗熹．信用保险词典（第一版）［M］．北京：中国金融出版社，2015：435－436.

② 相当于项目预审。

③ 罗熹．信用保险词典（第一版）［M］．北京：中国金融出版社，2015：466－467.

④ 一般来讲，在保险公司出具意向书之后，项目相关融资银行才能凭借意向书，正式开启内部审贷会的评估程序（意向书的有效期通常为6个月，到期可申请延展）。

富具体，即基本涵盖了将来正式保险单的各项条件[①]。因此，保险公司在出具意向书之前，需对项目资料齐备[②]、符合受理条件的项目，审慎进行尽职调查和项目审核评估。具体来讲，项目审核要素及评估内容主要包括以下四个方面。

1. 适保性审核

如本章第三节中所述，对于拟投保的不同保险产品，保险人主要分别从适保投资主体、适保投资方式、适保投资项目（风险及期限）等方面进行审核。比如，对于适保项目，投资主体（投保人）应提供政府相关主管部门的审批、核准、备案等文件，以确保严格遵守国家监管政策，符合投资项目各方所在国政策导向和社会经济发展的需要，也需确保保险公司在不违背国家政策的前提下，提供相关保险服务。

2. 尽职调查

保险公司尽职调查主要包括对投保人提交的文件资料[③]进行审核，以及在必要情况下，实地考察走访参与项目的投资方、贷款方、建设方、东道国政府等机构，并能够适当参与投资方案设计，从项目初始阶段明确相关各方的权利责任和义务。尽职调查主要包括如下几个方面：

（1）项目概况。如通过调查项目背景及进展概况，综合判断项目的真实性和重要性，同时了解相关投融资协议的签署情况。

（2）项目各参与主体。一个项目的参与主体通常包括项目发起人、投资人、项目企业、合资方及其他项目各参与方，对于投资主体的评估，重点是评估其经营资质、财务状况、项目运营经验等；对于项目企业，重点审核其法律性质、登记文件、企业法人和股东、运行情况及最新经审计的财务报表等。但实务中，风险评估往往会更为复杂。通常一个投资项目的参与主体可能包括东道国中央或地方政府、部委或可能涉及部落首领、军队、宗教首领，以及项目相关的公司，如果投资项目需要征用土地还涉及土地所有者及当地民众的利益等。涉及的主体越多，项目复杂程度越高。

（3）项目合法合规性。如项目是否符合投资东道国和投资者所在国的法律法规；同时确认项目各参与方之间签署的相关合同文件（如投资协议、特许权协议、购售协议、担保文书等）的合法有效性。

（4）项目可行性。此为重要的评审要素，主要从以下方面综合考察分析，具体如：项目兴建理由与目标、市场预测、建设规模与产品方案、场址选择及总体布置、技术方案、设备方案、工程方案、原材料燃料供应、环境影响评价、组织机构与人力资源配置、项目实施进度、投资估算、融资方案及安排、财务评价（如项目现金流情况）、国

---

① 此外，根据《关于大型出口信贷及出口信用保险项目的报批程序（修订稿）》（商贸发〔2018〕15 号），对于“由有关金融机构或企业提供信贷，并向我国保险机构投保出口信用险，且承保金额在 3 亿美元以上（含 3 亿美元）的大型成套设备出口项目及对外承包工程项目”，“银行、保险机构并未出具承贷和承保意向书的，企业不得擅自对外投标和签订合同”。

② 这些文件按合同内容通常包括投资者、投资情况、投资项目和项目企业情况等相关分析研究资料、特许权协议、我国及东道国政府的相关批准文件、环保文件、融资相关文件等。

③ 这些材料主要包括项目背景资料、可行性报告、项目参与方背景介绍（包括股东结构）及财务报表、项目公司情况介绍、与东道国政府或其他合作方已签订或起草中的相关投资协议、特许经营权协议、担保文件等。

民经济评价（如项目对东道国的重要性）、社会评价、风险分析、研究结论与建议等[①]。

如就前述案例，在项目可行性方面，C公司委托国内甲级设计院完成了项目可行性研究报告，对购电协议中的电价、电量、技术标准等进行了充分的分析论证，还对电站的技术、环保、财务及税务等方面作了周密的调研。此外，还委托国外专业咨询公司建立了财务模型，进行经济指标敏感性测试，并委托会计师事务所进行了复核。最终结果表明，项目具有可行性。

3. 东道国国别风险分析

主要从东道国政治、经济、投资环境、法律环境（如与外资相关的法律法规、投资争端的解决机制等）等方面进行分析[②]。

4. 项目承保风险分析

在尽职调查的基础上，保险人要对项目进行风险评估。具体如下：

（1）商业风险分析[③]。虽然海外投资一般不承保商业风险，但某些情况下项目的商业风险也导致政治风险的发生（如政府违约）。对商业风险的分析，主要包括建设风险、完工风险、运营风险、技术风险、融资风险、合作者风险、原料供应风险、产品销售风险、环境保护风险和法律风险等方面。其中，关于环境问题，是风险评估时的重点关注点之一，由于很多大型项目的开发对于东道国环境都有显著影响，一旦处理不好，会演变升级成为政治问题。比如，对于一个采矿项目来说，环境保护方面的主要考查点包括：项目是露天开采还是在地下开采、尾料如何处置、有何种环境监控措施等；又如，关于法律风险，东道国的法律体制是否健全对于投资项目的投资运营至关重要。举例来讲，在矿产开发项目中，投资主体需要与相关方签署多份法律协议文件，如特许协议或开发协议、勘探许可、开采许可、土地使用许可、环境许可协议等，所有这些法律文件均需要得到东道国法律体制的认可和保障。

（2）政治风险分析。如前所述，海外投资保险所承保的三项基本风险（汇兑限制+征收+战争及政治暴乱）及两项附加风险（违约风险+经营中断），即使在同一东道国，其风险程度也各不相同，保险实务中，被保险人可从中选择一种或几种风险组合进行投保。相应地，保险人在对承保风险进行评估时，也需专门针对每一类型风险，分别从项目所在国、项目本身及参与者等角度深入分析评估。

比如，在评估某项目的征收风险时，保险人一是需分析项目所在国情况，如东道国法律对外国投资的保护程度、与中国的双边关系、干涉外资的历史记录及是否尚有与投资有关的未决纠纷等；二是需从项目本身来分析，如投资项目所处行业，是否对东道国国计民生有重要影响（如是否属电力、矿产、自然资源、公共设施等行业），投资项目

---

① 《投资项目可行性研究指南》编写组．投资项目可行性研究指南（试用版）［M］．北京：中国电力出版社，2002.

② 关于投资合作目的国的基本情况、经济形势、政策法规、投资机遇和风险等基础信息，较为权威和全面的参考指南，主要有我国商务部近年来每年都不断更新和发布的《对外投资合作国别（地区）指南》。2018年版指南，可具体参照商务部“走出去”公共服务平台，http：//fec. mofcom. gov. cn/article/gbdqzn/#。

③ 唐若昕．出口信用保险实务［M］．北京：中国商务出版社，2004：165.

对东道国劳工市场的影响程度、优惠政策或贸易壁垒可能对项目的影响程度等；三是需分析项目参与主体尤其是被保险人情况，如其治理结构是否完善、行业内是否具有良好声誉、资金是否雄厚、从业经验是否丰富，以及是否掌握关键技术和市场渠道等。

综上所述，保险在进行项目评估审核时所遵循的大致思路，可以简单归纳为，首先是分析项目合规性、可行性及国别风险等因素，重点厘清项目基础条件。在此基础上，分析项目发起人资信状况、承包商的履约能力和相关参与方能力等，充分论证项目能否顺利实施和运营。其次，通过综合分析各种潜在风险，综合评判项目总体风险（是否可控）。最后，在承保可行性分析的基础上，匹配合理的保险承保条件。

（四）现行审批机制

海外投资保险，现行明确为政策性业务，比照中长期出口信用保险的管理方式，纳入政府审批机制。关于承保方案审批，以《关于大型出口信贷及出口信用保险项目的报批程序（修订稿）》（商贸发〔2018〕15 号）[①] 规定为准[②]。

（五）出具正式保险单，明确承保条件

在正式承保阶段，投保人真实、准确地填制投保单并正式提交保险公司，保险公司则出具具有法律效力的，对保险双方均有约束力的保险单。保险单中所明确的各项承保条件如下：

1. 承保风险类型

实务中，战争、征收、汇兑限制三项风险作为基本险通常要求企业一并投保，违约险及经营中断作为附加险可由企业在投保三项基本风险后选择投保。此外，保单中通常就每种风险，约定其项下的免赔额及等待期（征收、汇兑限制常见设置为 6 个月等待期，战争风险通常无等待期）。

2. 保险期限[③]

海外投资保险常见有两个保险期限，分别为初始保险期限和承诺保险期限。

初始保险期限常见设定为不超过 3 年，这主要是因为初始保险期限通常针对承保的是项目建设期内的风险，在海外投资项目建设期内，项目尚未完成且不能产生收益，故风险较高，为使被保险人在建设期内也能够得到充分的保障，故单设初始保险期限[④]。

承诺保险期限是保险公司承担保险责任的最长期限，对于债权保单来说，一般相当于贷款的还款期；而对于股权保单，则通常至少相当于投资的整个回收期。但无论何种类型保单，目前承诺保险期间原则上最长不超过 30 年（常见为 3 ~ 20 年）。

3. 初始保险期综合费率及后续保险期费率

如上所述，项目在建设期内风险相对较高，因此，在初始保险期内的费率通常高于后续保险期（承诺保险期）的年费率。比如，有的初始保险期费率水平可达 3‰。

---

① 中华人民共和国商务部对外贸易司（国家机电产品进出口办公室），http：//wms. mofcom. gov. cn/article/zcfb/ax/201803/20180302719149. shtml。

② 具体可参见本书第十二章。

③ SC&PRI 保险市场的各机构，政治风险保险期限的重要分水岭是 5 年、7 年和 10 年。

④ 可参见本节开篇案例。

在后续保险期间内，海外投资保险（股权 + 债权）的保险费一般采用按年缴纳的方式（如投保人有特殊需求，也可采用趸交方式），保险公司每收到一年保险费和承担费，则相应承担一年保险责任。通常根据保单条款约定，如投保人到期未缴纳保险费，则保险人不承担保险责任①。

实务操作中，保险费率的影响因素主要包括投资所在国国别风险、投保的风险种类、最长保险期限、投资者实力、相关经验、信誉状况及项目追偿潜力等。具体来讲，三项基本政治风险所施行的基础费率，与附加风险（如违约）所施行的基础费率水平并不相同，且实际承保费率，可在基础费率的基础上，上下一定浮动比例进行调整。其中，基本政治风险的费率水平，可主要考虑行业、投资环境、历史情况、投保方式和保险期限等因素进行调整，而违约风险费率，则主要考虑东道国法律环境、违约主体信用等级、历史情况等因素进行浮动。

4. 赔偿比例

遵循风险共担原则，实务中，通常三项基本政治风险项下赔偿比例最高不超过95%；违约项下赔偿比例通常最高不超过 90%；经营中断项下赔偿比例最高不超过 95%。

5. 保单形式

约定是债权保单还是股权保单。

6. 最高保险金额②

股权保单项下，其最高保险金额是按照保单有效期内任意时点上，被保险人的股本投入和收益（包括预期收益和已实现）之和的最大值进行确定。实务中，保险金额中的收益部分通常原则上不超过总股本投入的 50%。

债权保单项下，最高保险金额通常是以保单有效期内任意时点上，被保险人的贷款本金及利息之和的最大值进行确定。实务中，其中利息部分原则上不超过本金的 135%。

7. 最高赔偿限额

最高赔偿限额为最高保险金额与赔偿比例的乘积。如果各承保风险项下赔偿比例并不一致，则通常按赔偿比例最高值确定③。

以上基本为保单主要承保条件。在保单出具后，保险公司向投保人发出保费通知书，投保人按保单约定时限和方式支付保险费。

（六）保后管理

在保单签发日之后，即进入保后管理阶段。在这一阶段，主要任务是对于被保险项目有关的商务合同、贷款协议、担保文件和保单的落实、执行等情况进行日常跟踪。具体工作通常包括风险跟踪及处理批单出具、保单续保、保单终止等。

---

① 该项权利义务，在条款中已进行了明确约定。详见本章第三节相关内容。

② 唐若昕. 出口信用保险实务［M］. 北京：中国商务出版社，2004：161.

③ 此处需要注意的是，在国外中长期和投资保险市场，保单中通常不使用保险金额这个概念，取而代之的是采用保单责任限额，其大致等同于中国信保的最高赔偿限额，即最高保险金额 × 赔偿比例后的金额（国外通常认为，保险金额通常在财产险和短期信用险中采用）。

风险跟踪：具体工作主要有建立保后管理卷宗；与客户定期沟通，请其按照保险合同要求定期提交项目进展情况及财务报表；对东道国政治经济状况定期跟踪；对可能引发保险责任范围的风险与被保险人采取积极措施进行防范。

保险期间，如被保险人需要根据项目建设运营情况的变化，对保险单内容进行修改（如变更债务人、担保条件、保险金额、保险期限、退还保费等事项），则保险公司在接收到相关申请后，需按照规定程序进行审批，再正式出具批单。

实务操作中，通常在保险期届满前 2～3 个月，被保险人可提出续保申请，经保险公司审核同意，出具续保收费通知书。在收到续保保费后，保险公司出具续保生效通知书。

根据保险合同相关约定，保险单需要终止的，保险公司按照规定程序审批后，出具保单终止通知书。

三、理赔追偿

就流程而言，海外投资保险和出口信用保险基本无差异。简单来讲，也分为以下环节[①]。

（一）可能损失与索赔处理

保单约定的风险发生后，被保险人按照保险合同约定时限和方式，向保险公司通报可能损失，并相应提交损失原因证明材料。保险公司对案件进行初审，审核内容主要包括报损的时效性、报损信息的完整性，以及初审判定是否属于保险责任和拟采取的减损措施等。

经保险公司审核，如可能损失属保单除外责任，则及时书面表明将不承担保险责任。

保单规定的等待期满后，按照保单约定，被保险人正式向保险公司提交索赔。

（二）定损核赔

在该阶段，保险公司根据损失原因调查结果，结合被保险人在保险合同 + 商务合同项下的义务履行情况，综合判定保险责任，确认赔付方案和赔付金额，按规定程序进行审批后支付赔款。

（三）权益转让和追偿

依据代位求偿原则，在赔付后，被保险人应将与索赔损失相关的权利和权益转让给保险人（包括但不限于被保险人在应还款中的权利和权益等），实务中，被保险人签署“权益转让授权书”和“权益转让确认书”，以确保保险人能够足额受让被保险人在项目项下的相关权益（主要是对项目企业享有的债权和担保权益），有效开展后续的海外追偿工作。

① 中国出口信用保险公司．出口信用保险——操作流程与案例［M］．北京：中国海关出版社，2008：227－228.

第十四章

国内贸易信用保险

一定程度上，国内贸易信用保险在其所遵循的基本原则、原理、业务流程及实务操作等方面，与出口信用保险基本相似。考虑到前述章节中已对出口信用保险进行了较为全面的分析，故本章在对国内贸易信用保险进行系统介绍的同时，也重点突出了国内贸易信用保险与出口信用保险的差异之处。

第一节　概述

一、国内应收账款与信用风险

（一）应收账款逐年增长

近年来，随着我国国民经济的持续快速发展，以及各种新技术、新产业、新业态、新模式的不断涌现，国内贸易交易也相应呈现出不断增长的态势。与此同时，伴随着国内市场竞争的日趋激烈，经济总体格局转入买方市场，为在买方市场环境中取得竞争优势，信用交易（赊销）及所形成的应收账款的规模也在不断扩大。

就全国规模以上工业企业应收账款情况来看，根据国家统计局发布的数据[①]，表现出以下特点：

第一，应收账款总额近年来增长较快。2011 年底，全国规模以上工业企业应收账款规模为 7.03 万亿元，而到 2018 年底，这一数据已增长到 14.3 万亿元（与 2017 年相比，同比增长 8.6%），即近年来每年的期末余额都呈递增趋势，7 年间累计增加了 7.27 万亿元，平均每年增加 1.04 万亿元。

第二，应收账款占流动资产的比重也居高不下。2018 年底，我国应收账款占流动资产的比重为 25.9%（同比增长 0.7 个百分点）。

第三，从行业分布来看，2018 年应收账款主要集中在计算机、通信、电气制造、汽

① 国家统计局 .2018 年全国规模以上工业企业利润增长 10.3% ［DB/OL］.（2019 - 01 - 28）. http://www.stats.gov.cn/tjsj/zxfb/201901/t20190128_1647074.html.

车制造、化学原料及非金属矿物制品等行业，这些行业的应收账款占全行业比重近78.9%。而从不同行业的应收账款占其流动资产的比率来看，计算机、通信和其他电子设备制造业2018年平均为40.2%，而电气机械及器材制造业也高达34.6%①。

（二）国内贸易信用风险高企

毋庸讳言，在当前国内经济环境下，我国市场经济体制尚不完善，国内信用环境、信用体系建设尚为薄弱，随着国内信用交易规模的不断扩大，企业应收账款规模快速攀升，同时信用风险也日益凸显。

特别是近年来，经济金融领域出现许多新情况、新问题，一些产能过剩行业和担保行业的信用风险暴露逐步显现，这主要表现为部分新兴企业盲目投资，且自有资金不足，在经济下行期，自身经营困难，如果遇到银行信贷政策全面收缩，则企业资金随之普遍吃紧，如经营困难和资金链断裂双重叠加，势必造成信用风险高企。如部分国内贸易交易主体违背法律法规、不执行合同契约、不兑现承诺或担保链条断裂等情形频繁发生，“三角债”问题日益严重，市场信用风险不断上升，甚至导致局部金融风险也可能时有爆发②。

科法斯（Coface）发布的《2019年亚洲企业付款行为调查报告》③显示，亚洲各主要国家信用风险整体在不断上升。其中，受访中国企业交易的平均信用期限，从2017年的76天，延长到2018年的86天（2016年为66天），汽车和运输行业的信用期限最长，其次是能源和建筑行业；“近一年内遭遇拖欠”的受访企业占比将近63%；而遭遇“长期逾期（超过180天④）金额在年营业额占比达到2%以上”⑤的受访企业，占比高达55.3%（同比上升7.2个百分点）。

尽管目前还缺少关于我国企业或行业的平均坏账率的定期权威统计数据（部分观点认为在5%～10%），但至少在微观层面，对于一家企业来说，同样发生一笔坏账，如果企业利润率越低，则相应需要更多的销售营业额来进行弥补。比如，发生一笔100万元的坏账，以净利润率1%、2%、5%计算，则相当于分别减少1亿元、5000万元、2000万元的营业额。

综上所述，应收账款在助力企业开拓市场的同时，也在一定程度上使企业营运资金面临较大的压力，影响企业资金周转速度和融资能力，而其能否顺利回收，又直接影响企业利润高低。因此，在借助信用交易大力开拓市场的同时，如何有效规避信用风险，是企业需要高度重视的问题。

---

① 2018年规模以上工业类企业应收账款分析［DB/OL］.（2019－03－21）. https：//mp. weixin. qq. com/s? src=11×tamp=1580357448&ver=2127&signature=xrwfEbYWC1v162a80zrYUAZlXHm4ecld51e0QZdDlKa3IYjyTOl9omwEGQdJPs59G*-oCRCgEJJM443awKGmFWsMFKPQaoxXscayI20zRpvML5RDKIfFZZP2LTv5vOqM&new=1.

② 韩家平. 中国社会信用体系建设的特点与趋势分析［J］. 征信，2018（5）：1－5.

③ Asia－Pacific Corporate Payment Survey 2019：Deteriorating Payment Trends Amid Trade War Woes［DB/OL］.（2019－07－10）. https：//www. coface. com/News－Publications/Publications/Asia－Pacific－Corporate－Payment－Survey－2019－deteriorating－payment－trends－amid－trade－war－woes.

④ 根据科法斯经验，至少八成的超长逾期付款（超180天）可能无法追回。

⑤ 通常认为，超180天以上欠款金额占企业年营业额2%以上，便会对企业现金流构成一定程度的威胁。

二、什么是国内贸易信用保险

（一）国内贸易信用保险与出口信用保险的比较

为了对国内贸易信用保险有一个简单直观的了解，我们将之与出口信用保险进行以下方面的比对。

第一，保险标的方面，与出口信用保险相比，在承保标的（保险利益）方面，国内贸易信用保险与出口信用保险并无差别，即承保的都是企业的应收款项（企业拥有的在将来获取现金、商品或劳动的权利）。只不过这种应收款项，在出口信用保险项下，产生于企业的出口贸易和对外投资交易，而在国内贸易信用保险项下，产生于企业的国内贸易交易活动。简单来讲，承保的基础合同都是贸易合同，只不过前者是出口贸易或商务合同，后者是国内贸易销售合同（买卖合同）。

第二，承保风险方面，相比于出口信用保险，国内贸易信用保险通常承保的仅是交易对手（国内买方）的商业信用风险，而并不承保政治风险。

第三，保险实务操作方面，与出口信用保险承保理赔等实务操作流程方面也几无实质性差异，主要不同表现在，国内贸易信用保险所表现出的风险特征或特性与出口信用保险存在较大不同，因此，在产品条款、承保、理赔及追偿等方面所需遵循的一些基本理念、原则以及需采取的措施、手段等还是存在较大差异的。

（二）国内贸易信用保险种类

经济活动中，应收款项主要包括应收账款（及应收票据、应收利息和其他应收款等）及预付款项。就国内贸易信用保险种类来讲，实务中主要有以下三种：

一是国内贸易信用保险：这是最为常见的，实务中占据绝对主流的一种国内贸易信用保险产品。这种产品承保的是从事国内贸易的被保险人（卖方）在以赊销方式向交易对手（买方）交付货物或提供服务之后，所面临的买方不按贸易合同的约定履行到期付款义务的风险。即因买方破产或无力偿付债务，或者拖欠等引起的应收账款损失，保险人按保单约定承担赔偿责任。

二是国内贸易预付款保险：承保被保险人（买方）按贸易合同支付预付款后，因供应商（卖方）破产或无力偿付债务，以及未按贸易合同约定的时间交付货物或提供服务且未退还预付款而引起的预付款直接损失。这种险种中，被保险人是买方；承保标的是预付款（应收款项），承保风险是供应商（卖方）应退而未退预付款的信用风险（履约风险），但通常并不承保供应商未按合同约定进行供货的履约风险。目前现行实务中，这种险种的业务量占比相对较低。

三是国内贸易贷款短期信用险：这实际可属于一款银行保单，该保单的投保人/被保险人都是银行，承保的是银行的贷款损失，只不过这种贷款，条款中将其用途明确限定为借方（买方）按照销售合同的约定，对卖方提供的货物交付及服务进行支付所需的价款（类似于买方信贷），同时约定保险责任起始于货物的交付或服务提供之时。

（三）国内贸易信用保险作用

从宏观角度来看，国内贸易信用保险有利于促进国家社会信用体系建设，促进贸易增长；而从微观层面来看，则能够满足企业的信用风险管理、市场竞争及贸易融资等多方面需求。

1. 助力企业加强风险管理，完善内部信用风险管理机制

一是事前风险预防。保险公司可凭借庞大的买方实时数据库、多渠道征信风险信息以及专业化的风险分析能力，帮助企业将有限的资源集中到与更优质的买方开展交易，从而有效降低坏账风险。

二是事中风险监控。利用多种渠道，监控买方财务状况，对应收账款和可能出现的损失进行监控并提前作出预警，动态调控买方限额，防止因买方财务状况恶化而带来损失。

三是事后赔付及欠款追收。实务中，卖方企业进行债务追偿和损失补偿手段通常比较单一。通过保险主体的介入，一方面，通过对损失的赔付将有力保障企业财务稳健；另一方面，可为企业提供有关欠款追收方面的专业性意见和建议，或通过直接介入追讨，减少企业追收所花费的大量人力、物力成本，并能够提高追偿效率和成功率。

2. 提高企业竞争力，助力市场拓展，把握和创造新的贸易机会

国内贸易活动中，除商品品质、价格、售后服务等交易条件之外，赊销也已成为有力的竞争手段。

凭借保险公司的信息网络和风险评估，被保险人对买方付款能力和付款意愿得以充分把握和持续跟踪，也可根据保险公司对买方额度的批复情况，适度调整赊销规模或信用账期，与更多新买方开展交易，积极拓展市场，增加销售。此外，资信调查和欠款追收等由保险公司主导负责，也能够节约企业管理成本。

3. 提供国内险项下的应收账款贸易融资便利

由于信用保险可提高企业应收账款债权信用等级，银行配合开办的各种类型的“信用保险项下贸易融资”业务，可助力企业相对更易获得银行融资款项。实务中，多家保险公司和银行也已就贸易融资建立了较为成熟的运作模式，可为客户的贸易融资提供多项便利。

三、我国国内贸易信用保险市场概况

我国国内贸易信用保险是在出口信用保险开展十几年并发展到一定程度后，才逐步开展起来的。最早大约在2003年，经保监会批准，平安与科法斯合作，在国内首家推出国内贸易短期信用保险。2005年6月，经国务院批准，中国信保也开始试办国内贸易信用保险业务，到2006年正式开办[①]。中国信保的国内贸易信用保险业务主导思路，主要是为了延伸对重点行业和重点出口企业的服务链条，通过协同发挥出口和国内贸易信用保险的各项职能，为客户提供综合信用风险管理服务。2018年，中国信保的国内贸易信用保险实现承保金额3026.2亿元人民币（折合457.5亿美元），增长18.3%。

此外，目前在我国还有人保财险、中银保险、太平洋保险、安联保险（Allianz）及

① 利用国内贸易信用保险促进市场信用体系建设——唐若昕总经理就中国信保全面开办内贸险答记者问.[J]. 国际商务财会，2008（3）：8-10.

美亚财险（Chartis），均可承保国内贸易信用保险业务。

相对出口信用保险来讲，目前国内贸易信用保险市场主体尽管较多，但受制于各种宏微观因素的影响，我国国内贸易信用保险在整个信用保险行业占比相对较低，各保险主体在承保及理赔等各环节的实务操作，也难以像出口信用保险那样达到相对的整齐划一。这可能也主要是因为各保险主体的国内贸易信用保险保单条款，在一些关键权利义务等方面的具体约定也并不一致。

第二节　国内贸易信用保险条款释义

与出口信用保险在“形式”上相似的是，国内贸易信用保险条款（产品）不仅映射和一一对应着信用保险所共同遵循的基本原则，同时也蕴含着保险公司对于信用风险的看法、偏好，以及风险管控的流程和手段。但就具体内容来看，与出口信用保险相比，国内贸易信用保险条款则因所承保的基础合同和国内贸易信用保险的特殊而独具一些不同的约定。

下面重点对主流的国内贸易信用保险条款①中部分关键事项和重要概念进行阐释。

一、适保范围

条款主要对承保主体和客体进行约定和明确：

（一）主体

约定保险合同的投保人和被保险人（通常为同一人），即强调为在中国境内依法成立的法人及其他组织。目前国内贸易信用保险实务中，较少承保事业法人等组织形式。

买方资格。为强调条款国内贸易的性质，部分条款还对买方进行约定，即强调所承保的国内贸易合同的买方同样是在中国境内依法成立的法人及其他组织。

（二）客体

明确所承保的基础合同的种类，为买卖合同或贸易合同，具体包括货物（商品）贸易合同和服务贸易合同。同时，为进一步明晰合同种类，条款中通常还将部分合同形式排除在承保范围之外，如试销合同、寄售合同、代理采购合同、与关联方签订的合同、与个人买方或未正式注册的个体工商户所签订的贸易合同，以及保险条款中明确约定条款不适用于被保险人与国家机构、全国性或地方性政府部门与机关、学术机构、组织以及任何不能宣布破产的实体所签订的合同②。

对承保的基础合同形式进行明确。与出口信用保险通常并不对所承保的基础合同形式进行限制相比，国内贸易信用保险通常对承保的基础合同的订立形式进行明确要求。

---

① 本节在介绍条款主要约定的同时，侧重点是比较目前国内市场上各保险条款的异同。所援引的各保险主体的条款措辞均来自公开信息渠道，不再一一列明其出处。

② 中国大地财产保险股份有限公司国内贸易短期信用保险条款：中国保险行业协会网站，http：//www. iachina. cn/col/col6262/index. html。

目前市场中几乎全部保险主体[①]的国内贸易信用保险条款中，均明确约定基础贸易合同应以书面形式订立。相应地，条款在理赔部分通常约定，贸易合同是被保险人在索赔时应提供的必要证明文件之一。

对基础合同内容进行约定。条款通常约定，基础交易合同应真实、合法、有效，并明确约定了交易标的（何种货物或服务）、付款方式和付款期限等主要合同内容。其中，真实、合法、有效是对保险标的——应收账款的最基本的要求。对于其他交易条件，也必须在基础交易合同中进行明确约定。举例来讲，如果在承保环节，投保人表示其投保的贸易交易，合同中并没有明确约定具体的信用期限（难以明确赊销期限，比如是在半年内，还是一年内，还是超过一年等事项），则对于该类交易，保险公司通常难以承保（因信用期限，是信用限额的必备要素）。

二、保险责任

保险责任部分，重点内容是条款关于责任起始、发票出具时限及损因等方面的约定。

（一）保险责任起始

国内贸易信用保险条款，通常可见将保险人的保险责任起始点，明确约定为货物交付或提供服务之时。这与出口信用保险[②]保险责任起始点的约定在本质上是一致的，这主要是因为交付是判断卖方是否履行销售合同义务的标志，也是判定卖方能否取得债权请求权的决定性因素。在我国现行《合同法》规定下，交付还是判断动产标的物所有权转移及风险转移的标志。在保险条款具体措辞约定上，通常如下：

第一，关于货物交付的释义，各保险条款约定的并不一致。如有的条款约定的是被保险人根据贸易合同所约定的交货条件，将货物的实际占有转移给买方或其代理人，且已取得买方或其代理人签发的书面收货凭证。对该约定，需注意，符合保险合同约定的货物交付的成立要件是，卖方（被保险人）必须取得买方或其代理人签发的书面收货凭证。

近年来，虚假贸易成为国内贸易信用保险承保中高发风险因素[③]。现行保险实务中，国内虚假贸易主要表现为两种情形，一是合同及单证文件虚假（或是所谓的买卖双方共同伪造，或是卖方单独伪造，或是全部单证资料虚假，或是真假参半），贸易双方之间实际并没有真实的贸易往来；二是贸易双方虽然存在真实、有效的贸易合同，但卖方并未履行或未完全履行货物交付义务。因此，为避免承保只有单据流转而无实体货物交易的行为，避免理赔环节保险双方纠纷，部分保险主体进一步将交付，限定为现实交付[④]，即这种交付需要买卖双方进行交易标的物的“实际”交接。比如，部分国内贸易信用保险条款（或批单）中明确约定了货物交付指的是实体货物的交付，且约定在索赔之时，被保险人须分别提供其与上游供应商，以及与下游买方之间的贸易和物流凭证，而如果被保险人交付买

---

① 如中国信保、人保、平安条款中皆如此约定。

② 出运前出口信用保险除外。

③ 近年来，贸易背景虚假也已成为国内保理银行的主要融资风险之一，是导致保理业务纠纷频发的主要因素。

④ 不承保拟制交付（观念交付），即不承保卖方把自己对标的物占有的实体权利转移给买受人，以代替实物交付的交付行为。

方的仅是所有权凭证，而无法证明实体货物交付事实，则保险人不承担保险责任。[①]

第二，服务交易的责任起始点，则通常起始于卖方（被保险人）将服务贸易的商业发票提交给买方之时点。

（二）发票的开具

无论货物贸易还是服务贸易，各保险主体在条款中均约定[②]，被保险人须在保险合同中载明的最长开具发票期限内，向买方开具商业发票，或将商业发票提交给买方[③]。

其中，关于最长开具发票期限，在承保实务中，保险公司通常定量约定一个具体的天数（如从交付货物或服务提供之日起30天，或2个月、3个月不等，具体根据不同的贸易特点和惯例确定），或者将其定性约定为不得迟于信用期限的到期日。

这里需要注意的是，部分条款中可能将被保险人是否按保险合同约定开具发票以及在时限内开具发票，作为保险公司承担保险责任的基本条件之一[④]。

（三）损因

1. 承保风险

保险人主要承担因以下两种情形导致的被保险人应收账款损失。

（1）买方破产或无力偿付债务（无清偿能力）。其中，破产是一种法律状态[⑤]，而无力偿付债务，其定义相对广泛，通常条款中以具体罗列的方式约定各种情形，比如，买方停止营业或下落不明，或除买方合并或分立外，买方解散的事由已经发生，且未清偿全部债务，或经人民法院强制执行，买方的资产不足以清偿全部或部分债务等。实务中，各保险主体的条款约定各异。

（2）买方拖欠。实务中，各国内贸易信用保险条款约定不一。因拖欠定义直接关系后续报损索赔及定损核赔的时限，故投保人应注意辨别。比如有的约定，拖欠指的是买方超过贸易合同约定的应付款日及保单载明的最高延长期限[⑥]，仍未支付或未付清应收

---

① 与出口信用保险交付概念不同。出口信用保险项下，含所有权凭证的转移，即货物单据的交付。

② 如中国信保、中国人保、平安保险条款中皆如此约定。

③ 现行条款未对发票予以定义，实务中，通常认为发票应符合《中华人民共和国发票管理办法》中的定义，即“在供销商品、提供或者接受服务以及从事其他经营活动中，开具、收取的收付款凭证”。

④ 相关案例，可参见本章第四节理赔部分。

⑤ 关于破产的国内相关法律规定，具体可参见《中华人民共和国企业破产法》（2006年8月27日第十届全国人民代表大会常务委员会第二十三次会议通过，自2007年6月1日起施行），http：//www. gov. cn/flfg/2006－08/28/content_371296. htm；《最高人民法院关于适用〈中华人民共和国企业破产法〉若干问题的规定（一）》（2011年8月29日最高人民法院审判委员会第1527次会议通过）、《最高人民法院关于适用〈中华人民共和国企业破产法〉若干问题的规定（二）》（2013年7月29日最高人民法院审判委员会第1586次会议通过），以及《最高人民法院关于适用〈中华人民共和国企业破产法〉若干问题的规定（三）》（2019年2月25日最高人民法院审判委员会第1762次会议通过，自2019年3月28日起施行）等。

⑥ 最高延长期限（maximum extention period），通常指的是买方在发票所载应付款日之后，可延后付款的最长期限。即买方在该期限之前付款，不视为保险合同项下违约或损失发生。而对被保险人来讲，如果在该期限内继续向买方交付货物，也不应视为已知风险后出运。该期限经保险人和被保险人商议后在保险单中载明。实务中，常见约定为30天、60天或90天。此外，国内目前的出口信用保险条款约定中大多数没有最高延长期的概念，但同时所约定的拖欠风险通常指的是买方在应付账款日后30天仍未付款，其中30天实际上即最高延长期。具体可参见本书第六章。

账款；也有的条款[①]约定为，买方在最初付款到期日后的6个月内未能根据合同约定将应付款支付给被保险人（这种约定，实际等同于将最高延长期限直接约定为6个月[②]）；当然也有的条款并没有关于最高延长期限的约定，而是将拖欠的定义简单明了地约定为，被保险人交付货物后，买方违反贸易合同的约定，超过应付款日仍未支付货款。

2. 非承保风险

（1）拒收风险。行业通行国内贸易信用保险条款，通常并不承保拒收风险。其中，根本原因在于如前所述，国内贸易信用保险保险责任起始点通常是交付，故对货物交付之前的风险（拒收风险）引致的损失，不在保险责任范围之内[③]。

（2）政治风险。国内贸易信用保险条款，通常仅承保商业风险。

三、除外责任

除外责任主要包括贸易合同和保险合同项下的除外情形[④]。

（一）贸易合同项下的除外

简言之，主要针对的是贸易交易中，无法确立有效债权或道德风险较高的一些交易情形及原因。

第一，被保险人（卖方）及其代理人违约、欺诈或其他违法行为。

第二，可豁免买方付款义务的情形。比如，约定买方依法或依照约定可以不履行贸易合同付款责任，以及不可抗力，如发生战争、军事行为、恐怖事件、武装冲突、叛乱、暴动、民众骚乱、飓风、洪水、地震、火山爆发和海啸，以及核反应、核辐射和放射性污染等。

第三，被保险人向关联方的交易发生的损失。其中，部分条款中约定关联方不限于被保险人和下游买方之间，还包括被保险人的上游供应商和下游买方之间。比如约定："如被保险人的上游供应商与被保险人的下游买方之间存在关联关系，则因保单条款所列买方商业风险引起的损失，不在本保单承保范围之内"。

第四，已知风险后出运。如约定，"被保险人知道或应当知道买方负面信息及保险合同所约定的风险已经发生，或者交付货物或提供服务前，被保险人依照贸易合同约定或相关法律的规定有权拒绝履行或终止履行贸易合同，但仍继续履行贸易合同"，属保单除外责任。

（二）保险合同项下除外

根据信用保险自身属性及所遵循的一些基本原则，条款约定保险人不承担赔偿责任的一些情形，具体如下：

---

① 中国大地财产保险股份有限公司国内贸易短期信用保险条款：中国保险行业协会网站，http：//www.iachina.cn/col/col6262/index.html。

② 该条款可能还约定被保险人提出索赔的日期为，在最高延长期到期后6个月内，保险人定损核赔的期限则是30天内。

③ 比如大地财险条款中，直接将拒收货物，列明为责任免除。

④ 这些除外情形的约定，其背后的基本逻辑，基本等同于短期出口贸易信用保险。故在此不再详细展开。

第一，申报方面①。比如部分条款可能约定，“被保险人未按本保险合同的约定进行申报的交易，保险人不承担保险责任。”②

第二，限额相关。几种除外情形主要有：超限额出运（“超过信用额度的损失部分”）、无有效信用限额（如限额被撤销后，被保险人仍继续履行贸易合同而发生的损失），以及被保险人未能满足信用限额条件或“特别生效条件”③。

第三，根据“风险共担原则”，比如条款约定，“本保险合同中约定的免赔额和按赔偿比例计算赔偿额以外的金额”，不属保险赔偿范围之内。

四、限额、申报与交费

总体而言，国内贸易信用保险限额、申报及交费的相关约定，与出口信用保险也几无本质差异。

（一）责任限额

责任限额具体包括保单累计赔偿限额和买方信用限额。

1. 累计赔偿限额

累计赔偿限额，是指保险人在保险期间内，对被保险人按保险合同约定申报的交易可能承担赔偿责任的累计最高赔偿额度。实务中，该金额通常在保险单中载明。

2. 买方信用限额

买方信用限额，是指保险人对被保险人向某一特定买方进行交易可能承担保险责任的最高额度。

（1）买方信用限额分为保险人批复信用限额和自行掌握限额两种。其中，保险人批复信用限额是指，根据被保险人申请，保险人对保单合同项下被保险人的每一买方进行审核并批复一个信用额度。而自行掌握限额在国内贸易实务中并不常用。

（2）买方信用限额不等同于赔偿金额，实务中，如核定损失金额超过买方信用限额，则每一买方项下的赔偿金额 = 买方信用限额 × 赔偿比例；如核定损失金额低于买方信用限额，则每一买方项下的赔偿金额 = 核定损失 × 赔偿比例。

（3）信用额度在保单有效期内不是固定不变的。保险人有权根据买方风险状况的变化情况，对现有的信用额度进行调整或取消。通常为有效控制风险，被保险人在任何买方项下向保险公司提交“可能损失通知书”后，该买方信用限额将被自动撤销。

（二）申报

通常，在信用限额批复之后，被保险人应按照保险单载明的申报方法（如月申报、季申报、半年申报等），以保险人要求的格式如实向保险人书面申报适保范围内的全部

① 比如中国信保、人保财险国内贸易信用保险条款。

② 考虑到实务中被保险人迟申报、误申报可能并非全部都是因为逆选择。故在不影响保险人权益的情况下，如保险人一律做拒赔处理，则对被保险人在一定程度上有失公平，所以也有的条款约定为“保险人有权不承担赔偿责任”。

③ 比如平安国内贸易信用保险条款中约定，“被保险人未遵守本保险合同中信用额度的附属规定所导致的损失”。

赊销交易。

条款通常约定，对于被保险人未在约定期限内申报的交易，被保险人有义务及时补申报。比如，被保险人存在故意不申报或重大漏申报的行为，对保单项下被保险人所有交易的损失，保险人有权拒绝承担赔偿责任，并不退还已收取的保险费。

（三）保险费

第一，保险费的计算。常见是按照投保人申报的信用交易额计算保险费。公式为：保险费=信用（赊销）交易金额×保险费率。现行国内贸易实务中，较少见信用限额×保险费率的保费计算方式。

第二，最低保险费。实务中，仍可见部分条款中约定了最低保险费，即要求投保人在保险期间内应交付一定金额的最低保险费，该最低保险费不予退还。也就是说，如果按照保险期间内保险公司实际承保的信用交易额所计算出的保险费金额，低于最低保险费，则所交纳的最低保险费通常也不退还。

第三，保费交纳与保险责任的关系，也常见国内贸易信用保险条款约定，被保险人如未在规定期限内足额交纳保险费，保险人对被保险人申报的相关贸易有权拒绝承担赔偿责任。

五、理赔追偿

关于理赔追偿方面的约定，可重点关注以下三个方面。

（一）损失确定及赔付期限

现行市场主流国内贸易信用保险条款，关于理赔操作，基本也均约定了报损、索赔及定损核赔三大业务环节。每一业务环节，条款中均对相关时限进行明确约定。

比如某条款中，首先，将提交可能损失的期限约定为：买方破产及超过最高延长期后1个月未付款的10个工作日内。其次，将索赔的期限约定为：如买方破产，则应在1个月内提交索赔，而如发生买方拖欠，则索赔期限为贸易合同约定的应付款日截止且等待期[①]结束后（实务中，常见等待期约定为6个月）。最后，将定损核赔日期约定为保险人在受理索赔案件之日起30个工作日内。

又如有的条款中，并没有关于最高延长期也没有关于索赔等待期的约定，但定损核赔期限则可能约定为，对拖欠案件，保险人在受理索赔后的4个月内核实损失原因，并将核赔结果通知被保险人。对破产案件，定损核赔期为30天。这实际与约定了最高延长期、索赔等待期等条款，在一定意义上是殊途同归的。

关于上述各业务环节的约定期限，是直接关系被保险人自身保险利益的关键点，因此，投保人应重点予以关注。

（二）风险共担原则（Risk Sharing）

与出口信用保险相同的是，国内贸易信用保险对承保风险的赔偿也并不是核定损失

---

① 通常指的是，保险人为了确定保险损失已经发生，被保险人提出索赔前必须等待的一段时期。等待期通常从贸易合同约定的应付款日开始，由保险合同双方协商确定，并在保险合同中载明。

金额的100%，而是遵循风险共担的原则。

实务中，对于国内贸易信用保险保单承保的商业风险，赔偿比例通常约定为80%～90%。

对于追偿款，以及追账过程中所产生的合理费用[1]，保险双方也按权益比例[2]进行分摊。

（三）按时间顺序冲抵应收账款

条款通常约定，在保险人赔付之前，除非保险人书面同意，与任何贸易合同（包括本保险合同未承保的贸易合同）有关的所有款项，无论何时收回，均应按照付款到期日（应付款日）的时间先后顺序，冲抵被保险人在该买方项下的应收账款。

六、投保人被保险人相关义务

投保人被保险人相关义务主要是被保险人应遵守的诚信原则。

（一）保险合同订立前的如实告知义务

投保人应如实填写投保单，并回答保险人就被保险人自身的生产经营和管理情况、被保险人与买方的历史交易及预期，以及其他相关情况提出的询问，履行如实告知义务。

（二）保险合同订立后的及时通知义务

保险期间内，投保单中声明的基本情况发生变更，或所投保的贸易的关键交易条件（如支付方式、付款期限、债权债务的转让等事项）发生变更，以及其他足以影响保险人决定是否继续接受投保或是否增加保险费等保险重要事项变更，投保人须全面、准确、及时地书面通知保险人。

（三）保险期限内的保证义务

比如条款约定，“被保险人应在保险合同所载明的最长开具发票期限内，开具商业发票给买方”“经常检查合同执行情况，做好应收账款催收工作”“在发生或可能发生本保险合同项下的损失时，被保险人应及时采取一切必要措施，包括必要时采取法律手段，督促买方及时付款，避免和减少损失”。

第三节　承保实务

从前述条款中也可以看出，国内贸易信用保险操作流程基本同出口信用保险，大致分为投保前接洽、保单承保、限额承保、申报交费及保后风险跟踪和管理（批单出具、续保等）环节。在这些环节中，风险的识别与管控是贯穿始终的唯一一条主线。

---

① 合理费用具体包括调查费、诉讼费、仲裁费、律师费、公证费、认证费和执行费等，以及追回欠款后支付给追账公司或律师事务所的佣金。

② 被保险人在每个买方项下所实际遭受的全部损失中，保险人最终赔付金额与被保险人自行承担损失金额的比例。具体可参见本书第十章。

一、投保前接洽

该阶段作为国内贸易信用保险最前端业务环节，其工作质量的高低直接关系并影响到业务整体质量和风险管控水平，是保证国内贸易信用保险稳健经营发展的第一道防线。毋庸置疑的是，目前国内贸易信用保险承保风险相对较高，这种风险不仅包括承保的买方违约风险相对较高（这从各家保险公司历年承保的出险率、赔付率等均可以看出），还体现在所承保的被保险人（卖方）逆选择和道德风险也相对较高。

由于信息不对称的存在，国内贸易信用保险投保企业对其自身的经营管理状况、风控水平、市场环境甚至于交易对手资信等方面的了解和掌握情况，通常远超保险机构。而在经济低迷的市场环境下，根据国内贸易信用保险历史承保经验，大多数保险机构普遍也预设客户逆向选择和道德风险较高，特别是在面对信用等级较低的贸易型企业时，尤其如此。故总体而言，国内贸易信用保险在风险审核和客户准入方面，相对于出口信用保险来说更为严格审慎。这主要从以下四个方面入手。

（一）对经济周期和对行业风险的分析

第一，在宏观层面上，信用是顺周期的。对经济周期的把握是信用风险评估的首要环节。比如，在经济周期转换过程中，对于部分顺周期的行业及产品，销售价格大幅下跌并极易通过购销、担保及借贷活动，将风险迅速传递到上下游客户、担保方和银行，在短时间内可能出现大面积客户违约、破产或倒闭，形成行业性或区域性风险。总之，把握好周期风险，再谈行业风险、客户风险的识别评估才会更有价值。

第二，从中观行业层面看，需结合国内经济结构调整，重点开展对信用交易较为旺盛的行业及产业链（资源导向型、需求导向型、市场导向型还是产品导向型等）等的分析研究。具体从行业的技术特点、一般贸易交易惯例、行业准入制度和难度、行业竞争态势（横向）及行业上下游供应链（纵向）等方面，综合分析判断和预测行业风险高低。相对来讲，国内贸易信用保险更应该跳出应收账款的框架，去关注行业的供应链体系，进而去分析投保企业的供应链是否正常。

第三，结合投保人需求，分析明确投保人的行业地位（领先、中游还是新进入），以及投保人需求同其行业地位是否相匹配等。

（二）对投保人的分析

应收账款关乎企业的可持续性发展，一方面，其对企业带来的直接风险就是坏账风险，这既可能导致企业资产损失，也可能造成资金流紧张甚至断裂，影响公司的经营效率，增加公司财务成本。另一方面，应收账款也是企业用来粉饰业绩的重要工具，是财务造假的高发区域，如虚增买方、虚增收入和利润、通过关联交易购销、用应收账款搞小金库及用应收账款的坏账计提调节利润或者转移资金等。

因此，保险公司在对微观客户群体选择方面，投保人的风险管控水平和市场竞争能力对于风险研判至关重要，此外，道德风险也是近年来国内信用险承保业务中不容回避的问题。保险公司在审核投保项目时，需要对投保人进行较为详细深入的分析了解，核心在于对投保人性质和背景、生产运营情况、企业信用管理状况（如是否建立完善的信用风险管理制度）和风险管理能力等方面进行综合评估。

1. 分析企业基本状况

综合分析企业经营管理整体水平、公司风险管理机制、以往信用管理表现（历史坏账和应收账款逾期情况等）、专业人员素质、业界声誉、市场地位与竞争优势等情况，实务中，保险公司可考虑优先重点支持效益突出、管理规范的生产型企业或国有企业、上市公司、行业龙头企业及风险管理较好的外资企业①；谨慎承保成立时间不长、管理欠规范的流通型、非生产型企业。

2. 分析投保人需求

实务中，应重点承保以信用风险转移需求为主的客户，确保承保方案与贸易交易实际需要和行业管理相匹配。谨慎承保或严格控制单纯融资需求的贸易公司或垫资业务，特别是非正常的或无交易历史的新业务。

（三）对贸易背景和具体交易模式的分析

国内贸易信用保险买卖双方均处国内，沟通相对便捷，贸易方式多样，尤其是货物交付相对随意，没有严格统一的要求和规定，也没有海运提单等物权凭证，因此相比出口信用保险来讲，国内贸易交易双方勾结串通，虚构贸易交易及货物交付凭证，尤其利用信保贸易融资功能，骗取银行大额贷款融资的道德风险发生概率相对更高。因此，贸易交易背景及应收账款是否真实，是国内贸易信用保险承保工作需要识别的首要的实质性风险，也是评估买方风险的前提。简言之，如果保险人对贸易背景本身的真实性极大存疑，则通常是不应再有任何承保探讨空间的（即使提高费率、降低赔比等承保条件，也不能解决基础交易虚假的问题）。

因此，为了规避这种承保风险，对于交易双方贸易交易细节，如交易模式是否复杂、是否是初次或一次性的交易；是否签署真实合法有效的贸易合同；定价是否合理；实体货物是否由卖方直接交付买方、通过何种方式如何进行交付，甚至于被保险人上游供应商情况，以及整个交易的回款链条（规避被保险人的上下游企业恶意的商业欺诈）等事项，都是保险公司在投保接洽的过程中需首要评估的风险因素②。

实务中，保险公司通常经尽职调查后重点承保签订正规买卖合同、资质较好的贸易交易，且就贸易方式而言，重点承保自营业务，谨慎承保代理合同项下的业务；而从交

---

① 实务中，不乏这样的企业，其内部风险管控非常严格，业务模式较为规范，以制度文件形式要求严禁开展虚假贸易、纯融资业务，以及关联交易。尤其是投保国内贸易信用保险多年的资深被保险人，其对于信用险的理解通常较为透彻，能够接受风险共担的理念，理解信用险是风险管理工具而非担保。

② 可参照我国《商业银行保理业务管理暂行办法》（2014 年第 5 号令）第十四条的规定："商业银行受理保理融资业务时，应当严格审核卖方和/或买方的资信、经营及财务状况，分析拟作保理融资的应收账款情况，包括是否出质、转让以及账龄结构等，合理判断买方的付款意愿、付款能力以及卖方的回购能力，审查买卖合同等资料的真实性与合法性。对因提供服务、承接工程或其他非销售商品原因所产生的应收账款，或买卖双方为关联企业的应收账款，应当从严审查交易背景真实性和定价的合理性。"第十五条规定："商业银行应当对客户和交易等相关情况进行有效的尽职调查，重点对交易对手、交易商品及贸易习惯等内容进行审核，并通过审核单据原件或银行认可的电子贸易信息等方式，确认相关交易行为真实合理存在，避免客户通过虚开发票或伪造贸易合同、物流、回款等手段恶意骗取融资。"

易历史来看，则重点承保有两年或三年以上有良好交易历史记录的国内贸易信用保险业务，谨慎承保非正常的初次交易以及交易历史较短的业务。

（四）拟投保业务

为便于风险分散，国内贸易信用保险通常也要求投保人将其全部赊销业务进行投保，即遵循统保原则。但在承保过程中，保险人仍需做好对投保业务整体结构的分析，尤其是对买方群体风险的组合分析①。

但实务中，投保企业也可能挑选部分赊销业务（或部分买方）进行投保。对于这种选择性投保的情形，保险公司应了解其背后的原因（如是否是出于对投保成本、融资需求、业务计划等方面的考虑），如接受被保险人部分投保，则应在保险合同中清晰、准确载明投保业务范围。

经过对以上方面的沟通了解之后，对于有投保意向的投保企业，保险公司一般会指导企业填写国内贸易信用保险投保单。投保单是保险合同的重要组成部分，是承保工作的开始，也是保险公司决定是否承保并厘定费率、合理拟订承保方案的重要参考依据。

二、保单承保

同出口信用保险类似，国内贸易信用保险保单承保的主要工作实际是，经过和投保人的沟通接洽，在对拟承保交易的风险进行了解和分析的基础上（针对底层贸易），保险公司还需要在保单要素或主要承保条件等方面进行组合联动（针对保险合同），以实现稳健经营与盈利。

国内贸易信用保险主要承保条件包括适保范围、年度投保金额、发票开票期限、最长信用期限、保险费率、最低保险费、最高赔偿限额、赔偿比例、申报方式、争议解决方式、保单批注等。

当保险双方就这些承保条件协商一致后，保险公司即可签发保险单。保险单是保险双方之间正式的法律契约。自保险合同生效之日起，保险双方均应按保险合同相关约定履行各自的责任和义务。以下对国内贸易信用保险主要承保条件作简要说明。

（一）适保范围

原则上投保人应将全部国内赊销交易进行投保。部分保险公司不接受被保险人只选择有风险或风险高的买方进行投保的行为。

当然，在能够最大限度地排除被保险人风险逆选择的前提下，考虑投保人实际需求，适保范围也可以根据产品种类或业务类型、业务区域、列明买方等要素进行划分和组合，并清晰准确地在保险合同中进行界定。

（二）投保产品（业务）种类

投保范围所约定的产品或业务的具体、准确的名称，需要在保单中载明。

（三）投保金额

预计在保单年度内的拟投保的赊销销售额。承保实务中，通常根据在上一年度实际

① 主要如买方规模分布（大型、中型、小型买方所占比重）、行业分布（所属各行业状况）、区域分布（所属经济区域状况）等。

赊销量为基础来预估未来一个投保年度的销售额。

原则上，上年度国内销售额≥上年度国内信用销售额≥年度投保金额。

（四）最长信用期限

列明最长信用期限的目的在于给予信用期限一定弹性，避免因贸易交易过程中可能出现的对信用期限反复修改或延长的情形，实质是为简化业务操作。

（五）保险费

国内贸易信用保险费率的设定，通常坚持贴近市场、风险对价及坚持效益优先的原则。具体依据投保业务规模和赊销账期为主要的参考因素，结合行业风险、投保人风险管理水平、利润水平、买方风险状况及其组合、市场竞争等因素进行调整。相同条件下，投保业务规模越大，赊销账期越短，费率水平越低。

但就业务整体来讲，单一费率水平不得低于同年度平均出险率（报损金额/承保金额）。

对于一些特殊情形，原则上需上浮基准费率。比如，年度投保金额低于适保国内贸易额50%；信用期限长于行业交易惯例；被保险人从事国内贸易时间在三年以内；分期交纳保费；保单累计赔偿限额较高等。

实务中，如保险合同中约定最低保险费（原则上不退不还），则常见是按照预计全年总保险费的一定比例（如80%）来进行约定。

（六）赔偿比例

赔偿比例的确定首先要参考投保人所在行业的平均利润水平。理论上，应确保投保人自留风险比例适当高于其毛利润率。

现行实务中，国内贸易信用保险赔偿比例通常不超过90%，具体以保险单载明为准。当然，在同一张保单下，保险公司可以针对不同买方设置不同的赔偿比例。

（七）累计赔偿限额

原则上，最高赔偿限额应能覆盖保险单项下最大单笔有效限额的赔偿责任，即不低于保险单项下任一单笔限额金额与赔偿比例乘积的最大值。

实务中，最高赔偿限额通常按“最低保险费×倍数”或“年度保险费×倍数”所得的具体金额确定，其中，倍数一般不超过50倍。当然，也有按年度投保金额（固定）的一定比例（如1/2或1/3）来确定的。

（八）索赔等待期

国内贸易信用保险领域，在部分保险公司的实务操作中，索赔等待期被广泛应用。

根据行业惯例，其通常被设定为3~6个月不等。如果承保行业不同、致损原因不同，等待期也会灵活进行调整。

（九）申报方式

针对按营业额计收保险费的保单，需要约定被保险人申报交易的方式/频次。实务中，保险双方可协商约定为即时逐票申报、月申报、季申报、半年度及年度申报等多种方式。其中，可能对于部分被保险人来讲，逐笔明细申报的操作方式过于烦琐（尽管有利于保险公司承保精细化管理），为满足客户需求，简化保单操作，提高承保效率，保险公司可考虑对风控水平较高、业务量较大、交易买方数量较多、承保历史较长的大客户，适用月度、季度或半年的总额申报的方式（但总体来讲，目前不宜大规模采用）。

综上所述，以某保单为例，其主要承保条件可以直观展示如表 14－1 所示。

表 14－1　　保单承保条件

事项	承保条件
被保险的业务	如××的销售
投保金额	××元
赔偿比例	90%
保险费率	××%（以营业额为计算基数，可含增值税）
最低保费	经双方协商同意，投保人按照保险合同约定交纳全额保费（一次性付款）或首期保费（分期付款）后保险合同生效
最高赔偿限额	保费 50 倍
最长信用期限	发票开具之日起 120 天
最长开具发票期限	从交付货物或服务提供之日起 30 天
通知发生逾期账款的时限	从所售货物或所提供服务相关发票开具之日起 150 天
索赔等待期	4 个月
保险期间	2017 年××月××日至 2018 年××月××日
申报方式	月申报

三、限额承保

就国内贸易信用保险而言，其保险单的签发生效同样不等同于保险责任起始。保单签发后，被保险人在执行贸易交易合同，即发运或交付货物之前，还需就保险单适保范围内的每一个买方向保险公司申请信用限额。

保险公司则在对买方风险作出评估后批复信用限额，并做好后续的限额跟踪管理，以此控制和平衡承保风险。

在进行限额审核时，重在分析买方付款意愿、付款能力，以及卖方对买方的控制和影响力等，这主要从公开信息、量化指标、尽职调查等方面综合判断。

（一）限额审核的基本点

进行限额审核时，通常需要买方资信报告、被保险人与买方至少近 3 年的历史交易记录；抵押、保证、质押等证明文件（如有），以及其他有助于确定买方资信情况的资料信息（如有），在此基础上，重点从以下三个方面展开审核评估：

1. 保单条件

分析被保险人及交易的整体概况，以及各项承保条件，如承保金额、赔偿比例及费率条件等。

2. 买方概况

（1）买方基本信息。一些相对比较准确客观的信息，应予以重点关注。

一是买方成立年限。一般如在3年以上，具有一定抗风险能力。

二是股东信息。股东代表了资本的意志，往往决定企业发展的根本方向，对企业偿债能力有深远影响。因此对股东的分析是买方风险评估的起点。具体来说，重点应评估股东的综合实力、资信情况、行业经验及出资能力等因素。

三是注册/实收资本，以此判断出资方实力、经营中的资金压力等。

四是经营状况（主营业务及经营范围、采购、销售、经营场所）、公司治理、财务规章制度等方面。

五是管理层（如生产、销售、财务部门主要负责人的素质和行业经验）的素质及经验（极为重要的评估因素）。

六是其他公开信息。如有无诉讼记录、拖欠工人工资等负面信息。

（2）买方财务信息分析。通常来讲，看财务报表，主要是看总量、看结构、看质量、看趋势。通过这几个方面的分析，可综合评估买方的偿债能力、运营能力及盈利能力[①]。

站在债权人角度，看报表首先重点关注的就是买方的偿债能力，而看买方偿债能力实际取决于买方债务与其财务能力是否匹配。再进一步讲，因为买方财务能力主要体现在资产、收入、利润和经营活动产生的现金流四个方面，因此，也主要应分析的是买方债务规模和这四个方面能否匹配。

具体来说，财务分析中，关于是否匹配，有不同的财务指标和预警值进行衡量[②]。比如，在分析债务规模与资产的匹配性时，通常以流动比率、速动比率及资产负债率等财务指标衡量（比如通常对于制造业[③]，资产负债率预警值>65%）；在分析债务规模与收入的匹配性时，通常用总付息债务/销售收入来衡量（预警值为>1）；在分析债务规模与利润的匹配性时，通常可选用的财务指标是总资产回报率（利润总额/总资产，通常预警值为<5%）；在分析债务规模与经营现金流匹配性时，可用经营活动产生的现金流/（营业利润－投资收益）（通常预警值为<1.2）。

3. 拟承保的基础交易，尤其是应重点关注所在行业、贸易双方交易历史及交易模式

比如，目前对于受国家相关产业政策影响较大及行业风险较高的交易（如钢材、钢坯、煤炭等大宗商品），需谨慎授信；对涉及关联交易，以及贸易背景存疑的交易，通常不予授信。

又如，企业贸易过程中通常有采购、库存、销售、结算四个环节，保险公司在承保过程中，应尽可能地从企业的这四个环节入手，深入了解其交易运作模式，应重点关注货物流、资金流转相关的所有问题，以及投保人投保后的交易模式与投保前交易模式（及行业通行交易模式）是否有较大的改变。如有，则保险人应谨慎授信。

（二）尽职调查/实地考察

考虑到资信报告、第三方数据库和公开渠道所提供的资信虽然易于获得，但属于通

① 相关财务指标及计算公式，本节中不再赘述。

② 当然，这些预警值也因行业和企业类型等的不同而不同。

③ 下文将要阐述的各指标的预警值，也都主要适用于制造业。下文不再特别标注。

用信息，部分情况下，实际无法体现卖方与特定买方的贸易背景和合作关系，再加上国内部分交易主体的财务报表质量堪忧，财务舞弊和造假也时有发生。因此，对于一些交易金额较高、交易相对特殊或资信报告不全、公开信息不明的买方，保险人还须通过实地考察[①]，以获得承保所需的第一手资料，或者对于前期限额审核过程中存在的一些疑虑，通过进一步的客户拜访，获取补充资信（当面拜访的效果又远胜于电话交流和文字传递），最终通过多渠道的信息采集，强化信息之间的校验分析和逻辑判断，以便更为有效地解决信息不对称问题，准确评估承保风险。实地考察主要包括以下两个方面：

第一，现场细节的考察。如考察办公场所及生产场所细节，厂房生产安排是否合理有序、存货及产成品存放情况、产成品合格率等。

第二，经营状况的考察。一方面，主要是考察产品用途、贸易模式、货物流转、上下游交易合作情况等；另一方面，考察企业财务及融资状况，重点关注企业过度融资、多头融资与融资真实用途，综合评估企业还款能力。

综合以上资信报告和动态调查两大途径所获得的信息，保险人结合保单承保情况（保单买方的整体质量、风险分散度、各项承保条件如费率），通过分析行业风险、买方的履约能力和履约意愿，结合被保险人的风险控制能力、交易双方的交易历史和交易模式，特别是在没有保险的情况下，卖方如何给予以及给予买方多少信用额度（没有保险的情况下，被保险人如何自保，是国内贸易信用保险承保理念的核心）等方面进行综合评审，最终作出如何批复限额的决策。

以下即一宗保险人经综合评估，最终批复零限额的承保案例。

【案例】

零限额承保案例

某国内较为知名的机电生产型企业A，是国内众多知名家电品牌企业的长期供应商，近年来业务稳步增长。2017年初，A拟单就其与家电买方B（实际为三家关联公司B1、B2、B3）交易项下的应收账款向保险公司集中进行投保，因此拟投保范围为“列明买方投保”（B1、B2、B3三家），年投保交易金额拟为1亿元。限额项下，A申请B限额1500万元。

经调取资信报告显示B的基本情况是：从成立年限来看，其有20多年的历史，并一度被认定为“中国名牌产品”，但也已几乎成为明日黄花；从股权结构来看，1994年B开始引入外资股东（主营地产和酒店业的私人财团，集团总资产200多亿元），到2005年后外资持股比例已占九成，相比之下，中资股东比例为一成，也就是说B已由以前的国企变成了外资企业；从经营管理来看，2006年开始由外籍人士接管

① 主要是考察被保险人，特殊情况下，也可拜访买方。

B，并连续引入数百名外籍高管，试图引入外企管理方法，但却“水土不服”，反而造成B企业部门决策链条冗长，效率低下；从财务状况来看，B总资产均在数亿元，但是净资产为负，尽管近两年毛利率同比增加20%，但仍已连续5年亏损，处于资不抵债的状态。

后经保险公司实地调查获知，B尽管生产经营较为正常，但厂区内多数工人对本企业表示出强烈的不满。此外，近年来也发生多起因拖欠工人工资或多年未能涨薪而已引发工人罢工的事件。

综上所述，尽管投保人A属行业龙头企业，与B有多年交易历史，且B的外资股东实力较强，也属当地政府重点支持企业，但是考虑到B经营不善、高层流失、员工罢工、资不抵债及连年亏损等诸多极为负面的因素，2017年2月，保险公司最终批复零限额。

2017年11月，B发布声明，宣布破产。2018年4月，外资股东决定撤资。

该案例也再次表明，信用保险尽管可以起到风险管控和损失补偿的作用，但是，却并不能让一个差的底层基础交易变好。尤其是对于已经能够明显预见到破产的买方，保险公司更需把守住零限额的底限和红线，否则，如依然进行大额批限，则几乎等同于限额审核形同虚设，或者说，几乎完全与限额评审的应有之义背道而驰。

（三）限额批复及调整

第一，限额申请及批复额度的掌握尺度。

信用额度的计算方法主要有两种，第一种是平均法，即理论上应申请信用额度 = 预计年赊销营业额/年周转次数，其中，年周转次数 = 360天/信用期限。举例来说，如预计年赊销营业额[①]为400万元，信用期限为90天（年周转次数为4次），则宜申请的信用额度为100万元。第二种是最高值法。申请信用额度 = 最高债务余额。举例来说，被保险人与买方签订总值70万元的交易合同，预定分别于12月1日出运20万元、次年1月1日出运20万元、2月1日出运10万元、3月1日出运20万元。信用期限为交付后60天付款。则以月为单位，看每月末所滚动的应收账款最高余额，即为被保险人需要申请的信用额度。在这个简单的案例中，最高应收账款余额为1月底时的40万元（其他各月末均为30万元）。

从保险人限额批复的具体金额来看，则针对生产型和贸易类企业，授信额度通常不宜超过近3年年均销售收入的一定比例（生产和贸易企业应不同），以及不超过净资产的一定比例（如生产型企业通常为净资产的1/3～1/2）。当然在实务中，因不同行业的企业也有较大区别，这也仅是一个参考额度。

第二，在特殊情况下，限额将附加一定的生效条件。目前实务中，常见国内贸易信用保险的信用限额带有附加条件。如约定等待期、预付款及银行担保、公司担保为信用限额的生效条件等。其中，以担保为前提的扩大授信的做法，在限额批复时应避免

① 投保人与其买方在一年内以赊销交易方式产生的贸易额，而非全部的贸易额。

滥用。

第三，与出口信用保险类似，保险人在批复国内贸易信用保险信用限额之后，将对买方风险进行定期回顾和跟踪，并根据贸易交易实际及买方风险变动情况，对已批复限额进行动态调整。

四、申报交费及续保

（一）出运申报

如前所述，通常根据保单合同的相关约定，在获取有效信用限额之后，被保险人需就保单适保范围内的每一笔赊销向保险公司进行申报，这是应履行的保单义务之一，同时申报也是保险公司计收保险费的依据。而申报的方式和频次，被保险人应严格按照保单中的具体约定，确保申报的真实、准确、完整和及时，应避免发生因故意不申报或严重漏申报从而导致保险公司拒赔的情形。

（二）保费交纳

按时足额交纳保险费，是被保险人在保险合同项下应尽的主要义务之一。如果投保人未在约定期限内交纳保险费，根据保单约定，可能在不同程度上影响到被保险人的保险权益。

（三）续保

通常，短期国内贸易信用保险保单一年一签，而续保洽谈一般在保单到期前 3 个月左右开始。续保时，根据对上一年度保险合同执行情况的综合评估，保险人给出续保报价，经保险双方协商一致，签署新一年的保险合同。

第四节　理赔实务

如果说承保环节需要对未来交易和风险进行相对准确的“预判”，那么理赔工作则首先需要对已经发生的交易进行充分如实的还原。

一、理赔常规操作

如前所述，根据条款约定，国内贸易信用保险理赔工作基本也分为可能损失、调查追讨、索赔申请、定损核赔及赔后追偿等几个阶段。其中，每一阶段，条款几乎均明确了时限要求、单证类型要求及各阶段的主要工作任务和目标。在这些方面，国内贸易信用保险和出口信用保险的相关处理基本上是没有本质差异的。

区别主要还是在于，因承保的基础贸易类型不同（出口和内销），因此风险类型和风险高低也不相同，实务中，国内贸易信用保险理赔处理通常从以下方面入手，对相关情况予以重点审核。

（一）对被保险人在保险合同项下义务履行情况的审核

被保险人在保险合同项下义务的履行情况，实际是严格根据条款的约定而来，也是影响定损核赔的主要因素。具体来讲，这些义务履行情况包括是否迟申报或知险后申报；限额是否足额有效；最低保费是否按期缴纳；是否迟报可损；是否存在知险后交付；等等。

（二）对贸易单证的审核

除常规的可损、索赔单证之外，主要为证实被保险人在贸易合同项下的义务履行情况（如证明贸易交易的真实性），国内贸易交易过程中产生的各种单据和权利证明文件（原件）同样具有重要作用，是保险人重点审核的单证。

按照国内贸易中合同制作、货物运输与交接、文件及票据交接、结算收付货款的贸易流程顺序，国内贸易信用保险理赔过程中需要被保险人提交的相关贸易单证、票据及文件主要包括贸易合同、收发货凭证、（增值税）发票、货物检验证明、运输单证、运输保险单、往来函件、部分收款凭证、商业承兑汇票及其他损失证明。实践中，尽管不同行业中，这些单证、票据、文件记载的具体内容或形式上都会有所区别，但是就其实质和功能而言具有一定的共性。

1. 销售合同

销售合同是贸易交易中最基础也是最为重要的文件，是证明贸易真实性、合法性、有效性的证据。销售合同中载明的内容通常包括买卖双方基本信息、货物描述、交货条件（时间、地点、方式等）、付款方式、货物所有权和风险的转移、交易双方权利和义务、违约责任、仲裁或诉讼、生效及适用法律等[①]。

2. 增值税发票

根据我国税收征管相关法律法规规定，卖方销售货物，应根据标的额（销售额）向买方开具增值税发票，也可以说，增值税发票可以确定销售额（应收账款）的金额，但需注意的是，在法律上，发票并不能作为卖方已经履行交货义务的唯一证据。

《最高人民法院关于审理买卖合同纠纷案件适用法律问题的解释》第八条规定："出卖人仅以增值税专用发票及税款抵扣资料证明其已履行交付标的物义务，买受人不认可的，出卖人应当提供其他证据证明交付标的物的事实。"因此，司法实践中，通常不能将增值税发票单独作为交付货物的证据予以认定[②]。

3. 仓储单证

多数企业采用外包仓库的方式存储货物，因此与仓库之间签有货物仓储保管协议，而在货物出入库时通常也都会制作相应的出入库单和记录。

4. 物流运输单证

国内贸易中，运输单证是货物交接流转和风险转移的重要证明。按照买方自提和卖方送货两种方式，主要涉及以下单证：

（1）买方自提的情况下，在较为正规的操作中，主要有买方通知卖方的"提货通知

---

① 具体可参见本书第七章。

② 李勇．买卖合同纠纷［M］．北京：法律出版社，2015：74.

单”[①]、卖方通知仓库的“放货通知单”，以及买方在提货验收后所签字确认的“货物签收单”。通常，货物签收单是货物所有权或风险转移的证明，卖方须保留货物签收单正本。

（2）卖方送货方式下，主要有卖方与运输公司签署的运输合同、货物流转跟踪记录、放货通知（包括通知仓库放货给运输公司及通知运输公司放货买方），以及买方或买方指定的货物接收人签字确认的“货物签收单”。

如上这些单证材料对于国内贸易信用保险的理赔追偿工作具有重要作用。相关单证材料的完整齐全和有效无误将有助于保险人如实还原贸易交易及案情，尽快定损核赔，以最大限度地维护被保险人的自身权益。反之，将延误定损核赔的进展，甚至造成保险双方之间的理赔纠纷。

以下三宗实务案例，或许可以在一定程度上反映出近年来国内贸易信用保险理赔中的一些焦点和矛盾问题。

二、理赔案例

（一）案例1——销售合同及货物是否符合保险合同约定[②]

1. 基本案情

卖方A（被保险人）和买方B（实际是5家企业）于2013年9月签订购销合同，交易货物是普梳染色用纱。合同签订后，A公司向保险公司投保国内贸易信用保险，保险期间为一年。货款到期后发生拖欠，被保险人向保险公司申请索赔，索赔金额2400多万元。

2. 保险公司经审理后拒绝赔付，其拒赔依据

（1）贸易交易项下的销售合同不符合保险合同中关于合约的定义。在保险条款中，约定的合约的定义是指被保险人与买方为于中华人民共和国境内（仅为本保险的目的，不包括香港、澳门特别行政区及台湾地区）销售合格货物所签订的具有法律效力的书面买卖协议。该协议包括至少一份由买方签署的书面订购单、意向书、汇票或本票，被保险人的发票和货运单据。故保险公司认为，根据条款中对于合约的该定义，货运单据是构成合约成立的必要单据之一。而在A公司所提交的单证材料中，并未能提供任何的货运单据（既未能提供从上游供应商处采购的物流单，也未能提供销售给下游买方B的物流单据），以证明货物发生了流转（尽管A公司提供了买方B所出具的收货确认函）。

（2）涉案交易货物不属保险条款所约定的合格货物。保险条款中约定的合格货物为：第一，由被保险人在保险期间内按合约要求向买方出售、交付；第二，按不超过最长付款期限的条件出售；第三，从交付日始30天内出具对账单，从交付日始90天内出

---

① 提货通知单上载明：合同号、货物信息、提货人姓名、身份证号码、联系方式、提货车辆车牌号等信息。

② 浙江省国兴进出口有限公司与美亚财产保险有限公司浙江分公司信用保险合同纠纷一案一审民事判决书［（2014）浙杭商外初字第74号］，http：//www.zjsfgkw.cn/document/JudgmentDetail/3662959。

具发票。交付是指合格货物脱离被保险人的控制，依照合约约定，已交付买方且买方已接受。而本案中，A公司在部分货物交付项下，买方所出具对账单的时间，未在交付日后的30天内。这也可以在一定程度上表明，被保险人A公司的账款管理行为不符合保险条款的约定。根据条款约定，涉案交易货物不符合保险条款关于合格货物的定义，故不属保险承保范围。

3. 法院审理结果

（1）在理赔环节，A公司向保险公司提交了购销合同、发货指令、收货确认函、对账单、增值税发票及生效民事判决书（当地区人民法院经过审理后判定，买方应向A公司支付欠款2400多万元）等证据材料，足以证明卖方A公司与买方之间合法有效买卖合同的成立，以及A公司已经交付货物、买方B拖欠货款的事实。

（2）保险公司的主张并不成立。

一是关于合约。法院经审理后认为，首先，尽管条款对合约的形式进行了明确要求（为书面），但并没有明确要求条款所列举的这些单证及协议类型，需全部具备或缺一不可才构成合约，反而约定的是至少包括一份；其次，根据书面购销合同的约定，货物交付方式是买方自提，故卖方A难以提供货物运输单据，但A提供的发货指令和买方签字确认的收货确认书、对账单及生效的民事判决书等证据都证明了其与买方之间存在合法有效的买卖合同关系，且已实际交付了货物。

二是关于交易货物不属保险合同所约定的合格货物。法院经审理后认为，首先，A公司分批次所交付的货物，尽管部分批次A公司没有在30天内获取对账单，但是这些批次货物的发票开具时期是在交付日始的90天内。考虑到出具对账单和出具发票的实质作用，均是为了确定货物交易金额，故按此理解，在30天内开具对账单或90天内开具发票，都能达到该目的（且涉案项下其他大多数批次，既在30天内开具了对账单，也在90天内开具了发票）。其次，上述所有批次的货物，买方均确认接受，对账单、发票及生效的民事判决书都足以确认货物交付事实、交易金额及买方欠款事实。最后，信用保险合同虽约定了合格货物的定义，但信用保险的承保标的不是货物本身，而是应收账款债权。

（3）综上所述，保险公司主张与保险合同约定和事实不符，其应当按照保险合同约定承担赔偿责任。

4. 简评

（1）国内贸易信用保险理赔过程中，保险公司需要审核货物交付及物流单证等资料文件，以如实还原贸易交易、证实贸易事实的初衷可以理解。但这种初衷，一是应在条款中进行明确的约定和体现；二是如条款已对相关事项进行了明确约定，则在理赔实务中，保险人不应对条款约定作出扩大化解释或延伸理解及操作。该案例项下，保险公司所主张的各项拒赔依据是否属“强词夺理”的“惜赔”之举，法院已作出了公正判决。

（2）关于贸易合同、交付的定义及对索赔材料的要求，不同保险主体的条款约定的具体措辞各不相同。

（二）案例2——是否有实体货物交付[①]

1. 基本案情

某物资集团A（被保险人）从上游供货商某燃料石化公司B处采购混合芳烃，货物存储在江苏C仓储公司，之后销售给下游买方（限额买方）燃气公司D。就与买方D的贸易交易，A集团向S保险公司投保国内贸易信用保险，并在保险项下申报了4笔交易。数月之后，A集团以买方D拖欠为由向S保险公司申请索赔，并相应提供了出库通知单和装船流程记录等复印件（各三份，用以证明前三笔是真实的交易）。

2. 保险公司S经审理后认为，A集团违反最大诚信原则，并没有充分的证据能够证明A物资集团按照保险合同的约定完成了实体货物交付

（1）关于出库通知单，S保险公司认为A提交的均是复印件，且都没有仓储公司C的盖章，对真实性不予认可。更关键的是，出库通知单记载的交易双方是A集团和其上游供货商B，而非承保交易主体A集团和（限额）买方D。此外，经调查，C仓储公司也确认卖方A集团和买方D公司，在C公司仓库均未和该仓库有联系，也没有在该仓库的货权登记记录。

（2）关于装船流程记录。装船流程记录也并没有载明货主或提货人的名称。单据中货物数量、罐号也存在与涉案交易不匹配的情况，不能证明前三笔是真实贸易。

（3）关于计重单，A集团提供了四张计重单，经保险公司调查核实，一是第四张计重单是虚假的且A公司也承认其虚假；二是前三张计重单的真实性和关联性无法确认（因四张计重单是整体不能割裂的），且前三张计重单载明的货物品名为“油品”而不是涉案交易货物“混合芳烃”；三是出现了计重单上记载的出库日期，晚于装船日期等不合理的情形。

3. 法院审理后认为关联关系并不成立的原因

法院经审理后认为：

（1）根据保险合同的约定，“被保险人将货物交给买方必须是实体货物交付，且被保险人向保险人索赔时必须提供其与上游供应商交易的相关贸易和物流凭证，以及与下游买方间的贸易和物流凭证；若被保险人的交付仅为所有权凭证交给买方，而无实体货物交付，保险人不承担保险责任”，该内容属保险双方合意表示，不违反法律法规的强制性规定，当事人应恪守。

（2）A集团提供的提货通知单、出库通知单、计重单、收条及收货证明等单证材料，显示的主体均是A集团和上游供应商B公司，而未能按保险合同约定，提交其与下游买方（限额买方）D的物流凭证。此外，法院经调查认为第四张计重单是虚假的，其他单据则存在所载发货罐号、重量无法匹配的情况。

（3）综上所述，被保险人A集团主张其已向买方D公司完成实体货物交付的证据不足，保险公司S有权拒绝承担赔偿责任。

---

① ××物资集团上海有限公司与××保险公司上海分公司信用保险合同纠纷民事裁定书［上海市高级人民法院民事裁定书（2018）沪民申448号］，中国裁判文书网，http：//wenshu. court. gov. cn。

（三）案例3——关联关系认定纠纷[①]

1. 基本案情

A公司（被保险人）在某保险公司投保国内贸易信用保险，保单有效期为2013年12月1日至2014年11月30日。2014年5月，卖方A公司和买方B订立《铜棒销售合同》，在获得保险公司批复生效的信用限额后，A公司于同年6月向B公司交付货物（铜棒），交易金额近1500万元，信用期限90天。应收账款到期后，买方B表示因银行抽贷，资金周转困难，在扣除已支付的部分货款后，只能拖欠余款1300多万元。

2. 保险公司经审理后拒赔，其主要依据之一在于买卖双方存在关联关系[②]

根据该保险公司条款约定，“关联关系，指公司控股股东、实际控制人、董事、监事、高级管理人员与其直接或间接控制的企业之间的关系，以及可能导致公司利益转移的其他关系”。而经保险公司查明：

（1）A公司借贷资金总额的10%以上由B公司提供担保，根据我国《特别纳税调整实施办法（试行）》（国税发〔2009〕2号）第九条第（二）款的规定，依据理由：“一方借贷资金总额的10%以上是由另一方（独立金融机构除外）担保的”，则双方之间存在关联关系。而在保单条款中，尽管没有罗列这一情形，但可依据条款约定的可能导致公司利益转移的其他关系，认定买卖双方之间存在关联关系。

（2）A公司和B公司共同投资小额贷款公司和另一家村镇银行，A公司向B公司出借数百万元，也足以说明双方之间存在密切的关联关系。

3. 法院审理后认为关联关系并不成立的原因

（1）就可能导致公司利益转移的其他关系的概念、内容及具体情形，条款中未进一步明确，而《特别纳税调整实施办法（试行）》是国家税务总局发布的，非一般民事主体能熟知的，且保险公司在保险合同签订时也没有明确以书面或口头向被保险人明确说明。故法院不认定保险公司尽到了明确说明的义务，因此，条款中可能导致公司利益转移的其他关系内容无效。

（2）A公司和B公司共同投资小额贷款公司和另一家村镇银行，相互间借贷等情形虽属实，但双方之间资产、财务、人员等相互独立，不存在控制与被控制的关系，不存在利益输送，不构成关联关系。

综上案例，几乎是目前国内贸易信用保险承保理赔实务中的集中缩影。可以看出，国内贸易信用保险整体相比出口信用保险而言，近年来，虚假贸易、实体货物交付或关联关系等矛盾或争议较为突出，各家保险主体的条款约定及对风险的观点也不尽一致。而这其中很重要的一个原因也在于，从行业平均来看，除个别年份，我国国内贸易信用保险承保风险和赔付率均明显高于出口信用保险同期水平。

---

① 杭州市江干区人民法院（2016）浙0104民初2756号民事判决，以及浙江省杭州市中级人民法院民事判决书（2016）浙01民终6413号，中国裁判文书网，http：//wenshu. court. gov. cn。

② 除此原因之外，保险公司还主张被保险人存在已知风险后出运，以及未在保单约定时限内及时报损等情形。

三、我国现行国内贸易信用保险风险特点

以下进一步从理赔视角，总结挖掘国内贸易信用保险的风险，则大致可归纳为以下四个方面。

（一）行业风险较为集中

信用风险通常是顺周期的，从历年理赔实务中也基本可以看出，国内贸易信用保险理赔案件，与宏观经济发展周期及政策举措调整等具有较高的关联性，且通常表现出一些较为明显的行业特征和规律。

尤其是自2012年开始，国内经济发展方式开始转型，经济增长速度放缓、产业结构加速调整、国内外需求不足、部分行业产能严重过剩及银行信贷开始紧缩等，在多种不利因素叠加的背景下，企业生产经营停顿或销售不畅，库存积压，资金面持续吃紧，出现资金紧张甚至资金链断裂（如2012年开始的钢贸企业大面积违约），国内贸易信用保险出险率明显上升。而在出险报损的案件中，重案（如千万元以上）又往往占全部报损案件的绝大比例，且通常表现出区域性集中及行业集中的特点。

（二）买方风险高企

买方风险高企主要是因为，部分国内买方不仅付款能力弱，付款意愿也较低，以致国内贸易出险率高同时减损效果也较差。具体来讲，一是部分拖欠案件，常见是由于买卖双方常年交易过程中形成的拖欠“顽疾”，或因三角债引发的习惯性拖欠，以及买方因资金链断裂而恶意逃避债务。二是一些破产类报损案件，虽然买方未宣告破产或不进入正常的司法破产程序，但是负责人已逃匿或直接关门歇业人去楼空，公司资产已变卖，工厂解散，这种名存实亡的状态，即使税务及工商部门也难以通过行政手段对买方的存续及资产等事宜进行管理。

（三）被保险人道德风险相对较高

近年来，投保人/被保险人道德风险也成为国内贸易信用保险发展的一大掣肘。这种道德风险，一方面从高发客户群体来看，贸易型被保险人的风险相对更为凸显，比如实务中，贸易型被保险人的报损案件金额及出险率均数倍于生产型客户。

另一方面从表现形式来看，道德风险主要体现为虚构贸易背景及伪造单证。主要表现是编造伪造虚假贸易合同、假增值税发票（或套开发票）、假物流单据、假银行流水（粉饰销售收入的惯用手段）、假的买方收货确认书、假的应收账款确认书等，常见操作手法是利用隐蔽的或复杂的关联关系、在多个交易对手之间形成闭环的贸易圈；或是企业之间并无实体货物买卖关系而仅为资金拆解（贸易类垫资业务，即被保险人代下游买方向上游供应商垫资采购货物，收发货行为则完全在上下游企业之间完成），即以贸易之名行融资之实的虚假贸易案件，发生概率近年也呈上升趋势。

（四）国内贸易信用保险赔前减损及赔后追偿效果均难尽人意

从损因来看，近年来，拖欠类报损案件占全部案件的绝大比例（如部分年份在九成以上），而这些拖欠类案件中又有大量是在买方的经营可能已经严重恶化时，被保险人才报损或索赔，因此准确来讲，这些报损时损因为拖欠的案件，实际基本已属于买方可

以被认定为丧失偿付能力的案件，这种类型的案件，不仅赔前难以有效减损，赔后的追偿也不乐观。

以上特征，给国内贸易信用保险理赔也提出了较高要求。为做到“不惜赔、不滥赔”，保险公司一是要综合运用多种理赔勘查手段，有针对性地制定科学、合理的调查减损方案，尤其是对复杂程度较高的大额案件，更是如此。比如对于虚假贸易融资类案件，为避免贻误案件处理的最佳时机，理赔人员是宜第一时间调查确认货物交付，还是宜先调查追踪买方；是选择刑事介入还是自行追讨将达到最佳的案件处理效果。二是保险公司要注重建立高效的减损追讨机制，比如与国家主管征信的相关部门合作，建立信用不良企业关注名单；与银行、税务、公安、司法等部门开展合作，建立多维度的减损追讨体系等，以进一步保障和促进国内贸易信用保险业务的良性发展。

第十五章

信用保险的再保险

信用保险由于其承保标的、承保风险等方面的相对特殊性，以及受制于业务与资本规模等的限制，相对于其他险种而言，更需要借助再保险的支持。

通过本章对于信用保险再保险业务的分析阐述，我们可以看出，一方面，信用保险的再保险所遵循的再保基本原则、分保安排方法及业务方式等与其他险种的再保险并没有根本区别，其更多的差异主要是体现在分保的具体技术操作层面，即其各环节都需与信用保险的自身特点相互契合。另一方面，就信用保险（原保险）本身而言，其在承保理念（如统保原则与单一风险或超赔保单）、风险共担方式（如各种免赔方式）、核保对象及承保理赔规则等诸多方面，实则与再保险有着若干相通和相承之处，这似乎也进一步体现出信用保险与其他险种的不同。

第一节　信用保险更需要再保险的支持

一、再保险相关概念

（一）再保险

再保险（reinsurance），又称为分保，是保险人在原保险合同的基础上，通过签订分保合同，将自己所承保的一部分风险和责任向其他保险人进行投保的行为。简言之，再保险是保险公司的保险。

我国《保险法》第二十八条规定：“保险人将其承担的保险业务，以分保形式部分转移给其他保险人的，为再保险。”另外，我国《再保险业务管理规定（2015 年修订）》[①] 第二条规定：“再保险，是指保险人将其承担的保险业务，部分转移给其他保险人的经营行为。本规定所称直接保险，也称原保险，是相对再保险而言的保险，由投保

① 2010 年 5 月 21 日，中国保险监督管理委员会令 2010 年第 8 号发布。根据 2015 年 10 月 19 日中国保险监督管理委员会令 2015 年第 3 号《关于修改〈保险公司设立境外保险类机构管理办法〉等八部规章的决定》修订，http：//bxjg. circ. gov. cn//web/site0/tab5224/info3981595. htm。

人与保险人直接订立保险合同的保险业务。”

（二）原保险人与再保险人

在再保险关系中，分出业务的保险人称为原保险人[①]（original insurer），或分出公司（ceding company）/直保公司，接受分保业务的保险人称为再保险人[②]（reinsurer）或分入公司（ceded company）。

（三）分保费与分保佣金

在再保险办理过程中，原保险人向再保险人转嫁风险和责任，相应地也需要将一部分保险费支付给再保险人（作为风险对价），这称为分保费或再保险费（reinsurance premium）。同时，因为原保险人在其直接业务项下的展业及管理过程中支出了一定的费用，这些费用也要被部分分摊给没有产生任何额外费用支出的再保险人，这在具体表现形式上，则是再保险人支付给原保险人一定的费用报酬，称为分保佣金（reinsurance commission）或分保手续费[③]。

（四）保险的保险

当再保险合同约定的风险发生并产生实际损失时，原保险人可向再保险人要求摊回赔款，因此再保险也可简称为“保险的保险”（the insurance of insurance）。

（五）转分保

当然，再保险人为了分散风险，控制赔付责任上限，避免巨额损失，也可将分入业务再转分给其他保险人，即再保险人也可以购买保险，这种业务活动称为转分保（retrocession）或再再保险（reinsurance of reinsurance），此时双方分别称为转分保分出人和转分保接受人。

（六）危险单位、自留额和分保额

危险单位是再保险实务中一个极为重要的概念，其指的是保险标的发生一次保险事故可能造成的最大损失范围[④]。不同险种和不同的保险标的，其危险单位的划分标准通常并不一致，有的甚至较为复杂（如火险、工程保险等）。

对于每一危险单位或一系列危险单位的保险责任，分保双方按照一定的计算基础[⑤]进行分配。分出公司所承担的责任额度称为自留额或自负责任额（分出公司自身承担的风险不能超过这个额度）[⑥]；分入公司所承担的责任限额称为分保额，或分保责任额或接受额。从另一个角度可以看出，自留额和分保额都是按“危险单位”来确定的，“危险单位”是划分自留责任和分保责任的基本单位。

就信用保险领域来讲，由于其所承保的信用风险主要来自基础交易合同（如贸易合

---

① 原保险人是相对于再保险人而言的概念，原保险人是指直接与投保人订立保险合同的保险人。

② 再保险人，既可以指专门经营再保险业务的专业再保险公司，也可指其他的保险公司。

③ 通常，分入公司在收取分保费的同时，扣除应向分出公司支付的分保佣金。

④ 胡炳志，陈之楚．再保险（第二版）［M］．北京：中国金融出版社，2011：5.

⑤ 可以以保额为基础计算，也可以以赔款为基础计算。计算基础不同，决定了再保险的方式不同。

⑥ 在安排再保时通常必须先做自留。如此规定，有利于风险在分保双方之间进行共担，一定程度上规避原保险人的道德风险。这与信用保险所遵循的风险共担原则相类似。

同/商务合同/借款合同）中的单一买方/集团或银行，因此，信用保险再保合同中的“单一危险单位”相对比较容易明确，即业内通常将其约定为单一买方或买方集团（如涉及信用证限额，则为开证行或开证行集团）[①]，而不是按单一被保险人来界定。

二、再保险的重要作用

再保险的基本功能是风险管理[②]。通过再保险，直保公司得以分散风险，减少经营成本，均衡业务质量，保证经营和财务稳定，因此在一定意义上讲，再保险可发挥资本替代的功能，而通过资本金替代[③]这一功能，又有助于直保公司在不实际增加资本的情况下，扩大业务规模，提高承保能力。

依保险产品属性及风险种类不同，再保险对原保险的作用和影响程度实则并不相同。实务中，某些特殊险种（如农业保险、工程保险、信用保险和保证等），相对于一些常规险种（如人寿保险、汽车保险等）来讲，通常需要更高的再保分出。比如，单就信用保险行业而言，其在很大程度上依赖再保支持。虽然近年来，随着信用保险行业的快速发展，部分大型的信用保险公司已可以将其再保分出比例降至30%～50%，但相对来讲，这一分保比例却仍遥遥领先于其他保险险种[④]。究其原因，这与信用保险本身的特殊性密切相关。

（一）分散风险，平滑保险公司经营波动

经营信用保险业务的保险机构承保了大量的信用风险，由于其易受诸多主、客观因素及宏微观因素的综合影响，不确定性相对较高。即使承保经验极为丰富的信用保险公司，对自己所承保的各行各业的信用风险也难以有十足的把握。

具体来说，一是大量的小额损失频发与累积的风险。而在经济衰退时期，小额损失更是可能集中爆发[⑤]。比如，2008—2009年欧债危机期间，众多买方甚至银行出现破产和拖欠风险，这给信用保险公司的经营稳定性带来了严重的不良影响。二是信用保险业还面临巨额损失（巨灾）的冲击[⑥]，比如，保险公司所承保的为数相对不多的若干大买方/集团/项目的信用风险，该单一买方/集团项下信用限额有时达到（或累积达到）数亿美元甚至数十亿美元。若多个投保人的出运过于集中在该单一买方/集团项下，将会使该买方/集团项下风险累积过大，该买方/集团一旦破产，势必将对信用保险公司造成巨额损失（甚至可能将直接导致保险公司的破产）。三是就承保风险而言，信用保险公

① 某些较为特殊的信用保险险种（如金融机构贷款损失信用保险），单一风险单位则并非以单一买方/银行为单位进行划分。具体如何划分可由分保双方协定，且危险单位的划分也并非是一成不变的。

② 购买再保险的目的有时也可能是出于避税和其他原因的考虑。

③ 再保险并不是再保险人需实际投入至原保险人的资本金，而仅是原保险人通过购买再保险所获得的一种可代替资本功能的替代资本。

④ International Credit Insurance & Surety Association. A Guide To Trade Credit Insurance [M]. London: Anthem Press, 2015: 117－118.

⑤ 对小额频发损失，可主要采用比例再保险的方式。

⑥ 可主要采用非比例再保险的方式。

司承保的风险越来越具体和特定（而非通过分散有效降低风险）[①]，加之其所承保的政治风险（尤其是承保特殊国别地区的高风险业务）及中长期业务，往往也具有巨额风险或巨灾风险的特点。

通过再保险方式，可将信用保险公司综合成本率进一步缩窄（通常为数个百分点），从而能够稳定保险公司经营成果，平滑保险公司业绩波动。

（二）有效进行资本替代

在一定程度上，资本相对不足，或利用外部资本渠道有限，将直接导致信用保险公司资本与承保的风险难以匹配，这也是大量购买再保险的主要原因之一。

信用保险通常由专业的保险公司经营，产品和业务高度专业化，行业整体规模相对不大，保费收入也低于一般保险公司，这也决定了信用保险公司的资本金规模相对较小。而同样也是因为信用保险产品的高度专业化和相对复杂性，除保险和再保险市场之外，很少有其他主体能够更多地关注和全面了解信用保险。由于行业进入成本和沉没成本都较高，相对其他行业来讲，信用保险公司除了自有资本和再保险，通过其他方式进行自我融资的渠道相对有限（如发行股票和债券），外部资本来源极为稀缺。

借助再保险，信用保险公司得以分散风险，保证当损失发生需要支出赔款时，其自有资本不会受到严重侵蚀，因此再保险可充分发挥资本替代的功能。

（三）提高承保能力，扩大业务规模

为保护被保险人的利益，不少国家法律规定，保险公司经营须保持业务量与其资本金的一定比例，即须满足监管规定的最低偿付能力要求[②]。

也就是说，保险公司的承保能力或业务规模，受制于自身资本和准备金等的限制。同样，如果信用保险公司资本与承保风险不相互匹配，也将失去承保大额业务的机会。而通过再保险的资本替代功能，信用保险公司得以增强承保能力，在风险可控的情况下，大胆承接超过自身资本所允许承载的业务。或换言之，是通过再保险将超过自身财力的部分风险进行转移，而自身承担的责任仍控制在法定标准范围之内，因此有助于业务规模的增长。

综上所述，再保险可帮助保险公司有效分散业务风险、提高承保和偿付能力，这对于以稳定经营为第一要务但资本金相对有限的保险公司而言，再保险在其经营管理中发挥着极其重要的作用。

三、再保险的主要分类

根据不同的再保险安排及业务方式，可以将再保险从以下角度进行不同的分类。

---

① 风险范围变窄，比如承保某些特定买方的特定业务及某些特殊行业的风险。

② 我国现行《保险法》第一百零三条规定：“保险公司对每一危险单位，即对一次保险事故可能造成的最大损失范围所承担的责任，不得超过其实有资本金加公积金总和的百分之十；超过的部分应当办理再保险。”

（一）按照再保险的安排方式

按照再保险的安排方式主要分为合约再保险和临时再保险两种类型[①]。

1. 合约再保险（treaty reinsurance）

合约再保险，又称合同再保险或合约分保。我国《再保险业务管理规定（2015 年修订）》[②] 第二条规定，“合约分保，是指保险人与其他保险人预先订立合同，约定将一定时期内其承担的保险业务，部分向其他保险人办理再保险的经营行为”。

在合约再保险方式下，分出公司通常是将某险种的全部业务/保单全部分出（而临时再保险主要是承保个别风险）。对于再保险合同约定的分保业务，在合同期内，直保公司必须按约定的条件分出，再保险人也必须按约定的条件接受，双方无须逐笔洽谈，也不能对分保业务进行挑选。合约再保险适用于各种形式的比例和非比例再保险合约方式（俗称的比例合约 + 超赔合约）。通常按照业务年度安排分保[③]，其对于分出公司和再保险公司在合约范围内均具有约束力，因此分保险双方也有着更为密切的合作关系。

信用保险领域中，当信用保险人计划将自己承保的风险组合整体分出，就可选择合约分保，在这种安排方式下，单一买方/集团业务风险自动包含在合约再保险中[④]，信用保险公司无权再逐笔选择哪些业务分出哪些业务不分出，而是符合合约条件的所有买方/集团风险自动分保。

2. 临时再保险（facultative reinsurance）

临时再保险（以下简称临分），是指直保公司将需要分出的业务逐笔寻找和接洽再保人，而再保人是否接受以及接受多少则可以自行决定。即分保条件是临时磋商的，且通常以单一危险单位或单张保单为基础逐笔协议办理。

临分优点在于，保险人自由选择度大，适应性较强。一方面，它不仅对于高风险的业务适用，而且也可为超过再保险合约限额及再保险合约责任除外的业务提供风险分散的渠道，因此，通常可作为对合同再保险（合约分保）的一种补充。另一方面，采用临分分保时，既可按比例责任分保，也可按非比例方式分配分保双方的责任。但临分的缺点在于价格通常较高，且业务需逐笔审查，手续较为烦琐，有时直保公司往往要寻找和联系数家再保险人，且有的公司规定大额风险（或超过比例合约限额的部分），只有在临分业务安排妥当之后，原保险业务才能出单，这在无形中可能影响承保时效。

在信用保险市场中，如果信用保险人想单独分出一个买方/集团的风险或某项特定

---

① 也有部分观点认为，再保险分为临时再保险、合约再保险和预约再保险三种类型。其中，预约再保险（facultative obligatory insurance）也称临时固定再保险，是介于合约再保险和临时再保险之间的一种再保险安排。对分出方（原保险人）来讲，其对合同订立范围内的业务，可选择是否办理分保，从这一点来看，具有临分的性质。而对分入方（再保险人）来说，其对于分出方所分出的业务不能选择而必须接受，因此又与合约再保险性质相近。在国内外信用保险领域中，这种再保险安排方式并不多见。

② 2010 年 5 月 21 日，中国保险监督管理委员会令 2010 年第 8 号发布。根据 2015 年 10 月 19 日中国保险监督管理委员会令 2015 年第 3 号《关于修改〈保险公司设立境外保险类机构管理办法〉等八部规章的决定》修订，http：//bxjg. circ. gov. cn//web/site0/tab5224/info3981595. htm。

③ 通常一年续转一次。一般每年年底再保险市场就开始活跃起来。

④ 当然须在合约所约定的单一风险最高分保限额之内。

业务风险时，就可以安排临分。尽管目前也有为数不多的信用保险公司，其所有的再保险业务都选择临分方式（不购买任何合约再保险），但整体来讲，临分方式占比不高，换句话说，临时分保更多情况下只是保险公司的一种次优选择（或不得已而为之），而对于大多数的保险公司来讲，其首选（或主流）合约再保险的方式。

（二）按照再保险的业务方式

按责任分配方式，再保险可分为比例再保险和非比例再保险。如前所述，自留额与分保额可以保额为基础划分，也可以赔款为基础计算。就前者来讲即为比例再保险，后者即指非比例再保险。通常，一家直保公司不会仅单独购买一种再保险，而是各种分保方式同时并用和内嵌。

1. 比例再保险（proportional reinsurance）

比例再保险，是按保险金额的一定比例确定原保险人的自留额（retention）和再保险人的分保额，同时也按该比例确定保费和赔款的分摊比例。故比例再保险，也有金额再保险的称谓。

比例再保险是最为传统的一种再保险方式，也是目前信用保险再保领域始终占据主流的再保险方式。只是随着保险业的不断发展，为解决巨灾损失的风险分散问题，以赔款为基础的非比例再保险出现并发展了起来。

2. 非比例再保险（non – proportional reinsurance）

非比例再保险，是以赔款金额为基础确定分出人自负责任和再保险接受人分保责任，具体来讲，即原保险人与再保险人协商确定一个赔款额度，在此额度以内的部分由原保险人自行赔付，而再保险人则承担超过该额度以后的部分或全部赔款。

部分信用保险公司，也常见运用比例再保险和非比例再保险并用或组合的再保险方式。在这种组合安排中，通常以比例再保险为主、非比例再保险为辅。其中，非比例再保险（更多的是采用超赔再保险，excess of loss），更常见的是用于分保在比例再保险（更多的是采用成数再保险，quota share treaty）项下的部分自留风险。

第二节　信用保险的再保险业务方式

在信用保险再保险领域，基本上也遵循前述两种主要的再保险业务方式，即比例再保险和非比例再保险。但实际上，信用保险（原保险）在其产品内在逻辑和本质方面，又与再保险有着异曲同工之处。为了便于简单直观理解，我们甚至可以将比例再保险视同为信用保险中的统保保单（whole turnover policy）[①]，而非比例再保险则可比作信用保

① 通常短期信用保险保单强调统保原则，即要求投保人将适保范围内的所有业务进行投保。统保原则有利于投保人以可控的保险成本规避全部不确定的收汇风险，对于保险公司而言，也可以分散承保风险，避免投保企业风险逆选择，或某一类风险的高度集中。

险中的超赔保单（excess of loss）①。

一、比例再保险

（一）主要类型

实务中，为数众多的保险公司在信用保险再保险安排方面，优先选择办理比例再保险，即比例再保险的方式，目前在信用保险再保险业务中占据主流。究其原因，这主要是信用保险（尤其是短期信用保险）目前主流强调的是统保原则，而统保原则的承保逻辑实际大多也是以比例（成数）为基础，遵循风险分摊的原则（比例承保、比例赔付）。这种信用保险的逻辑或原则，与比例再保险在本质上实际是趋同的，两者有着天然的契合。

比例再保险的主要类型包括成数再保险和溢额再保险。

1. 成数再保险（quota share reinsurance）

成数再保险是最为常见的一种比例再保险。在这种方式下，原保险人在双方约定的业务范围内，将每一笔保险业务，均按某一个固定的再保险比例分给再保险人。也就是说，无论每一危险单位（信用保险项下，通常即为所承保的单一买方/集团）保额大小，只要在再保险合约约定的最大限额②之内，其保险金额、保险费、赔款等都按同一比例自动分摊。

比如，一个50%的信用保险成数分保合约，指的即原保险人将承保的全部信用保险业务的50%分出，同时再保险人获得原始保险费的50%，在发生损失赔付时，再保险人向原保险人再摊回50%的赔款。

在成数再保险安排下，每一业务自动纳入再保险合约内，分出公司不必逐笔通知和办理手续。因此这是管理最为简便的一种再保险方式。

就信用保险而言，因其提供的主要还是一种基础而全面的保障（以统保保单为主），而赔付率相对来讲，也更容易受到频发的小额损失的冲击，因此在信用保险行业中，成数再保险是众多保险公司首选和主要的再保险安排方式。但成数分保险的不足之处主要是缺乏弹性，而且对于原保险人质量相对较高的业务也必须分出，不能多做自留，而当业务质量较差时，又不能减少自留。此外，合约通常还约定最高限额，对于超过最高限额的风险，原保险人还必须借助其他形式再次分散。因此，成数再保险并不能百分之百满足分出公司的需求。随着信用保险行业的发展，以及信用保险主体之间的合并接管，自身资本实力不断增强，信用保险再保险领域内出现了提高自留风险比例及更多选择非

---

① 信用保险双方约定对实际损失在双方之间进行分摊。被保险人自己承担的部分为第一损失部分，对于超过第一损失部分由保险人支付的赔款即为超额赔款。这是保险人控制自身承保风险的一种重要方式，其能够将保险人的赔付控制在一定范围以内。相对于常规的可预期、可承担的损失，保险公司通常将超额赔款这种承保方式仅仅用于金额巨大（可能出现巨灾损失）的保单设计中。

② 与信用保险类似，限额（limit）是再保险实务中十分重要的概念。通常成数再保险合约都按每一危险单位规定一个最高责任限额（再保责任封顶额度），以便确定每个风险单位的最大损失，进而避免合约项下巨额风险责任累积（合约通常附带有限额表，即规定对不同的危险，采用不同的最高限额）。

比例再保险的趋势（实际上，整个保险再保险业的发展趋势也是如此）。

2. 溢额再保险（surplus reinsurance）

溢额再保险是由原保险人先确定自留额（通常以某一固定金额表示），即对自留额以内的保险业务不分保，只有当某一业务（单一危险单位）的保险金额超过自留额时，分出公司才会将超过部分（溢额）分给再保险人①。因此，这种方式项下，原保险人无须对其全部业务办理分保，而溢额再保险关系是否形成，也主要看保险金额是否超过自留额。

但溢额再保险项下，再保险人的业务吸收额度（风险分担）也是有限制的，其通常以自留额的一定倍数为限，即该倍数 = 最高分出保额（再保人的责任额度）/自留额，专业术语称为线数（line）。比如，某溢额信用保险再保险安排，约定信用保险公司自留额 100 万元，最高分出额为 300 万元，则可称为分保额是 3 线（或称为 3 线的合同②，3 lines treaty）。对于超出再保险公司接受的最高保额的其余部分，原保险人需进行自留或者安排其他的再保险方式。

举例来说，对于以下信用保险不同的单一风险单位（单一买方/集团），如约定自留额为 100 万元，最高分出额是 300 万元，则各单一买方/集团项下的实际自留金额、分出金额及分保比例分别如表 15 - 1 所示。

表 15 - 1　　单一买方/集团项下自留金额及比例、分出金额及分保比例情况

风险单位（单一买方/集团）	自留金额（万元）	分出金额（万元）	自留比例（%）	分保比例（%）（以此比例分摊保费和赔款等）
A. 200 万元	100	100	50	50
B. 90 万元	90	0	100	0
C. 450 万元③	100 + （450 - 100 - 300） = 150	300	33.3	66.7

通过表 15 - 1 可以看出，与成数再保险（所有的危险单位采用同一个分保比例）不同的是，溢额再保险方式项下，由于每一个危险单位的分出保额不同，因此每一危险单位的分保比例④也不尽相同（如表 15 - 1 中，分保比例为 0 ~ 75%）。因此，与成数再保险相比，溢额再保险更为灵活且具有一定弹性。

因为溢额再保险账单编制比较复杂，管理费用也较高，加之信用保险所承保买方/集团主体（单一危险单位）的数量众多，因此，溢额再保险目前极少在信用保险中使用（溢额，广泛用于海上保险、火灾保险等险种中）。

（二）信用保险比例再保险合约的主要分保条件

再保险合同目前国际上并没有统一标准的文本，但通常包含一些基本要素和条件，

① 成数合约中，原保险人的全部业务，无论保额大小都要按比例分给再保险人。而溢额再保险只对超过自留额的那部分业务，才按比例进行分保。

② 再保险实务中，通常以线数表示溢额再保险合同。

③ 假设超出部分原保险公司全部自留。

④ 对于单一危险单位，其分出金额占自身总金额的比例即为分保比例。按此分保比例，分保双方可分摊该笔分出业务的保险费及赔款。

如分保双方名称、合同期限、承保风险、再保险方式、责任范围、除外责任、手续费、索赔通知及合同条款等（如赔款、仲裁、合同终止及货币条款等），有的还会有附录（或者特殊条件）。就信用保险比例合约而言，部分主要条件如下。

1. 再保险合约期限

大多数信用保险再保险合约期限是从每年 1 月 1 日开始，至当年 12 月 31 日终止，当然也有为数不多的信保合约期限起始于 4 月或 7 月。

与其他财产保险险种不同的是，信用保险比例再保险合约常见是基于承保年度[①]，或者也可以说是基于风险发生的原则，也就是说再保险合约承保的业务范围是，原信用保险保单签发/续转的日期在再保险合约期限内（以保单签发为基础），而并非原保险业务的损失发生时间，在再保险合约期限内。这与信用保险保单通常都属风险发生制[②]保单是一致的。

2. 自留比例和分保比例

实务中，原保险人购买再保险的多少受多种因素的影响。在监管层面，许多国家也通过立法的形式，对自留和分保责任进行明确的规定。比如，我国《再保险业务管理规定（2015 年修订）》第十一条规定："除航空航天保险、核保险、石油保险、信用保险外，直接保险公司办理合约分保或者临时分保的，应当符合下列规定：（一）以比例再保险方式分出财产险直接保险业务时，每一危险单位分给同一家再保险接受人的比例，不得超过再保险分出人承保直接保险合同部分的保险金额或者责任限额的 80%；（二）每一临时分保合同分给投保人关联企业的保险金额或者责任限额，不得超过直接保险业务保险金额或者责任限额的 20%。"

综上所述可以看出，我国相关保险法律法规目前对信用保险的再保险分出比例的上限并未进行严格限定。但从国际上来看，信用保险行业在发展初期，其自留比例通常在 30% 左右，之后随着行业的发展及业务不断增长，部分实力较强的信用保险公司其自留比例可达到 70%[③]。

3. 除外责任

信用保险业务中，一些国际再保险人目前通常会将融资担保类业务列入再保险除外责任。根据 ICISA 协会给出的相关定义解释[④]，融资类担保主要包括保函、担保、抵押、保险等业务，其由银行、信用机构、金融机构、任何个人或法人组织等发行或出具，为因个人贷款或任何形式的贷款、融资租赁等所产生的金融债务提供保障。融资担保的主

① 与发生年度相反。就风险发生制（risk attaching policy）、损失发生制（losses occurring policy）和索赔发生制保单（claims - made basis）这三种保单类型来看，其中风险发生制保单在信用保险行业最为常见。

② 保险人承担赔偿责任的前提条件是，投保人所投保的其在国际贸易交易项下的基本义务履行日须发生在保险期间内，而并不要求承保损失发生的时点必须在保险期间内，也就是说，即使所承保损失发生在保险期间之后，保险公司仍然负责赔偿。

③ International Credit Insurance & Surety Association. A Guide To Trade Credit Insurance [M]. London: Anthem Press, 2015: 122.

④ International Credit Insurance & Surety Association. A Guide To Trade Credit Insurance [M]. London: Anthem Press, 2015: 124.

要目的是筹措资金，以及保障融资贷款按期回收。

除融资类担保之外，常见的信用保险再保险除外责任可能还包括已知损失可能发生的回溯保单①，与核反应、核污染、核辐射有关的风险，以及自然灾害造成的损失等。

4. 理赔处理

比例再保险合同中，在理赔处理方面，主要有如下较为重要的约定。

一是损失通知条款。通常约定当案件超过一定金额时，信用保险原保险人应将案件相关信息（包括估损金额、可损日期及出险原因等）通知分入公司。比如约定，“当合约预计摊赔金额超过×××万美元时，信用保险公司必须及时向再保险人发出重案通知”②。损失通知，是原保险人在再保险合同项下的一项义务。

二是虽然再保险合同通常约定理赔案件由原保险人全权处理，但一般也同时约定分保双方共同理赔条款（claims cooperation clause）。该条款通常约定对于符合一定条件的理赔案件（如超过损失通知最高限额的案件），再保险人③有充分参与案件调查、理算、协商、赔付与和解等相关事项处理的权利。还常见约定，分出和分入公司除按比例承担原保险项下的损失之外，对于在理赔过程中产生的相关调查、评估、审核、理算或抗辩等费用，以及在赔付后的追偿收入，双方也按该比例分摊④。另外，有的再保险合同中还会约定“通融赔付条款”（ex-gratia payments clause），即对于通融赔付的案件⑤，原保险人须事先征得再保险人的同意，否则再保险人有权拒绝承担相应责任⑥。

三是现金摊赔（cash loss）条款。约定当一次赔款或累计赔款达到一定额度（巨额赔款）时，分出人可随时向再保险人请求以现金摊付赔款，以协助分出人解决财务周转困难。该条款在合约分保中经常可见，在信用保险行业也是如此。比如，某信用保险再保险合约可约定，当案件摊赔金额超过×××万美元时，原信用保险人可申请摊回现金赔款。

（三）其他通用条款约定

常见的比例再保险合同的通用条款有如下三款，在信用保险再保险业务中也普遍适用。

1. 共命运条款（Follow the Fortune Clause）

共命运条款通常表述为：“兹双方当事人特别约定，凡属本合同约定的任何事项，再保险人在其利害关系范围内，与原保险人同一命运。”根据该条款的约定，分入公司的责任开始时间与分出公司相同。在责任期内，凡是有关保险标的的审核、保险费厘定和收取、赔款处理、追偿及提起诉讼等诸多事项，都授权原保险人作出决定。由此产生

① 同样在原保险项下，条款中通常将“已知风险后出运”列为保单除外责任。

② 可以看出，再保险合约中该损失通知条款，其原理与信用保险中的可损通知并无二致。

③ 具体指的是首席再保险人或首席再保险人指定的其他再保险人。

④ 这如同在信用保险（原保险）中，通常约定，对于理赔追偿过程中产生的追偿费用及赔付后的追偿收入，在被保险人和保险公司之间按权益比例进行分摊，是一个道理。

⑤ 直保公司对于不应承担赔偿责任的损失，由于某些原因，予以全部或部分赔偿。

⑥ 也有的在再保险合约里，明确将通融赔付列为再保险合约的除外责任。

的一切权利与义务，分保双方按协议约定（如按协议约定的比例）共同分享和分担，即分入公司与分出公司共命运。

共命运条款是再保险最大诚信原则的具体体现，在国际再保险市场得到普遍承认。通过该条款，再保险人充分尊重并接受分出公司采取的行动或作出的决定，换言之，实际上是再保险人给予原保险人灵活自主处理直接业务的权利。该条款普遍适用于（或仅用于）比例合同再保险业务中。

就非比例再保险合同而言，因其以赔款为基础分摊分保双方的责任，只有赔款金额超过一定金额时，再保险人才承担责任，而当赔款金额未超过该金额时，再保险人不承担赔付责任。故该条款在非比例方式中运用的并不明显。另外，如果分入公司100%全额承担分入保险责任，而分出公司只是收取固定比例分保手续费，则在这种再保险业务模式项下，分入公司在承保理赔追偿方面可全权决策，故共命运条款适用的空间也不大。

2. 错误与遗漏（Errors and Omissions Clause）

错误与遗漏条款约定，分保双方任何一方因疏忽造成任何延迟、遗漏或错误的，另一方均不得推卸或免除其在未发生该等延迟、遗漏或错误的情况下本应承担的任何责任。但前提是，一经发现这些延迟、遗漏或错误，应立即予以纠正。

错误与遗漏条款起源于比例再保险。该条款主要是考虑到再保险业务环节众多，办理手续较为繁杂，业务过程中难免会有过错、遗漏和迟延等情况发生。为避免由此引发分保双方的纠纷，故在再保险合同中，通常均约定错误与遗漏条款。

在信用保险业务中，如再保险人对于单一买方尤其是集团买方的管理较为重视，实务中，通常是分出公司按照分保合同所约定的集团买方的定义，对集团买方名单进行最终确认，在确认过程中，一旦发现非恶意的错误、延迟、疏忽或遗漏，根据分保合同中的错误和遗漏条款，信用保险公司可以随时更正。

3. 仲裁条款（Arbitration Clause）

再保险业务发生争议时，分保双方通常倾向采用仲裁方式解决纠纷。仲裁条款通常表述为，“有关本合同以及本合同项下再保险业务所发生的纠纷，在友好协商不能解决时，应提交××仲裁庭解决”。

具体来讲，仲裁条款通常包括仲裁地点、机构、程序和效力四个方面内容。其中，就仲裁地点而言，合同双方通常都力争在本国进行仲裁。

二、非比例再保险

非比例再保险，是以赔款①（而不是保险金额）为基础确定分保双方责任的一种分

① 基本理念是：真正对分出公司造成风险威胁的是大额赔款而不是大额保险金额。从这一角度，则能够更好地理解非比例再保险的特殊作用。

保方式，故又称损失再保险或超过损失再保险（Excess of Loss，XL）[①]。

具体来讲，再保险人承担的是原保险人的赔款超过一定额度（即起赔点）[②] 之后的部分。也就是说，当赔款金额在起赔点以下时，由原保险人承担；当超过起赔点时，超过部分由再保险人承担，但同时，再保险人承担部分最高不超过一定金额（限额 limit）[③]。故非比例再保险也称第二危险再保险，以表示原保险人和再保险人责任的先后（原保险人承担第一损失，再保险人承担责任在后）。

在信用保险领域，非比例再保险更多的是用于分散大买方/集团（限额金额巨大）风险，在这种大买方/集团项下通常会有较为显著的风险累积[④]。因此，非比例再保险在国际信用保险领域也并非新鲜事物。实务中，部分信用保险公司可能更为担心巨额损失的风险，甚至个别的信用保险公司办理的全部都是非比例再保险，而无任何比例再保险安排（这如同原信用保险业务项下，被保险人不选择统保保单，而是购买特定合同信用保险或超额赔款保单）。但整体来说，一些大型的信用保险公司，其将非比例再保险和比例再保险进行组合办理最为多见，且为行业主流做法。

（一）分类

通过非比例再保险，分出公司可避免危险集中与累积所造成赔款负担过重，特别是它对于巨额风险的保障作用是其他任何再保险方式所无法比拟的，因其既可以保障单一风险所导致的损失，又可以保障群体风险造成的累计损失。实务中，非比例再保险也有多种形式，其中最常见的是超额赔款再保险，还有一种主要的类型是超额赔付率再保险。

1. 超额赔款再保险

在信用保险市场中，超额赔款再保险主要是被用于对成数分保的补充，即将超过成数分保的买方风险部分，用超额赔款再保险保障（采取成数+超赔分保的形式）。

超额赔款再保险，通常具体又分为险位超赔再保险（Per Risk XL）、事故超赔再保险（Per Occurrence/Per Event XL）、累计超赔再保险（Aggregate XL）三种方式[⑤]。

（1）险位超赔再保险（Per Risk XL）

险位超赔再保险方式，是以每次事故中每一危险单位（险位）所发生的赔款金额为基础，确定分保双方责任，超过起赔点以上的一定赔款额，由分入公司负责。这主要适

---

① Excess of Loss，又可理解为超额赔款（以下简称超赔），故 excess of loss reinsurance 有时泛指非比例再保险，有时指代非比例再保险中的主流类别——超额赔款再保险。见胡炳志，陈之楚．再保险（第二版）［M］．北京：中国金融出版社，2011：100.

② 起赔点（priority），也称原保险人自负责任额（retention），或有时也称第一损失（first loss）。

③ 实际为绝对免赔的概念。通常来讲，保险免赔额分为绝对免赔额（deductible）和相对免赔额（franchise）。其中，绝对免赔额是指保险人在定损核赔前先行扣除的损失金额，该扣除损失部分由被保险人全额自行承担（承担第一层损失），保险人仅赔偿超过免赔额以上的损失（保险人的赔付，要扣除绝对免赔部分）。而相对免赔额是指当损失在约定免赔额之内，保险人不承担损失赔偿；当损失超过约定免赔额时，保险人承担保险金额之内的全部损失（一旦进入赔付，则保险人不做任何扣减）。

④ 通常会有若干被保险人与同一个大买方进行交易，保险公司在同一买方项下授信累加，即风险的累积。

⑤ https：//en. wikipedia. org/wiki/Reinsurance。

用于再保险合约中所界定的任何单一风险损失，实际也是原保险人将每一危险单位项下的（累积）损失都进行分摊（而非保障巨灾为目的）。

在信用保险再保险合约中，适用的也是合约所规定的单一风险单位的损失，即通常指的是单一买方/集团项下所发生的全部损失。比如，信用保险人希望控制任何一个单一买方/集团项下的风险损失，就可选用险位超赔的方式。

比如，某信用保险再保险合约起赔点为 100 万元，最大责任限额为 300 万元。假设三个危险单位（买方/集团）项下出险，案件金额分别是 150 万元、40 万元、260 万元，则再保险人承担金额分别为 50 万元、0 万元、160 万元。

（2）事故超赔再保险［Per Occurrence/Per Event XL，或者称巨灾超额损失再保险（Catastrophe XL）］

如果再保险人希望进一步限制损失上限，则可以选择事故超赔再保险的方式。该再保险方式的设计原理，并不是为分摊每一个单一危险单位的损失，而主要是为发生频率低的巨灾事故提供保障①，因此，事故超赔也被称为巨灾超额损失再保险（Catastrophe XL），即因一次（巨灾）事故中多数风险单位的累计损失（赔款总金额）为基础来分摊再保险双方的责任（不管一次事故中涉及危险单位有多少，保险金额有多大），再保险人负责累计损失超过起赔点的部分②。

比如，分保协议自留额 100 万元，在一次事故中，三个风险单位（买方/集团）项下发生的损失分别为 30 万元、100 万元、50 万元，则赔款总金额是 180 万元，因自留额是 100 万元，故再保险人需分摊 80 万元（如果赔款总金额没有超过自留额，则全部由原保险人承担）。

实务中，如果信用保险公司希望限制某一特定风险/事故（或系统性风险），比如政治风险（曾被认为类似于巨灾风险）项下的累计损失额，则可选择这种再保险。该方式项下，分保双方通常按国别政治风险项下的累计赔款总金额分摊彼此的责任，而与遭受损失的风险方（买方/集团）数量的多少无关。

（3）累计超赔再保险（Aggregate XL）

累计超赔再保险，通常适用于在指定的一段期间内所发生的累计损失，主要是为原保险人的发生频率较高的（非巨灾）损失提供保障。即某一特定时间内（通常为一年），在某特定部门/国别/业务项下③，当所发生的全部（累计）损失超过起赔点时，超过部分由再保险人负责，从而可避免直保公司累积风险过高。

这在信用保险原保险项下，实则也有类似免赔原理的应用。如原保险合同项下可能约定累计第一损失免赔额（Aggregate First Loss ，AFL）。比如，被保险人在同一保险期间内的若干笔出运先后发生损失，则这些损失被保险人必须自己先行承担，直至其承担

① 保障对象主要是少数的大额赔款。因此，这种方式下，分出人自留额通常是原保险保单限额的数倍。

② 这种方式中，关键是对一次事故的概念界定。再保险合同中，通常含有界定一次事故的时间条款，在此基础上才能确定分保双方责任。如台风、地震、海啸等事故，有的将一次事故界定为连续 48 小时，有的则界定为 72 小时。

③ 或对危险种类不加限制，信用保险则可能约定为特定风险。

总金额达到累计第一损失免赔的金额。而保险公司则是将损失金额按发生顺序记录下来，直至该累加金额超过累计第一损失免赔金额。之后如再有损失及索赔发生，保险人对于超过 AFL 的部分按赔偿比例予以赔偿，即在总索赔金额达到累计第一损失免赔额之前，保险公司并不实际赔付。该约定一是通常适用于在一个保单年度内货物出运或交付项下发生的相关损失；二是该金额适用于所有买方。通过该方式，保险公司可有效控制道德风险，同时，也可以排除掉金额较小的损失赔付，减少理赔工作量，降低管理成本，而被保险人也因为承担了部分损失，可以获得更低的保险费率。

2. 超额赔付率再保险（Excess of Loss Ratio Reinsurance）

前述超额赔款再保险的三种方式均仅与赔款（绝对值）相关联，而除此之外，分保计算基础也可以和保费相关。即在前述累计超赔再保险 AXL 的基础上，按照年度赔付率（相对值）[①] 来分摊分保双方责任。当赔付率超过原被保险人自负责任比例（起点赔付率）时，就超过的那部分，由再保险人承担，但同时再保险人所承担责任也有最高限额限制（如不超过某一赔付率或金额），该种方式即为超额赔付率再保险。

比如某超额赔付率再保险合同（假设约定起点赔付率是 75%）约定，“原保险人负责赔付率在 75% 以内的赔款，再保险负责赔付率在 75% ~125% 的赔款，但再保赔款上限不超过 100 万元，两者以较小者为准”[②]。

因这种分保方式常见的是和 12 个月内的保费相关，即将原保险人的年度赔付率封顶在一定标准之内，故对分出公司来讲，又称停止损失再保险（stop loss reinsurance）或损失中止再保险。

（二）分出基础

与比例再保险相同，非比例分保合约期限通常也为一年，且分保基础同样是基于承保年度[③]，即原保险合同签发或续转的日期须在再保险合约期限内，在大多数情况下，实际上指的就是货物交付或服务提供的所在年度。

（三）保费计算

比例再保险以保额为基础分保，其分保费率和原保险项下的费率基本一致。而非比例再保险是以赔款为基础，故其分保费率与原保险费率并无比例关系。

在具体实务操作中，非比例再保险定价并没有一定规律，总体来讲，其主要随非比例再保险合约项下的历史损失情况，或经测算的风险暴露水平等各种因素的不同而发生变动。

（四）合同主要条款

前述比例再保险合约中的一般性条款，如错误与遗漏、仲裁、除外责任等，在非比

---

① 赔付率如何计算，是超额赔付率再保险的关键核心问题。通常其计算方式：赔付率 = 已发生赔款/满期保费 ×100%。

② 原保险人承担金额 = 保费 ×75%；再保险人承担部分 = 保费 × （125% –75%）。但再保险最高不超过 100 万元。实务中，还常见有些超额赔付率合同，再保险人对于超过起点赔付率以上的部分，并不承担 100% 的赔偿责任，而是可能再约定按一定比率赔偿。如对于超过部分仅承担 90% 的赔偿责任，而余下的 10% 另由原保险公司承担，以进一步在分保双方之间风险共担。

③ 有关承保年度的含义解释，详见前文的比例再保险章节。

例再保险合同中也通常适用。在此主要就非比例再保险的部分特有条款加以阐述。

1. 责任恢复条款(Reinstatement Clause)

责任恢复条款是非比例再保险中一个较为重要和常见的条款。通常，在没有该条款的情况下，当超赔合同发生赔款时，再保险人的责任限额将按照赔款的金额相应减少，直至为零。而如果有该条款，再保险的责任在支付了赔款(从而使其分保责任限额减少)之后，能够得到及时恢复，从而原保险人能够重新获得充分的再保险保障。

分出人为了避免反复协商和购买再保险，就可以在再保险合约中增加该条款约定。至于责任恢复后，是否加收再保险费的问题，不同的超赔合同可进行不同的规定。

2. 最后净损失条款(Ultimate Net Loss Clause)

最后净损失条款主要约定的是：就非比例再保险合同项下分保双方分摊责任对象的赔款，其应该是原保险人分摊赔款前承担的最后净损失，即最后净赔款额。用公示表示为

最后净赔款 = 赔款总额 + 处理赔案有关的费用(如法律费用、专家费用) - 追偿收入 - 从其他再保险人摊回的赔款

此外，在非比例再保险合同中，还通常约定汇率变动条款(Exchange Rate Fluctuations Clause)① 及指数条款(Index Clause)② 等。

第三节 信用保险再保险实务

一、信用保险分出业务

再保险安排主要有临时分保和合约分保两种方式。其中，临时分保是逐笔安排，而合约分保则通常以年度进行，相比于临时分保，合约分保的协商过程要相对复杂得多。

在合约分保方式下，信用保险公司通常不会把各种类型的业务或项目分给同一个再保险人，而是在一份再保险协议项下，同时存在数个或数十个再保险人的团队。再保险合约条款和保费由原保险人和首席再保险人商定，经首席再保险人同意后，其他从属再保险人自动承保(或者说服从属再保险人跟随首席再保险人的条件)。首席再保险人确定自己的合同份额，其他再保险人再在首席再保险人的份额之外确定各自所占份额(承接小份额)，且从属再保险人的承保份额一般不超过首席再保险人的份额(否则，将导致大量的从属再保险人控制合约全部份额)，直至合同份额分完。

---

① 约定如发生非合同约定的其他币种损失时，分保双方责任按合同起始日或某一商定日期的货币折算率进行折算，以减少货币兑换方面的风险。这类似于在出口信用保险业务项下，投保人和保险人双方在保费交纳和理赔赔付环节，也有类似的关于货币使用币种和汇率折算规则的约定。

② 免赔额和责任额按赔款支付时的物价指数进行调整，以使分保双方共同分摊通货膨胀风险。

通常来讲，信用保险在分出业务安排过程中，关注以下三个基本方面[①]。

（一）再保险人所能够提供的承保能力（capacity/sum insured）

通常来讲，规模越大，信用评级越高的再保险人（如评级为 AAA 级的再保险人），能够提供的承保能力或者说保险金额[②]越大。

在一个信用保险比例再保险合约中，再保险承保能力通常以单一买方/集团为单位进行定义，其设定的最大额度[③]通常需能够覆盖原信用保险合同项下信用限额最高买方/集团的风险（最高风险敞口，或指任何风险事故发生时可能遭受的最大损失金额）。换句话说，原信用保险人需要准确汇总、计算所承保的单一买方/集团项下的信用限额的最高累计额（在同一买方/集团限额项下，不同的投保人申请），并定期向再保险人报告，从而实现再保险人对分入风险的最大可能损失分析，并据此判断风险的接受尺度并合理配置承保能力。

合约分保过程中，再保险人充分相信分出公司的核保能力，且再保险人通常没有足够的资源和能力，去像原信用保险人那样去全方位评估、监测每一个买方风险。因此，再保险人很大程度上需依赖分出公司的承保技能，并赋予分出公司一定的承保权限。因此，在信用保险成数合约分保中，又有以下两个概念。

1. 自动合约限额（automatic treaty limit）

这类似于信用保险中自行掌握信用限额的概念，指的是在单笔买方/集团项下，原保险人所批复的限额金额在再保险合约限额（每一危险单位最高限额）之内的业务，无须再经再保险人审批，即可自动放入再保险合约。通常这个再保险合约限额需足够大，以便能够满足合约期内分出公司的大部分业务需求。

通常所有的比例合约中都设置限额，且需在合约的附录中以最高单一风险限额（最高买方/集团项下累计限额）表示。比如，一个一亿元成数分保合约通常指的就是再保险合同中，每个风险单位的最高限额（上限）是一亿元，也就是说，在原保险项下，只要信用保险分出公司批复的单一买方/集团限额累计不超过一亿元，就可自动为再保险覆盖。[④]

2. 特殊接受限额

当原保险项下单一买方/集团/国别的信用额度，超过再保险合约界定的买方/集团/国别限额时，或者当分保业务超出标准范围时，分出公司需向再保险人提出特殊申请，经（首席）再保险人同意确认后（首席再保险人特别接受），该笔原保险业务才能放入合约。

大致流程是，分出公司需要提供该买方/集团相关信息，然后再保险人利用他们自己的信息资源进行调查并独立自行评估该买方风险质量高低，必要情况下，再保险人也

① International Credit Insurance & Surety Association. A Guide To Trade Credit Insurance [M]. London: Anthem Press, 2015: 135.

② 通常，原保险项下保险利益以保险金额为限，而在再保险项下保险利益则用责任金额来表示。

③ 该额度，通常不具体指向某一特定买方/集团，而通常只是用一个金额来表示。

④ 出口险，每一个国别都设置不同的国别限额。

可能就其中有关问题与分出公司进行商讨，之后再给出一个具体的额度（这十分类似于信用保险原保险项下，保险公司限额批复的过程）。通常，再保险人对分出公司已在详尽研究基础上所作出的承保决策，也很少拒绝。

（二）分保条件

类似于原保险项下的各项承保条件。在各项分保条件中，其中一项关键条件是分保佣金即再保险手续费的高低，这是分保双方谈判的焦点问题之一。

一方面，对再保险人而言，在其他条件不变的情况下，再保险手续费的高低，直接影响再保险人的利润水平。以公式简单表示就是，再保险人的利润 = 保费 - （损失 + 分保佣金）。可以看出，因再保险人通常不能直接控制原保险项下的损失率，所以对于佣金的任何调整，都会对再保险人的利润产生直接影响。换言之，损失率越高，则再保险手续费越低。比如，如果分保佣金定为35%，但不能确定损失率可控制在65%以下，则再保险人利润将为负。当然，在一个信用险合约项下，各种不同的产品由于赔付率可能各不相同，相应地，手续费也可能不尽相同。每年续保谈判时，如分出公司赔付情况表现良好，则分保佣金/手续费率通常将大幅提升，或者说，经营状况良好的直保公司，其手续费率将显著优于同业竞争对手。

另一方面，对分出公司来讲，佣金收入可否补偿其招揽业务及经营管理过程中产生的各项费用开支（包括保单获取成本），这将直接影响分出公司的收益。

综上所述，佣金的合理水平实际并没有一个固定不变的数学公式去估量，实务中，分保佣金的最终确定通常是分保双方谈判平衡的结果，而谈判的筹码，通常聚焦在业务增长预期、业务结构及历史损失率等方面。

（三）再保险人的信用风险

原保险人所面临的交易对手（再保险人）的违约风险，实际上类似于原保险项下，被保险人所面临的保险人的违约风险（保险人应赔付而不赔付的风险）。

原保险人购买再保险的诉求是将来一旦发生损失，再保险人须有足够稳定的能力支付赔款。因此，信用保险原保险人，在考虑是否购买再保险及购买多少的问题上，其综合考虑的主要因素是再保险公司的资本实力、公司规模、类型、主营业务范围，以及在信用保险领域的再保险经验等。

实务中，国内外各信用保险公司所合作的再保险人，其经知名评级机构（如标普、穆迪或贝氏 A. M. Best 等）所确定的信用评级结果，通常至少为 A - 级。

二、信用保险分入业务的审核评估

如前所述，再保险实务中，承保理赔的主动权实际掌握在信用保险原保险人手中，而再保险人，通常并不直接干涉分出公司的业务决策，他们之所以同意承接分入业务的风险，也是基于对分出人承保能力的充分信任和综合评估（这些都必须遵循再保险的最大诚信原则）。

为此，再保险人需要从经营管理层面及技术操作等方面，综合考察分出人的资质、承保理赔能力、承保风险组合及分入业务的质量，从而综合评估风险集中度，并评估分出公司是否兼顾了业务发展和风险控制。具体来讲，再保险人通常从以下方面对分保业务进行核查。

（一）合约分保通常需要获知的基础信息

1. 分出公司基本情况：分出公司近年财报、股权结构、经营历史、机构设置、战略规划、业务构成、市场份额、员工数量及培训等方面。

2. 业务经营概况：近年保额、保费、赔付、综合成本率等（具体可分为不同行业和国家）各项业务数据的变化情况；信用保险原保险人对业务发展的预期，如新项目、保费收入、市场份额及业务增长（重点在哪些国别和行业）等方面的预期、损失率判断、宏观经济环境变化的影响研判、未来（如3年）业务发展方向、思路及策略等。

3. 产品情况：如产品种类、保单条款、保单期限、新产品开发计划等。

4. 业务拓展与报价，主要包括：（1）投保及承保的流程。（2）目标市场及营销策略，比如如何销售不同类型的产品，是否会不计成本开展市场竞争，在价格无法与风险对价时是否会主动放弃承保。（3）销售渠道及展业成本等。（4）（不同产品）费率水平如何确定市场主要竞争者的报价，政治风险费率如何确定；政治风险和商业风险是否采用统一费率等。（5）其他承保条件的设定规则，如对单张保单是否设置及如何设定最高赔偿限额。

5. 承保政策，主要包括：（1）支持风险评估的信息的获取和使用。如分出公司主要通过何种渠道获得相关买方、行业及国别风险信息；对于所获得的信息如何评估、使用；如何进行限额承保决策；是否对被保险人、买方及海外市场进行实地参观考察等。（2）风险控制和评估。是否有标准的限额申请和批复格式、定价模型、（分国别、行业、买方）风险集中度；分出公司的风险控制和分析方法；承保权限设置；对于投保人的大额限额需求，分出公司是否有专门的风险审核委员会等类似制度安排；是否有内部买方评级体系；国家评级情况、对特定国家付款方式的分析、国家风险如何评定等。（3）信息技术手段和技能方面，如分出公司是否有强大的IT业务系统。

6. 理赔处理，主要包括：（1）理赔流程、权限的设置及赔款准备金的安排。（2）理赔申请处理过程和损失管理能力如何，信用保险原保险人对可能损失的减损措施及效果；是否所有的索赔都能得到及时、专业的处理；追偿手段及追偿率；分出公司在防范信用保险欺诈方面的经验和能力。（3）公司对特殊理赔案件以及赔款金额较大案件的处理及进展。（4）如分出公司信用险业绩恶化，造成业绩恶化的原因及相应采取的减损手段；一些特殊减损措施的案例等。

（二）对特殊风险的评估

如前所述，对于超过合约再保险协议单一风险单位上限（单一买方累计有效限额）的业务，分出公司需在取得首席再保险人（甚至次首席再保险人，更甚者是全体再保险人）的特殊确认及同意后，才有可能被纳入分保合约。再保险人对分出公司特殊申请的业务，主要是围绕该特殊业务（买方/集团）本身，重点关注如下方面：

（1）是否对买方/集团进行实地考察；

（2）经审计的买方/集团财务报告，以及分出公司对买方/集团财务报告的详尽分析；

（3）集团背景以及买方（子公司）和集团的关系；

（4）买方/集团在银行的授信情况；

（5）追偿潜力；

（6）买方/集团行业地位、外部评级结果。

通常，再保险公司的承保人在收到分出公司所报送的上述信息后将进行重新归纳梳理，综合评判风险水平（包括交易背景、买方经营环境、财务及融资概况、经营管理水平等），以及再保险人将承担的最大可能损失等。之后，经必备的再保险内部审核管理流程，出具再保险承保意见。

三、信用保险再保险市场

14 世纪至 15 世纪，再保险在欧洲各国（如英国、荷兰、西班牙、德国等）的海上保险领域开始萌芽，18 世纪后，随着商品经济和世界贸易的发展，再保险市场的国际化和专业化发展进程进一步加快。目前，世界主要的再保险市场有伦敦、欧洲（再保险中心是德国）、纽约和东京四大市场。而就信用保险的再保险市场而言，主要有以下特点。

（一）信用保险市场再保险参与者数量相对有限

目前，信用保险分保关系的确立主要是以直保公司和首席再保险人接洽谈判，其他再保险人跟随首席再保险条件。但整体而言，信用保险市场中，直保公司与再保险人主体数量都相对有限。其中，部分主要再保险人如下：

（1）安达保险（美国），ACE Limited；

（2）安联再保险（德国），Allianz Reinsurance；

（3）伯克希尔·哈撒韦公司（美国），Berkshire Hathaway Inc.；

（4）法国中央信托再保险公司，Caisse Centrale de Reassurance；

（5）中国再保险集团，China Reinsurance（Group）Corporation；

（6）Everest 再保险（百慕大），Everest Re Group Ltd.；

（7）GIC 再保险公司（印度），General Insurance Corporation of India；

（8）汉诺威再保险（德国），Hannover Re Group；

（9）韩国再保险公司，Korean Reinsurance Company；

（10）劳合社（英国），Lloyd's；

（11）曼弗再保险（西班牙），MAPFRE RE，Compania de Reaseguros，S. A.；

（12）慕尼黑再保险（德国），Munich Reinsurance Company；

（13）PartnerRe（美国），PartnerRe Ltd.；

（14）昆士兰保险集团（澳大利亚），QBE Insurance Group Limited；

（15）美国再保险集团（美国），Reinsurance Group of America Inc.；

（16）法国再保险公司（法国），SCOR S. E.；

（17）瑞士再保险（瑞士），Swiss Reinsurance Company Limited；

（18）东京海上日动火灾保险公司，Tokio Marine Holdings Inc.；

（19）信利集团（百慕大），XL Catlin Group①。

（二）政治风险在很大程度上依赖再保险

尤其在某些中长期政治风险领域，一定意义上甚至可以说，再保险公司可实际控制原保险人所出具的保单条款措辞、承保条件及费率水平等承保条件。反之，再保险如收缩承保能力，则将直接冲击原保险的业务。

尽管部分ECA成员中长期业务有财政支持，但是当单一项目金额超出承保上限或国别限额不足或需要分出承保项目中的非本国利益（本国成分）部分等情形时，也会寻求分保安排。

近年来，私营再保险公司也越来越多地参与到政治风险市场中（其中较为有代表性的如Sovereign、Zurich、ACE、XL等），而ECA向私营保险公司进行分保也不足为奇。

但整体来讲，私营保险公司业务领域主要还是倾向于短期政治风险，同时尤其注重业务组合中的风险分散，而对于部分期限相对较长、国别风险较高的中长期政治风险业务（如工程项目），私营再保险人可能也难以完全承接。在这种情况下，通常国家（政府）将会发挥再保险人的作用。

（三）近年来信用保险再保险市场的变化

回顾2009年欧债危机期间，市场信用违约风险集中爆发，全球信用保险行业赔付率一度飙升，甚至大幅超过历史平均水平，相应地，彼时的信用保险再保险市场环境是一个典型的硬市场（hard market），主要表现在再保险续转合约谈判极为艰难、分保佣金率大幅下调、再保险费率大幅上涨等。此外，为进一步控制风险，再保险人在续转合约中还会添加诸如损失限额、提高责任恢复条件的保费及采用浮动佣金等各种约定。

欧债危机后期大约到2011年之后，随着信用保险行业经营的好转，赔付水平逐渐恢复至合理的水平。再保险人对信用保险市场信心逐渐恢复，再保险市场环境也开始趋软，比如有更多的新的再保险人，以及再保险经纪人参与到信用保险再保险市场中，相应地，直保公司可寻求更具有竞争力的条件。与此同时，再保险人降低了报价，再保险续转也有了一定的谈判空间。

随着国际贸易一体化程度的不断提高，信用风险和政治风险越来越全球化，与此同时，信用保险公司规模也在不断扩大，资本实力不断增强，其产品及业务在趋向多样化发展的同时，经营稳定性也在不断增强，同时也将因兼并并购的驱动而出现更多的实力更强的全球性保险机构，这些主体通过业务整合，加之为控制成本，将倾向增大自留额、缩小比例合约分出比例或提高超赔合约的起赔点，以进一步降低再保险保费。在以上因素的共同影响下，如无特殊情况，可能最终也将导致信用保险整个行业，对再保险的依赖程度将逐步减弱。

① 2018年9月，法国安盛（AXA）收购信利（XL）集团，共同成为全球最大的商业财产保险公司。

第十六章

信用保险法律制度及监管

通常来讲，一国对保险行业的监督和管理主要包括两个方面：一方面，主要是通过制定保险法律法规，进行宏观指导和管理；另一方面，则主要是由国家保险监管机构依据法律或行政授权对保险业实施具体监管。对于信用保险这一险种的监管来说，也并不例外。

唯一相对特殊之处在于，作为信用保险重要组成部分的出口信用保险，由于其在促进我国对外贸易和海外投资等方面，具有相对于其他险种的较为特殊的功能属性以及操作原则，故在法律适用和监管规章制度设计等方面也存在一定的特殊性。

第一节　适用的法律法规

一、保险法的相关规定

关于信用保险的法律定位，现行《保险法》第九十五条规定，“保险公司的业务范围：（一）人身保险业务，包括……（二）财产保险业务，包括财产损失保险、责任保险、信用保险、保证保险等保险业务”。

从该条规定中可以看出，根据我国现行保险法规定，信用保险属于财产保险的范畴，且与财产损失保险、责任保险和保证保险，并列为财产保险的四大险种之一。

二、出口信用保险的法律适用

具体就信用保险的主要细分险种之一出口信用保险来讲，其法律适用则相对特殊。

这主要是因为，一方面，出口信用保险较强的商务贸易及金融色彩，其功能属性相对特殊。如根据《中华人民共和国对外贸易法》（中华人民共和国主席令　第十五号）①第五十三条的规定：“国家通过进出口信贷、出口信用保险、出口退税及其他促进对外

① 1994 年 5 月 12 日第八届全国人民代表大会常务委员会第七次会议通过，2004 年 4 月 6 日第十届全国人民代表大会常务委员会第八次会议修订。资料来源：中华人民共和国中央人民政府，http：//www. gov. cn/flfg/2005 - 06/27/content_9851. htm。

贸易的方式，发展对外贸易”，可以看出，出口信用保险与出口信贷、出口退税等方式一样，具有促进和发展我国对外贸易的职能。另一方面，出口信用保险承保标的相对特殊，承保风险相对复杂，故在保险合同约定以及实务操作中具有不同于其他常规财产保险险种的一些特点。因此，我国现行保险法中的相关规定，难以或不能够完全适用。或者换言之，如在处理信用保险案件的过程中，生搬硬套保险法的相关规定，则势必造成对信用保险的不当认知和理解，进而产生不必要的纠纷。

比如，目前在信用保险合同纠纷案件中，常见的争议事项主要如：在保险条款中约定的“纠纷先决条款”[①] 是否有效；保险人进行资信调查是否可豁免投保人应履行的如实告知义务；信用保险承保中的三个限额（自行掌握信用限额、信用限额、最高赔偿限额）应如何区分和适用，以及贸易真实性、延迟通报可能损失、迟延支付保险费、违反保单约定的统保义务、在未取得保险公司同意的前提下变更实际贸易支付方式等情形是否影响及如何影响保险人承担赔偿责任等。

鉴于如上背景，在出口保险的法律适用方面，为答复广东省高级人民法院2012 年针对个案适用法律的请示，最高人民法院在《最高人民法院关于审理出口信用保险合同纠纷案件适用相关法律问题的批复》（法释〔2013〕13 号）中[②]，专门批复“……对出口信用保险合同的法律适用问题，保险法没有作出明确规定。鉴于出口信用保险的特殊性，人民法院审理出口信用保险合同纠纷案件，可以参照适用保险法的相关规定；出口信用保险合同另有约定的，从其约定”。

从该批复中可以看出，一方面，出口信用保险合同的法律适用存在特殊规则，即“可参照适用保险法，但约定优于法定”。换言之，出口信用保险保险合同中如有约定，则甚至可以排除《保险法》中某些规定。另一方面，同时也应注意的是，该批复仅是在一定程度和范围内，认可了出口险的特殊性，但其并不等同于赋予出口险不适用保险法规定的特权[③]。从根本上讲，出口信用保险仍然遵循保险的基本原则（如保险利益原则、诚实信用原则、损失赔偿原则等）。

第二节　信用保险监管

通常对于整个保险行业来讲，保险监管的内容主要围绕三个方面展开，分别是市场行为监管、公司治理监管及偿付能力监管。

① 如条款中常见约定，“对存在贸易纠纷的案件，如果被保险人既未和买方达成和解协议，又不接受保险公司的责任判定结果，则被保险人应先进行仲裁或在买方所在国家（地区）提起诉讼，在获得已生效的仲裁裁决或法院判决并申请执行之前，保险人不予定损核赔”。

② 于2013 年4 月15 日由最高人民法院审判委员会第1575 次会议通过，自2013 年5 月8 日施行，中华人民共和国最高人民法院网站，http：//www. court. gov. cn/fabu－xiangqing－5334. html。

③ 中国出口信用保险公司 . 关于出口信用保险合同法律适用问题的理解和探讨［J］. 保险法律工作联席会议交流材料，2013：62－66.

具体到信用保险领域，除适用保险业通用的监管政策之外，还有一些专门的规定。

一、对经营范围和经营资质的监督管理

为规范保险公司业务范围管理，引导保险公司集约化、精细化经营，我国《保险公司业务范围分级管理办法》（保监发〔2013〕41 号，以下简称《管理办法》）中[①]，根据保险业务属性和风险特征，将保险公司业务范围分为“基础类业务”和“扩展类业务”两个级别。

其中，信用保险为“扩展类业务”。具体如《管理办法》第六条规定，“财产保险公司扩展类业务包括以下四项：（一）农业保险；（二）特殊风险保险，包括航空航天保险、海洋开发保险、石油天然气保险、核保险；（三）信用保证保险；（四）投资型保险”。而第十三条进一步规定，“保险公司获得基础类前三项业务经营资质后，方可申请增加扩展类业务，且每次不得超过一项，两次申请的间隔不少于六个月”。

此外，《管理办法》还分别规定了财产保险公司申请各种扩展类业务的具体条件。其中对于财产保险公司申请信用保证保险业务来讲，如第十六条规定，“应当符合以下条件：（一）持续经营三个以上完整的会计年度；（二）最近三年年底平均净资产不低于人民币二十亿元；（三）上一年度末及最近四个季度偿付能力充足率不低于 150%；（四）公司治理结构健全，内部管理有效，各项风险控制指标符合规定，上一季度分类监管评价结果为 A 类或 B 类；（五）有专项内控制度、专业人员、服务能力、信息系统和再保险方案；（六）最近三年内无重大违法违规记录；（七）法律、行政法规及中国保监会规定的其他条件”。

综合《管理办法》中的各项规定可以看出，扩展类业务的开办资质远远严格于基础类业务。而在扩展类业务中，信用保险的开办资质又严于农业保险和特殊风险保险，仅次于投资型保险。

二、对产品开发的监管

总体来看，对信用保险产品的监管大致经历两个主要的阶段。

（一）保险期间不同，则产品分别适用不同的审批或备案的监管机制

该阶段大致为 2020 年 3 月 1 日以前。在该时期，关于信用保险产品（保险条款和保险费）的开发，除需遵照财产险种均适用的《财产保险公司保险产品开发指引》（保监发〔2016〕115 号）[②] 等管理规定之外，其报批报备还有特殊规定：如保险期间若超过 1 年，须上报银保监会进行审批。

具体为根据《财产保险公司保险条款和保险费率管理办法》（保监发〔2010〕43 号）规定，须经审批的保险险种包括：“（一）机动车辆保险；（二）非寿险投资型保

---

① 中国保监会关于印发《保险公司业务范围分级管理办法》的通知，2013 年 5 月 2 日，http://bxjg.circ.gov.cn//web/site0/tab5225/info243346.htm。

② 中国保监会关于印发《财产保险公司保险产品开发指引》的通知，2016 年 12 月 30 日，http://xizang.circ.gov.cn/web/site0/tab5225/info4055675.htm。

险；（三）保险期间超过 1 年期的保证保险和信用保险；（四）中国保监会认定的其他关系社会公众利益的保险险种和依照法律和行政法规实行强制保险的险种。"

如拟开发的信用保险产品的保险期间在一年之内，则保险公司可自行报备。具体备案方式为根据《中国保监会办公厅关于启用财产保险公司备案产品自主注册平台的通知》（保监厅发〔2016〕60 号）[①] 的规定，财产保险公司可在财产保险公司备案产品自主注册平台[②]，进行自主、在线、实时产品注册。产品注册完成并获得产品注册号后，保险公司即可销售使用。

（二）不论产品的保险期间长短，统一采用"备案"管理

为不断加强和改进产品监管，2020 年 2 月，中国银保监会发布了《中国银保监会办公厅关于进一步加强和改进财产保险公司产品监管有关问题的通知》（银保监办发〔2020〕17 号）[③]。该通知自 2020 年 3 月 1 日起实施。其中，关于信用保险产品的监管规定如下：

一是调整产品审批备案范围。将 1 年期以上信用保险产品由审批改为备案，原属于备案类的产品仍采用备案管理。

二是在产品备案报送材料方面规定，对于融资性信用保险，产品备案材料除需包括常规备案材料（报备文件、备案表、保险条款费率文本、精算报告、可行性报告等）外，还应提供公司产品管理委员会审议情况、风控措施等材料。

三是该通知在"其他事项"部分特别规定，"中国出口信用保险公司除中长期出口信用保险和海外投资保险以外的其他保险产品，适用本通知规定"。但同时也需注意的是，对于出口信用保险，不仅适用上述信用保险产品相关监管原则，而且不论是一年期还是多年期产品，均还需根据财政部相关规定，向财政部进行备案[④]。

三、对业务经营及内控管理的监管

近年来，针对信用保险行业部分保险公司存在的条款不规范、费率厘定不合理或产品报行不一、超额或拆分保单期限承保、费率与风险不对价、缺乏再保险支持等现象，为进一步规范信用保险行业的发展，保险监管部门出台了《信用保证保险业务监管暂行办法》（保监财险〔2017〕180 号，以下简称《暂行办法》）[⑤]，专门针对信用保证保险行业，分别在市场行为、偿付能力及公司治理等方面，制定了较为全面的监管规定。

《暂行办法》分为总则、经营规则、内控管理、监督管理和附则五部分。其中，第

---

① 中国保监会办公厅关于启用财产保险公司备案产品自主注册平台的通知，2016 年 8 月 9 日，http：//chongqing. circ. gov. cn/web/site0/tab5216/info4039829. htm。

② 网址：http：//zcz. iachina. cn。

③ 中国银行保险监督管理委员会官网，http：//www. cbirc. gov. cn/cn/view/pages/ItemDetail. html？docId = 891917&itemId = 861&generaltype = 1。

④ 在本章第三节中将有具体介绍。

⑤ 中国保监会关于印发《信用保证保险业务监管暂行办法》的通知，2017 年 7 月 11 日，自印发之日起生效，施行期限为 3 年，http：//bxjg. circ. gov. cn//web/site37/tab2783/info4079391. htm。

一章对信用保证保险的含义作出了规定，但同时需注意的是，在《暂行办法》第一章第二条中，明确规定该《暂行办法》不适用于“出口信用保险”。

通读该《暂行办法》，其主要内容如下：

（一）关于偿付能力监管

如第五条规定，“经营信保业务的保险公司，上一季度核心偿付能力充足率应当不低于75%，且综合偿付能力充足率不低于150%。保险公司偿付能力低于上述要求的，应当暂停开展信保新业务，并可在偿付能力满足要求后恢复开展信保业务”。

又如第六条规定，“保险公司承保的信保业务自留责任余额不得超过上一季度末净资产的10倍。对单个履约义务人及其关联方承保的自留责任余额不得超过上一季度末净资产的5%，且不得超过5亿元。超过以上自留责任余额要求的部分，应当办理再保险；未办理再保险的，不得承保”。

（二）关于市场行为监管

如第八条规定，“保险公司不得为以下融资行为提供信保业务：（一）类资产证券化业务和债权转让行为；（二）非公开发行债券业务，以及主体信用评级或债项评级为AA+级以下的公开发行债券业务；（三）保险公司的控股股东、子公司以及其他关联方的融资行为（其他关联方的资金融出行为除外）；（四）中国保监会禁止承保的其他行为”。

又如第九条规定，“保险公司开展信保业务，不得存在以下行为：（一）承保投保人违法违规、规避监管等行为；（二）承保不会实际发生的损失或已确定的损失；（三）以拆分保单期限或保险金额的形式，承保与同一借贷合同项下融资期限或融资金额不相匹配的信保业务；（四）通过保单特别约定或签订补充协议等形式，实质性改变经审批或备案的信保产品。实质性内容包括但不限于保险标的、保险责任、责任免除、保险费率、赔付方式、赔偿处理等；（五）承保的自然人、法人或非法人组织贷（借）款利率超过国家规定上限；（六）中国保监会禁止的其他行为”。

（三）关于公司治理监管

关于公司治理监管方面，《暂行办法》主要侧重于推动健全和完善信用保险内部控制体系。

具体来看，《暂行办法》中第三章内控管理，共计14条，分别从开展信保业务的保险公司规章制度、组织架构、人力资源、风险识别评估、风险共担、风险预警以及内部审计等若干方面，进行了较为全面的规定。

如第十三条规定，“保险公司应当建立符合审慎经营原则的业务制度，包括业务评估审议、决策程序、承保理赔、事后追偿和处置等制度。业务制度应贯穿信保业务全流程和各操作环节，确保相关决策或操作均有迹可查”。

又如第十四条规定，“保险公司开展信保业务的，应当设立专门的信保部门或管理团队，实行保前、保中、保后风险隔离的管理原则。总公司对信保业务实行集中管理，开办信保业务的分支机构应当设立专职人员负责保前风控、保中审查、保后管理，以及逾期后的催收、理赔、追偿等工作”。

再如第二十二条规定，“保险公司应当结合信保业务的风险状况，与业务合作方建立风险共担机制，包括但不限于抵（质）押措施、设置免赔额或免赔率、保证金等形式，并在相关协议中明确”。这实际上也是在强调信用保险所应严格遵循的风险共担机制①。

自该《暂行办法》施行以来，其中各条规定，相应在信用保证保险业务经营及监管的过程中均有不同程度的体现。但此处仍应注意的是，该《暂行办法》排除了出口信用保险的适用。

四、对再保险的监管规定

我国《再保险业务管理规定（2015 年修订）》第十一条规定，“除航空航天保险、核保险、石油保险、信用保险外，直接保险公司办理合约分保或者临时分保的，应当符合下列规定：（一）以比例再保险方式分出财产险直接保险业务时，每一危险单位分给同一家再保险接受人的比例，不得超过再保险分出人承保直接保险合同部分的保险金额或者责任限额的 80%；（二）每一临时分保合同分给投保人关联企业的保险金额或者责任限额，不得超过直接保险业务保险金额或者责任限额的 20%”。

综上规定可以看出，我国相关保险法律法规目前对信用保险的再保险分出比例并未进行限定。换言之，目前来看，信用保险办理合约分保可以超过 80%，信用保险临时分保可以超过 20%。这也体现出信用保险再保险的特殊性。

第三节　关于出口信用保险的其他法规及规章制度

承前所述，出口信用保险因其一定的特殊功能及职能定位，通常在大多数国家都由财政部、外交部及贸易部或商务部等相关政府部门共同实施有效监管。而相关监管范围主要包括如修订和修改官方出口信用保险机构的经营方针、规章制度；对出口信用保险的重大承保、理赔项目或经营管理问题进行最终审批决策。我国也是如此。

具体来讲，我国出口信用保险，除需遵守前述保险行业相关法律及监管规定之外，还需接受其他相关政府部门的指导和监督，遵从相关部门制定的规章、行政决定和政策制度。譬如国务院、财政部、商务部、人民银行、国家税务总局等相继出台过《国务院对确需保留的行政审批项目设定行政许可的决定》《出口信用保险扶持发展资金管理办法》《关于申请办理出口信用保险若干规定的通知》等。

一、国务院令

《国务院对确需保留的行政审批项目设定行政许可的决定》（中华人民共和国国务院令　第 412 号。2004 年 7 月 1 日起施行）第七十九项规定，“出口信用保险相关业务事

① 关于信用保险所遵循的风险共担原则，在本书第五章中有较为详细的阐述。

项审批的实施机关为：财政部”[①]。

二、财政部相关规定

财政部“出口信用保险相关业务事项审批”显示，出口信用保险相关业务审批部门为财政部，其他共同审批部门为外交部、商务部、国防科工局、保监会，审批对象为出口信用保险经办机构。[②]

在财政部制定的相关规章制度中，主要有《财政部关于申请办理出口信用保险若干规定的通知》（财商字〔1998〕103号），以及近年来关于对部分商业保险公司开办短期出口信用保险的相关规定。

财政部2013年1月发布《关于中国人民财产保险股份有限公司试点短期出口信用保险业务问题的通知》（财政部金融司〔2013〕2号），以及于2014年6月发布《关于引入商业保险公司开展短期出口信用保险业务试点有关问题的通知》（财政部〔2014〕36号）。根据前述通知内容，中国人民财产保险股份有限公司、中国平安财产保险股份有限公司、太平洋财产保险股份有限公司、中国大地财产保险股份有限公司四家商业保险公司先后获批短期出口信用险业务经营资格，可承办保险期间在一年内、最长不超过两年的出口信用保险业务。

同时两个通知中，均明确要求对于短期出口信用保险产品条款，应及时报财政部及监管部门备案。

三、商务部等其他部门制定的有关规定

《商务部　财政部　人民银行　银监会　关于印发〈关于大型出口信贷及出口信用保险项目的报批程序（修订稿）〉的通知》（商贸发〔2018〕15号）[③]，其中对“承保金额在3亿美元以上（含3亿美元）的大型成套设备出口项目及对外承包工程项目”的报批程序，进行了明确规定。

比如规定，承保金额在3亿美元以上（含3亿美元）的大型成套设备出口项目及对外承包工程项目，企业须在中标之后，将项目报送商务部，之后商务部在收到银行承贷方案、保险机构承保方案及银行融资申请报告后，会同外交部、财政部等部门共同研究，形成一致意见，将项目上报国务院审批。项目经国务院批准后，按部门职责分工，商务部通知相关地方商务主管部门或中央管理企业及银行，财政部通知保险机构，由银行和保险机构正式办理信贷和保险手续。

对于承保金额在3亿美元以下的其他出口信贷及出口信用保险项目报批程序，按现行有关规定执行。

---

① 中华人民共和国中央人民政府：《国务院对确需保留的行政审批项目设定行政许可的决定》，http：//www. gov. cn/zwgk/2005－06/20/content_7908. htm。

② 中华人民共和国财政部，行政审批事项清单，http：//spgk. scopsr. gov. cn/bmspx/showXm/10/5554。

③ 中华人民共和国商务部对外贸易司（国家机电产品进出口办公室），http：//wms. mofcom. gov. cn/article/zcfb/ax/201803/20180302719149. shtml。

综上所述，是信用保险领域目前适用的主要法律法规及监管规定。经营信用保险的保险公司在日常经营管理和风险管控等方面，应严格遵照执行，以避免在未报送或报送后未经主管部门批准的情况下开展业务、报行不一及其他承保理赔过程中的一些违规问题的发生。

参考文献

［1］陈璟菁．海外投资保险法律制度比较研究［J］．保险研究，2002（4）：56－58.

［2］陈华清，栗亮．美国开发性金融机构的设立［J］．中国金融，2018（21）：50－51.

［3］陈四清．贸易金融［M］．北京：中信出版社，2014.

［4］陈旭东．道德风险与保险合同中的风险分担原则［J］．保险研究，1995（1）：26－29.

［5］崔建远．债权：借鉴与发展［M］．北京：中国人民大学出版社，2014.

［6］对外贸易经济合作部，财政部，中国人民银行．关于印发《关于大型出口信贷及出口信用保险项目的报批程序》的通知［J］．中国经贸，2001（9）：72－73.

［7］杜庆祥．扩大机电产品出口　加速发展我国对外贸易［J］．国际贸易问题，1988（8）：45－48.

［8］2017年度中国对外直接投资统计公报［R/OL］．http：//www.mofcom.gov.cn/article/i/jyjl/l/201810/20181002792460.shtml.

［9］菲利普·伍德．国际金融的法律与实务［M］．姜丽勇，许懿达，译．北京：法律出版社，2011.

［10］樊启荣．保险契约告知义务制度论［M］．北京：中国政法大学出版社，2004.

［11］傅廷中．保险法论［M］．北京：清华大学出版社，2011.

［12］国务院发展研究中心宏观部，中国出口信用保险公司联合课题组．中国出口信用保险公司政策性职能履行评估报告（2012～2014）［M］．北京：中国发展出版社，2017.

［13］戈辉．强化金融扶持——谈机电产品出口问题［J］．国际贸易，1992（7）：18－20.

［14］关于中国平安财产保险股份有限公司平安出口贸易信用保险条款和费率的批复，保监许可〔2015〕810号［R/OL］．http：//www.circ.gov.cn/web/site0/tab5239/info3971437.htm.

［15］关于中国平安财产保险股份有限公司出口贸易特定合同信用保险条款和费率的批复，保监许可〔2015〕697号［R/OL］．http：//www.circ.gov.cn/web/site0/

tab5239/info3966726. htm.

[16] 关于中国出口信用保险公司短期出口信用保险特定合同保险（2.0 版）及标准批注条款和费率的批复，保监许可〔2016〕943 号 [R/OL]. http: //www. circ. gov. cn/web/site0/tab7765/info4045214. htm.

[17] 国际商会（ICC），中国国际商会/国际商会国家委员会. 国际贸易术语解释通则 2010 [M]. 北京：中国民主法制出版社，2010.

[18] 黄达，张杰. 金融学（第四版）[M]. 北京：中国人民大学出版社，2017.

[19] 何慎远，汪寿阳. 中国出口信用保险研究 [M]. 北京：科学出版社，2015.

[20] 韩家平. 中国社会信用体系建设的特点与趋势分析 [J]. 征信，2018 (5)：1-5.

[21] 胡炳志，陈之楚. 再保险（第二版）[M]. 北京：中国金融出版社，2011.

[22] 韩世远. 违约损害赔偿研究 [M]. 北京：法律出版社，1999.

[23] 郝正明. 中小企业信用保险制度研究——以宏观信用制度完善为背景 [J]. 保险研究，2012 (4)：98-102.

[24] 景奉雷，程亮，等. 英国出口信用担保局 90 年 [M]. 北京：知识出版社，2016.

[25] 江朝国. 保险法基础理论 [M]. 北京：中国政法大学出版社，2002.

[26] 基层人民法院破产案件审理现状浅析，全国企业破产重整案件信息网。http: //pccz. court. gov. cn/pcajxxw/pcswwz/swwzxq? id = EC5C077C14E592F0676D31765F1C5E98.

[27] 肯尼斯·S. 亚伯拉罕. 美国保险法原理与实务 [M]. 韩长印，等，译. 北京：中国政法大学出版社，2012.

[28] 李天生，邓格. 英国保险法告知义务模式的变革及其启示 [J]. 大连海事大学学报（社会科学版），2015 (8)：53-59.

[29] 李志辉，严启发，成泽宇，等. 各国官方出口信用机构概览 [M]. 北京：中国金融出版社，2012.

[30] 李巍. 联合国国际货物销售合同公约评释 [M]. 北京：法律出版社，2002.

[31] 李勇. 买卖合同纠纷 [M]. 北京：法律出版社，2015.

[32] 栗亮，陈华清. 跨国投资风险控制与政治风险保险 [M]. 北京：中国经济出版社，2018.

[33] 黎孝先，王健. 国际贸易实务 [M]. 北京：对外经济贸易大学出版社，2011.

[34] 林钧跃. 企业赊销与信用管理 [M]. 北京：中国经济出版社，1999：1.

[35] 雷胜强. 国际工程风险管理与保险（第三版）[M]. 北京：中国建筑工业出版社，2012.

[36] 陆仁. 如何投保出口信用保险 [J]. 机电国际市场，1994 (3)：42-43.

[37] 李锵. 举办出口信用保险　为扩大出口服务 [J]. 国际贸易，1989 (9)：45-46.

［38］罗熹．信用保险词典（第一版）［M］．北京：中国金融出版社，2015.

［39］廖至柔，蒋克林．八十年代国际贸易的主要特点［J］．暨南学报（哲学社会科学），1991（4）：15－20.

［40］刘俊颖．国际工程 EPC 项目风险管理［M］．北京：中国建筑工业出版社，2017.

［41］刘俊颖，李志永．国际工程风险管理［M］．北京：中国建筑工业出版社，2013.

［42］刘辉群，邹赫．中国电力工业对外直接投资风险与防范［J］．海外投资与出口信贷，2016（6）：36－41.

［43］刘士国．现代侵权损害赔偿研究［M］．北京：法律出版社，1998.

［44］刘元庆．信贷的逻辑与常识［M］．北京：中信出版集团，2017：55－59.

［45］刘新来．信用担保概论与实务［M］．北京：经济科学出版社，2013.

［46］林衡博．出口信用保险政策与我国外贸发展方式转变［J］．国际贸易，2012（2）：20－24.

［47］缪建民．在 CF40 年会上“大变局下的保险商业模式变革”的主题演讲［R］．2019－04－28.

［48］Malcolm Stephens. The Changing Role of Export Credit Agencies［M］．北京：中国出口信用保险公司，2006.

［49］荣幸，张彤，杨成佳．境外出口信用保险理论与实践［J］．保险研究，2015（11）：69－85.

［50］任以顺．论投保欺诈背景下的保险人合同撤销权［J］．保险研究，2015（3）：80－91.

［51］孙祁祥．保险学（第六版）［M］．北京：北京大学出版社，2017.

［52］瑟维吉尼，雷荣特．信用风险度量与管理［M］．潘永泉，等，译．北京：机械工业出版社，2012.

［53］孙可清．当前国际机电商品市场的发展趋势及我出口前景展望［J］．国际贸易问题，1986（1）：16－20.

［54］苏宗祥，徐捷．国际结算（第五版）［M］．北京：中国金融出版社，2013.

［55］沈华，史为夷．中国企业海外投资的风险管理和政策研究［M］．北京：商务印书馆，2017.

［56］宋云博．“一带一路”背景下国际货物销售合同违约责任比较研究［M］．厦门：厦门大学出版社，2016.

［57］《投资项目可行性研究指南》编写组．投资项目可行性研究指南（试用版）［M］．北京：中国电力出版社，2002.

［58］唐若昕．出口信用保险实务［M］．北京：中国商务出版社，2004.

［59］唐若昕．建设国际一流的现代出口信用保险机构［J］．中国经贸，2002（1）：22－23.

［60］韦松．货物运输保险［M］．北京：首都经济贸易大学出版社，2004.

［61］王泽鉴．债法原理（第二版）［M］．北京：北京大学出版社，2013.

［62］王泽鉴．民法总则［M］．北京：北京大学出版社，2015.

［63］王利明．债法总则研究［M］．北京：中国人民大学出版社，2015.

［64］王辉耀，苗绿．中国企业全球化报告（2018）［M］．北京：社会科学文献出版社，2018.

［65］温世扬．保险法［M］．北京：法律出版社，2016.

［66］魏华林．中国保险市场改革开放的得与失［J］．保险研究，2018（10）：3－7.

［67］魏华林．保险的本质、发展与监管［J］．金融监管研究，2018（8）：1－20.

［68］闻雁．中国进出口银行努力为机电产品和成套设备出口提供金融服务［J］．世界机电经贸信息，1996（22）：21－22.

［69］王绍熙．十年外贸体制改革的评估［J］．国际贸易问题，1989（12）：2－7.

［70］王毅．为中国企业走出去护航——写在中国出口信用保险公司成立十五周年之际［J］．中国金融，2016（24）：11－13.

［71］吴岚，朱玉庚．支持企业稳健“出海”［J］．中国外汇，2017（17）：54－55.

［72］王福俭．海外投资应加强风险评估［J］．国际工程与劳务，2013（6）：22－24.

［73］王志敏．后危机时代帮助企业加强风险管控——访中国出口信用保险公司梁志东副总经理［J］．国际工程与劳务，2010（2）：4－5.

［74］西尔万·布泰耶，戴安·库根－普什恩．信用风险的产生、评估及管理［M］．北京：经济管理出版社，2016.

［75］徐捷．国际贸易融资——实务与案例［M］．北京：中国金融出版社，2017.

［76］谢志斌．出口信用保险政策性职能探析——基于河北出口信用保险的数据［J］．保险研究，2010（11）：104－108.

［77］薛荣久．八十年代以来国际贸易发展的重大趋势［J］．对外经济贸易大学学报，1991（2）：9－20.

［78］许心礼．我国外贸体制改革的回顾与思考［J］．财经研究，1990（1）：40－44.

［79］易柏水．外贸发展与外贸体制改革［J］．改革与战略，1988（1）：39－44.

［80］焱森．在支持对外贸易中大显身手——访中国进出口银行董事长佟志广［J］．中国对外贸易，1994（11）：6－7.

［81］余延满．货物所有权的移转与风险负担的比较法研究［M］．武汉：武汉大学出版社，2002.

［82］闫茂春．海外投资政府审批流程［J］．国际工程与劳务，2017（4）：62－63.

［83］闫茂春．BOT 项目风险防范［J］．国际工程与劳务，2017（2）：62－64.

［84］虞晓燕．出运前的风险保障——短期出口信用保险的附加险［J］．上海保险，1995（3）：47－48.

［85］杨学进．出口信用保险国家风险评价——理论·方法·实证［M］．北京：经济科学出版社，2004.

［86］杨良宜．合约的解释［M］．北京：法律出版社，2007.

［87］杨良宜．海上货物保险［M］．北京：法律出版社，2016.

［88］杨大明．国际货物买卖［M］．北京：法律出版社，2011.

［89］中国保险行业协会．保险原理［M］．北京：中国金融出版社，2016.

［90］中国出口信用保险公司．出口信用保险——操作流程与案例［M］．北京：中国海关出版社，2008.

［91］中国出口信用保险公司理赔追偿部．国际贸易与出口信用保险案例集（第二辑）［M］．北京：对外经济贸易大学出版社，2012.

［92］中国出口信用保险公司．国家风险分析报告 2018［M］．北京：中国金融出版社，2018.

［93］中国出口信用保险公司．国家风险分析报告 2019［M］．北京：中国金融出版社，2019.

［94］中国出口信用保险公司资信评估中心．中国企业境外投资和对外承包工程风险管控及案例分析［M］．北京：中国经济出版社，2015.

［95］中国出口信用保险公司短期出口信用保险综合保险条款［R/OL］．http：//www.doc88.com/p－5035471023567.html.

［96］中国进出口银行关于印发《出口卖方信贷项目评审实施细则（暂行）》的通知［R/OL］．http：//www.chinalawedu.com/falvfagui/fg22016/41027.shtml.

［97］中国国际商会，国际商会中国国家委员会．国际商会国际销售示范合同（制成品）2013 修订版［M］．北京：对外经济贸易大学出版社，2017.

［98］中国国际商会．ICC 跟单信用证统一惯例 UCP600［M］．北京：中国民主法制出版社，2006.

［99］中国国际商会组织翻译．跟单信用证项下银行间偿付统一规则 URR725［M］．北京：中国民主法制出版社，2008.

［100］中华人民共和国商务部．中国对外投资合作发展报告（2018 年）［R/OL］．http：//images.mofcom.gov.cn/fec/201901/20190128155348158.pdf.

［101］中华人民共和国商务部．我国对外签订双边投资协定一览表［R/OL］．http：//tfs.mofcom.gov.cn/aarticle/Nocategory/201111/20111107819474.html.

［102］张大为．怎样读各国的资信调查报告［M］．北京：中国方正出版社，2003.

［103］张赢．出口延付合同再融资保险应用解析［J］．中国外汇，2018（20）：21－23.

［104］张洪涛．保险学（第二版）［M］．北京：中国人民大学出版社，2008.

［105］周玉坤．我国出口信用保险的发展进程［J］．保险研究，2019（1）：

75 -86.

［106］ 周玉坤．形式与本质：出口信用保险基础问题研究［M］．北京：中国金融出版社，2017.

［107］ 朱玉庚．跨境担保与跨境融资［M］．北京：中国经济出版社，2019.

［108］ 走出去公共服务平台，http：//fec. mofcom. gov. cn/article/tjsj/tjgb/201709/20170902653690. shtml.

［109］ A Guide to Credit Insurance from Euler Hermes ［DB/OL］． http：//www. euler-hermes. us/credit - insurance/Documents/EH - CreditInsurance - WhitePaper. pdf.

［110］ Berne Union. Credit Insurance in Support of International Trade：Observations Throughout the Crisis ［R］． 2010.

［111］ ALEXANDRE JEANNERET. The Dynamics of Sovereign Credit Risk ［J］． Journal of financial and quantitavive Analysis，2015，50 （5）：963 -985.

［112］ DICK BRIGGS，BURT EDWARDS. Credit Insurance：How to Reduce the Risks of Trade Credit ［M］． England：Woodhead - Faulkner Limited，1988.

［113］ ICC Publication. Rethinking Trade & Finance ［EB/OL］． http：//www. iccwbo. org/News/Articles/2016/New - survey - findings - worsening - global - shortage - of - trade - finance/? _ga = 1. 160792317. 1330254513. 1483578770.

［114］ International Credit Insurance & Surety Association. A Guide To Trade Credit Insurance ［M］． London：Anthem Press，2015.

［115］ Insurance Act 2015. http：//www. legislation. gov. uk/ukpga/2015/4/contents/enacted.

［116］ MALCOLM STEPHENS. The Changing Role of Export Credit Agencies ［M］． IMF，Washington DC，1999.

［117］ MARC AUBOIN，MARTINA ENGEMANN. Testing the Trade Credit and Trade Link：Evidence from Data on Export Credit Insurance ［J］． Review of World Economics，2014 （150）：715 -743.

［118］ MIRAN JUS. Credit Insurance ［M］． Oxford：Elsevier，2013.

［119］ NESLIHAN TURGUTTOPBAS. Export Credit Agency Activities in Developing Countries ［J］． International Trade Journal，2013 （27）：281 -319.

［120］ Swiss Re. Trade Credit Insurance & Surety：Taking Stock after the Financial Crisis ［J］． Sigma，2014：27.

［121］ Trade Credit Insurance：Best Practice and Lessons from the Crisis ［DB/OL］． http：//www. tenzor. co. uk/wp - content/uploads/2010/08/Trade - Credit - Insurance - Best - Practice - and - Lessons - from - the - Crisis. pdf.

相关网站

［1］ http：//www. atradius. com

［2］ https：//www. berneunion. org/
［3］ http：//www. bexa. co. uk
［4］ http：//www. coface. com
［5］ http：//www. ecb. europa. eu/
［6］ http：//www. ecgd. gov. uk
［7］ http：//www. edc. ca
［8］ http：//www. eulerhermes. com
［9］ https：//www. exim. gov/
［10］ https：//www. hannover - re. com/
［11］ http：//www. hkecic. com/sc/policies_services. aspx
［12］ http：//www. iccwbo. org
［13］ http：//www. icisa. org
［14］ https：//www. nationaleborgre. com/en/
［15］ https：//www. nexi. go. jp/en/
［16］ http：//www. oecd. org
［17］ https：//www. qbe. com/au/about
［18］ http：//www. sinosure. com. cn